词与世界 WORD & WORLD 文明互鉴学术论丛

总主编 陈 方 李铭敬

本成果受到中国人民大学2022年度
“中央高校建设世界一流大学（学科）和特色发展引导专项资金”支持

言语运动控制的认知神经机制

——回顾、实证、展望

蔡 笑 著

中国人民大学出版社
·北京·

编委会

总　序

在全球化时代，语言的重要性越发凸显，它不仅可以表征我们对世界的认知和体验，还能体现不同文化对世界以及对人类的理解，甚至会影响到我们对现实的构建和阐释方式。作为研究语言的外语学科，随着时代的发展，其学科内涵呈现出更加多元的特征。教授一门语言，只是外语学科诸多使命中最基础的一个，语言的工具性已经渐渐退居次要地位，取而代之的是它所包蕴的人文性，它所承载的破解文化和文明符码、描画语言世界图景的可能性，以及它在文明互鉴、构建人类命运共同体等国家重大战略中有可能发挥的作用。

语言扮演的重要角色注定会使外语学科的边界极大地外扩，学科的对象更加丰富，研究的领域更加多元，这一方面是因为外语学科本身所具备的跨学科性，其内部在近半个世纪以来发生的各种学术转向、学术交叉和学术复合，另一方面，也是更主要的，是因为外界对于外语学科越来越高的期许以及它所担负的更加重要的使命。中国在国际上的地位和角色已今非昔比，较之于“五四运动”和改革开放初期着力进行的文化输入，今天的我们更加聚焦于互通、互鉴、交流，更注重在世界上更多地发出我们自己的声音，构建我们自己的形象，彰显中国力量，输出中国智慧，而这一切的实现，不仅要依靠我国在科技、教育和工业等方面的迅猛进步，还要仰仗于外语。语言在构建国家形象中能起到关键作用，是国家文化的重要组成部分，直接关系到国家的文化认同、国际交往能力和国际地位。一个清晰、有力的语言形象可以为国家赢得更多的尊重和支持，语言的战略地位之高是从前任何一个时代都没有过的。因此，除了传统的语言、文学和翻译三大主流方向，如今的外语学科在区域国别学、国际传播学中也占据着不可或缺的地位。中国人民大学外国语学院的“词与世界 · Word & World”“文明互鉴学术论丛”就是在这样的背景下应运而生的。

“词与世界 · Word & World”是 2022 年以来中国人民大学外国语学院着力打造的一个学术品牌，得到了“中央高校建设世界一流大学（学科）和特色发展引导专项资金”的支持。2018 年 12 月，中国人民大学外国语学院第 7 届研究生学术论坛开幕之际，我们首次启用“词与世界 · Word & World”这一名称。“词”为语言的最基本构成，可指代语言，“Word & World”在英语中是两个近音词。当初我们只是想通过这个悦耳且似乎不乏诗意的中英文词组来增加研究生学术论坛的辨识度，但随着近两年学院学科建设的思路逐渐清晰，对外语学科本质的认识不断加深，我们为“词与世界 · Word & World”注入了更多内涵。在 2023 年开学典礼的院长致辞中我提到，语言具有工具性、基础性和人文性。所谓工具性，就是我们通过掌握基本的听、说、读、写技能，形成与他人交流的能力，进行双语或多语的转换；所谓基础性，即外语在一切“国际”字头、“外”字头专业中的基础性地位；所谓人文性，则是指外语的最高级属性，语言和文学、历史、哲学等学科一样，是研究人类信仰、情感、道德和美感等的科学，它提供了成为一个健全之人、一个全面发展之人的基本养分，它最终是一个关于“人”的学科。把握好语言的这三个特性，我们外语学科在拥抱各种变化和挑战的同时就可以站稳脚跟，自信地彰显我们的学科主体性。

围绕着“词与世界 · Word & World”品牌，学院目前已经打造了多个学科建设项目：“词与世界 · Word & World”外语学科研究生学术论坛（2018 年启动）；“词与世界 · Word & World”“碧空澄金”人大青春诗会（2023 年启动）；“词与世界 · Word & World”外国语言文学文化系列讲座（2023 年启动）；2024 年，我们还将开启“词与世界 · Word & World”“世界文学与人类命运共同体译丛”。这些活动涉及学术研究、学生培养、教师发展等多个板块，我们希望“词与世界 · Word & World”成为学院展现学科水平的平台，提供外国语言、文学和文化养分的土壤，通达更广阔世界的桥梁。同时，我们也希望这一品牌能全方位凝聚力量，为人才培养、学术研究和教师发展提供更多动能和更大平台，进一步打造学院的学术声誉，扩大学科影响，力争让中国人民大学外国语学院跻身全国一流外语学院之列。

“词与世界 · Word & World”“文明互鉴学术论丛”于 2022 年正式启动，涵盖外语学科五大方向，旨在深度挖掘语言与世界之间的关系，为学术界提供一批从不同视角探究外国语言、文学、翻译和文化等领域问题的学术成果。这套丛书是开放式的，作者均为中国人民大学外国语学院教师，学院每年启动一次选题征集活动，经学院学术委员会充分评议后筛选出三到四部专著进入论丛。在不久的将来，这套丛书定会形成一定规模，成为呈现人大外语学院教师科研成果、展示其科研水平的窗口。这套丛书的选题较为多样，涉及英、俄、日、德、法、西六个语种（专业），似乎很难为这套丛书找到一个确切的主题，但这恰好能说明目前外语学科呈现出的多元研究样貌。同时，“文明互鉴”也能概述“外语人”一直以来在跨文化交流以及促进不同文明理解彼此的文化、价值观念和思维方式等方面做出的贡献。

本论丛得以面世，除了各位作者的辛勤笔耕，还离不开多方的支持。感谢中国人民大学出版社大众出版分社、中国人民大学“中央高校建设世界一流大学（学科）和特色发展引导专项资金”和学院学术委员会！我们期待这套“词与世界 · Word & World”“文明互鉴学术论丛”能激发学界对语言与世界之关系做更为深刻的思考，为文明互鉴贡献更多的力量。

“Word & World”，每个单词都是一个小的世界，整个世界也是一个大的单词，我们“外语人”毕生从事的事业，或许就是在这两者之间发现关联，进而寻求文明互鉴的可能和路径。

陈方
2023 年 12 月 24 日
北京近山居

前言

言语运动控制是人类独有的高级认知功能，也是最为复杂的运动技能之一，不仅涉及众多发音器官及肌肉组织的生理学活动，还包括讲话者对发音运动进行预期、比较和控制的高级心理活动。这些生理和心理活动的实现需要运动皮层、感觉皮层以及脑岛、小脑等若干脑网络系统的参与。言语运动控制是目前心理语言学、神经语言学、语音学、神经心理学和认知神经科学等多学科交叉研究的主攻方向之一。来自不同领域的研究者们依托坚实的理论基础、缜密的实验范式、创新的研究技术和多样的研究对象，从多个角度探索言语运动控制的认知神经机制。

本专著正是从跨学科研究视角出发，系统地梳理了言语运动控制领域的研究现状、影响因素、理论模型、前沿进展以及发展趋势，并重点阐释了围绕晚期双语者开展的一系列有关双语音强、音高和共振峰运动控制的实证研究。全书共分为三个部分，第一部分是“文献回顾”，由第一章至第四章构成。该部分旨在回溯研究历程、理清研究思路、借鉴研究方法、展示前期成果，为后续研究提供多样的研究路径、选题方向和实证方法，讨论到目前为止研究者们已探讨过的语言产生与大脑运作机制的相互作用。第二部分是“实证研究”，由第五章至第八章构成。该部分包括作者所做的四项实证研究，分别从噪声掩蔽、音强控制、音高控制和共振峰控制四个关键视角对“双语前馈和反馈控制系统的权重”“双语在线听觉反馈控制的认知机制”“双语在线听觉反馈控制的神经机制”“双语前馈控制更新的认知机制”进行了深入探讨。这四项可验证的研究应能为该领域未来的探索提供样例和参照。第三部分是“未来展望”，由第九章和第十章构成。该部分系统地梳理和归纳了言语运动控制研究领域近三年的理论研究和实证研究进展以及未来前沿性的可研究方向，以期为该领域的研究人员提供极具可能的研究选题。

本专著以上三个部分的内容在时间脉络上逐渐递进，在研究视角上相互补充，在研究结果上互为印证，在一定程度上共同探讨和揭示了言语运动控制的认知神经机制以及未来发展走向。以下为各章概要。

第一章是“言语运动控制概述”。本章从宏观视角概述了言语运动控制的概念，解释了感觉反馈如何参与言语产生在线的运动控制以及长时程的校准和调整，并从行为认知、电生理和脑激活三个维度分述了听觉反馈控制和前馈控制当前的研究成果。

第二章是“言语运动控制的影响因素”。本章主要阐述了影响言语运动控制的因素，包括个体差异维度如发声变异性、年龄和性别的作用机制，言语障碍维度如言语失用症、帕金森病和口吃患者的控制缺陷，任务情境维度如注意负荷、可预期性和听觉反馈可靠性的调节作用，训练经历维度如声调语言、音乐、感知能力和工作记忆训练的学习效应等。

第三章是“言语运动控制基础理论及其神经基础”。本章跟随模型构建的历史轨迹回顾了言语运动控制领域的基础理论以及相应的神经基础。早期言语运动控制理论模型关于发音目标的本质存在不同的争论观点。发音器官速度方向模型和状态反馈控制模型在更为统一的理论框架内阐释了言语运动控制具体的控制机制、神经基础和学习过程。

第四章是“晚期双语者的言语运动控制机制”。本章聚焦于晚期双语者这一特殊双语群体的言语运动控制机制，解释了晚期双语者二语言语运动控制存在不足的神经生理学原因，讨论了母语者与晚期双语者在言语感知和言语产生能力上的差异，并指出双语言语运动控制领域值得研究的问题，包括前馈控制和听觉反馈控制的相对权重及其认知神经机制。

第五章是“双语前馈和反馈控制系统的权重——来自噪声掩蔽的证据”。本章介绍的实验研究主要目的是考察晚期双语者一语和二语产生时前馈和听觉反馈控制系统的相对权重是否存在差异。研究采用了经典的噪声掩蔽范式，结果表明，二语产生比一语产生较少地依赖前馈控制，更多地依赖听觉反馈控制，二语流利度也与前馈和听觉反馈控制系统的相对权重有关。

第六章是“双语在线听觉反馈控制的认知机制——来自音强控制的证据”。本章介绍的实验研究主要目的是探索晚期双语者一语和二语在线听觉反馈控制的认知机制。研究创新性地采用了随机短噪声掩蔽范式，结果表明，二语产生比一语产生在线听觉反馈控制的权重更高，且加工效率较低，并为在线听觉反馈控制与言语流利度和言语感知能力的关系提供了证据。

第七章是“双语在线听觉反馈控制的神经机制——来自音高控制的证据”。本章介绍的实验研究主要目的是探索晚期双语者一语和二语在线听觉反馈控制的神经机制。研究结合了随机音高扰动范式和事件相关电位技术，结果表明，一语和二语产生时人们加工正常听觉反馈和外部产生反馈的机制不同，二语产生仍无法高效形成听觉预期。此外，一语和二语音高反馈控制具有类似的听觉门控机制，该机制帮助讲话者修正内部产生的言语错误，但较少受到外部产生反馈的干扰性影响。

第八章是“双语前馈控制更新的认知机制——来自共振峰控制的证据”。本章介绍的实验研究主要目的是考察语言特异性因素和领域一般性因素如何预测母语者和晚期双语者的前馈控制更新过程。研究采用了经典的共振峰持续扰动范式，结果表明，听觉敏锐度可预测母语者和晚期双语者前馈控制更新的表现，且母语者一语产生时和晚期双语者二语产生时前馈控制更新的结果模式不同，但一般认知能力在此过程中不起主要作用。

第九章是“言语运动控制领域前沿性理论进展”。本章从全局视域重点梳理了言语运动控制领域前沿性的理论进展，新的理论模型分别关注了多音节发声、简化参数、感觉预期的来源、反馈控制的层级加工环路、运动计划与运动编码的区分以及外周听觉系统的作用等诸多方面。鉴于最新的理论进展，本章指出了言语运动控制在理论领域未来可研究的方向。

第十章是“言语运动控制领域前沿性实证研究进展”。本章从全局视域重点梳理了言语运动控制领域前沿性的实证研究进展，新的实证研究分别探索了可预测言语运动控制能力的脑功能和脑结构指标，前沿性认知神经成像技术和创新性任务范式在该领域研究中的应用潜力，以及人工智能背景下脑机接口研究的广阔前景。鉴于最新的实证研究进展，本章指出了言语运动控制在实证领域未来可研究的方向。

本专著适宜的读者群包括心理语言学、神经语言学、认知语言学、应用语言学、心理学、脑科学等领域的研究人员、教师、研究生以及对语言产生与大脑功用感兴趣的其他读者。

本专著受到中国人民大学“中央高校建设世界一流大学（学科）和特色发展引导专项资金”的资助，专著撰写过程中也得到中国人民大学心理学系张清芳教授的专业性指导意见，在此一并致谢！

最后，作者衷心希望本专著能对国内言语运动控制研究产生一定的影响，为大家的后续研究提供一定的参考，我们共同努力，为推进该领域的研究向纵深发展做出贡献。

蔡笑
中国人民大学
2024 年 2 月 28 日

目 录

第一部分 文献回顾

第二部分 实证研究

第一部分　文献回顾

第一章

言语运动控制概述

言语是人际沟通最重要的方式之一，也是迄今为止人类掌握的最为精细复杂的运动技能之一（Parrell et al., 2019; Mollaei et al., 2021; Hickok et al., 2023; Kim et al., 2023a）。言语产生（speech production）指的是人们利用语言表达思想的心理过程，包括从思想代码转换成语言代码，再转换成生理的、运动的代码（张清芳，杨玉芳，2003b）。心理语言学家普遍认同，言语产生需要经过一系列加工阶段，包括概念准备、词汇选择、语素音韵编码、语音编码和发音执行等（Levelt & Wheeldon, 1994; Levelt et al., 1999）。其中，概念准备属于前词汇阶段，讲话者明确说话的意图；词汇选择和语素音韵编码属于词汇通达阶段，讲话者分别从心理词典中提取出概念相应的词汇、语素和音韵结构；语音编码和发音执行则属于后词汇阶段，前者负责提取语音的发音运动程序，后者通过一定的肌肉运动程序将选择的词汇用外显的声波表达出来（见图 1.1）。

总的来看，言语产生的研究具有两种不同的传统。其一是心理语言学视角，研究者们关注从概念准备到音韵编码的言语产生计划过程；其二是言语运动控制视角，研究者们关注从语音编码到发音执行的言语产生执行过程（Hickok, 2012）。言语产生的元分析研究表明，众多研究者致力于揭示言语计划过程的认知神经机制，而将终端的言语运动控制等同于简单的、低层次的运动输出（Indefrey, 2011）。事实上，如何将发音计划通过一系列发音器官的运动转化成可被感知和理解的声音序列是极其复杂的过程，不仅需要多达百余块肌肉在时空层面上的精细化合作，还涉及运动皮层、感觉皮层以及脑岛、小脑等广泛脑网络的参与（Guenther, 2016; Kearney & Guenther, 2019; Floegel et al., 2020; Nozari, 2021）。基于发音执行过程的复杂性，研究者提出有必要从运动控制角度进行系统的研究，以弥补传统研究仅从计划过程切入的不足，为全面理解言语产生的心理机制提供理论依据和实践指导（Hickok, 2012）。

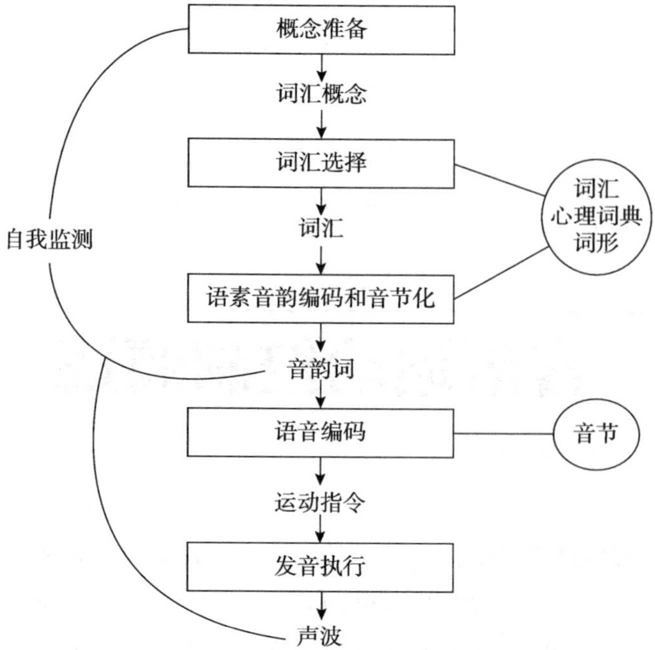

图 1.1　言语产生加工阶段的示意图

（引自 Levelt et al., 1999）。Levelt 等认为，言语产生经历概念准备（前词汇）、词汇选择、语素音韵编码和音节化（词汇通达）以及语音编码和发音执行（后词汇）阶段。此外，讲话者调用语言理解系统自我监测每一加工阶段的输出，以确保言语产生的准确性。

1.1 一般性运动控制及言语运动控制

一直以来，研究者比较关注一般性的运动控制过程，即个体如何产生精确的、以目标为导向的运动，并强调感觉反馈（sensory feedback）在运动控制中的重要作用（Wolpert et al., 2011）。近年来，研究者们意识到，言语产生本质上也属于精细化的运动控制，讲话者通过感觉反馈，包括听觉反馈（auditory feedback）和躯体感觉反馈（somatosensory feedback），对语音输出的准确性进行判断（Guenther, 2006; Guenther & Vladusich, 2012; Scheerer & Jones, 2012）。言语运动控制典型的建模方法依赖于工程控制理论中的基本概念，即前馈控制（feedforward control）和反馈控制（feedback control）是构成复杂控制系统的基石（Parrell et al., 2019）。

1.1.1 运动控制的原理

首先，运动控制（motor control）指的是系统控制效应器（effector，如机械手臂）或发音系统（articulator system，如人类声道）移动的过程。一般性运动控制系统包括接受器（plant）和控制器（controller）（见图 1.2）。接受器指的是接受控制的物理系统。具体到言语产生，接受器包括构成声道的肌肉组织、骨骼、软骨和其他组织，其信号输入来源是脑干和脊髓中的运动神经元，输出的是发音器官的位置信息以及相应的听觉信号。需要说明的是，接受器的输入和输出均为连续变化的信号，在一般情况下特定时间点的输出不仅取决于当前的输入，还取决于先前的输入以及接受器当前的和先前的状态（Guenther, 2016）。控制器则将连续变化的输入信号发送至接受器以实现目标输出。具体到言语产生，控制器由参与言语运动控制的神经系统子集组成，研究者将控制器的输出称为运动指令（motor command），包括肌肉和发音器官移动的位置和速度（Guenther, 2016）。

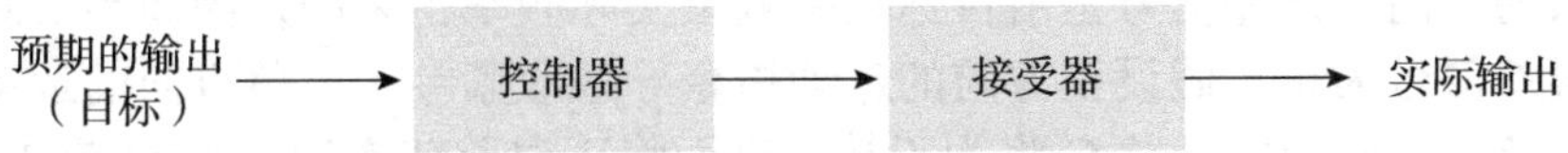

图 1.2　一般性运动控制系统

（引自 Guenther, 2016）。为了实现预期的输出目标，控制器需向接受器发送准确的运动指令。

在运动控制的研究中，大致有两种方式可实现图 1.2 中的控制目标，分别是前馈控制和反馈控制，特定的控制系统可能同时利用前馈和反馈控制机制（Saltzman, 1986; Saltzman & Munhall, 1989; Guenther, 2016）。前馈控制，也称开环控制（open-loop control），是一种施控对象与受控对象只存在单向作用而无反馈信息的控制方式。前馈控制并不监测接受器产生的输出，而是会生成一个存储的控制程序以实现目标输出。具体到言语产生，前馈控制从记忆中提取目标音节或音素的运动指令，并将运动指令输向发音器官，但不会将发声运动产生的感觉结果（包括听觉和躯体感觉）反馈回来影响当前的运动控制（Perkell, 2012）。而反馈控制，也称闭环控制（closed-loop control），是一种将受控对象的结果输出反馈至施控对象，并对施控对象产生影响的控制方式。它通过监测接受器产生的输出以评估发送到接受器的运动指令，具体通过从目标输出中减去实际输出以计算误差信号，然后将误差信号转换为修正性运动指令。因此，反馈控制本质上是一个从运动指令到误差信号，再从误差信号到运动指令的闭合环路。具体到言语产生，反馈控制自下而上地加工言语产生过程中实际产生的感觉反馈，并根据反馈信息中的言语错误来调整和修正运动指令（Perkell, 2012）。

1.1.2　纯反馈控制

Fairbanks（1954）首次尝试利用控制理论的概念解释言语产生现象，并提出了根据听觉反馈控制进行言语产生的伺服系统[1]（servosystem）。言语运动控制研究专

[1] 伺服系统（servosystem）是自动控制系统中的专业术语，是指利用控制器的作用能使系统所处的状态到达或接近某一预期值，并能将所需状态和实际状态加以比较，依照它们的差别（或这一差别的变化率）来调节接受器的自动控制系统。

家 Guenther 图示化了基本的听觉反馈伺服系统（见图 1.3）。控制器的输入是预期的听觉信号，而接受器的输出是声道实际产生的听觉信号。Guenther（2016）举了一个生活中的例子来帮助读者理解该伺服系统是如何工作的。由吉他手和吉他弦组成一个系统，吉他手可通过转动调音栓收紧或放松琴弦，将其调至特定频率。在这个系统中，吉他弦和调音栓就是接受器，而吉他手则充当控制器。控制过程的第一步是确定所需信号（本例中即为目标调谐频率）与实际信号（琴弦当前产生的频率）之间的差异。如果实际信号频率太低，吉他手的大脑会计算误差信号，并做出收紧琴弦的旋转动作以提高实际信号的频率。这一过程将持续下去，直至琴弦足够收紧能够产生适当的频率，当误差信号为零时，大脑将停止发放修正性运动指令。此外，系统中的增益因子[1]（gain，图 1.3 中标记为符号 G）决定了误差信号和运动指令两者之间关系的方向。误差信号是由目标频率减去实际频率得来的，因而当实际频率太低时，误差信号为正。假设正方向的运动指令导致收紧琴弦，负方向的运动指令导致放松琴弦，本例中的增益 G 将为正数，进而将正误差转换为收紧琴弦的运动。

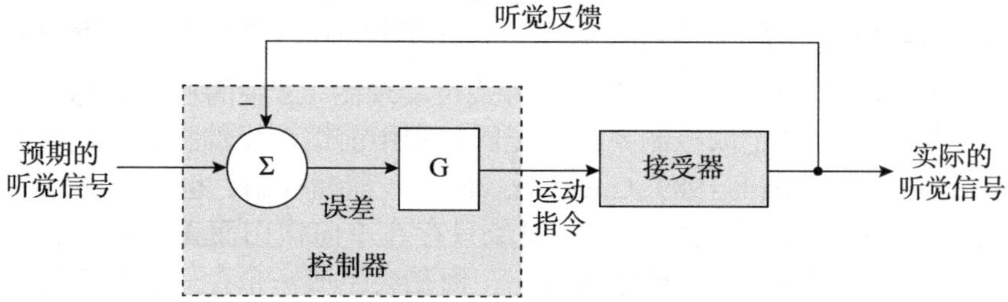

图 1.3　言语产生伺服系统的控制方式

（引自 Guenther, 2016）。预期的听觉信号和实际的听觉信号比较，两者之间的误差乘以增益因子（G）并传输到接受器以产生修正性运动指令。

反馈控制在工程和生物系统中具有广泛的适用性，尤其适用于不稳定、不可预测的外部环境，即使是简单的设计也能导致控制系统产生准确的运动（见图 1.3）。然而，纯反馈控制无法完全解释言语产生的运动控制过程（Parrell et al., 2019）。主要原因有三。其一，当反馈系统中增益因子 G 数值过大时可能会导致言语运动调整失控地增长或无限地振荡。其二，反馈系统严重依赖于反馈信号，所有的运动调整均基于监测到预期的听觉信号与实际的听觉信号之间存在差异。事实上，即使当人们听不见自己声音时也能清晰地说话，这表明大脑并非仅依据听觉反馈进行运动控制。其三，反馈系统的神经加工存在大量延时，不仅反馈信号的传播速度缓慢，而且信号接收后也需要经过较多处理，如从发送运动指令到产生肌肉收缩之间存在延时，而听觉系统转换声道产生的听觉信号也存在延时等。以上现象均会使得系统基于过时的状态信息计算修正性运动指令，从而导致言语产生的发生过程缓慢且稳定性较低（Civier et al., 2010）。

[1] 增益因子（gain）是指自动控制系统中输出信号与输入信号之间的比例关系，它反映了系统对输入信号的放大或衰减程度。

1.1.3 反馈误差学习

为了解决纯反馈控制带来的上述问题，研究者提出了反馈误差学习的机制以解释言语习得和言语产生过程（Kawato & Gomi, 1992）。反馈误差学习系统将反馈控制器与前馈控制器相结合，输送给接收器的总运动指令是前馈控制器和反馈控制器产生的运动指令之和（见图 1.4）。运动控制领域的研究者使用一些术语来指代运动指令与其感觉结果之间的关系，其中包括前向模型[1]（forward model）和逆向模型[2]（inverse model）。前向模型可以预测执行运动指令时将会出现的感觉反馈结果（Tian & Poeppel, 2010; Franklin & Wolpert, 2011; Tian & Poeppel, 2012）。当喉部肌肉收缩以关闭声带，同时呼吸肌收缩以在肺部产生气压时，发声运动得以实现。此时，言语产生取决于发送到舌头、下颌以及嘴唇肌肉的运动指令，前向模型将根据运动指令预期相应的听觉信号。逆向模型，顾名思义编码的是相反的关系，由预期的感觉结果作为输入，讲话者生成能够实现目标语音的运动指令。图 1.3 和图 1.4 中的控制器均为逆向模型的示例。

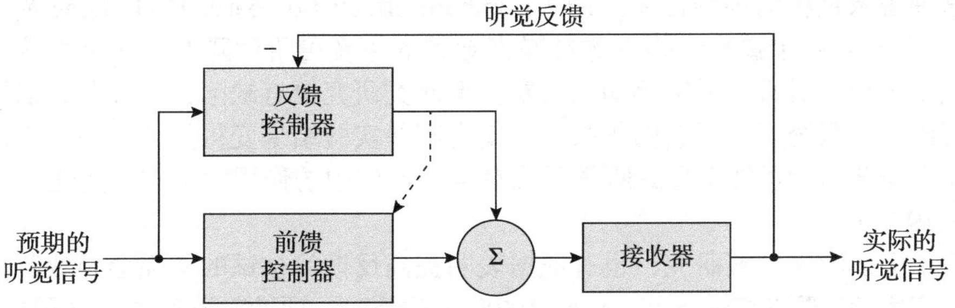

图 1.4　言语产生的反馈误差学习模型

（引自 Guenther, 2016）。在该系统中，前馈控制器利用反馈控制器的输出作为更新下次发音尝试前馈运动指令的参考信号（见虚线箭头）。

1.2 言语运动控制过程中感觉反馈的作用

当讲话者发声时，大脑接受发声运动产生的感觉反馈信息。一般来说，反馈包

[1] 前向模型（forward model）的神经基础是传出副本（efference copy），即在大脑内部复制的前馈控制系统向发音器官发放的运动指令，不同之处在于传出副本并不作用于发音器官，而是进一步传输至听觉皮层和躯体感觉皮层，分别形成基于运动指令的听觉和躯体感觉预期。

[2] 逆向模型（inverse model）依赖于人们在语言习得阶段建立的语音运动指令和感觉结果反馈之间的双向联结。在前馈控制系统中，当人们计划产生特定的音素或音节时，提取该目标语音相应的运动指令，运动指令发放至发音器官，指导上下唇、颌、舌以及喉部等详细的位置移动，最终实现发音。在反馈控制系统中，当人们监测到预期的感觉反馈和实际的感觉反馈不匹配时，编码相应的感觉误差，并基于感觉运动之间的转换关系编码修正性运动指令，最终改正言语产生中的错误。

括两种：一种是听觉反馈，即发声过程中听到的声音反馈；另一种是躯体感觉反馈（简称为体觉反馈），即发音器官肌肉运动产生的生理反馈（Sato et al., 2014）。言语运动控制领域的研究者主要关注在线运动控制[1]（online motor control）以及长时程校准和调整（long-term calibration and tuning）过程中感觉反馈发挥的作用（Parrell & Houde, 2019）。

1.2.1 在线运动控制过程中感觉反馈的作用

听觉反馈和体觉反馈都与在线运动控制有关。证据之一来自噪声掩蔽范式（noise masking paradigm），在该范式中，高强度的噪声掩蔽了被试在言语产生过程中的听觉反馈，进而影响其感知自身产生的语音。噪声掩蔽研究发现，当对比安静条件和噪声条件下的语音输出，被试在多种声学特征上存在显著差异，具体包括音强（intensity）、音高（pitch）、持续时间（duration）、语音质量（voice quality）和共振峰（formant）等（Summers et al., 1988）。被试在噪声环境下不自主地提高音强，这种现象被称为朗姆巴德效应（Lombard effect; Lombard, 1911; Lane & Tranel, 1971）。人们倾向于提高音强以弥补噪声导致的声音可听度降低，这也直接证明了言语产生过程中对听觉反馈感知的需要。但此类研究也有缺陷：一方面，强掩蔽噪声给言语产生系统引入了新的刺激，这使得阐释实验结果变得复杂；另一方面，特殊的噪声掩蔽情境可能会导致听觉系统在言语产生中的作用发生质性变化（Lane & Tranel, 1971）。

除了上述噪声掩蔽研究，也有证据表明提高反馈给被试的音强会导致其降低自身言语产生的音强（Chang-Yit et al., 1975）。此外，一项针对语后聋[2]的研究发现，关掉人工耳蜗（从而消除听觉反馈）会导致被试音强、音高、语音质量和元音共振峰等声学参数发生变化，并且变化的模式因人而异，这一发现也从不同维度证实了听觉反馈在语音在线运动控制中发挥着一定的作用（Svirsky et al., 1992）。

与听觉反馈类似，体觉反馈也被证明在言语产生过程中发挥着重要作用。早期研究考察了口腔体觉丧失这一特殊患者群体的言语产生，结果发现，被试通常患有严重的发音障碍（MacNeilage et al., 1967）。然而，这些患者先天性的体觉缺陷使得研究者很难区分究竟是在线控制还是前馈控制导致了他们的发音障碍。之后，研究者从健康被试的角度切入，试图通过掩蔽讲话者的口腔触觉反馈来解决上述问题。但该方法也有缺陷，虽然局部麻醉剂可能会掩蔽口腔的触觉（Casserly et al., 2016），但很难掩蔽来自肌肉、肌腱和皮肤的本体感觉信息（Niemi et al., 2006）。此外，舌部的本体感觉传入信息与运动指令的传出信息借助了相同的舌下神经进行信号传递（Fitzgerald & Sachithanandan, 1979），因而对这些神经通路施加的药理性神经阻滞将

[1] 在线运动控制（online motor control）指言语产生过程中实时的运动控制。言语运动系统持续不断地监测语言输出，以便在言语错误发生时立即进行修正。

[2] 语后聋（postlingual deafness）的定义为“已习得语言后出现的感音神经性聋，患病原因包括外伤、应用耳毒性药物、先天性疾病迟缓发病等”（任杰等，2023）。

对感觉和运动系统同时产生影响。总的来说，上述研究虽然无法完全阻断体觉反馈，但阻断的触觉反馈严重影响了人们言语产生的准确性，这表明躯体感觉系统对于实现精确的言语运动控制的重要性（Putnam & Ringel, 1976）。值得关注的是，上述研究中被试产生的语音虽然有所偏差，但在很大程度上仍然是可理解的，这表明存在某种类型的前馈控制器能够独立于感觉反馈运行。

关于体觉反馈的作用，更多的研究证据来自非人灵长类动物（non-human primates）的非言语运动行为。例如，耳聋的非人灵长类动物表现出了严重异常的非言语运动行为（Mott & Sherrington, 1895; Desmurget & Grafton, 2003），但是这些异常并非永久性的，有一些非人灵长类动物能够部分恢复正常的运动功能（Knapp et al., 1963）。有研究发现，在传入神经传导阻断后，经过特定训练（单关节指向动作）后的猴子仍然保留了进行精确动作的能力（Polit & Bizzi, 1979），后续的人类研究利用充气臂袖暂时性地阻断体觉的传入神经信号，结果也重复出上述动物研究中的发现（Kelso & Holt, 1980）。然而，传入神经阻断的患者难以进行更复杂的运动（Rothwell et al., 1982）。上述证据表明，在体觉反馈缺失的情况下，简单的运动控制似乎仍然可以实现，但体觉反馈对于更复杂的运动控制（如言语运动控制）具有不可或缺的作用。

考察运动控制中感觉反馈的作用，另一种方法是观察言语运动系统如何应对外部施加的感觉反馈扰动[1]（perturbation）。大量证据表明，言语产生系统确实利用听觉和体觉反馈提供的信息进行在线运动控制。早期研究者采用延时听觉反馈（delayed auditory feedback）范式，在该范式中，研究者利用特殊的设备和软件使讲话者的声音传到耳朵的时间有所延迟，通常是100~200毫秒[2]（millisecond, ms），此时人们通常会表现出类似口吃患者的言语不流利现象（Lee, 1950; Fairbanks, 1954; Yates, 1963）。延时听觉反馈范式通过延时干扰运动信息与听觉反馈的整合，证明了在线言语产生会受到听觉反馈的影响（Tian & Poeppel, 2015; Mitsuya et al., 2017）。但是有研究者质疑延时的操纵明显改变了听觉反馈的自然模式，被试能够意识到变化，因此提倡更为内隐[3]的实验操纵（Cai, 2012）。

近年来，现代声学信号处理技术的进步催生出听觉反馈扰动（auditory feedback perturbation）范式，该范式革新了言语运动控制的研究手段（Cai et al., 2012）。由于听觉反馈表现为外显的声学信号，通常容易获得和操纵，研究者开始以精细控制的方式改变听觉反馈，其中最常用的包括音强（Bauer et al., 2006; Patel et al., 2015; Senthinathan et al., 2021）、音高（Chang et al., 2013; Houde et al., 2019; Kearney et al., 2022）和共振峰（Daliri et al., 2018; Raharjo et al., 2021; Frankford et al., 2022）。以共振峰扰动为例（见图1.5），研究者通过麦克风记录被试产生的语音“head”，并将语音传输给电脑。数字信号处理软件追踪并估算语音信号的共振峰频率值，其中第

[1] 扰动（perturbation）指来自系统外部的干扰信号。控制系统除了受到给定输入的作用外，通常还受到外部扰动输入的作用，由此可能导致期望的系统性能无法实现。

[2] 毫秒（millisecond）是一种微小的时间单位，1秒等于1 000毫秒，符号为ms。

[3] 内隐（implicit）是指无意识、自动的加工过程，与之对立的概念是外显，即有意识、受控制的加工过程。

一共振峰[1]（first formant, F1）和第二共振峰[2]（second formant, F2）与元音音色的关系密切。之后，依据设定的共振峰参数（如降低 F1 值）引入听觉扰动，使得语音听起来更像是“hid”，改变后的 F1 值替换原始的 F1 值。最后，扰动后的听觉反馈通过耳机实时传递到被试耳中（Parrell et al., 2017）。被试通常意识不到外部扰动的存在，这是由于施加的扰动保留了听觉反馈的自然模式，并且传递扰动后的听觉反馈仅存在 11 ms 的延时，低于人耳可以探测的阈限（30 ms）[3]。

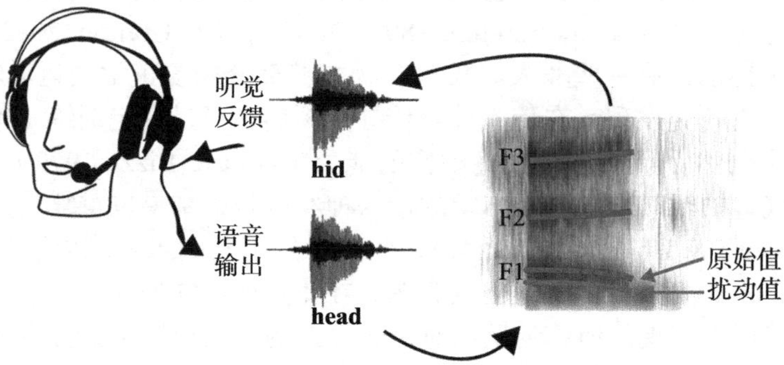

图 1.5　共振峰扰动操纵过程的示意图

（引自 Parrell et al., 2018）。讲话者的语音输出通过头戴式麦克风录制并传输到计算机。数字信号处理软件估算元音的共振峰频率（F1~F3），引入设定的共振峰扰动（降低 F1），并将重新合成的语音通过耳罩式耳机播放给被试。上述过程引起被试元音感知层面的变化，在此例中，“head”的发音听起来像“hid”。

为了考察听觉反馈的在线运动控制，研究者们发展出一种听觉反馈扰动范式的变式，即随机扰动范式（unexpected perturbation paradigm）。在此类范式中，听觉反馈扰动仅随机出现在部分实验试次当中（Cai et al., 2012）或实验试次的部分时间段当中（Korzyukov et al., 2017），被试无法预期扰动出现的位置，因而只能依托实时的听觉反馈结果在线调整其言语运动行为（见图 1.6）。随机扰动范式最主要的优势是建立了听觉反馈感知和言语运动调整之间的因果关系。在随机扰动实验中，被试通常会向人为扰动的相反方向调整言语运动，这种现象被称为补偿性反应（compensatory response 或 compensation）。例如，当反馈到耳朵里的声音 F1 值被降低时，讲话者会自动提高语音中的 F1 值（Parrell et al., 2017）。这种相反方向的补偿性反应表明，言语运动控制的目的是使听觉反馈维持在稳定状态，以确保准确的言语产生（蔡笑，张清芳，2020）。

---

[1] 第一共振峰（first formant, F1）与舌的垂直位置有关，舌位越高，F1 越低。

[2] 第二共振峰（second formant, F2）与舌的水平位置有关，舌位越前，F2 越高。

[3] 听觉反馈扰动实验中所谓的“实时”实际上也存在微弱的延时。Kim 等人（2020b）系统考察了不同种类的音频接口、台式电脑、笔记本电脑和音频驱动导致的硬件和软件延时。结果表明，实际的反馈延时通常比已发表文献中汇报的延时显著更长，并且音频接口和软件参数极大地影响了延时的数值。计算机专家需要思索如何在硬件和软件层面上进一步提高追踪、扰动和反馈语音信号的速度。未来涉及实时听觉扰动的研究应追求最小化反馈延时，以进一步提高科学研究的严谨性和实验效度。

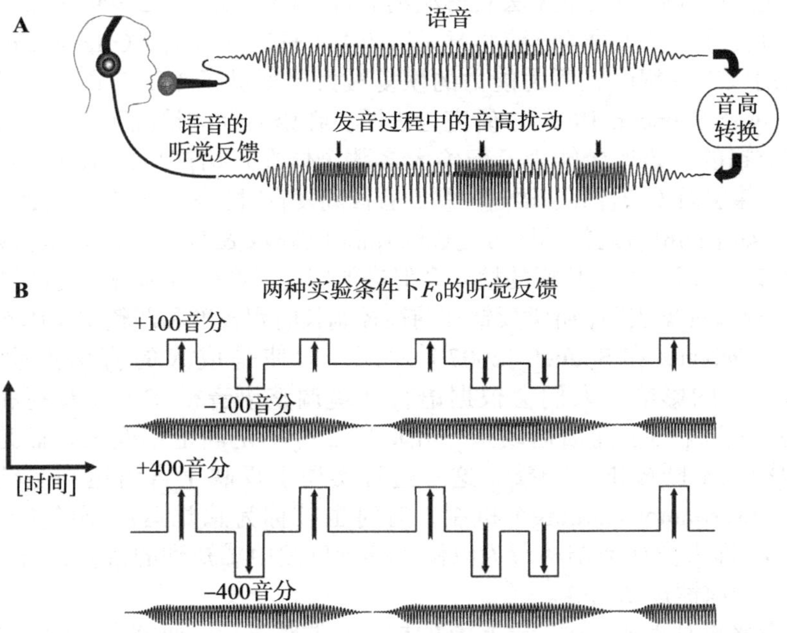

图 1.6　随机扰动范式操纵过程（A）和实验设计（B）的示意图

（引自 Korzyukov et al., 2017）。在被试每次 /ah/ 元音产生过程中施加三个音高扰动，扰动的间隔时间在 600~800 ms 内随机，音高转换后通过耳机实时播放至被试耳中。实验设计包括扰动幅度（100 音分、400 音分）和扰动方向（提高、降低）。被试无法预期扰动出现的位置，因而考察的是在线运动控制。

体觉随机扰动的研究中也发现了类似的结果。例如，在双唇音（例如，/p/）闭合期间对下唇施加意外的负荷，相比正常（即不施加扰动）的情况，上唇的位置会下降得更多以补偿扰动，从而使得双唇实现闭合状态（Abbs & Gracco, 1984; Gracco & Abbs, 1985）。重要的是，研究者们仅在双唇音（即由上唇和下唇同时产生的语音，如 /p/ 和 /b/）中发现下唇针对上唇扰动的补偿性反应，而在唇齿音（即由下唇和下齿同时产生的语音，如 /f/）中没有探测到类似的效应（Shaiman & Gracco, 2002）。这一结果表明，体觉扰动诱发的补偿性反应依赖于实验任务，只有当扰动影响被试实现当前的发音目标时，补偿性反应才会出现。

1.2.2 长时程校准和调整过程中感觉反馈的作用

除了在线运动控制，感觉反馈也在前馈控制的长时程校准和调整过程中发挥重要作用。言语运动系统会在长期（例如，儿童时期声道形状和构造的改变）和短期（例如，一天当中肌肉疲劳程度的改变）时间尺度上发生变化，但是大量证据表明，言语运动系统能够应对这两种类型的变化，并始终保持准确、流畅的言语产生。研究表明，先天性耳聋的儿童无法获得流利的言语产生能力（Cowie et al., 1982），患有轻度至重度听力损伤的学语前儿童无法产生可理解的言语（Oller & Eilers, 1988），但是当借助人工耳蜗时，听力能力的恢复极大地促进了被试言语产生能力的习得（Tye-Murray & Spencer, 1995）。研究也表明，在语后聋的情况下，尽管极少数个体仍然保留流畅的言语产生能力，但绝大多数个体在言语产生的诸多方面均有所退化，包括韵律层面（如音高、语音质量、音段间发音时长等）以及元音或辅音的发音控制层面，如不同语音之间的区分度逐渐降低（Cowie & Douglas-Cowie, 1983; Lane & Webster, 1991），但是人工耳蜗的植入会促进他们言语产生可理解性的恢复（Gould et al., 2001）。这些证据表明，听觉反馈在前馈控制长时程校准和调整中发挥着重要作用。

此外，Delvaux 和 Soquet（2007）发现，即使是成人的言语产生也会受到周围语言环境的影响，人们会根据语言环境调整语音模式（如音高和元音特征等），这进一步说明了前馈运动指令在形成后并不是固定不变的，而是会受到听觉反馈的影响不断校准、调整。这一过程实质上反映了言语运动系统的感觉运动学习（sensorimotor learning）机制，有时也被称为感觉运动调整（sensorimotor adaptation），即人类如何调整行为以修正感觉反馈中感知到的偏差，直至准确地习得产生语音的前馈运动指令。

为了考察长时程范围内前馈控制的校准和调整过程，研究者们发展出另一种听觉反馈扰动范式的变式，即持续扰动范式（sustained perturbation paradigm）。在此类范式中，听觉反馈扰动连续出现在大量试次当中，被试能够意识到言语输出中这种非偶然的错误，因而依托听觉反馈提供的误差结果逐渐校准和调整前馈运动指令（Kearney et al., 2020）。典型的持续扰动范式包括四个连续的阶段（见图 1.7）。第一，基线期（baseline phase），即被试在正常的听觉反馈条件下发声。第二，渐变期（ramp phase），即被试在听觉反馈扰动条件下发声，听觉反馈扰动的幅度逐渐增加直至到达峰值。第三，保持期（hold phase），即被试持续在最大幅值的听觉反馈扰动条件下发声，研究者通过多个试次重塑大脑中存储的语音的运动表征。第四，结束期（end phase），即研究者撤销扰动，被试在正常的听觉反馈条件下发声。当对比基线期和保持期的结果，研究者发现，被试通常向扰动的相反方向修正言语运动，为了

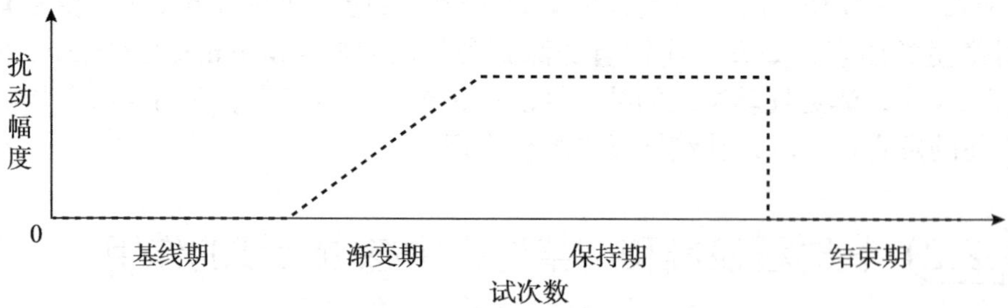

图 1.7　持续扰动范式操纵过程的示意图

（引自 Kearney et al., 2020）。在基线期，被试接受正常的听觉反馈（扰动幅度=0）。在渐变期，扰动逐渐从 0 增加到最大值。在保持期，扰动保持在最大幅度值。在结束期，听觉反馈恢复正常（扰动幅度=0）。

区别于随机扰动范式中的补偿性反应，持续扰动范式中的运动调整被称为调整性反应（adaptive response 或 adaptation）。大量共振峰（Purcell & Munhall, 2006a）、音高（Jones & Munhall, 2000）以及摩擦音频谱特征（Shiller et al., 2009）的持续扰动实验均稳定地发现了上述调整性反应。此外，当结束期扰动撤销后，调整性反应仍然会保持一段时间，也称后效[1]（aftereffect）。由于被试在基线期和结束期都接受正常的听觉反馈，后效说明被试已经调整了语音的前馈运动表征，即基于反馈错误的修正性运动指令被纳入前馈控制系统中，并指导被试随后的言语产生行为（Parrell et al., 2017; Daliri et al., 2018）。

体觉持续扰动的研究也发现了类似的结果，即使体觉扰动不会导致听觉错误，被试也会表现出调整性反应，这表明体觉反馈本身可用于校准和调整前馈运动指令（Jones & Munhall, 2003; Tremblay, Shiller, & Ostry, 2003）。有研究发现，当被试经历假牙修补手术后，即使当他们的听觉反馈被强噪声掩蔽，他们也会调整发音运动以适应自身声道形状的变化（Jones & Munhall, 2003）。已知听觉反馈和体觉反馈在前馈控制学习中均发挥作用，但两者相对的贡献尚不清楚。虽然上述研究发现被试在噪声掩蔽条件下能够根据体觉扰动校准并调整言语运动，但是当听觉反馈信息可供利用时，调整性反应的幅度显著大于无听觉反馈条件，这表明两种形式的反馈相互补充，共同发挥作用（Jones & Munhall, 2003）。之后，Lametti、Nasir 和 Ostry（2012）的研究引入了三种扰动类型，分别是 F1 听觉扰动、（不影响 F1 的）下颌体觉扰动和组合扰动（F1 听觉扰动 + 下颌体觉扰动）。实验发现，被试对组合扰动的运动调整量与对两种单独扰动的调整量大致相同，并且被试响应听觉扰动和体觉扰动的调整量之间存在负相关，也就是说，对下颌扰动调整量较大的被试往往对 F1 扰动的调整量较小，反之亦然。这些结果表明，言语产生的听觉反馈和体觉反馈控制机制在某种程度上是独立运作的，并且被试响应听觉和体觉扰动时调整性反应的幅度存在个体差异（类似的结果见 Baum & McFarland, 2000; Purcell & Munhall, 2006a; Munhall, et al., 2009）。然而，当研究者同时引入相互矛盾的听觉和体觉扰动时（如

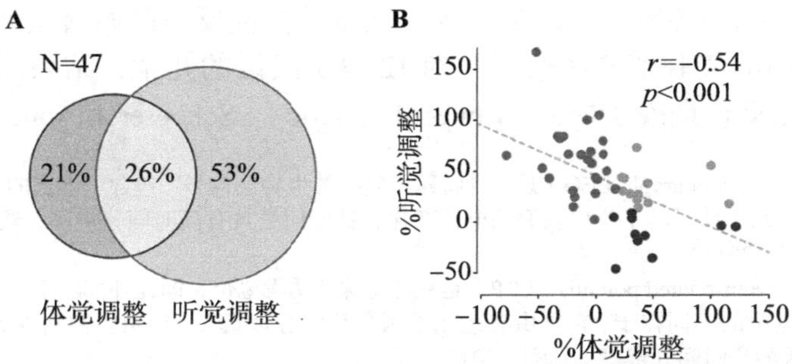

图 1.8 听觉和体觉反馈扰动调整性反应的相关分析结果的示意图

（引自 Lametti et al., 2012）。（A）21% 的被试（N = 10）仅响应体觉扰动，53% 的被试（N = 25）仅响应听觉扰动，26% 的被试（N = 12）同时响应体觉扰动和听觉扰动。（B）听觉和体觉扰动的运动调整量之间存在显著负相关，对体觉扰动调整量越大的被试对听觉扰动调整量就越小。

[1] 后效（aftereffect）是指某种行为或事件的结果在过去发生后仍能够对现在或将来产生影响的现象。

提高 F1 的同时向上提拉下颌），被试优先响应的是听觉扰动而非体觉扰动（Feng et al., 2011）。基于这一结果，Feng 等人（2011）提出，听觉反馈在长时程的言语运动调整中占据了更为主导性的作用。

1.3 听觉反馈控制的研究现状

本节内容仅关注了言语运动控制系统中的听觉反馈控制，这是由于听觉反馈不仅是形成言语运动控制技能的先决条件，还是言语输出过程中更直接和更重要的信息来源（Parrell & Houde, 2019）。早期研究者通常在行为层面探讨听觉反馈如何参与言语运动控制，随着脑成像技术的发展，大量研究者结合行为与脑电图[1]（electroencephalograph, EEG）、事件相关电位[2]（event-related potential, ERP）、脑磁图[3]（magnetoencephalography, MEG）或功能性磁共振成像[4]（functional magnetic resonance imaging, fMRI）等技术探讨听觉反馈控制的认知神经机制并取得了丰硕的成果。

1.3.1 听觉反馈控制的行为认知机制

关于听觉反馈控制的行为认知机制，研究者们关注的问题之一是在线听觉反馈控制的自动化或控制性加工属性。行为证据表明，听觉扰动发生后，被试生成补偿性反应的过程十分迅速，通常在扰动发生后的 100~200 ms（Bauer et al., 2006; Cai et al., 2012; Franken et al., 2018）。补偿性反应的始潜伏期[5]（onset latency）可作为衡量听觉反馈控制效率的重要指标，始潜伏期越短，说明在线听觉反馈控制的效率越高（Scheerer et al., 2013a, 2013b）。例如，Liu 等人（2010a）考察了 7 到 12 岁讲英语的儿童受听觉反馈扰动的影响，结果发现，儿童补偿性反应的始潜伏期晚于成人。后续研究采用相同的实验范式考察了 7 到 12 岁讲汉语的儿童，结果同样发现，儿童补偿性反应的始潜伏期晚于成人（Liu et al., 2010c）。Scheerer 和 Jones（2018）发现，

[1] 脑电图（electroencephalograph, EEG）是一种特殊而复杂的生物电信号，包含了丰富的大脑生理活动信息。大脑内亿万神经元活动引起了头皮表面的电压变化，脑电信号具有高时间分辨率，侧重时间上的信息传递和处理（崔刚，2015）。

[2] 事件相关电位（event-related potential, ERP）是一种特殊的诱发电位，即在外部刺激的作用下记录的电位，它与普通诱发电位的不同在于，它是由有意赋予刺激某些心理意义、利用多种刺激的变化引起的电位，也具有毫秒量级的高时间分辨率（崔刚，2015）。

[3] 脑磁图（magnetoencephalography, MEG）是以大脑磁场信号为基础的脑功能成像技术，其工作原理是当电信号在大脑神经细胞之间流动时，必然会产生相应的磁场，经过超导量子干涉仪的放大，磁信号转化为电压信号，并以此判断大脑工作区域的位置和强度（崔刚，2015）。

[4] 功能性磁共振成像（functional magnetic resonance imaging, fMRI）是一项定位与大脑中特定功能相关的脑活动的技术，它是一种血氧水平依赖性（blood oxygen level dependent, BOLD）成像技术，靠测定血液中含氧量的变化来测定大脑的工作区域或者病变区域（崔刚，2015）。

[5] 始潜伏期（onset latency）这里指从听觉扰动刺激出现到补偿性反应起始点的时间间隔。

听觉反馈控制系统即使对微小的听觉偏差也敏感，实验后的调查表明，被试有时意识不到扰动和补偿性反应的存在（Cai et al., 2011; Parrell et al., 2017）。Munhall 等人（2009）在实验中扰动共振峰并告知被试扰动的具体操纵，要求被试不进行运动修正。结果发现，即使告知被试实验操纵，他们也仍然会向扰动的相反方向调整运动，这表明补偿性反应不易受到有意识的策略影响。以上研究证据（即发生时间快、无意识的修正以及不受策略影响）都倾向于支持在线听觉反馈控制是一种自动化的加工过程（Korzyukov et al., 2012a）。

此外，研究者们也关注听觉反馈扰动幅度与补偿性反应幅度之间的关系及其认知机制。大量研究发现，补偿性反应的幅度通常只占听觉反馈扰动幅度的小部分（Liu et al., 2011a; Korzyukov et al., 2012a; Scheerer et al., 2013a, 2013b; Khoshhal Mollasaraei & Behroozmand, 2024）。例如，100 音分的音高扰动只能诱发小于 50 音分的补偿性反应（Korzyukov et al., 2012a; Scheerer et al., 2013b），甚至有研究报告了仅 8 音分左右的补偿性反应（Scheerer et al., 2013a）。一方面，这是由于言语运动控制同时依赖前馈和反馈控制系统（Guenther, 2006, 2016）；另一方面，听觉扰动只是造成了预期的听觉反馈和实际的听觉反馈不匹配，而预期的体觉反馈和实际的体觉反馈匹配，因而反馈控制需要同时加工紊乱的听觉反馈信息和吻合的体觉反馈信息。这种扰动和补偿的不对称现象说明，听觉反馈并非言语运动系统中唯一的信息输入，前馈控制和体觉反馈控制系统也参与言语运动控制，以防言语产生过多地受到听觉反馈的影响（Lametti et al., 2012; Kearney & Guenther, 2019; Murray & Stepp, 2020）。研究者们认为，补偿性反应的幅度可以间接衡量前馈和反馈控制系统的相对权重（Liu et al., 2011a; Cai, 2012; Scheerer et al., 2013a, 2013b; Murray & Stepp, 2020）。实验逻辑是，如果被试对前馈控制的依赖程度较低，听觉反馈控制系统的权重会提高，此时则更容易受到听觉反馈中扰动的影响，相应地表现出更大幅度的补偿性反应。

1.3.2 听觉反馈控制的电生理机制

虽然大量研究从行为层面揭示听觉反馈控制的发生机制，但是行为研究只能依托外显的运动调整来观察补偿性反应的最终结果，并无法考察被试在线的听觉预期、错误监测和运动修正过程。随着认知神经科学的兴起，不少研究者利用高时间分辨率的研究技术（EEG、ERP、MEG）来探讨听觉反馈控制的时间进程和相应的脑活动（Heinks-Maldonado et al., 2005; Chen et al., 2012a, 2012b; Scheerer et al., 2013a, 2013b; Scheerer & Jones, 2014; Behroozmand et al., 2015, 2016; Scheerer & Jones, 2018; Behroozmand et al., 2022）。

大量听觉扰动的研究中均稳定地发现了皮层听觉诱发电位[1]（cortical auditory

[1] 皮层听觉诱发电位（cortical auditory evoked potential, CAEP）是大脑对声音信号进行感觉、认知、记忆过程中产生的电位，被认为产生于听觉皮层的不同区域，是较为理想的探索中枢言语处理机制的电生理指标（李玉玲等，2020; 谢宇非等，2022）。

evoked potential)，即P1-N1-P2复合波[1]（典型的复合波波形见图1.9，即正向－负向－正向的电位），具体来说，与正常的听觉反馈条件相比，当被试在扰动听觉反馈条件下发声时P1-N1-P2的波幅有所增加（Behroozmand et al., 2009; Chen et al., 2012a, 2012b; Korzyukov et al., 2012a; Scheerer et al., 2013a, 2013b; Behroozmand et al., 2015, 2016; Coughler et al., 2022; Dai et al., 2022a, 2022b）。通过考察听觉扰动与补偿性反应以及神经活动变化的关系，研究者致力于揭示不同ERP成分相应的认知内涵（Liu et al., 2011a; Chen et al., 2012a, 2012b; Scheerer et al., 2013a, 2013b; Korzyukov et al., 2017; Cai et al., 2023b）。

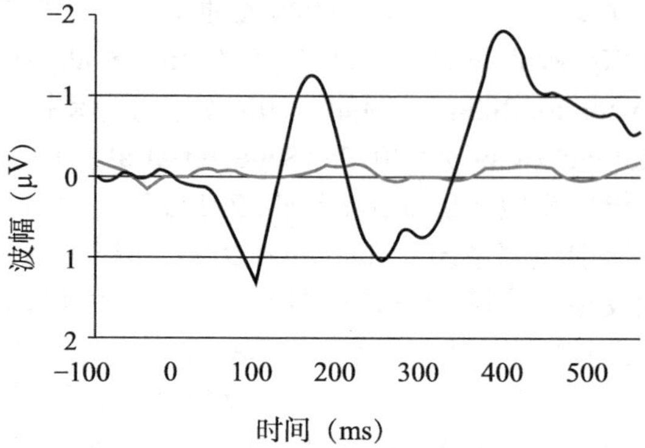

图1.9　音高扰动反馈条件下的P1-N1-P2波形图

（引自Scheerer et al., 2013a）。黑线代表响应音高扰动刺激时的ERP反应，而灰线代表响应正常听觉反馈时的ERP反应。时间零点代表音高扰动发生的时间点。

前期研究表明，P1成分反映了被试对早期听觉刺激变化的监测。例如，Scheerer等人（2013a）的研究在记录ERP的同时随机扰动音高反馈，扰动幅度包括50、100、150、200、250、300、350和400音分，结果发现，P1指标仅对是否扰动敏感，但是对音高扰动的幅度并不敏感。Korzyukov等人（2012a）的研究也发现，P1是以全或无的方式诱发，表明该成分反映了人们对一般性听觉刺激的初步监测。

相比P1成分，N1成分以及与之相关的言语诱发的抑制[2]（speaking-induced suppression, SIS）现象得到了更为广泛的关注。研究者们采用不同的实验技术均发现了SIS效应，其中包括ERP（Scheerer et al., 2013a, 2013b）、MEG（Heinks-Maldonado et al., 2005, 2006）和脑皮层电图[3]（electrocorticogram, ECoG; Greenlee et al., 2011; Chang et al., 2013）等技术。此外，在非人灵长类动物的研究中也观测到了

[1] P1-N1-P2复合波（P1-N1-P2 complex）由"潜伏期约为50 ms的较小正波P1、潜伏期约为100 ms的稍大负波N1以及潜伏期约为200 ms的宽大正波P2组成。P1-N1-P2复合波与听觉感知密切相关，测试过程中不需要受试者主观配合，且几乎任何言语声信号都能诱发出该反应"（孙晋等，2022）。因此，P1-N1-P2复合波有潜力成为客观评估晚期双语者一语和二语听觉反馈控制的有效指标。

[2] 言语诱发的抑制（speaking-induced suppression, SIS）效应指的是，当研究者比较被试发声时听自己正常的听觉反馈以及听与之类似但来自外部的听觉反馈（如自己声音的录音回放）时，前者将导致听觉皮层的活动显著降低，如N1或M1波幅降低（Whitford, 2019）。

[3] 脑皮层电图（electrocorticogram, ECoG）是一种通过将电极直接放置在暴露的大脑表面来记录脑活动的侵入性技术，也被称为颅内记录技术。

类似的 SIS 效应（Eliades & Wang, 2003, 2005, 2008）。但如果扰动被试的听觉反馈使之与其听觉预期不匹配，观察到的 SIS 效应将会消失（Houde et al., 2002; Heinks-Maldonado et al., 2006）。在此基础上，研究者推测 SIS 本质上反映了前向模型的预期机制，即神经系统将运动皮层发放的运动指令备份并直接传输至感觉皮层，这一机制允许大脑在内部模拟已编码好的动作并提前生成反馈结果的预期（Guenther, 1995; Tian & Poeppel, 2010; Houde & Nagarajan, 2011; Hickok, 2012; Railo et al., 2020; Kim et al., 2023b）。预期机制可调节感知觉加工，当预期的听觉反馈和实际的听觉反馈匹配时，由于没有产生语音错误，听觉皮层的活动降低。但是当预期的听觉反馈和实际的听觉反馈不匹配时，听觉皮层的活动增强，额外的神经资源用于编码和修正语音输出中的错误（Heinks-Maldonado et al., 2005, 2006; Behroozmand et al., 2016; Railo et al., 2020; Kim et al., 2023b）。

在 Scheerer 等人（2013a）的研究中，不同幅度的音高扰动条件均比未扰动条件诱发了更大的 N1 波幅，但不同于 P1 成分，N1 成分的波幅变化受到扰动幅度的影响，具体来说，大幅扰动（如 400 音分）比小幅扰动（如 50~250 音分）诱发更大的 N1 波幅（绝对值），而相对小幅度的扰动条件诱发的 N1 波幅则类似。这与 Liu 等人（2011a）的研究结果相吻合，即 500 音分和 200 音分扰动条件比 100 音分扰动条件诱发更大的 N1 波幅（类似的结果模式见 Behroozmand & Larson, 2011）。研究者们推测，N1 成分不仅反映了听觉反馈控制中的前向预期机制，还确保了讲话者对内部和外部产生言语的区分（Heinks-Maldonado et al., 2005; Behroozmand & Larson, 2011; Liu et al., 2011a; Scheerer et al., 2013a）。当实际的听觉反馈违反预期但仍可以被认为是由自己产生时，N1 波幅以全或无的方式增加。但当大幅扰动发生时，讲话者认为超出了生理学上自身可产生语音的范围，因而判断听觉反馈来自他人，并分配更多的神经资源加工外部听觉信息，在脑活动层面上表现为更大的 N1 波幅。

研究者越发关注在线运动控制在神经层面上的表现，目前 P2 成分被认为反映了人们基于听觉反馈中的偏差生成修正性运动指令的认知过程（Liu et al., 2011a; Jones et al., 2013; Scheerer et al., 2013a; Chen et al., 2015）。相比 P1 和 N1 成分，P2 波幅根据扰动幅度表现出了最为系统的变化。例如，Scheerer 等人（2013a）的研究发现，在 50~250 音分的扰动区间内，P2 波幅随扰动幅度的增加而增加，但 P2 波幅并非一直线性上升，当扰动幅度大于 250 音分时，其波幅开始下降。有趣的是，行为层面上的补偿性反应也表现出与 P2 波幅相似的变化模式，即当扰动幅度较小时，补偿性反应随扰动幅度的增加而增加，但是当大幅扰动发生时，讲话者判断听觉反馈来自外部而非自身，因而不会做出补偿性反应或补偿性反应的幅度较小（Scheerer et al., 2013a; Tian & Poeppel, 2015）。上述 P2 成分的波幅变化显示，讲话者具备听觉门控机制[1]以应对内部和外部产生的言语错误。

[1] 听觉门控机制（auditory gating mechanism）反映了“大脑对听感觉刺激的早期加工能力，能特异性地抑制无关感觉刺激的输入，从而保证大脑高级认知过程（如记忆、思维、决策等）不受感觉刺激超载影响”。当人们面对海量的听觉输入信息，听觉系统必须将有限的神经资源集中于重要的听觉信息进行优先加工。听觉门控机制反映了大脑的早期信息选择能力，是一种自动化的加工机制（雷铭，李朋波，2020）。

为了进一步验证 P2 成分的认知内涵，部分研究者尝试分析了补偿性反应和 P2 波幅的关系。相关和回归分析的证据表明两者存在相关，补偿性反应解释了大部分 P2 波幅的方差变异（Jones et al., 2013; Scheerer et al., 2013a; Kort et al., 2014; Scheerer & Jones, 2014; Chen et al., 2015）。此外，有关 P2 波幅的溯源分析也发现，其神经来源包括外侧裂脑区（Hari et al., 1980），而外侧裂的后部区域（即颞顶交界处）被认为是负责听觉运动转换的核心脑区（Hickok et al., 2003; Hickok, 2012）。

近年来，研究者们开始尝试利用时频分析来探讨听觉反馈控制的电生理机制，并发现 θ 频段和 δ 频段的神经振荡[1]活动具有重要意义（Cruikshank et al., 2012; Cavanagh & Frank, 2014; Behroozmand et al., 2015; Sarmukadam & Behroozmand, 2022, 2023）。例如，Cavanagh 和 Frank（2014）发现，δ 频段（1~4 Hz）和 θ 频段（5~8 Hz）的活动反映了对扰动听觉反馈中新异、冲突以及错误信息的加工，因而在神经层面上标记了人们的认知控制。Behroozmand 等人（2015）的研究对比了音乐家和非音乐家在音高扰动实验中电生理活动的差异，结果发现被试对音高扰动做出补偿性反应的同时伴随有相位一致性 θ 频段额中区域的振荡活动，且音乐家 θ 频段的振荡强度高于非音乐家。当扰动呈现 1 秒后，额叶区域出现非相位一致性 δ 频段的振荡活动，且音乐家 δ 频段的振荡强度低于非音乐家。此外，δ 频段的振荡活动与扰动结束后被试重新调整音高以回归基线水平的能力有关。基于上述观察，研究者推测，θ 频段在电生理层面标记音乐家更为优越的音高反馈加工能力，这也反映了人们整合听觉反馈进行运动控制的机制（Cruikshank et al., 2012; Behroozmand et al., 2015），而 δ 频段标记言语运动学习的机制，即个体如何依据听觉反馈中的错误更新前馈运动指令并指导后续言语产生（Behroozmand et al., 2015）。时频研究从不同角度补充了听觉反馈控制的神经机制，未来研究应继续探讨不同频段神经振荡活动的认知内涵。

综上所述，P1-N1-P2 的波幅变化表明，当听觉反馈扰动发生时，个体可以在早期监测到听觉信息的异常，调用更多的神经资源加工听觉错误，并基于反馈错误进行相应的运动调整。此外，δ 频段和 θ 频段的神经振荡活动可能参与了听觉和运动信息的整合过程。

1.3.3 听觉反馈控制的脑激活机制

言语感知与言语产生是两个互逆的过程，两者均需要听觉系统与运动系统的参与，听觉与运动系统的紧密联系也是人际沟通交流的基础（Hickok, 2012, 2022）。言语运动系统中前馈控制和反馈控制的协同合作证实了言语产生（运动维度）和言语感知（听觉维度）的直接联系，反映在神经层面运动皮层与听觉皮层的相互联系保障了言语产生的顺利进行（Bohland & Guenther, 2006; Galantucci et al., 2006; Skipper et al., 2017）。运动感觉转换是大脑直接联系运动系统和感觉

[1] 神经振荡（neural oscillation）指中枢神经系统中一群神经元有节律地或重复地放电。每秒的放电次数代表该振荡的频率。由于放电次数不同，各个频段就可以被区分开来。

系统的关键机制，具体实现的方式是运动系统经由体觉系统的中转来激活听觉系统（Tian & Poeppel, 2010, 2012; Zhang et al., 2023）。一方面，在言语感知过程中，由于感觉皮层需前向预期运动指令的结果，运动皮层将会激活，与此同时也会自上而下地调节言语感知的过程；另一方面，在言语产生过程中，由于实际的听觉反馈是反馈控制的重要信息输入，听觉皮层将会激活，与此同时自下而上地调节言语产生的过程（Hickok et al., 2011）。言语感知和言语产生这种动态交互的特性已得到行为学和神经影像学证据的支持（Tian & Poeppel, 2012; Tian et al., 2016, 2018）。

研究者提出了言语加工的双通路模型（见图 1.10），其中腹侧通路负责将语音信息映射到语义表征，而背侧通路负责将语音表征映射到发音运动表征，通俗来讲，就是根据刺激判断“怎么做”才能说成这样（Friederici & Gierhan, 2013）。参与听觉反馈控制更重要的是背侧通路，该通路中高级听觉加工区域（包括颞上沟和颞上回后部、颞平面后部、腹侧缘上回和颞平面的 Spt 区）、前运动区域（包括腹侧和背侧前运动皮层）和额叶区域（包括额下回三角部、腹背侧额叶岛盖）通过上纵束和弓状束联系（Herman et al., 2013; Kearney & Guenther, 2019）。在背侧通路中，位于颞平面的 Spt 区被认为是“中继站”的感觉运动接口（sensorimotor interface），

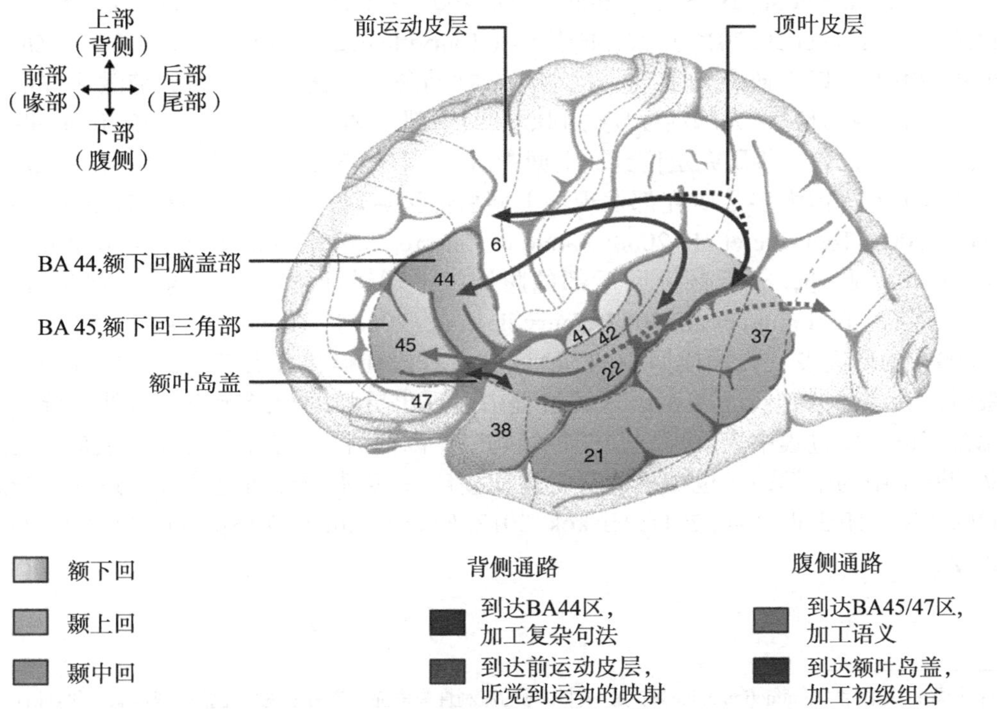

图 1.10　大脑左半球与语言相关的脑区和纤维束的简明视图

（引自 Friederici & Gierhan, 2013）。连接前运动皮层与颞上回、颞上沟后部的背侧通路涉及上纵束。连接 BA44 区与颞上回后部的背侧通路涉及弓状束。注：彩图参见本书第 271 页。

负责连接语音网络和发音网络。Spt 区接受颞上沟和颞上回中的语音表征并进行感觉运动转换，然后将其投射到左侧后额叶的发音网络中（Hickok & Poeppel, 2007; Hickok, 2022）。

神经心理学的证据表明，当背侧通路被破坏时，言语运动控制会出现障碍（Hickok et al., 2011; Liégeois et al., 2019）。一种典型的言语障碍是传导性失语症[1]，这类脑损伤患者呈现出完整的言语理解能力和产生能力，但他们复述语音序列的能力严重受损（Geschwind, 1965）。此外，如果在正常被试中使用经颅磁刺激[2]（transcranial magnetic stimulation, TMS）技术暂时破坏背侧通路，听觉反馈控制同样会受到影响。例如，Shum 等人（2011）的研究发现，当顶下区域（靠近 Spt 区）的神经活动被抑制时，被试响应共振峰扰动的补偿性反应显著减少。

神经影像学研究发现，当实验者人为地改变返回到被试耳中的听觉反馈时会观察到颞叶区域显著激活，表明这一脑区与听觉错误的加工有关（Fu et al., 2006; Toyomura et al., 2007; Tourville et al., 2008）。例如，Tourville 等人（2008）的研究要求被试产生单音节词（如“beck”和“bet”等），命名过程中随机改变听觉反馈中的 F1（提高 30% 或降低 30%），实验者对比听觉扰动和正常条件下大脑的激活情况。这类研究的扰动方式通常包括延时听觉反馈（Hashimoto & Sakai, 2003）、音高扰动（McGuire et al., 1996; Toyomura et al., 2007; Zarate & Zatorre, 2008; Zarate et al., 2010; Parkinson et al., 2012）、共振峰扰动（Tourville et al., 2008）和噪声掩蔽（Zheng et al., 2010）。以上研究均发现，扰动与未扰动条件相比在颞上回的脑激活程度更高，其中一些研究将大脑活动定位到颞上回中部（McGuire et al., 1996; Tourville et al., 2008），也有一些研究定位到颞上回中后部（Hashimoto & Sakai, 2003; Parkinson et al., 2012），但大多数研究都发现颞上回后部区域对扰动最为敏感（Hashimoto & Sakai, 2003; Tourville et al., 2008; Zarate & Zatorre, 2008; Zarate et al., 2010; Zheng et al., 2010）。此外，靠近颞上回后部的腹侧缘上回激活程度也更高（Hashimoto & Sakai, 2003; Toyomura et al., 2007; Tourville et al., 2008）。Hickok、Okada 和 Serences（2009）的研究发现，颞横回中的 Spt 区域在言语理解和言语产生任务中都会得到激活，其中部分神经元在言语理解过程中表现出更强的神经响应，另外部分神经元在言语产生过程中表现出更强的神经响应。因而研究者推测，Spt 区域是听觉运动脑网络中的中继站（也被称为听觉运动接口），负责语音听觉表征和运动表征之间的转换（Hickok et al., 2011; Hickok, 2012; Buchsbaum & D'Esposito, 2019; Hickok, 2022）。

---

[1] 传导性失语症（conduction aphasia）是一种罕见的流利性失语症，患者呈现出完整的理解能力和言语产生能力，但词汇或句子重复能力较差。自发言语中的常见语误有音位调换和替代。

[2] 经颅磁刺激（transcranial magnetic stimulation, TMS）是利用时变的脉冲磁场作用于神经系统，改变皮质神经细胞的膜电位，使其产生感应电流，影响脑内代谢和神经电活动，从而引起一系列的生理生化反应的磁刺激技术。该技术通过“激活或抑制特定脑区的功能来观察被试的行为和脑神经活动改变，从而获得特定脑区与认知功能的因果关系”（莫李澄等，2021）。

1.4 前馈控制的研究现状

在言语科学领域，研究者们一直试图了解人类如何习得和更新前馈控制系统。研究表明，听觉反馈在前馈控制能力的习得、保持和更新方面均发挥了重要作用（Cai, 2012）。早期研究者利用持续扰动范式在行为层面探讨前馈控制更新的认知规律，近期部分研究者开始结合该范式和EEG/ERP技术来揭示前馈控制更新的电生理机制并取得了初步的成果（Sengupta & Nasir, 2015; Behroozmand & Sangtian, 2018）。基于正常和言语障碍被试的fMRI研究结果，研究者总结了前馈控制更新的神经基础（Kearney & Guenther, 2019; Parrell & Houde, 2019）。

1.4.1 前馈控制的行为认知机制

关于前馈控制的行为认知机制，研究者们关注的问题之一是前馈控制和反馈控制的关系。在正常对话的语流中，语音产生的平均速度为每秒10个音素，而生成修正性运动指令大约需要130 ms，因而单纯的反馈控制系统无法有效地在线控制这种流畅的语音序列（Perkell, 2012）。人们普遍认为，当语音系统习得并成熟后，言语产生几乎完全在前馈系统的控制下运行。尽管反馈系统始终处于工作状态，可为人们监测和修正言语错误提供服务（Guenther, 2016），但在实验室情境外，人们通常展现出成熟流利的语音，因而反馈控制系统发挥功能的频率较低。如前所述，反馈误差学习的机制是通过监测预期的和实际的发音结果差异并编码修正性运动指令来实现的。行为研究也证实了该假设，如果言语错误在多次发音尝试中持续存在，则修正性运动指令被纳入到未来的前馈运动指令当中，这也是前馈系统学习和更新的机制（Perkell et al., 2004a, 2004b; Villacorta et al., 2007）。例如，Villacorta等人（2007）的持续扰动研究要求被试口语产生单词（如“bet”“get”“peck”），与此同时研究者施加实时的F1扰动，结果发现，被试在大量试次中向扰动相反方向调整其运动指令，以此修正由F1扰动导致的听觉反馈错误。近期研究表明，共振峰持续扰动范式下的调整性反应取决于施加的共振峰扰动方向，且受到目标元音相对高度和靠后程度的影响（Kothare et al., 2020）。

研究者们也关注听觉反馈扰动幅度与调整性反应幅度之间的关系及其认知机制。Villacorta等人（2007）发现，调整性反应幅度小于完全补偿听觉扰动所需的量，其中降低F1扰动组的调整性反应约占扰动幅度的35%，提高F1扰动组的调整性反应约占扰动幅度的50%。研究者解释，这种不完全补偿的原因之一是受元音体觉目标的影响，因为基于听觉错误的运动调整进一步导致了体觉错误，而基于体觉错误的运动调整将部分抵消（反方向的）听觉调整性反应。该项研究也发现调整性反应存在较大的个体差异。早期研究表明，当讲话者的听觉敏锐度[1]较高时，其听觉目

[1] 听觉敏锐度（auditory acuity）指听觉器官对不同频率和强度的声音刺激作出反应的灵敏程度。

标区域也更为精细且不同元音在元音声学空间内间隔较远（Newman, 2003; Perkell et al., 2004a, 2004b, 2008）。Villacorta 等人（2007）进一步验证了讲话者的听觉敏锐度与其调整性反应幅度的正相关关系。F1 扰动由指向右侧的虚线箭头表示，F1 误差值由垂直虚线表示。高听觉敏锐度讲话者表征元音 /e/ 的听觉目标域较小，因而其 F1 误差值（垂直线）与听觉目标域边缘之间的距离较大（见图 1.11）。当响应持续 F1 扰动时，具有高或低听觉敏锐度的讲话者都将不断调整言语运动，直至他们产生的听觉反馈（包括扰动）的 F1 值落入目标区域内，所以高听觉敏锐度讲话者将产生更大幅度的调整性反应。

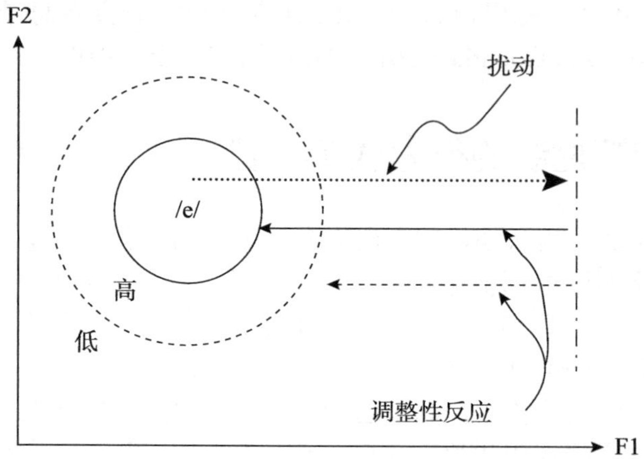

图 1.11　高听觉敏锐度（实线圆）和低听觉敏锐度（虚线圆）讲话者的听觉目标域以及响应元音 /e/ F1 扰动的调整性反应的示意图

（引自 Perkell, 2012）。F1 扰动由（右朝向）点箭头表示，高 / 低听觉敏锐度讲话者的调整性反应分别由左朝向的实线和虚线箭头表示。

此外，研究者们关注扰动语音导致的言语运动调整是否能够泛化到其他未扰动语音上。Cai 等人（2010）考察了汉语母语者在响应共振峰扰动时如何产生三合元音（triphthong，由三个元音构成的 VVV 式复元音）/iau/，以及调整性反应能否泛化到其他时间或空间特征与 /iau/ 不一样的元音上，如 /uai/、/iou/、/iao/ 等。实验结果发现，这种泛化效应广泛存在但比较微弱，且效应量随着两个语音相似程度的降低而递减。Reilly 和 Pettibone（2017）也发现，重复扰动特定元音的听觉反馈不仅会改变被扰动元音的产生（即调整性反应），也会改变邻近的未被扰动元音的产生（即泛化效应）。以上证据揭示了不同元音的前馈运动指令可能不是独立表征的，否则某个元音基于听觉反馈错误的前馈表征更新不会影响其他元音的产生。因此，研究者推测，时间或空间特征相似的元音可能共享某些机制以计算语音的运动轨迹，这样某个元音感觉运动映射的调整会导致其他元音感觉运动映射关系的改变。上述发现对言语运动控制的理论提出了挑战，如 Guenther（2016）将不同语音单位视为独立的表征，人们单独存储各语音单位的前馈运动指令，但这种观点无法解释不同元音的泛化效应。进一步的研究需要解释不同语音间的泛化，以加深人们对前馈控制认知神经机制的理解。

1.4.2 前馈控制的电生理机制

虽然大量行为研究揭示了前馈运动学习的发生机制，神经影像学研究也帮助识别了参与该过程的脑网络，但目前电生理研究相对匮乏，仅有极少数研究开始借助 EEG 和 ERP 技术提供精确的时间进程信息，探索言语运动学习过程中相关脑网络明确的时空整合机制（Sengupta & Nasir, 2015; Sengupta et al., 2016; Behroozmand & Sangtian, 2018）。

不同领域的证据表明，θ 频段（3~8 Hz）和 γ 频段（30~55 Hz）的神经振荡和跨频段耦合在多种认知和感觉运动任务中发挥了重要作用（Herrmann et al., 2010; Burke et al., 2013）。Fries（2005）提出，θ 和 γ 频段神经振荡的同步性活动促进了人们行为过程中脑网络内的交流。虽然言语感觉领域有研究已经探索过神经振荡的作用（Arnal et al., 2011; Giraud & Poeppel, 2012），但仍未有研究从言语运动学习的角度考察过该问题。为了弥补这一研究空白，Sengupta 和 Nasir（2015）首次利用共振峰持续扰动范式考察了前馈控制更新过程中的神经振荡机制。结果发现，伴随共振峰的持续扰动，不同脑区 θ 和 γ 频段的相位一致性表现出共同变化的趋势。具体来说，在言语计划期（–300~0 ms），顶中区域电极相位一致性显著提高，与此同时额颞区域电极相位一致性显著降低（主要结果见图 1.12）。研究者们指出，动态交互的脑网络中相位一致性的重组可能反映了基于错

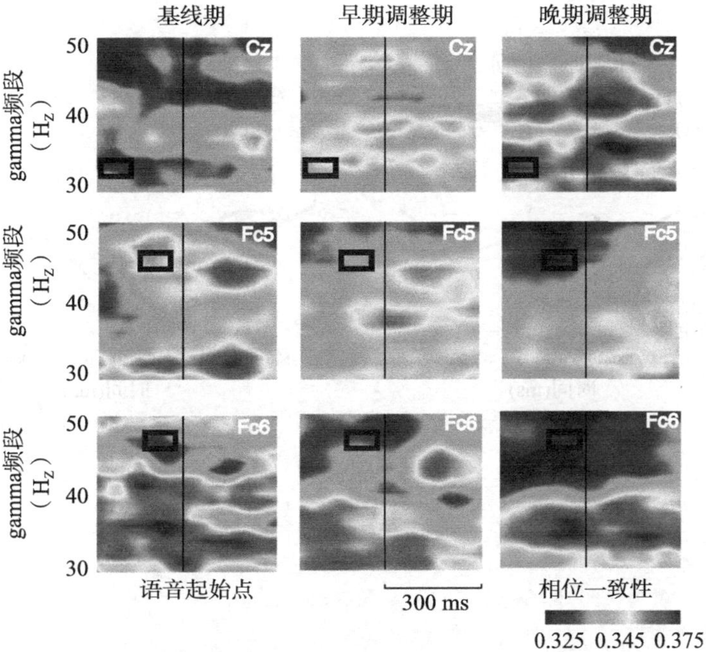

图 1.12　共振峰持续扰动实验中基线期、早期调整期和晚期调整期 θ 和 γ 频段相位一致性的变化过程

（引自 Sengupta & Nasir, 2015）。发音起始点前的 –300~0 ms 为言语计划期，发音起始点后的 0~300 ms 为言语产生期。注：彩图参见本书第 271 页。

误的言语运动学习过程（Sengupta & Nasir, 2015）。这项研究也首次在听觉运动整合中验证了神经振荡以及 θ 和 γ 高低频跨频段耦合[1]的作用。

在上述研究的基础上，Behroozmand 和 Sangtian（2018）结合音高持续扰动范式和 ERP 技术进一步考察了前馈控制更新的电生理机制。结果发现，波幅分析仅在言语产生期（0~200 ms）探测到额中部和顶部电极表现出与音高扰动相关的 ERP 活动（见图 1.13A）。具体来说，在额中部电极，早期调整期和晚期调整期的平均波幅显著高于基线期和结束期的平均波幅。该成分可能反映了一般性感觉运动调整的神经过程，即前馈运动指令的重新编码。在顶部电极，晚期调整期的平均波幅显著高于基线期、早期调整期和结束期的平均波幅。该成分可能反映了长时程范围内言语运动学习的神经过程，即只有当被试长期接触扰动听觉反馈后才会表现出的特异性脑电成分。相关分析发现，行为调整性反应与顶部电极的 ERP 活动呈显著负相关，而与额中部电极的 ERP 活动呈显著正相关（见图 1.13B），这一发现再次验证了感觉运动调整是以听觉反馈作为媒介来重新编码和更新前馈运动指令。此外，源定位分析发现，双侧顶上小叶是基线期和晚期调整期大脑活动差异的神经激活源，支持了顶叶区域在前馈控制系统更新中的作用（见图 1.13C）。以上研究分别从相位锁定和非相位锁定活动初探了前馈控制系统更新的脑机制，实验发现互为补充，但现有的研究基础仍相对薄弱，未来需要更多的研究继续探索感觉运动学习的过程。

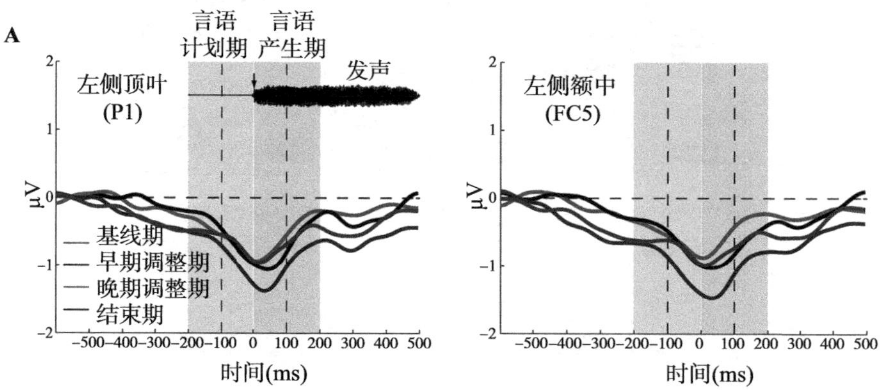

[1] 耦合（coupling）是“时频分析应用到 EEG 数据分析领域最广泛的指标之一。耦合是计算不同电极间同步活动的指标，反映了认知加工过程中的一种整体网络功能。有多种不同的耦合指标，如同频率信号相位之间的耦合（即相位同步性），不同频率振幅 / 能量之间的耦合，低频信号相位和高频信号能量之间的耦合等”（武侠等，2018）。

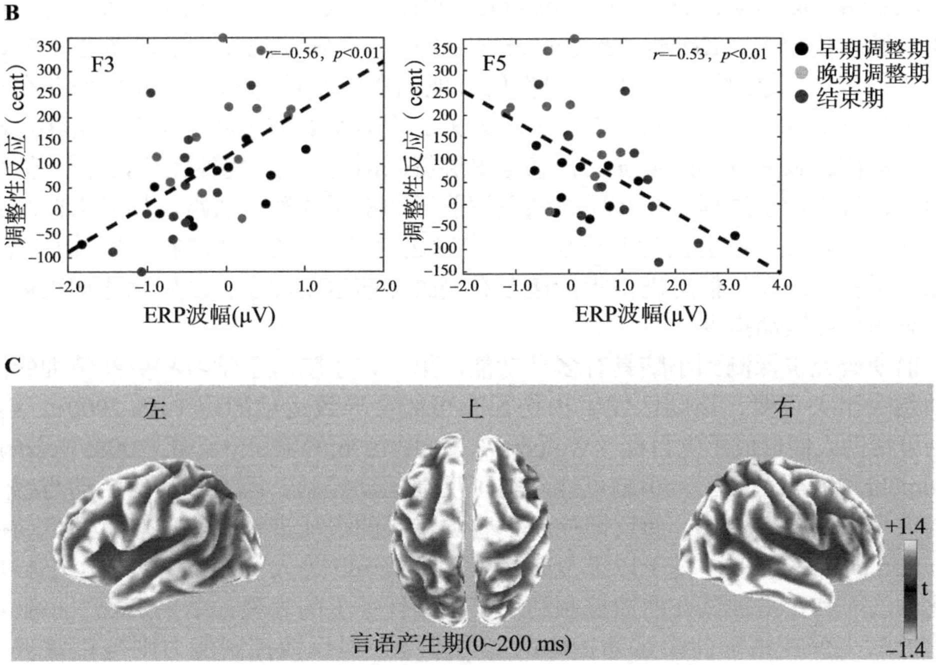

图 1.13　持续音高扰动实验的 ERP 结果

（引自 Behroozmand & Sangtian, 2018）。（A）基线期、早期调整期、晚期调整期和结束期的波形图。（B）调整性反应和言语产生期 ERP 活动的相关分析图，黑色、灰色和蓝色的点分别代表早期调整期、晚期调整期和结束期与基线期的波幅差异。（C）言语产生期内（0~200 ms 的时间窗口）晚期调整期和基线期脑活动差异的源定位分析结果。注：彩图参见本书第 272 页。

1.4.3 前馈控制的脑激活机制

虽然不同的言语运动控制模型在理论观点上存在分歧，但是它们都认同部分脑区的作用（Guenther & Hickok, 2016; Parrell & Houde, 2019; Miller & Guenther, 2021; Hickok et al., 2023）。例如，前运动皮层必然对低级运动系统产生自上而下的影响，指导发音器官移动以产生目标语音，如果该脑区损伤会导致缄默症[1]（Jürgens, 2002; Arnts et al., 2020; McAfee et al., 2023）。目前研究者普遍认为，左侧腹侧前运动皮层是前馈控制的核心脑区，主要包括腹侧中央前回、邻近的额下回后部和前脑岛。上述脑区负责读取语音精细编码的发音运动程序，并将信号进一步传递到初级运动皮

[1] 缄默症（mutism）是一种精神心理疾病，指患者在持续的较长时间内不说话或者仅用极其有限的语言进行交流。患者的言语器官无器质性病变，智力发育也无障碍，但表现出沉默不语的症状。缄默症可分为先天性和获得性。先天性缄默症是由于大脑发育异常导致语言中枢受损，患者出生后即有言语障碍，终生无口语表达能力。获得性缄默症多见于儿童期，发病前常有急性应激事件如受到惊吓等，也可继发于脑炎、颅脑外伤等器质性疾病之后。

层（Guenther & Vladusich, 2012; Guenther, 2016）。该假设的证据来自大量言语运动障碍的脑损伤研究（Kearney & Guenther, 2019）。在脑损伤发生前具备正常言语产生能力的人，当腹侧前运动皮层损伤后，他们在运动计划和编码方面均存在缺陷（Ballard et al., 2014; New et al., 2015a）。此外，左侧腹侧前运动皮层也负责将运动目标进一步传递到高阶的感觉皮层，感觉皮层编码语音信号的感觉目标表征。值得注意的是，言语产生过程不存在反馈到左侧前运动皮层的神经通路。如果未监测到言语错误，感觉皮层不会向运动皮层进一步发送信号。但如果监测到语音输出错误，感觉皮层将不匹配的信息进一步传递至右侧腹侧前运动皮层，之后到达初级运动皮层编码修正性运动指令。

前期研究也探测到小脑具有多种功能。第一，小脑对于学习和更新精细的前馈运动指令至关重要，该脑区发生损伤很有可能会导致运动障碍（Ito, 2000）。第二，小脑可帮助人们形成感觉目标（Wolpert & Miall, 1996; O'Reilly et al., 2008; Herzfeld & Shadmehr, 2014）。第三，小脑可能参与了反馈运动控制，因为小脑的活动与感觉错误的大小以及频率相关，而反馈控制中感觉错误的表征进一步驱动修正性运动指令（Grafton et al., 2008）。基于以上复杂的发现，Parrell 等人（2017）对比了小脑功能退化的病人和正常被试在前馈控制和反馈控制任务上的表现，结果发现，小脑功能退化的病人保持精确前馈运动指令的能力下降，但反馈控制能力则与正常被试相似。Lametti 等人（2017）对小脑区域施加 TMS，结果也发现，实验组比控制组表现出更大幅度的调整性反应。因此，当前研究证据倾向于支持小脑更关键的作用是更新和保持前馈运动指令。

此外，顶叶皮层和基底神经节[1]也被认为参与了前馈控制。一方面，顶叶皮层整合不同来源的感觉反馈信息（Ostry & Gribble, 2016; Behroozmand & Sangtian, 2018），该脑区损伤会导致个体前馈控制系统的更新能力减弱（Shadmehr & Krakauer, 2008; Shum et al., 2011）。例如，Shum 等（2011）的研究发现，在顶叶区域施加 TMS，实验组比控制组表现出更小的调整性反应。另一方面，脑损伤病人的证据支持了基底神经节可能也参与前馈控制系统的更新。帕金森病[2]患者的感觉运动缺陷可能的病因是基底神经节损伤，导致他们感觉输入的加工能力和学习新运动技能的能力减弱。例如，有研究采用共振峰持续扰动范式对比了帕金森病患者和正常人的行为表现，结果发现，帕金森病患者比正常被试表现出较小幅度的调整性反应。研究者指出，基底神经节的缺陷损伤帕金森病患者前馈控制系统更新运动表征的能力（Mollaei et al., 2013）。

[1] 基底神经节（basal ganglia）是大脑皮层下一大块灰质的总称，位于大脑白质深部，主要由尾状核、豆状核、屏状核、杏仁核组成。另外，红核、黑质及丘脑底核也参与基底核系统的组成。尾状核和豆状核称为纹状体，豆状核又分为壳核和苍白球两部分。基底神经节有重要的运动调节功能，它与随意运动的稳定、肌紧张的控制、本体感觉传入冲动信息的处理都有关系，并参与精细运动的形成。

[2] 帕金森病（Parkinson's disease）又称为震颤性麻痹，"是严重影响人类健康的第二大神经退行性疾病，多发于老年人"。言语障碍是帕金森病的常见问题之一，常见的症状包括"发音过弱、声调单一、声音嘶哑、言语清晰度流利度下降等，严重影响患者的日常生活"（蔡吴蔚艳，肖永涛，2021）。

本章小结

本章从宏观视角概述了言语运动控制的概念、感觉反馈在其中的作用、听觉反馈和前馈控制的研究现状。

第一节从言语产生的加工过程出发，明确言语运动控制的重要性及其复杂性。研究者借助一般性运动控制的原理，试图阐明言语运动控制的发生过程和认知机制，具体涉及前馈和反馈控制系统、纯反馈控制的适用性和不足以及反馈误差学习机制等。

第二节重点介绍了言语运动控制过程中感觉反馈发挥的作用。研究者利用噪声掩蔽、延时听觉反馈、听觉和体觉反馈扰动等多种范式，证明听觉反馈和体觉反馈均参与讲话者发音运动指令的在线运动控制以及长时程的校准和调整过程。这种动态的监测和修正机制确保了言语产生的准确性。

第三节分别从行为认知、电生理和脑激活机制的维度梳理了听觉反馈控制的研究现状。行为研究表明，听觉反馈控制是一种自动化的加工过程，但言语产生并非完全依赖听觉反馈控制，以此避免言语产生过度地受到听觉反馈的影响。电生理研究表明，随机扰动范式中诱发的 P1-N1-P2 复合波可在神经层面标记人们早期的听觉异常监测、中期的听觉错误计算以及晚期的运动指令编码。此外，δ 频段和 θ 频段的神经振荡活动可能参与了讲话者的听觉运动整合过程。脑激活研究表明，背侧通路负责语音表征到运动表征的映射，其中 Spt 区是感觉运动转换的核心中继脑区。

第四节则分别从行为认知、电生理和脑激活机制的维度梳理了前馈控制的研究现状。行为研究表明，前馈控制利用听觉反馈提供的错误信息校准和调整运动指令，并且听觉敏锐度调控了人们运动修正的幅度，但目前语音的前馈运动学习能否泛化到其他相似语音上仍存在争议。电生理研究表明，在动态交互的脑网络中，θ 和 γ 频段相位一致性变化以及 0~200 ms 时间窗口内额中部和顶部的 ERP 活动可能反映了前馈运动学习过程。脑激活研究表明，左侧腹侧前运动皮层是前馈控制的核心脑区，小脑、顶叶皮层和基底神经节等也参与了前馈控制。

第二章

言语运动控制的影响因素

言语运动系统的正常运转依赖于前馈控制和反馈控制系统的整合加工（Hickok, 2012; Guenther, 2016; Parrell & Houde, 2019），因而两者在言语运动控制中的相对权重及其影响因素是非常重要的研究问题。一般来说，研究者们以补偿性反应的幅度或潜伏期、调整性反应的幅度以及 P1-N1-P2 成分的波幅或潜伏期作为衡量指标探讨上述问题。通过文献梳理归纳出影响因素主要体现于个体差异、言语障碍、任务情境和训练经历四个方面（蔡笑，张清芳，2020）。

2.1 个体差异视角下的言语运动控制研究

个体差异并非特殊现象，而是普遍存在于人类的母语和二语加工当中，重视语言加工中的个体差异可使得研究者加深对其认知机制的理解（张辉，纪晓丽，2021）。言语运动控制的研究质疑了所谓同质化的结论，影响语言加工的因素会产生个体差异，如发声变异性、年龄和性别等，这些研究发现言语运动控制的差异直接体现在定量差异上[1]。

2.1.1 发声变异性与言语运动控制的关系

发声变异性在言语运动控制研究中普遍存在，语音实验中测量到的变异性来源于诸多方面，包括但不限于神经噪声、运动执行噪声、运动学习和发展阶段引起的变异性以及测量误差（Sternad, 2018）。研究者们关注了发声变异性如何影响人们在

[1] 定量差异是指测量指标如补偿性反应的幅度或潜伏期、调整性反应的幅度以及 P1-N1-P2 成分的波幅或潜伏期的个体差异。

线的运动控制（Scheerer & Jones, 2012; Scheerer et al., 2013a）和长时程的前馈控制更新（MacDonald et al., 2011; Nault & Munhall, 2020; Wang & Max, 2022）。

为了考察基于听觉反馈的在线运动控制，研究者们通常使用随机扰动范式，此时发声变异性指被试在基线条件下（即未扰动听觉反馈时）语音声学参数变化的标准差[1]。例如，在 Scheerer 和 Jones（2012）的研究中，被试进行持续元音发声任务，同时反馈中引入了随机的音高扰动。结果发现，当响应音高扰动时，发声变异性更大的被试其补偿性反应的幅度也更大。这一结果揭示了当言语输出的稳定性较低时，人们将增加对听觉反馈输入信息的依赖性，以此维持稳定、精确的言语运动控制。

为了考察基于听觉反馈的前馈控制更新，研究者们通常使用持续扰动范式，此时发声变异性指个体在基线期（即未扰动听觉反馈时）语音声学参数变化的标准差。例如，在 Nault 和 Munhall（2020）的研究中，被试分别在基线期、渐变期和保持期完成朗读单音节词“head”的任务（共计 120 个试次），保持期被试接受持续的共振峰扰动（F1 提高 240 Hz、F2 降低 300 Hz）。结果发现，虽然回归分析中发声变异性（即基线期 F1 值的变异性）并非保持期调整性反应显著的预测变量，但独立的相关分析发现了发声变异性与调整性反应幅度之间显著的相关关系，当被试在正常言语产生时的变异性越大，他们在响应共振峰扰动时调整性反应的幅度也越大。上述结果表明，变异性可被视为一种对于强化学习和修正性学习非常重要的探索行为，当变异性较大时，神经系统也会提高前馈更新的效率，以此来维持稳定、精确的言语运动控制。然而，MacDonald 等人（2011）以及 Wang 和 Max（2022）的研究并未探测到发声变异性与调整性反应显著的相关关系。对此，Nault 和 Munhall（2020）提出，样本量大小影响了统计功效，未来的研究可使用较大的样本量以便获得更稳定的发现。

2.1.2 言语运动控制的年龄差异

语音表征和运动表征的整合开始于婴儿期，并在随后的语言习得过程中一直保持可塑性，以此来适应发音器官的生长、肌肉组织的增加以及肺活量的变化（Guenther, 2006, 2016; Barbier et al., 2020）。研究者们关注了儿童和成人在听觉反馈控制层面的差异，具体包括补偿性反应的始潜伏期和幅度。关于补偿性反应的始潜伏期，随机音高扰动的研究一致发现，儿童补偿性反应的始潜伏期晚于成人（Liu et al., 2010a, 2010c, 2013; Scheerer et al., 2013b）。其中有两项研究招募了多年龄段被试来考察年龄影响听觉反馈控制的发展模式（Liu et al., 2013; Scheerer et al., 2013b）。Scheerer 等人（2013b）发现 4~6 岁、7~10 岁以及 11~13 岁被试补偿性反应的始潜伏期晚于 18~30 岁被试的始潜伏期，但 14~17 岁被试与 18~30 岁被试的始

[1] 标准差（standard deviation, SD）是数学术语，指离均差平方的算术平均差（即方差）的算术平方根，可反映一个数据集的离散程度。被试在基线条件下语音声学参数变化的标准差越小，说明发声变异性越小，言语产生越稳定。

潜伏期无显著性差异。Liu 等人（2013）也观察到了类似的发现，10~12 岁儿童的始潜伏期晚于成人，但较年长的 13~15 岁儿童的始潜伏期与成人无显著性差异。研究者提出，上述潜伏期差异反映了年龄影响听觉皮层的神经加工效率，成人灰质和白质神经传导以及皮层间沟通的效率更高（Coughler et al., 2022）。

关于补偿性反应的幅度，随机音高扰动研究的发现并不一致，儿童补偿性反应的幅度比成人更小（Liu et al., 2010a）、更大（Liu et al., 2010c）或无显著性差异（Liu et al., 2013; Scheerer et al., 2013b; Heller Murray & Stepp, 2020）。造成上述差异可能的原因之一是扰动试次的间隔时间过短，当前扰动试次的补偿性反应中可能也包括响应前一扰动试次的调整性反应（Cai et al., 2012）。此外，持续音高扰动的研究发现，儿童调整性反应的幅度比成人小（Scheerer et al., 2016; Heller Murray & Stepp, 2020）。例如，Heller Murray 和 Stepp（2020）发现，与成人和具有类似成人的音高分辨能力的儿童相比，音高分辨不太敏感的儿童产生的调整性反应幅度较小，并且持续扰动范式下的调整性反应与随机扰动范式下的补偿性反应呈负相关。共振峰扰动研究的发现也不一致，与成人相比，儿童表现出较大幅度的补偿性反应（van Brenk & Terband, 2020），或与成人类似的补偿性反应（Daliri et al., 2018; Kim et al., 2020a; Ohashi & Ostry, 2021）。较小的调整性反应和较大的补偿性反应说明，儿童更依赖听觉反馈，相应地，前馈控制的权重较低（Coughler et al., 2022）。对正在习得语言的儿童来说，听觉反馈可以帮助他们建立准确的前馈运动表征，相应的权重会被提高，但当发展停止时，前馈表征保持相对稳定，听觉反馈提供的信息则变得冗余，因而提高前馈控制的权重可以增加言语流利度并降低外界干扰产生的影响（Civier et al., 2010）。

此外，研究者们关注了青年人和老年人听觉反馈控制的差异。有证据表明，随机音高扰动范式下老年人比青年人产生更大幅度的补偿性反应（Liu et al., 2010a, 2011b; Li et al., 2018）。较大幅度的补偿性反应表明老年人在正常老化过程中言语运动控制能力下降，目前主要有三种观点可解释老年人言语运动控制能力为何会退化（Hu et al., 2023）。第一，咽喉生理学。研究者将言语产生的声学变化归因于老年人喉部生理结构的变化，如声带萎缩、组织退化、声门功能不全等（Gorham-Rowan & Laures-Gore, 2006; Torre & Barlow, 2009）。喉部肌肉群通过控制声带的几何形状和张力以实现音高运动控制，喉环甲肌和甲杓肌参与生成补偿性运动指令（Liu et al., 2011b）。由于老年人精确控制发声的能力下降，当响应音高扰动时，老年人会出现过度的补偿性反应，这可归因于他们在控制喉部肌肉产生目标语音时存在缺陷。此外，老年人言语产生能力下降可能与反馈控制策略的变化有关。成功的言语产生需要听觉和体觉反馈保持动态的平衡关系，当体觉反馈存在缺陷时，平衡将转移到听觉反馈（Guenther, 2016）。由于老化伴随的喉部变化导致体觉功能受损（Ramig et al., 2001），老年人可能比青年人更依赖听觉反馈来调控发声运动，从而对语音输出中的错误更敏感，言语运动控制的准确性降低。

第二，脑结构和脑功能。老年人脑结构和脑功能的变化也导致了其言语产生能力的下降（Sörös et al., 2011; Tremblay & Deschamps, 2016）。例如，与青年人相比，老年人呈现更长的言语运动时间，并且该行为指标与老年人双侧前脑岛、双侧纹状体、缘上回、左侧初级运动皮层和右侧额下沟的结构变化有关（Tremblay & Deschamps, 2016）。在言语产生任务中，老年人比青年人更高地激活额下回、中央前回、前脑岛和辅助运动区（Sörös et al., 2011）。此外，基底神经节和小脑等皮层下结构也参与言语运动控制，上述脑结构损伤的老年言语障碍人群会表现出异常增多的补偿性反应（Mollaei et al., 2016; Parrell et al, 2017; Houde et al., 2019）。Li 等人（2018）发现，相比青年人，老年人 P2 波幅的始潜伏期更长，这是由于老年人加工听觉语音信息的速度较慢。

第三，高阶认知功能。在老化过程中，工作记忆[1]和执行控制[2]等认知功能下降会影响言语产生能力（Barker et al., 2020）。认知障碍患者[3]的证据也表明认知功能与言语产生能力之间存在关联性（Ranasinghe et al., 2017; Liu et al., 2019; Themistocleous et al., 2020）。例如，Ranasinghe 等人（2017）发现，认知障碍患者左背外侧前额叶皮层活动减少与响应音高扰动时过度的补偿性反应显著相关，而左背外侧前额叶皮层在抑制控制中发挥关键性作用。因此，研究者从认知角度提出，存在一种自上而下的抑制机制控制调控言语运动。根据抑制缺陷假说，老年人的抑制控制能力不足，导致他们无法抑制与任务无关的信息（Campbell et al., 2020）。在健康老年人（Liu et al., 2011b; Li et al., 2018）和认知障碍患者（Ranasinghe et al., 2017, 2019）中观察到的过度补偿性反应可归因于他们自上而下的执行控制受损，进而无法对发声运动进行有效的抑制控制。

2.1.3 听觉反馈控制的性别差异

性别也是影响听觉反馈控制的因素之一（Chen et al., 2010; Swink & Stuart, 2012; Liu et al., 2013; Li et al., 2018）。例如，Chen 等人（2010）的随机音高扰动研究发现，女性比男性诱发的补偿性反应幅度更小且潜伏期更短。Swink 和 Stuart（2012）则发现，女性比男性诱发的 N1 和 P2 成分的潜伏期更短。Li 等人（2018）发现，青年男性比青年女性诱发更大的 N1 和 P2 波幅，研究者们认为可能是两性间生理构造的不同导致了这种差异（Chen et al., 2010; Kakimoto et al., 2016）。Liu 等人（2013）在实验中操纵了性别和年龄两个因素，并发现两者的主效应和交互作用均显著，具体来说，P1 波幅随被试年龄增长而降低，且男性整体比女性产生更大

---

[1] 工作记忆（working memory, WM）是对当前工作信息进行存储和操作的认知系统，它是大脑高级认知功能的核心组成部分，对指导个体正在（或即将）发生的认知行为具有重要意义（Baddeley，2010）。

[2] 执行控制（executive control）是一种涉及多种认知成分的高级认知能力。“早期研究将执行控制划分为抑制控制、认知灵活性和工作记忆刷新三个子成分。”后续研究者补充提出抑制控制可细分为干扰抑制和反应抑制，“前者更侧重对冲突的监测和目标信息的增强，属于增强性加工，而后者更加关注个体的反应控制能力，属于抑制性加工”（李莹等，2023）。

[3] 认知障碍患者（people with cognitive impairment）指“患者在核心语言能力（语音、词汇、句法、语义等方面）上并未受损，却出现由于认知系统损害导致的交际能力障碍，主要表现在推理能力、记忆能力、社会认知和世界知识等方面”（刘红艳，2014）。

的 N1 波幅。P1-N1 潜伏期也随年龄增长而降低。在 13~15 岁较年长的儿童组中，女性比男性的 N1 潜伏期更短，但在 10~12 岁较年幼的儿童组中，男性比女性产生更大的 P2 波幅。较年幼女性比较年长女性产生更大的 P2 波幅。此外，该研究仅在男性中发现了 P2 潜伏期的年龄效应，但较年长儿童组中女性比男性的 P2 潜伏期更短。

上述性别和年龄之间的交互作用证实了听觉反馈神经加工影响因素的复杂性。随着年龄的增长，听觉反馈控制的性别差异是由男性和女性之间咽喉差异造成的。举例来说，成年期女性比男性经历更明显的咽喉下垂和声道延长，这导致他们调整语音变化的方式不同（Linville & Rens, 2001）。研究也表明，性激素水平影响了言语运动控制的表现。例如，Zhu 等人（2016）发现，响应音高扰动时较大幅度的补偿性反应与较低水平的雌二醇浓度相关，而较小幅度的 P2 反应与较高水平的孕酮浓度相关。由此可知，性激素可能与咽喉和大脑中存在的特定激素受体结合，以此来调节言语运动控制，但目前性激素调节作用的深层机制仍不清楚（Hu et al., 2023）。

2.2 言语障碍的运动控制缺陷

言语运动控制的神经计算模型在大脑中标记出不同言语障碍可能的脑损伤区域（见图 2.1; Kearney & Guenther, 2019）。无论病因如何，言语障碍的严重程度和性质取决于脑损伤是影响了讲话者的前馈控制机制、反馈控制机制还是两者的结合。在言语习得过程中，反馈控制对于人们调整并形成前馈运动指令至关重要。但是当言语习得后，前馈控制系统可以在几乎不需要反馈控制系统参与的情况下产生目标语音。因此，反馈控制的脑区受损对成熟讲话者言语产生的影响相对有限，这也解释了为何成年聋哑人在很大程度上保留了言语产生能力。然而，前馈控制的脑区受损通常会导致严重的言语运动障碍，如构音障碍[1]（dysarthria）、辅助运动区综合征[2]（supplementary motor area syndrome）等。

[1] 构音障碍（dysarthria）是指“一组神经肌肉病变引起的运动性言语障碍，是由中枢或周围神经受损引起的与言语相关的肌肉麻痹 / 收缩力减弱或运动不协调所致的言语障碍”。构音障碍分为五种类型。第一，与上运动神经元损伤相关的痉挛型构音障碍（spastic dysarthria, SD）。第二，与下运动神经元损伤相关的弛缓型构音障碍（flaccid dysarthria, FD）。第三，与小脑功能损伤相关的失调型构音障碍（ataxic dysarthria, AD）。第四、第五，分别是与锥体外系疾病相关的运动过强型构音障碍（hyperkinetic dysarthria, HrD）和运动过弱型构音障碍（hypokinetic dysarthria, HoD）。各种类型的构音障碍临床多表现为患者言语清晰度及可理解度下降（丁振平等，2023）。

[2] 辅助运动区综合征（supplementary motor area syndrome, SMAS）是指辅助运动区切除术后出现的特征性副作用。SMAS 分为三个阶段。阶段一患者出现近乎完全的运动障碍（对侧肢体明显），并伴有不同程度的语言停顿。阶段二患者运动功能快速恢复，此阶段患者对侧肢体自发性运动和语言仍然很少，但在反复命令下，对侧肢体会出现运动。阶段三患者在运动功能完全恢复之后，残留双手交替运动障碍。临床研究证实了 SMAS 主要症状为对侧偏瘫、失语或言语停顿（蔡燕青等，2022）。

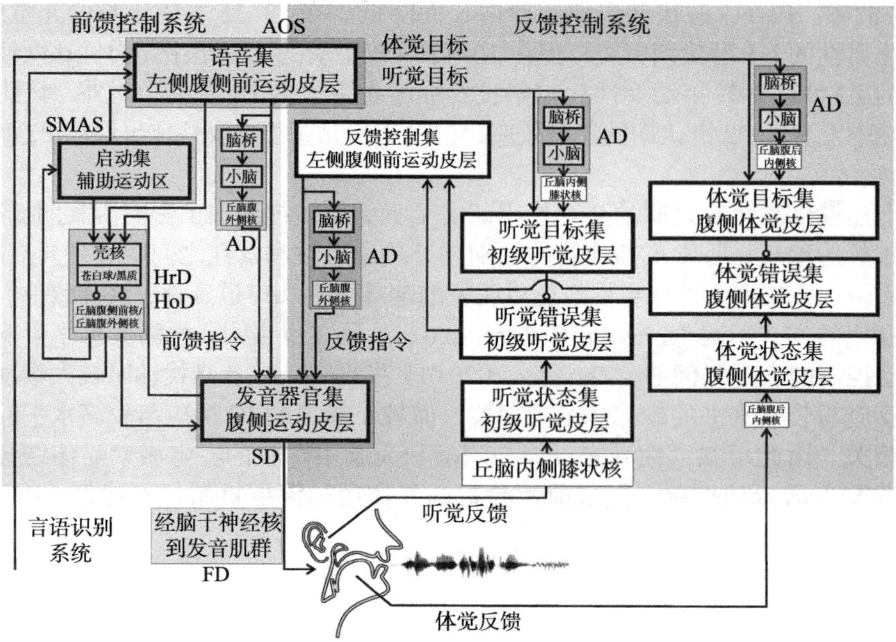

图 2.1　常见言语运动障碍的脑损伤定位

（引自 Kearney & Guenther, 2019）。言语运动障碍的类型包括失调型构音障碍、言语失用症、弛缓型构音障碍、运动过弱型构音障碍、运动过强型构音障碍、痉挛型构音障碍和辅助运动区综合征。

2.2.1 言语失用症与前馈控制缺陷

言语失用症[1]（apraxia of speech, AOS）患者的运动控制缺陷吸引了研究者的注意（Allison et al., 2020; Terband et al., 2020; Miller & Guenther, 2021; van der Merwe, 2021）。言语失用症患者的脑损伤区域主要位于左侧额下回、前脑岛、腹侧中央前回（Itabashi et al., 2016; Moser et al., 2016; Takakura et al., 2019），而正是这些区域负责提取精细编码的前馈运动指令（Guenther, 2006, 2016; Miller & Guenther, 2021），因而言语失用症可能主要是由于前馈控制系统的缺陷。然而，Kearney 和 Guenther（2019）也提出，上述区域受损可能也会影响个体提取语音的感觉目标，而反馈控制的运作机制是对比预期的和实际的感觉反馈，因而言语失用症也有可能是由反馈控制受损导致的。近期，Ballard 等人（2018）对比了言语失用症患者和正常被试在

[1] 言语失用症（apraxia of speech）指的是言语运动计划或编程障碍，语音框架不能转换为以前学习过的运动参数，用于执行有目的的运动。言语失用症表现为语音和韵律障碍，具体而言，语音延长、音节之间的韵律均等、语音歪曲或歪曲的语音替代、语音或音节之间切换困难、言语启动困难以及单词复杂性、错误率增加等（汪洁等，2023）。

（前馈）调整性反应和（反馈）补偿性反应上的行为模式差异，结果发现，当响应持续的 F1 扰动时，言语失用症患者表现出典型的调整性反应，但令人意外的是，正常控制组中未探测到该反应。当响应随机的音高扰动时，两组均表现出正常的补偿性反应。因此，反馈控制缺陷仍未得到实证研究充分的验证。

Maas 等人（2015）探索了言语失用症的本质并提出两种可能的假设：一是言语失用症属于前馈控制缺陷，由于病人的前馈控制系统受到破坏，反馈控制系统需扮演更突出的角色，导致其反馈控制权重较高；二是言语失用症属于反馈控制缺陷，病人的听觉感知能力正常，但无法将反馈转化为修正性运动指令，导致其无法修正言语错误。为了验证上述假设，Maas 等人（2015）的行为实验采用了噪声掩蔽范式，其逻辑是掩蔽噪声有效破坏了听觉反馈控制，这迫使人们依赖前馈控制（和体觉反馈控制）。如果前馈控制系统受损，并且言语失用症患者主要依赖听觉反馈控制来维持声学对比度，那么移除听觉反馈将破坏语音的声学对比度和稳定性。但如果言语失用症患者受听觉反馈干扰（如生成不必要或不充分的修正性运动指令），那么移除听觉反馈应可改善语音的声学对比度和稳定性。结果发现，掩蔽噪声条件下言语失用症患者比正常组的声学对比度显著降低，而安静条件下言语失用症患者比正常组的言语变异性较高，这些结果均支持前馈控制缺陷的假设。此外，前馈控制缺陷也得到了神经计算模型模拟证据的支持（Terband et al., 2015, 2020）。例如，Terband 等人（2020）考察了噪声掩蔽条件下前馈、反馈以及反馈和前馈均损伤的影响。结果表明，前馈控制缺陷最类似于言语失用症患者的发现。

2.2.2 帕金森病与前馈控制缺陷

帕金森病是中老年常见的一种神经退行性疾病[1]，有接近 90% 的患者存在不同程度的言语障碍（Sapir et al., 2008）。研究者们开始借助听觉反馈扰动范式与 ERP 技术阐释帕金森病言语运动调控的认知神经机制（Liu et al., 2012; Chen et al., 2013; Huang et al., 2016; Abur et al., 2021）。行为研究发现，当响应音高扰动时，帕金森病患者比正常被试表现出更大幅度的补偿性反应，并且帕金森病患者的音高基线变化率与补偿性反应呈显著正相关（Liu et al., 2012; Chen et al., 2013）。ERP 研究发现，帕金森病患者比正常被试诱发更大的 P2 波幅。溯源分析表明，当帕金森病患者调控言语运动时，（偏左侧化）额上回、额下回、前运动皮层、顶下小叶和颞上回等脑区的皮层活动强度高于正常被试（见图 2.2; Huang et al., 2016）。总结而言，由于帕金森病患者的基底神经节功能受损，其前馈控制的神经环路受到破坏，导致中枢神经系统过度依赖听觉反馈对发声运动进行调节，相应地对自己发声信息的改变更为敏感并产生更大幅度的补偿性反应，神经层面上体现为听觉皮层和运动皮层过度活跃。

[1] 神经退行性疾病（neurodegenerative diseases, NDs）是“一类与中枢神经系统密切相关的精神疾病，以特定神经元群的形态异常和功能进展性丧失为主要特征”（邬建飞等，2023）。

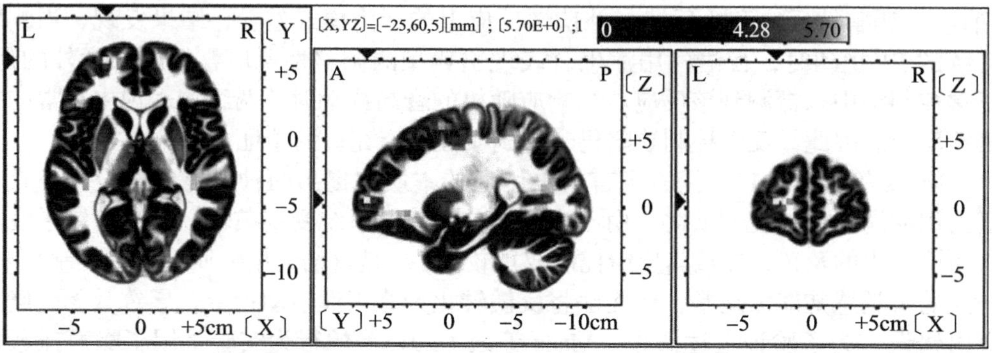

图 2.2　帕金森病患者与正常被试 P2 脑活动差异的源定位分析结果

（引自 Huang et al., 2016）。结果显示，帕金森病患者额叶、颞叶和顶叶等脑区的皮层活动强度显著高于正常人。注：彩图参见本书第 272 页。

2.2.3　口吃与前馈和反馈控制缺陷

口吃[1]（stuttering）患者的发声运动机制也得到了研究者的广泛关注，目前有多种不同的原因可解释口吃现象的发生机制（Sengupta et al., 2016; Bradshaw et al., 2021; Farazi et al., 2022; Bernstein Ratner & Brundage, 2024）。

第一，不稳定或未充分激活的内部模型（Max et al., 2004; Hickok et al., 2011）。Max 等人（2004）解释口吃患者言语不流畅的原因，即内部模型中运动指令和感觉反馈之间的转换遭到破坏，在语言习得早期，口吃患者无法利用听觉反馈建立运动指令和感觉结果之间的双向映射关系。逆向模型缺陷将导致前馈运动指令不准确，从而增加修正言语错误的需要。前向模型缺陷将导致感觉预期的结果不准确，这样反馈系统预测并修正言语错误的能力将会受损。最终，言语运动系统被迫更多地依赖实际的感觉反馈，而不对反馈结果进行充分的前向预测。由于反馈加工的时滞问题，这种对反馈控制的过度依赖会导致言语速度放慢。Hickok 等人（2011）同样认为口吃是由于不准确的前向预期结果，但将其归因于声道状态的内部估计与感觉系统映射关系中的噪声。Cai 等人（2012）和 Daliri 等人（2018）通过听觉扰动范式也证实了口吃患者听觉运动转换的功能存在缺陷。

第二，过度依赖反馈控制（Max et al., 2004; Civier et al., 2010, 2013）。Max 等人（2004）提出了另一种可解释口吃患者言语不流畅的原因，即前馈控制减弱从而导致过度依赖反馈控制，在语言习得早期，口吃患者未能实现从反馈控制占主导到前馈控制占主导的转变。虽然与上述原因类似，但该原因并未指出口吃患者的内部模型或反馈系统本身有缺陷，其核心仍是认为前馈控制有缺陷，迫使言语运动系统过度依赖反馈控制。Civier 等人（2010）提出，由于反馈系统监测和修正错误具有

[1] 口吃（stuttering）是“一种常见的言语流畅性障碍，世界卫生组织于 1977 年将口吃定义为一种言语节律障碍，在说话过程中口吃者知道自己希望说什么，但因为不随意的音节重复、停顿、延长以致在表达时出现困难”（马宇石等，2022）。

延时，过度依赖反馈会导致大量错误累积，监测系统会观察到过多的错误并触发运动修正，系统尝试通过重新启动音节的发音程序来修正错误，从而导致重复现象。Civier 等人（2010, 2013）验证了上述观点，当降低前馈控制增益并增加反馈控制增益时，模拟结果能够拟合口吃患者的多个言语障碍特征。有研究表明，口吃患者比正常被试更高地激活参与反馈控制的主要脑区，即右半球的中央前回和额下回区域等（Tourville & Guenther, 2011）。

第三，左半球基底神经节运动环路受损（Guenther, 2016; Chang & Guenther, 2020）。Chang 和 Guenther（2020）提出口吃的根源是左半球基底神经节运动环路受损，该环路将影响言语运动指令的发放及终止并导致微小的发音错误，当反馈系统监测到这些错误，意味着当前的语言环境与下一个运动程序不匹配，语音序列的前移受阻，从而导致言语不流畅。研究者提出，口吃患者可能会尝试抑制听觉反馈的加工，以防监测到可导致言语不流畅的反馈错误。有研究表明，口吃患者听觉皮层的神经活动有所减少（Budde et al., 2014）。

第四，听觉预期和反馈监测受损（Daliri & Max, 2015a, 2015b, 2018; Max & Daliri, 2019）。Max 和 Daliri（2019）提出口吃患者形成听觉预期的能力存在缺陷，这种前瞻性预期机制可在言语运动开始前启动听觉皮层，以此来优化听觉皮层的配置并为即将到来的听觉反馈加工做好准备。当口吃患者无法形成听觉预期，可能会导致异常的基于反馈的修正性运动指令，触发不必要的运动修正，从而导致言语流畅性下降。该观点认为，受影响的并非反馈监测过程本身，而是发声运动开始前启动听觉皮层的过程。

以言语失用症、帕金森病和口吃为例，上述研究在行为和神经水平上证实了言语运动控制障碍的疾病特异性机制。尽管取得了一定进展，但目前研究结果并不理想，研究者仍然缺乏关于言语障碍群体具体的发声控制机制的认知，未来需要更多的研究揭示言语运动障碍的具体病因以及前馈和反馈控制系统的运作方式。

2.3 任务情境调控言语运动控制的方式

言语运动控制同时涉及自上而下的前馈加工以及自下而上的反馈加工，由于其复杂性和动态性，人们的听觉运动整合过程容易受到任务情境的影响。已有研究发现，注意负荷、可预期性以及听觉反馈可靠性等均可调控人们言语运动控制的方式（Scheerer & Jones, 2014; Liu et al., 2015; Niziolek & Parrell, 2021）。

2.3.1 不同注意负荷条件下的听觉反馈控制

日常生活中，讲话者接受听觉反馈的同时可能还需要加工其他模态的信息，但注意资源是有限的，因而有研究者提出，注意负荷可能会影响听觉反馈加工（Alsius et al., 2013; Tumber et al., 2014; Hu et al., 2015; Liu et al., 2015）。前期的行为研究结果存在矛盾之处，例如，Alsius 等人（2013）以及 Hu 等人（2015）的研究并未发现补偿性反应在注意集中和注意分散任务中存在差异。之后，Tumber 等人（2014）分别在单任务和双任务情境下随机扰动听觉反馈，单任务情境要求被试被动地观看视觉线索发声，双任务情境则要求被试在发声的同时辨认字母串以增加注意负担。结果发现，单任务比双任务情境产生了更大幅度的补偿性反应，这说明当被试的注意被分配时，更少的注意资源用于加工听觉错误。Liu 等人（2015）的研究进一步验证了该观点（主要结果见图 2.3），与控制条件（双模态被动）相比，当被试选择性注意听觉反馈时，听觉注意条件诱发更大的补偿性反应和 P2 波幅，但当被试同时注意听觉和视觉刺激时，双模态注意条件的 P2 波幅显著降低而 N1 波幅显著提高。该研究从电生理层面有力地支持注意影响听觉运动整合机制，并且选择性注意 [1] 和分配性注意 [2] 可能以不同的方式调节人们对音高反馈错误的神经加工过程。

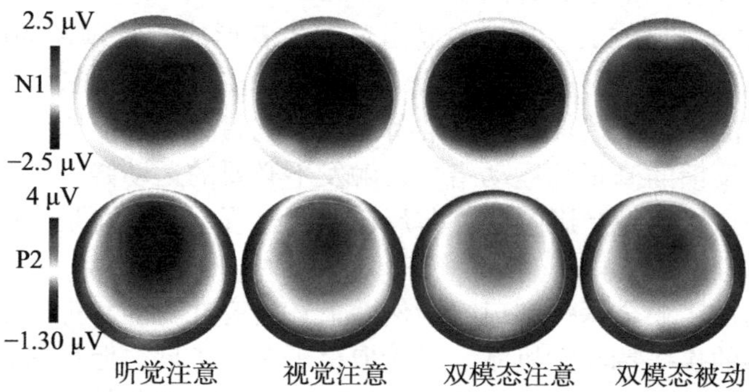

图 2.3　四种注意条件下人们响应 200 音分扰动时 N1 和 P2 的地形图分布

（引自 Liu et al., 2015）。从左至右分别是听觉注意、视觉注意、（听觉和视觉）双模态注意以及双模态被动条件。注：彩图参见本书第 273 页。

2.3.2 可预期性提高前馈控制的权重

当特定事件稳定出现的频率越高，人们预期事件出现的能力就越强。前馈控制可以通过前向模型提前预期听觉反馈的结果，因而研究者猜测，如果以可预期的方式扰动听觉反馈，被试可能会提高前馈控制相应的权重，进而减少来自反馈的干扰。该假设得到了部分研究证据的支持（Chen et al., 2012a; Korzyukov et al., 2012b; Scheerer & Jones, 2014; Nault et al., 2022）。例如，Scheerer 和 Jones（2014）要求被试产生元音 /a/ 的同时接受扰动听觉反馈，扰动包括四种类型，即可预期的 50 音分、

[1] 选择性注意（selective attention）是指个体有选择性地加工某一种刺激的同时有意识地忽略其他刺激。

[2] 分配性注意（divided attention）是指个体在同一时间内注意两种或两种以上的刺激。

100音分扰动以及不可预期的50音分、100音分扰动（实验过程见图2.4）。结果发现，扰动幅度的可预期性导致补偿性反应的幅度减小、潜伏期变短，以及N1波幅减小、潜伏期变短。Korzyukov等人（2012b）也发现，扰动方向的可预期性导致了N1波幅减小。除上述补偿性反应的相关指标，Ning（2022）也发现扰动方向的可预期性提高了被试呈现跟随性反应的比例。

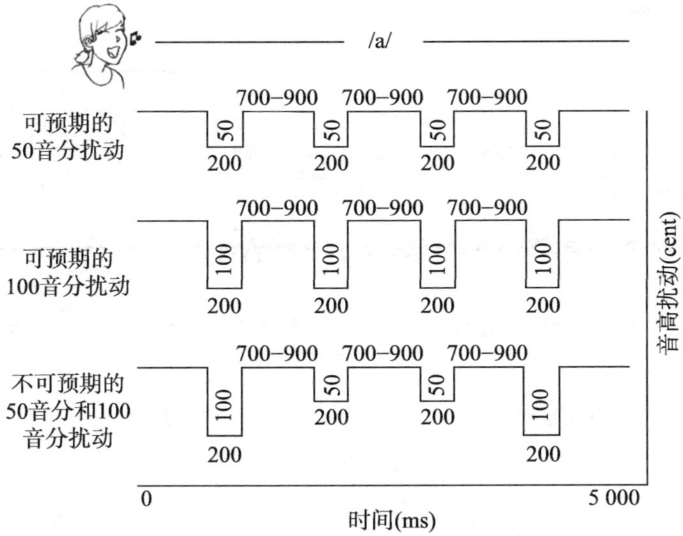

图 2.4　实验过程示意图

（引自 Scheerer & Jones, 2014）。被试接受不同的音高扰动操纵。在可预期条件中，被试分别接受持续时长为200 ms的50音分和100音分扰动。在不可预期条件中，被试随机地接受50音分或100音分的扰动。

2.3.3 听觉反馈可靠性影响言语运动调整

讲话者响应听觉扰动产生的运动调整存在较大的个体差异，但关于个体层面上运动调整的灵活性人们仍知之甚少。研究者发现，在实验室情境下操纵被试听觉反馈感知的可靠性会调节他们响应扰动时的运动调整模式（Franken et al., 2019; Niziolek & Parrell, 2021; Nault et al., 2022）。例如，Niziolek和Parrell（2021）的研究要求被试分别在两个系列中完成单音节词产生任务，其区别在于初始接触期呈现给被试的听觉反馈，在真实系列的接触期阶段，被试接受正常的听觉反馈，而在噪声系列的接触期阶段，研究者施加幅度较小的、随机的共振峰扰动，以此降低被试听觉反馈的可靠性。接触期后，两个系列都包括一个测试阶段，该阶段将引入幅度较大的、随机的共振峰扰动（实验流程见图2.5A）。结果发现，当响应降低F1扰动时，真实系列比噪声系列诱发更大的补偿性反应，但这种差异在提高F1扰动时并未发现（见图2.5B和2.5C; Niziolek & Parrell, 2021）。上述研究提供了初步的证据，人们对听觉扰动操纵的反应可能会受到之前接触过的听觉错误的影响，该结果支持了听觉反馈系统监测感觉反馈的可靠性。但基于有限的结果，未来需要更多的研究来探索反馈稳定性调控言语运动控制的机制。

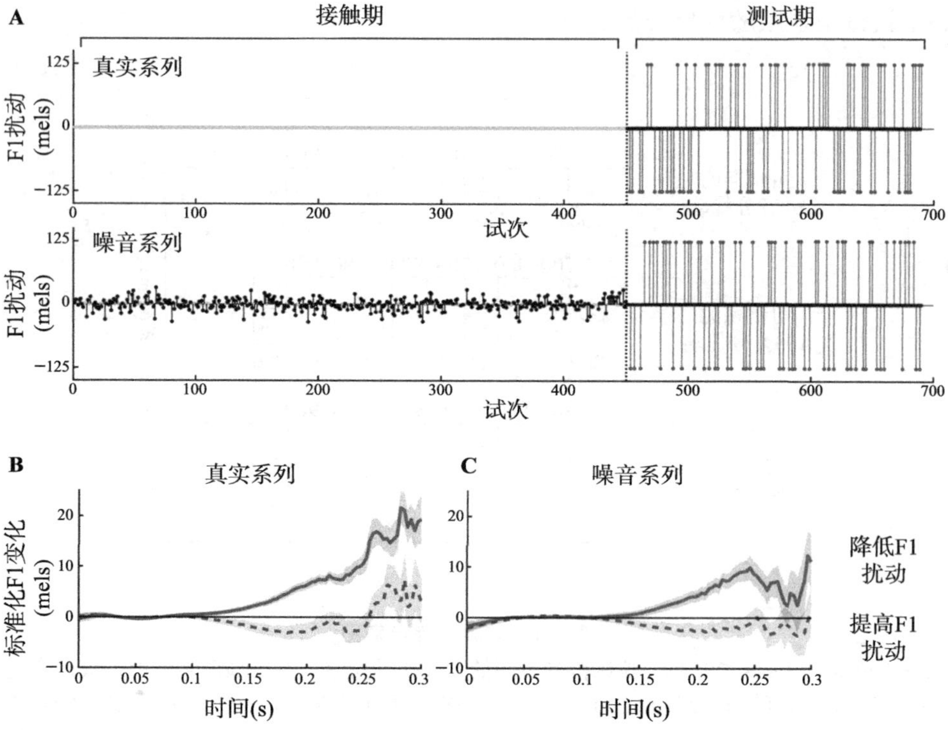

图 2.5 实验设计和主要结果

（引自 Niziolek & Parrell, 2021）。（A）真实系列和噪声系列中 F1 扰动施加过程的示意图。（B）真实系列和（C）噪声系列中测试期标准化 F1 的变化结果。

2.4 训练经历塑造言语运动控制的机制

言语运动控制是一项习得的技能，研究表明长期和短期的训练经历均有可能影响其作用机制（Behroozmand et al., 2014; Chen et al., 2015; Li et al., 2015; Patel et al., 2023）。例如，Patel 等人（2023）的研究表明，当被试仅接受为期四天的响应听觉扰动训练后，补偿性反应的潜伏期提前、幅度降低，而 N1 和 P2 的潜伏期提前、P2 波幅提高。这些结果表明，即使是短暂地参与听觉反馈扰动任务，也可以影响人们言语运动调整及神经响应的模式。

2.4.1 声调语言和音乐训练经验提高音高控制稳定性

研究者发现，长期的声调语言经验会降低讲话者受音高扰动影响的程度，提高其言语运动控制的稳定性（Ning et al., 2014, 2015; Ning, 2022; Cai et al., 2023b）。这是由于声调语言需使用音高变化来区别意义，而非声调语言通常只用音高变化来改变语气，因而不同语言使用者会展现出语言特异性的音高控制能力。英语是典型的非声调语言，而汉语是典型的声调语言，Ning 等人（2014）的研究首次对比有无声调语言经历对被试音高反馈控制能力的影响，并将研究问题拓展到第二语言学习领域（汉语二语学习者）。当研究者对比具有不同语言背景的三组被试的补偿性反应，结果发现，汉语母语者产生的补偿性反应幅度最小，英语母语者补偿幅度最大，而以英语为母语的汉语二语学习者的补偿模式介于汉语母语者和英语母语者之间，这一结果揭示了声调语言的母语背景和学习经验将会影响人们音高反馈控制的稳定性（类似的结果模式见 Ning et al., 2015）。

此外，即使同属于声调语言，不同声调语言的声调特征也有所差异，这一现象也吸引了部分研究者的注意（Liu et al., 2010b; Chen et al., 2012b; Yu et al., 2022）。Chen 等人（2012b）和 Liu 等人（2010b）的研究对比了粤语和普通话使用者音高反馈控制的差异，虽然上述两种语言都属于声调语言，但粤语声调系统[1]比普通话声调系统[2]更为复杂和精细。结果发现，当响应 200 音分和 500 音分扰动时，粤语使用者比普通话使用者表现出更少的补偿性反应（Liu et al., 2010b）以及更大的 P2 波幅（Chen et al., 2012b）。以上研究均证实，精细编码的声调系统使讲话者拥有更为稳定的音高运动控制能力，因而不易受到听觉反馈中音高扰动的干扰。

除了声调语言经验，音乐训练也被发现影响了人们的音高运动控制能力。当研究者在持续元音发声任务中随机扰动被试的音高，有经验的音乐家比非音乐家补偿性反应的幅度小，这说明音乐训练经验可提高人们音高运动控制的稳定性，降低了外部扰动产生的干扰性影响（Jones & Keough, 2008; Keough et al., 2013）。Ning 等人（2015）对比了四组被试（汉语母语者、汉语二语学习者、经过训练的歌手、未接触过声调语言的讲话者）在随机音高扰动任务中的表现，结果发现，汉语母语者在元音发声和汉语声调产生任务中均表现出最稳定的音高控制，经过训练的歌手以及汉语二语学习者次之，而未接触过声调语言的讲话者表现出最不稳定的音高控制。需注意，经过训练的歌手比未接触过声调语言的被试在元音发声任务中表现出更稳定的音高控制，但这两组被试在语言特异性的声调产生任务中未发现显著的音高控制差异。以上结果再次证实，声调语言经验有助于人们形成更稳定的音高运动控制，但音乐训练提高的音高运动控制能力能否泛化到不同模态的语言任务中仍有待验证。

---

[1] 粤语声调系统可分为六调九声，即阴平［55/53］、阴上［25］、阴去［33］、阳平［21］、阳上［23］、阳去［22］、高阴入、低阴入与阳入（廖毅，张薇，2019）。

[2] 普通话声调系统可分为四类，阴平［55］、阳平［35］、上声［214］和去声［51］（廖毅，张薇，2019）。

上述研究中音乐家和非音乐家的音高反馈控制存在差异，这一结果引发了研究者的思考，即不同音高加工水平的音乐家在完成同样的音高扰动任务时行为和大脑的加工模式可能也有所区别。为了验证上述假设，研究者将注意转向具有绝对音高感[1]（absolute pitch, AP）和相对音高感[2]（relative pitch, RP）的音乐家（Behroozmand et al., 2014）。前期研究表明，AP 音乐家发展出了专门的左侧化机制加工音高（Jäncke et al., 2012; Loui et al., 2012）。Behroozmand 等人（2014）进一步考察了 AP 音乐家偏左侧化的音高加工机制是否提高了他们音高错误监测及运动控制的能力。实验结果表明，当响应音高扰动时，AP 组和 RP 组音乐家比非音乐家（non-musicians, NM）在大脑右半球表现出更大的 N1 波幅（140~160 ms 的时间窗口），在左半球表现出更大的 P2 波幅（240~260 ms 的时间窗口），且 AP 组也比 RP 组诱发了更大的 P2 波幅（见图 2.6）。上述结果证实，在早期神经加工阶段，音乐家的右半球在监测音高变化方面更为活跃，而在后期阶段，左半球在听觉反馈加工方面更为活跃，并且左半球参与了导致 AP 音乐家具备更优越音高加工能力的专门化机制。因此，绝对音高左侧化的神经机制与说话或唱歌任务中提高的音高反馈加工能力有关（Behroozmand

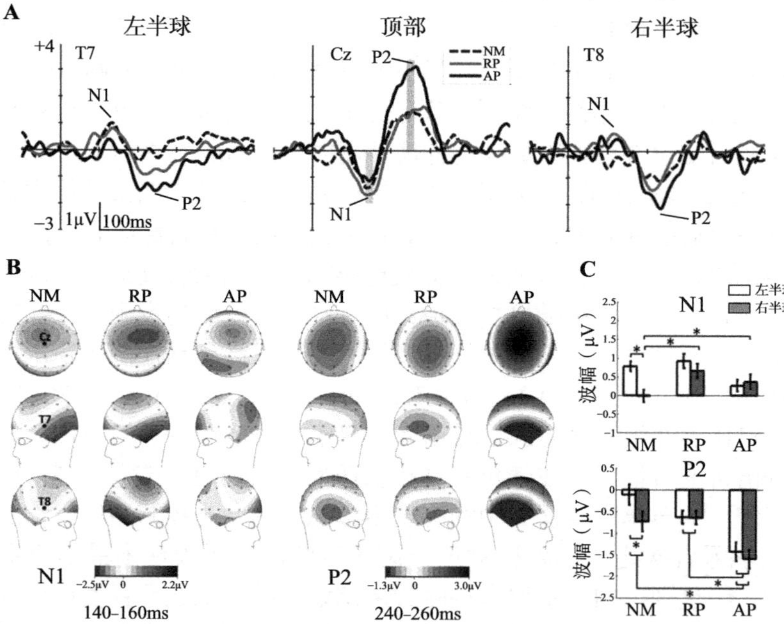

图 2.6　当响应提高 100 音分扰动时，AP、RP 和 NM 组被试的 ERP 结果

（引自 Behroozmand et al., 2014）。（A）AP、RP 和 NM 组被试在 T7、Cz 和 T8 电极点的波形图。（B）AP、RP 和 NM 组被试 N1（140~160 ms）和 P2（240~260 ms）成分的地形图。（C）AP、RP 和 NM 组在左侧和右侧颞叶区域 N1 和 P2 波幅差异的柱形图。注：彩图参见本书第 273 页。

[1] 绝对音高感（absolute pitch, AP）是“一种敏锐的音高知觉能力。拥有这种能力的人可以在没有标准音（A4）参照下，辨认出所听到音的实际音高，并说出音名”（蒋存梅等，2010）。

[2] 相对音高感（relative pitch, RP）是在给予标准音参考的情况下可以正确比较并识别音高的能力。

et al., 2014）。

2.4.2 感知能力训练促进言语运动学习和在线运动控制

大脑中感觉皮层和运动皮层相互联系，即言语产生和言语感知并非完全独立的系统。因此，研究者提出，语音感知能力也是影响言语运动控制的重要因素（Perkell, 2012; Guenther, 2016; Martin et al., 2018; Stokes et al., 2019; Choi et al., 2021; Heyes & Catmur, 2022; Arjmandi & Behroozmand, 2024）。前期研究表明，成年人的语音感知能力具有可塑性，但语音感知能力改变对言语产生的影响较小。基于此，Lametti等人（2014）试图回答感知能力训练能否对成年人的言语运动学习产生即时的影响。该研究将语音感知训练任务与言语运动学习任务进行配对，被试首先接受一系列感知测试以测量并操纵“head”和“had”两个词之间的感知区别，之后被试产生“head”的同时实时扰动元音的共振峰，这样他们听到的声音更像是“had”。结果发现，短期的语音感知训练提高了被试分辨“head”和“had”中元音的能力，感知能力的提高进而导致被试调整性反应的幅度变大。该研究首次证实了感知能力训练可以提升成人言语运动学习的表现。

除成人研究，研究者们也关注了儿童言语感知能力和言语产生能力的关系。听觉反馈对于儿童的言语发展至关重要，即反馈系统为儿童提供言语产生的结果，该信息可用于学习和精细调整语音的运动表征。Shiller 和 Rochon（2014）分别在两组 5~7 岁儿童（实验组、控制组）中研究了语音感知能力和言语运动学习能力的联系，这些儿童接受了短期的听觉感知训练，实验组分辨“Beb”和“Bab”，分别对应元音 /e/ 和 /æ/，控制组分辨“Beb”和“Deb”，分别对应辅音 /b/ 和 /d/。然后，测试被试响应共振峰持续扰动（提高“Beb”中 F1 值的 25%）的调整性反应。结果发现，感知能力训练提升了实验组相关元音的分辨能力，并导致他们在后续言语运动学习任务中调整性反应的幅度更大，但在控制组中未探测到相应的变化。该研究在儿童群体中再次证实，感知相关语音声学特性的能力将对人们言语运动学习产生直接的影响。

除上述研究中关注的长时程的言语运动学习，也有研究者考察感知能力训练与在线运动控制的关系。Chen 等人（2015）探索了短期的语音感知训练是否可以调节音高反馈控制的在线加工过程。汉语母语者接受为期五天的训练，其间学习分辨 5 种不同的泰语词汇声调，并将声调与不同的图片建立联系。被试训练前后分别完成元音持续发音任务，同时施加随机的音高扰动。结果发现，对照组后测与前测相比补偿性反应的幅度下降，而实验组前测和后测补偿性反应无显著差异。此外，实验组后测与前测相比 N1 波幅降低、潜伏期缩短，且 P2 波幅提高与补偿性反应显著相关。该研究证实，泰语感知能力训练不仅能提高听觉系统对不同声调的分辨能力，而且可以从行为学和神经生理学层面上影响听觉发声系统对言语运动的调控。言语感知系统的动态变化能够传导到发声运动系统，这种转移效应促进了人们在线监测听觉反馈的神经机制。

2.4.3 工作记忆训练提高听觉运动整合的神经效率

工作记忆训练被发现可以提高被试在未经训练的任务上的表现（Pergher et al., 2022; Li et al., 2023; Roque-Gutierrez & Ibbotson, 2023）。从认知角度出发，研究者们也思考工作记忆训练是否可以改善人们言语产生过程中的听觉运动整合。Li 等人（2015）考察了工作记忆训练对在线音高反馈控制的影响。实验组被试通过数字广度倒背任务进行自适应的工作记忆训练，而控制组则不接受任何训练，两组被试训练前后均需完成相同的随机音高扰动任务。结果发现，当控制组被试响应音高扰动时，后测与前测的补偿性反应和电生理指标均未探测到显著性差异（见图 2.7A）。实验组被试后测与前测相比 N1 波幅降低、P2 波幅提高（见图 2.7B），但前后测的补偿性反应无显著差异。此外，工作记忆能力的提高与 N1 波幅的差异无关，但与前后测 P2 波幅的差异存在显著正相关。上述结果表明，工作记忆能力改善能够显著提高大脑处理听觉错误的神经编码效率，并促进听觉系统和运动系统的整合（Li et al., 2015）。这说明言语运动控制存在一个自上而下的认知处理机制，而工作记忆正是通过该机制实现对言语运动的调控。结合其他语言学影响因素方面的研究，人们的听觉发声系统可能存在认知系统、听觉系统和运动系统三者交互作用的新机制，这为一般认知能力参与听觉运动整合提供了科学依据。

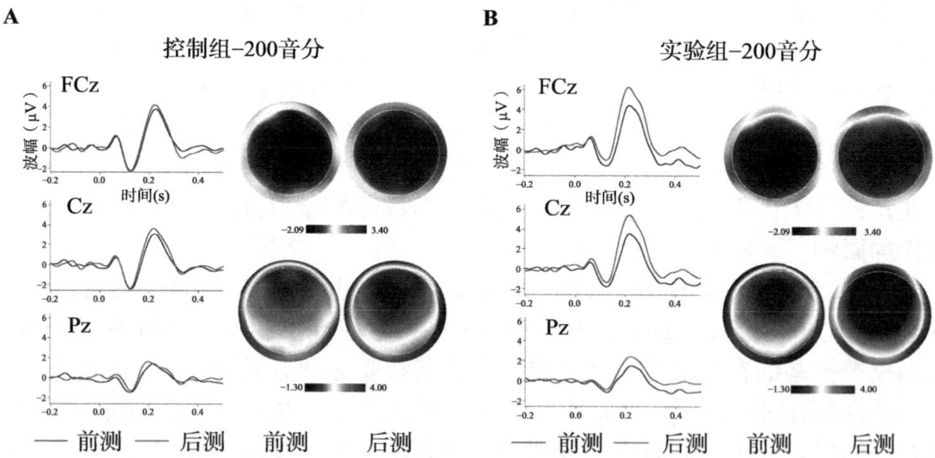

图 2.7 实验组和控制组工作记忆训练前后的 ERP 结果

（引自 Li et al., 2015）。响应 200 音分扰动时，控制组（A）和实验组（B）的波形图以及 N1 和 P2 成分的地形图。波形图中蓝色和红色实线分别代表前测和后测的 ERP 反应。注：彩图参见本书第 274 页。

本章小结

本章从个体差异、言语障碍、任务情境和训练经历四个维度阐释了言语运动控制的影响因素，而声学扰动方法和认知神经成像技术为研究者了解影响因素的作用机制提供了有效的研究手段。

第一节涉及言语运动控制的个体差异，具体来说，发声变异性影响人们在线的运动控制和长时程的前馈控制更新，而儿童与成人、青年人与老年人、男性与女性的言语运动控制均有所差异。上述差异性结果可能是由于不同群体在控制发声运动时对听觉反馈的依赖程度不同，也可能是由于发音器官的生理构造不同、脑结构和脑功能不同或高阶认知功能不同等。

第二节剖析了导致言语障碍的前馈或反馈控制缺陷。言语失用症患者的脑损伤区域主要负责提取语音的前馈运动指令，噪声掩蔽研究以及计算模型模拟研究证实言语失用症属于前馈控制缺陷。扰动研究表明，帕金森病也与前馈控制缺陷有关，导致患者言语产生时过度依赖听觉反馈。相比之下，口吃的发生机制更加复杂，研究者们提出了多种原因，包括不稳定或未充分激活的内部模型、反馈控制的权重过高、左半球基底神经节运动环路受损以及听觉预期和反馈监测受损。

第三节梳理了任务情境调控言语运动控制的方式。研究表明，被试在不同注意负荷条件下用于加工听觉反馈的注意资源不同，听觉反馈控制的行为和电生理机制也不同。此外，当被试可以预期听觉扰动或自身产生的听觉反馈较可靠时，前馈控制的权重提高，相应地反馈控制的权重降低，以此来减少扰动产生的不利影响以及不必要的运动调整。

第四节关注了长期和短期的训练经历塑造言语运动控制的机制。从长期影响因素来看，声调语言背景和音乐训练经验可提高人们音高运动控制的稳定性，音高运动控制的差异不仅体现在声调语言和非声调语言的使用者以及不同声调语言使用者之间，还体现在音乐家和非音乐家以及具有绝对音高感和相对音高感的音乐家之间。从短期因素来看，短暂的感知能力训练可提升成人及儿童的言语感知能力，并对其言语运动学习或在线运动控制能力产生即时的影响。也有证据表明，工作记忆训练可通过自上而下的认知系统影响听觉运动整合的神经效率。

第三章

言语运动控制基础理论及其神经基础

在言语科学领域，焦点研究问题之一是人类如何控制复杂的言语运动系统。过去几十年间，研究者们构建出众多理论模型，分别关注了言语运动控制的不同侧面，例如，多个发音器官在时间和空间层面上协同合作的机制（Saltzman, 1986; Saltzman & Munhall, 1989; Guenther, 1995）、肌肉动力学过程（Perrier, 2005）、体觉和听觉反馈的作用（Houde & Nagarajan, 2011; Guenther, 2016; Parrell et al., 2018）或言语运动控制的神经基础（Houde & Nagarajan, 2011; Houde & Chang, 2015; Guenther, 2016; Kearney & Guenther, 2019）等。下文将跟随模型建构的历史轨迹探讨言语运动控制基础理论的发展过程及其相应的神经基础。

3.1 早期言语运动控制理论模型

在 1989 年之前的理论探索中，最简单的一种观点认为发音目标本质上是运动层面的，每个音素对应特定的肌肉运动，即音素产生只需要将发音器官移动到固定的位置[1]（Fel'dman, 1966; MacNeilage, 1970）。此观点完全否认了感觉反馈在言语运动控制过程中的作用，大量的研究证据也否认了这种过于简单化的“一对一”的映射关系。例如，语音学中的协同发音[2]现象表明，当前后相邻音不同时，相同音素的发音位置经常不同（Daniloff & Moll, 1968; Kent, 1977）。此外，个体对相同音素的多次发音尝试也存在差异（Mitsuya et al., 2011）。种种现象表明，上述理论观点低估了言语运动控制的复杂性，并推动后续研究者进一步探索发音目标的本质。另

[1] 早期的主流观点认为，每一个音素具有跟形式上单个声音对应的物理实现，连续的话语就是这些离散音素的串列，或由一系列离散的稳定状态和过渡状态构成。

[2] 协同发音（coarticulation）是语言学的专业术语，指说话时共鸣腔内不同发音器官动作姿态彼此交叠的发音现象，揭示了连续话语中相邻语音单元之间相互连接和彼此影响的自然机制。

一种观点认为发音目标本质上是听觉层面的（Fairbanks, 1954），但这种观点很难解释大脑神经控制系统如何实现听觉目标。由于听觉目标最终必须通过发音器官的位置移动和相应的肌肉运动来实现，而当时的研究者并未解决的问题是运动信息和听觉信号之间的关系。举例来讲，如果讲话者意识到听觉信号中 F2 值较低时，大脑如何明确需要发放的运动指令是前移舌头的位置。为了解决这一问题，研究者指出听觉目标可能和体觉参考框架中的目标表征建立起双向联系（Lindblom et al., 1979; Perkell, 1981）。Lindblom 等（1979）认为，声道的三维形状很大程度上决定了听觉信号的特征，听觉信号反过来也可以通过体觉反馈被人们感知。此外，他们认为大脑中存在一种内部模型，该模型可依据发音器官提供的体觉反馈评估发音目标实现与否。

模型建构历史上的一个重要里程碑是任务动态（task dynamics, TD）模型，该模型认为发音目标本质上是声道形状层面的，具体的声道形状可以转化为随时间变化的运动指令（Saltzman & Munhall, 1989）。TD 模型主要强调体觉反馈参与言语运动控制，其作用方式是讲话者对比实际的体觉状态和理想的体觉状态，并根据两者的误差调整运动指令。此外，TD 模型纳入了任务水平的动态控制系统，发音器官的各类参数不是固定不变的，讲话者可以根据语境生成不同的发音运动计划，以此来解释发音运动的灵活性。虽然 TD 模型取得了重要的理论突破，但随着研究不断深入，人们逐渐意识到该模型仍然存在不完善之处。第一，模型未细化言语运动控制各个环节的神经基础。第二，模型未增加言语运动学习相应的理论解释，如 TD 模型中所有参数并不是习得的，而是建模时直接提供的，这不符合言语运动技能学习的过程和规律。第三，模型忽视了听觉反馈的作用，因而无法解释为何讲话者在言语产生过程中会根据实时的听觉反馈调整言语运动。第四，模型简单地认为当前的系统状态能够通过体觉反馈直接获取，事实上体觉反馈的神经传导存在延时和系统噪声，因此离真正揭示言语运动控制复杂的心理机制仍相距甚远。

3.2 DIVA 模型及其神经基础

言语运动控制不仅吸引着心理语言学和语音学等领域专家的兴趣，不少计算机和人工智能专家也致力于从神经计算的角度构建完整、可验证的理论模型，并通过拟合实验研究数据以考察行为背后的算法，其中最具有代表性和应用性的是发音器官速度方向（directions into velocities of articulators, DIVA）模型（Guenther, 1994, 1995, 2006, 2016）。作为神经计算模型，DIVA 描述了发音器官之间感觉运动的交互作用，模型的组成部分分别对应于不同的神经组织并给出了具体的解剖区域。Guenther 教授团队于 1994 年首次提出 DIVA 模型，之后 Ghosh, Tourville, Civier, Kearney 以及 Guenther 本人不断修正和完善该模型。发展至今，DIVA 整合了行为、神经解剖和神经功能的现有知识，在统一的框架内明确了前人争议的运动目标、听觉目标和体觉目标的概念，并从言语产生和言语习得的不同角度阐释了言语运动控制的认知神经机制（Kearney & Guenther, 2019; Miller & Guenther, 2021; Meier & Guenther, 2023）。

3.2.1 DIVA 模型的控制机制

DIVA 模型的控制机制（见图 3.1）类似于言语产生的反馈误差学习机制（见图 1.4）。然而，两者有三处关键的区别。第一，关于反馈控制器的内容，DIVA 模型明确了反馈控制器同时包括听觉反馈控制器和体觉反馈控制器。第二，关于系统的输入，反馈误差学习模型输入的是待产生语音预期的听觉信号（或听觉目标），而 DIVA 模型认为，言语产生始于大脑高级语言处理区激活语音集（speech sound map）中的神经表征，进而读取出听觉目标（auditory target, A_T）、体觉目标（somatosensory target, S_T）和运动目标（motor target, M_T）。第三，关于自适应[1]的组件，DIVA 模型中学习不仅仅限于前馈控制器，另外几个附加的组件都是自适应的。

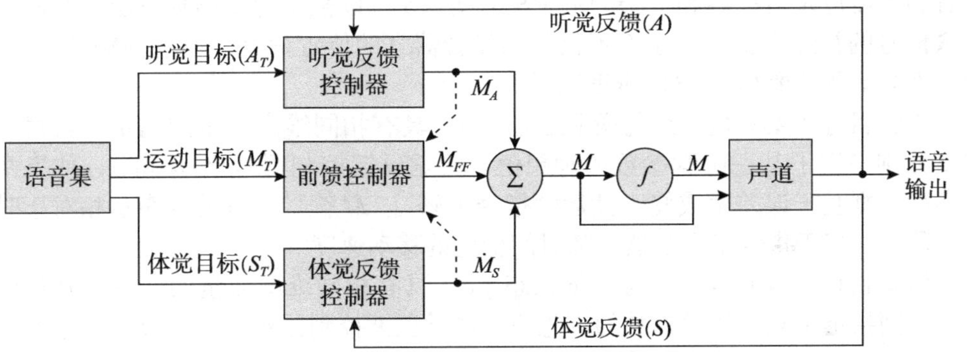

图 3.1　DIVA 模型的控制机制

（引自 Guenther, 2016）。言语产生始于激活语音集中编码语音的神经表征，进而导致读取出三种信号。第一，听觉目标（即预期的听觉信号，在数学上表征为听觉参数的向量，标记为 A_T）。第二，体觉目标（即预期的体觉信号，标记为向量 S_T）。第三，运动目标（即存储的发音运动程序，标记为向量 M_T）。反馈控制器对比实际的感觉反馈（听觉反馈标记为 A，体觉反馈标记为 S）和感觉目标（A_T 和 S_T），当两者不匹配时生成修正性运动指令（$\dot{M}_A$ 和 $\dot{M}_S$），点符号代表该运动指令是随时间变化的导数。前馈控制器生成语音的前馈运动指令（$\dot{M}_{FF}$），并对比当前的运动状态（M）和运动目标（M_T）。为了清晰起见，模型中未列出 M 到前馈控制器的通路。三种运动指令（$\dot{M}_A$、$\dot{M}_S$ 和 $\dot{M}_{FF}$）相加（$\sum$）即可生成总体运动指令（$\dot{M}$），该指令（$\dot{M}$）与运动位置指令（M，$\dot{M}$ 随时间进行积分形成）一起发送到声道产生语音输出。此外，修正性运动指令（$\dot{M}_A$ 和 $\dot{M}_S$）也可用于更新语音的运动目标（见虚线箭头部分）。

[1] 自适应（self-adaptive）是工程控制论的专业术语，指在处理和分析过程中，根据处理数据的数据特征自动调整处理方法、处理顺序、处理参数、边界条件或约束条件，使其与所处理数据的统计分布特征、结构特征相适应，以取得最佳的处理效果的过程。

为了帮助读者清楚地了解 DIVA 模型的控制机制，研究者定义了模型中涉及的变量，每个变量都以向量[1]表示特定参考框架内的信息（Guenther, 2016）。

运动状态（M）是一个向量，其各维度分别对应了言语产生时各发音器官规定的位置信息，包括舌、唇、下颌、喉部和软腭等。M 可以被认为是运动皮层中编码发音器官位置信息的神经表征。DIVA 在模型拟合过程中引入了发音合成器，该合成器包括 10 个发音器官。因此，M 是一个 10 维向量，每个子维度代表了其中一个发音器官的位置信息。尽管该合成器是基于讲话者实际的声道运动构建的（Maeda, 1990; Nieto-Castanon et al., 2005），但与真实声道相比，这种发音合成器仍然是高度简化的，实际情况应包含更多的维度。DIVA 模型中 M 确切的维度数量并不重要，重要的是 M 各维度加起来共同确定了声道完整的形状信息。

听觉状态（A）代表了当前听觉信号在感知层面重要的参数，例如基频[2]（fundamental frequency, F_0）和共振峰频率。A 可以被认为是听觉皮层中编码听觉信号的神经表征。同样地，听觉状态的具体维度数量并不重要，重要的是 A 各维度包含了听觉信号的所有感知层面。

体觉状态（S）代表了与言语产生相关的重要的体觉参数，例如，声道收缩的位置和程度以及舌、唇和上腭的触觉模式等。S 可以被认为是体觉皮层中编码体觉传入信号的神经表征。由于 S 不仅包括发音器官的位置信息，还包括触觉信息，S 的维度数量预计要高于 M 的维度数量。

听觉目标（A_T）是一个与听觉状态（A）具有相同维度数量的向量，其每个子维度分别指定了某一听觉参数的理想值。听觉反馈控制器对比 A_T 和 A，如果两者不匹配，则基于误差生成修正性运动指令（$\dot{M}_A$）。M 符号上方的点表示相对于时间的导数，相当于指定了发音器官随时间变化的移动速度。

体觉目标（S_T）是一个与体觉状态（S）具有相同维度数量的向量，其每个子维度分别指定了某一体觉参数的理想值。体觉反馈控制器对比 S_T 和 S，如果两者不匹配，则基于误差生成修正性运动指令（$\dot{M}_S$）。

运动目标（M_T）是大脑中存储的用于产生目标语音的运动指令。前馈控制器通过将 M_T 和 M 进行比较以确定前馈运动指令（$\dot{M}_{FF}$）。M_T 随时间不断调整，其方式是将听觉和体觉反馈控制子系统提供的修正性运动指令纳入到前馈运动指令中（见图 3.1 虚线箭头部分）。

总体运动指令（$\dot{M}$）是由听觉反馈控制器、体觉反馈控制器和前馈控制器的输出相加所得（即 $\dot{M}=\dot{M}_A+\dot{M}_S+\dot{M}_{FF}$）。$\dot{M}$ 的作用是改变运动状态（M），M 是通过对 $\dot{M}$ 随时间积分而形成的。之后，运动速度指令（$\dot{M}$）和运动位置指令（M）一起发送到声道的各发音器官以产生目标语音。

[1] 向量指具有大小和方向的量，它可以形象化地表示为带箭头的线段，其中箭头所指代表向量的方向，线段长度代表向量的大小。

[2] 基频（fundamental frequency, F_0）是声带振动的固有频率，听觉感知上反映音调的高低。

3.2.2 DIVA 模型的神经基础

DIVA 模型详细描述了言语运动控制的神经基础（见图 3.2）。作为神经计算模型，DIVA 中每个模块代表一组神经元[1]集合，每组神经元在特定脑区表征特定的加工信息，较大的框代表皮层区域，较小的框代表皮层下区域，箭头代表神经元的兴奋性传递[2]，以圆圈终止的线条代表神经元的抑制性传递[3]（Guenther, 2016）。言语产生始于激活语音集表征特定语音的神经节点，模型假设语音集的每个节点分别对应左侧腹侧前运动皮层的一组神经元集合，包括腹侧中央前回的喙部、额下回后部以及前脑岛的邻近区域。该节点的激活会导致运动指令通过前馈和反馈两个控制系统到达运动皮层。反馈控制系统进一步细分为听觉反馈控制和体觉反馈控制两个子系统。

前馈控制系统负责生成先前习得的语音的运动程序，该过程涉及两条通路。首先，皮质－基底神经节环路，激活位于额叶皮层内侧壁辅助运动区的启动集（initiation map），启动集在适当的时刻启动发音程序。皮质－基底神经节环路负责识别适宜产生语音的认知和感觉运动语境。举例来说，当人们计划产生目标词“enter”时，启动“ter”音节运动程序的适宜环境需满足两个条件。第一，认知语境，即讲话者具有产生目标词“enter”的意图。第二，感觉运动语境，即接收到“en”音节即将完成发声的信号。当识别出以上适宜启动发音运动程序的语境时，腹侧运动皮层向壳核、苍白球、黑质发出指令，经抑制性突触传递到丘脑，再传递到运动皮层，形成基底节－丘脑－皮质环路。激活启动集的节点将开始读取当前语音的发音运动程序。其次，运动程序本身负责生成已习得语音的前馈运动指令。这些指令从语音集投射到位于双侧中央前回腹侧初级运动皮层的发音器官集（articulator map）。此外，经由脑桥、小脑和丘脑对运动指令进行预处理。这些投射以及它们与基底神经节、小脑和丘脑的皮质连接本质上构成了发音运动程序。

听觉反馈控制子系统负责监测和修正理想的听觉信号与当前实际听觉反馈之间的差异。根据 DIVA 模型，听觉通路中调制的信息经突触依次传递到脑桥、小脑、丘脑、听觉皮层，或直接传递到听觉皮层，听觉目标集[4]（auditory target map）位于听觉皮层区域的后部，包括颞平面、颞上回和颞上沟。这些投射负责编码当前产生

[1] 神经元（neuron）是神经系统最基本的结构和功能单位，它们依靠各自的外形、功能、位置和神经系统内的相互连接方式来区分彼此。神经元的基本结构分为树突、轴突和细胞体三个部分。树突是神经元的主要输入结构，负责接受来自其他神经元和外部环境的信号，并将其转化为电信号。轴突是神经元的主要输出结构，负责向其他神经元或目标器官发送信息。细胞体负责维持神经元的生命和状态。

[2] 神经元的兴奋性传递是指在外界刺激下，神经元接受到足够的刺激输入后，从静息状态进入到兴奋状态，并向相邻的神经元传递信息。这种传递是通过神经元之间的突触联系实现的。在突触处，神经元的轴突分泌出化学物质——神经递质，将信息传递到另一个神经元的树突或细胞体上，从而使其进入兴奋状态，开始发放动作电位。

[3] 神经元的抑制性传递是一种相对于兴奋而反向进行的阻碍传递机制。神经元通过神经递质分泌来抑制其相邻神经元的兴奋状态，使其不能对外部刺激作出响应。这种机制在神经系统运作中同样至关重要，能够使神经系统灵活地响应外部刺激。

[4] 听觉目标集（auditory target map）即负责编码语音听觉目标表征的神经元集合（体觉目标集下同）。

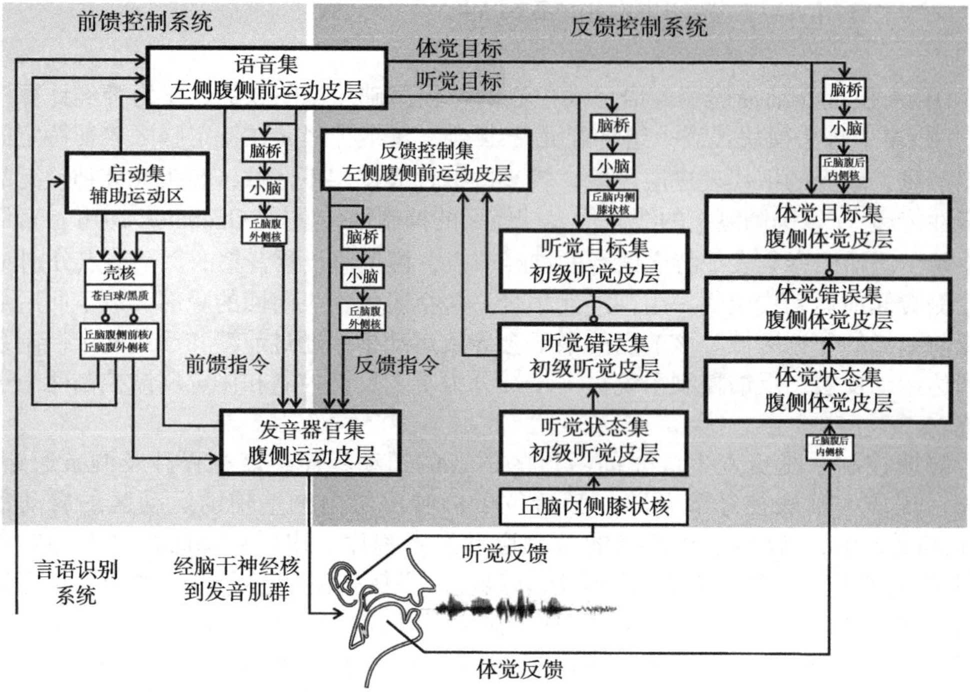

图 3.2 DIVA 模型言语运动控制的神经基础

（引自 Guenther, 2016）。言语运动控制涉及广泛的脑网络，包括双侧内外侧额叶皮层、顶叶皮层、颞上皮层、丘脑、基底神经节和小脑等。

语音的理想的听觉信号。因此，听觉目标集的活动代表了讲话者正确产生语音时理应出现的听觉反馈。听觉目标的形式是随时间不断变化的语音信号，整个音节都允许一定范围内的变异（Guenther, 1995）。换言之，所谓听觉目标指的是目标域，而非目标点。这是 DIVA 模型的一个重要观点，可为多种言语产生现象（如协同发音、上下文可变性等）提供统一的解释。

讲话者将当前语音的听觉目标与通过外周系统传入的听觉信息进行比较，该信息通过丘脑投射到听觉皮层，在模型中表征为听觉状态集（auditory state map）。如果当前的听觉反馈位于目标域之外，高级听觉皮层（即听觉皮层后部）中编码听觉错误信号的节点将得到激活（即听觉错误集，auditory error map）。大量脑成像研究将听觉错误相关的大脑活动定位在听觉皮层（Hashimoto & Sakai, 2003; Okada et al., 2018; Ozker et al., 2022）。然后，听觉信号从听觉错误集投射到位于右侧腹侧前运动皮层的反馈控制集（feedback control map），此处负责将听觉错误转化为修正性运动指令。反馈控制集调制的信息可直接投射到位于前运动皮层的发音器官集，或通过脑桥 – 小脑 – 丘脑环路间接通达发音器官集。Kort 等人（2013）也证实了偏右侧化的脑网络驱动响应听觉反馈扰动时的运动修正。

DIVA 模型提出，在言语运动控制过程中，体觉反馈控制子系统与上述听觉反馈控制子系统一并运行。体觉反馈控制子系统的核心脑区位于腹侧体觉皮层，包括腹侧中央前回和缘上回。从语音集到体觉目标集（somatosensory target map）的投射包括皮质 – 皮质环路以及经由脑桥、小脑、丘脑的皮质 – 小脑环路，该投射编码了讲话者正确产生语音时理应出现的体觉反馈，具体包括发音器官的移动位置和不同发音器官之间的接触程度等，即由声道中机械感受器和肌梭产生的触觉与本体感觉反馈。模型的体觉状态集（somatosensory state map）编码了发音器官产生的触觉和本体感觉信息。如果讲话者当前产生语音的体觉状态偏离了体觉目标域，体觉错误集（somatosensory error map）中的节点将得到激活。体觉错误集的输出信号将投射到反馈控制集，此处将体觉错误进一步转化成修正性运动指令以克服言语错误。

DIVA 模型中的前馈指令直接传入初级运动皮层，该模式与言语运动控制的其他模型不同（Hickok, 2014）。这是由于听觉目标已经被高度习得，前馈指令无须与感觉结果的内部模型进行比较。然而，上述简化的认知加工过程确实降低了 DIVA 对特定语音现象的解释力，例如，人们可以在大脑内部修正提取错误的运动指令（Nozari et al., 2011）以及尝试模仿不熟悉的语音（Hao & Jong, 2016）。模型中大多数投射都是长距离的并且起源于大脑皮层，因而它们被建模为兴奋性信号传递。但在感觉错误集的情境下，输入被建模为抑制性对于人们监测感觉状态和感觉目标之间的差异是非常有必要的。大脑中传向错误集的投射可能使用的是前馈性抑制，即某源脑区向目标脑区的抑制性神经元提供长距离的兴奋性投射，从而有效抑制该目标脑区特定兴奋性神经元的激活（Li et al., 2014; Naskar et al., 2021）。图 3.2 中的所有通路均假定为婴儿出生时已经建立，但微观的连接模式和权重具有灵活性和可塑性，以此来满足出生后言语运动技能不同的发展历程（Dubois et al., 2014）。

3.2.3 DIVA 模型的学习过程

言语运动控制能力并不是与生俱来的，例如，某种语言流利的母语者在使用另外一门外语时便不再流利，因而言语运动系统是特异于母语语音和相应发音动作的。此外，即使当人们习得母语发音动作后，从儿童到成人的发展过程中声道形态也会经历巨大的变化，这些变化会影响发音的生物力学和声学特性，但言语运动系统仍保留调整、更新和学习运动指令的能力，以适应上述变化并确保精确的言语产生。

调整言语运动系统涉及许多彼此不同但相互关联的学习过程，DIVA 模型在拟合言语习得过程时将学习高度简化为咿呀学语[1]（babbling）和模仿（imitation）两个时期。众所周知，刚出生的婴儿不具备言语产生能力，而发育中的婴儿在具备言语产生能力之前必须经历言语运动学习的过程，DIVA 分别模拟了婴儿在咿呀学语

[1] 咿呀学语（babbling）是前言语行为的一种，即婴儿发出的类似成人语言中的音节重复但不表达意义的一种特殊语声。一般来说，婴儿在八九个月时，咿呀学语出现的频率达到高峰。而在 1 岁左右，大多数儿童开始产生第一个能被理解的词，咿呀学语出现的频率明显下降。作为儿童言语产生准备期的过渡形式，其主要价值在于练习调节和控制发音器官的动作，为以后正式的言语产生打下基础。

期和模仿期的言语运动学习过程（见图 3.3）。

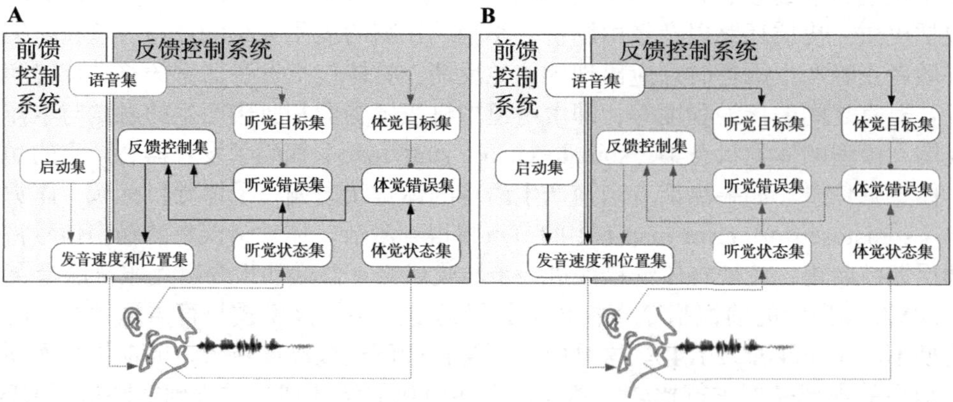

图 3.3　DIVA 模型的言语运动学习过程

（引自 Tourville & Guenther, 2011）。简化的 DIVA 模型框图显示了两个学习阶段中不同模块之间映射关系的调整。（A）咿呀学语期。输向发音器官的伪随机的运动指令与听觉和体觉反馈相关联。配对后的运动和感觉信号用于调整从感觉错误集到反馈控制集的突触投射。然后，经过调整的投射可以将感觉错误转换成基于反馈的修正性运动指令。（B）模仿期。语音的听觉目标从语音集到听觉目标集的投射最初是基于来自其他讲话者的语音样本进行调整。听觉目标、体觉目标以及前馈控制系统中的投射均是在人们尝试模仿语音的过程中进行调整的。

咿呀学语期。在个体能够产生语音之前，必须首先建立起一般性语音运动指令和对应感觉反馈之间的联结。在早期咿呀学语期，婴儿开始尝试发音，此时模型接受伪随机的发音运动产生的与之关联的听觉和体觉反馈。多次发音尝试后，运动指令与听觉和体觉反馈形成配对。配对后的运动感觉联结可以调整逆向模型，即人们可以通过反馈控制集将听觉和体觉错误映射到修正性运动指令。这一阶段的学习并不针对某一特定音素或音节，而是之后学习的所有语音的感觉运动转换关系（Tourville & Guenther, 2011; Guenther, 2016; Meier & Guenther, 2023）。

模仿期。在模仿期，DIVA 模型通过语音样本进行言语运动学习，这一过程类似于婴儿通过接触母语语音开始学习。母语者产生的语音样本（如音素、音节或单词）的形式是随时间变化的听觉信号。基于这些样本，模型习得每个语音的听觉目标。学习某语音的听觉目标需要激活语音集内未使用的一个节点，该节点在随后的言语产生过程中将代表这个语音。当模型“听到”流利的讲话者产生某语音时，模型将通过语音识别系统开始模仿学习，这一过程类似于婴儿在听到父母对他们讲新语音时的模仿学习。在此过程中，人们也可调整从语音集节点到听觉皮层的突触投射，即学习语音的听觉目标表征。

当习得语音的听觉目标后，模型开始尝试发音，这一过程是通过激活语音集和启动集内相应语音的节点来实现的。当进行第一次发音尝试时，由于模型缺乏调整好的前馈运动程序（即图 3.1 中的运动目标），也缺乏体觉目标，此时模型必须高度依赖听觉反馈控制子系统来产生语音。之后的每次发音尝试，运动目标都会更新，即纳入听觉反馈控制子系统在前一次尝试中生成的修正性运动指令。生成修正性运动指令首先需要明确听觉错误，即目标语音与实际产生的语音在听觉空间内距离和方向上的偏差。听觉错误进一步传递到反馈控制集，此处生成修正性运动指令。之后修正性运动指令传递到发音器官集，此处调整发音器官移动的位置和速度。后续的发音尝试中，前馈运动指令将更加准确以指导言语产生。最终，前馈运动指令自身足以在正常语境下产生目标语音，且几乎不会出现听觉错误，因而无须调用听觉反馈控制子系统，此时模型可以流畅地产生语音。当发音器官随着年龄增长而发生形变，听觉反馈控制子系统不断修正运动指令以应对声道生物力学层面上的变化，而这些修正性运动指令被纳入前馈运动程序当中。因此，即使人类一生中发音器官的大小和形状将会发生变化，人类也始终能够保持调谐的言语运动系统（Callan et al., 2000）。

当模型重复产生某语音时，它会习得该语音的体觉目标区域，类似于上述时变的听觉目标域。体觉目标域编码了正确产生语音时与语音相关的触觉和本体觉，该目标域在体觉反馈控制子系统中可用于监测体觉错误。但不同于听觉目标，体觉目标无法从其他讲话者处学习，这是由于听者无法获得其他讲话者有关舌头形状、移动速度、触觉模式等重要信息。不难理解，体觉目标必须通过讲话者监测自己正确产生语音时的体觉反馈来获得，因而体觉目标的学习发生在听觉目标习得之后。

婴儿咿呀学语的过程。婴儿出生后第一年内的咿呀学语包含几个重叠的时期（Oller, 1980; Stark, 1980）。在最初的两个月内，婴儿会经历发声期（phonation stage），该时期婴儿产生类语音的声音相对较少，而少数类语音的声音主要是在嘴巴闭合或接近闭合的情况下产生的。在接下来的 2~3 个月，婴儿会经历咕咕期（goo stage），该时期婴儿开始产生非常粗糙的类音节序列，这些类音节序列主要由软腭辅音与元音的音素组合而成。在 4~6 个月大时，大多数婴儿将进入拓展期（expansion stage），该时期的特征是出现几种新的声音类型，包括双唇音、唇舌颤音、尖叫声、咆哮声和相对少量类元音的咿呀声。此时这些类音节的声音在发音器官间的作用时间和持续时间上仍然与成人产生的音节有很大差异。大约 7 个月大时，婴儿进入重复咿呀学语期（reduplicated babbling stage），该时期婴儿首次频繁产生具有成人语音时间序列特征的音节，且许多语音都是重复性音节（如“dadada”）。在大约 10 个月大时，婴儿进入非重复咿呀学语期（nonreduplicated babbling stage），该时期的特征是在同一音节序列中混合使用不同的辅音和元音（如“badadi”）。MacNeilage 和 Davis（1990）认为，非重复咿呀学语期是婴儿开始学习产生母语中的各类音素的阶段。

上述发展顺序的一个重要特征是许多非言语声音的出现远早于常见的言语声音，也正是这一特征导致了 DIVA 具有两个学习阶段。第一阶段学习运动、体觉和听觉系统之间的感觉运动关系。在某种意义上，该阶段学习声道的生物物理学知识，也就是说，婴儿学习各种口腔运动相应的感觉结果。第二阶段学习母语中独立的语音。在模型仿真中，两个阶段按序发生，但在真实的言语运动学习过程中两个阶段并非如此分离（Boysson-Bardies et al., 1989; Mitchell & Kent, 1990），与此同时还包括一些 DIVA 模型中未提及的过程。Meier 和 Guenther（2023）归纳了言语运动系统中主要能力发展的时间进程（见表 3.1）。

表 3.1 言语运动系统中主要能力发展的时间进程。给定时间窗口内神经系统中发生的学习量被分别评估为低、中、高三个水平

（引自 Meier & Guenther, 2023）。

	年龄和发展阶段								
	0~1 月	2~3 月	4~6 月	7~10 月	10~12 月	1~2 岁	3~5 岁	6~18 岁	>18 岁
神经系统	发声期	咕咕期	拓展期	重复咿呀学语期	非重复咿呀学语期	单词期	句子期	学龄期	成熟期
1. 听觉状态和错误集	低	低	中	高	高	高	高	中	低
2. 体觉状态和错误集	低	低	中	高	高	高	高	中	低
3. 听觉运动转换	低	低	中	高	高	高	高	中	低
4. 体觉运动转换	低	低	中	高	高	高	高	中	低
5. 体觉听觉转换	低	低	中	高	高	高	高	中	低
6. 语音集			低	中	高	高	高	中	低
7. 听觉目标集			低	中	高	高	高	中	低
8. 前馈指令			低	中	高	高	高	中	低
9. 体觉目标集			低	低	低	高	高	中	低

听觉和体觉集的发展。产生语音的能力很大程度上取决于人们感知这些语音的能力。语音信号的听觉表征（对应于 DIVA 模型的听觉状态集和听觉错误集）在婴儿 6 个月大时就开始呈现出语言特异性的迹象（Kuhl et al., 1992）。这可能反映了听觉皮层神经元的重组，以最优的专职模式捕捉母语的听觉特征。由于出现在语言发展非常早期的阶段，上述发展过程可能不需要人们具备可构成语言的语音单位的知识（见表 3.1 第 1 点）。有研究表明，语音输入信号的统计学信息驱动了婴儿听觉表征的形成（Guenther & Gjaja, 1996; Guenther et al., 1999; 刘文理等，2008; Teinonen et al., 2009; Bosseler et al., 2013）。例如，Bosseler 等人（2013）开展了一项婴儿大脑神经振荡活动的研究，发现婴儿对母语中语音分布模式的统计学习会改变他们的大脑活动。该研究以反映注意及认知资源的 θ 波为指标考察了 6~8、10~12 个月的婴儿以及成人知觉母语和非母语声音的脑活动。结果发现，6~8 月龄的婴儿对经常

出现的声音（无论是否来自母语）表现出 θ 波增强的特点，成人仅对非母语声音（无论是否经常出现）表现出 θ 波增强的特点，而 10~12 月龄的婴儿则介于两组之间，但更接近于成人的模式。该结果说明，发育期婴儿的大脑神经回路正在集中登记经常出现在语言环境中代表音素类别的信息。

语音网络的体觉表征（对应于 DIVA 模型的体觉状态集）同样需经历发展过程。但与听觉信号不同，与语音相关联的体觉模式无法从听母语者讲话的方式来获取。婴儿在语言发展早期发音尝试相对有限，因而语音体觉集的发展可能落后于听觉集。当婴儿开始在拓展期、重复咿呀学语期以及非重复咿呀学语期产生更多类言语的发音运动，他们的体觉集可能对由发音运动产生的体觉模式更加敏感（见表 3.1 第 2 点）。

感觉运动转换的发展。婴儿与言语相关的身体动作几乎是在其出生后就立即开始，此时婴儿使用声带和呼吸系统哭泣，通过嘴唇、颌和舌进食。这些动作会产生体觉反馈，通常也会产生听觉反馈，这为婴儿大脑提供了解口腔运动感觉结果的机会，这样运动系统才有能力预测运动指令的感觉结果。上述运动感觉映射关系（通常称为前向模型）的调整可能从早期的非言语运动开始，当婴儿在咕咕期、拓展期、重复咿呀学语期以及非重复咿呀学语期产生越来越多的类言语时，这一过程将会加速（见表 3.1 第 3、4、5 点）。

婴儿在咿呀学语期的发音运动也可以用于调整相反方向的转换，即感觉运动转换或逆向模型。这些转换包括习得感觉表征以及（可产生相应感觉表征的）运动指令之间的映射关系。在婴儿发展出语音的听觉目标和体觉目标之前，听觉和体觉错误集的节点本身并不表征“错误”，而是表征由于发音器官持续移动而产生的听觉和体觉状态上的变化。婴儿将运动激活和由此产生的感觉状态相结合，他们能够在发展出语音意识（如音素、词汇）前开始对听觉运动转换和体觉运动转换关系进行调整。

当听觉和体觉目标习得后，听觉和体觉错误集的节点不再反映感觉状态的变化，而是反映感觉错误，即达到目标所需的感觉状态调整。研究者推测这一阶段发生在婴儿开始产生语言特异性语音时，即 DIVA 模型从咿呀学语期过渡到模仿期，但该模型并未阐释导致这种过渡的具体机制。感觉运动转换的调整可能会持续到成年期，不少成人持续扰动范式的实验证据支持了这种长时程的可塑性（Houde & Jordan, 1998; Golfinopoulos et al., 2010; Lametti et al., 2012）。

语音识别和音位目标的习得。到目前为止所描述的学习过程不需要任何音素、音节或单词的相关知识。值得注意的是，学习过程调整了连续性运动、体觉和听觉空间内的转换关系，而不考虑构成语言的离散的语音单元。这些转换关系是 DIVA 模型中反馈控制系统的核心要素。

然而，言语运动系统的最终目标是产生离散的语音。在儿童学会产生离散的语音之前，他们首先需要学会如何从连续的听觉语流中切分出离散的语音单位（如单词、音节和音素）。上述学习阶段指的是调整言语识别系统，对应于 DIVA 模型中的语音集。但由于具体的学习过程（见表 3.1 第 6 点）属于言语感知领域的研究问题，

DIVA 模型并未详细列出这一过程。在模型拟合过程中，研究者呈现语音供 DIVA 模型进行学习，且这些语音的形式是随时间变化的听觉信号（尤其是共振峰频率）。外显的音素意识并不是学习产生音素流的先决条件，事实上，即使当婴儿和儿童未意识到音素单位，他们也可以成功习得“cat”和“hat”这类仅在某一音素上存在差异的词对。

感觉目标和前馈控制的发展。当婴儿学习音素或与音节相对应的听觉目标时，他们的大脑会存储这些语音运动输出的听觉信号（见表 3.1 第 7 点）。然后，婴儿会尝试重复出这些听觉目标。从语音集到听觉目标集的投射编码了语音随时间变化的听觉目标，因而后续产生相应语音时这些目标表征可以被激活。有研究显示，婴儿早在 2 个月大时就开始模仿其看护者的发声（Kuhl & Meltzoff, 1996; Kokkinaki & Kugiumutzakis, 2000; Gratier & Devouche, 2011），但也有观点认为，这种能力在接近 1 岁时才会出现（Jones, 2009）。上述发音的初始尝试使得婴儿能够学习语音的前馈运动指令，以获得言语产生能力（见表 3.1 第 8 点）。在 DIVA 模型中，这些前馈运动指令可通过直接或间接（皮质 – 小脑环路）通路从语音集投射到初级运动皮层。

最后，当婴儿能够成功产生语音后，婴儿的大脑会发展出体觉目标集，其中包括了当准确产生语音时应出现的体觉表征（见表 3.1 第 9 点）。体觉反馈控制系统可使用这些目标表征来快速监测和修正言语产生中的错误。

3.3 SFC 模型及其神经基础

在言语运动控制的理论探索中，状态反馈控制[1]（state feedback control, SFC）模型具有重要的理论意义（Houde & Nagarajan, 2011; Hickok, 2012; Houde & Chang, 2015）。DIVA 和 SFC 两种理论框架存在一些共性的观点，例如，言语运动控制需要引入某种机制负责将运动计划作用于发音器官，发音执行过程中实时产生的感觉反馈可以用于指导运动调整等。但两者在前馈控制的使用、系统状态的评估以及整合感觉反馈进行运动控制的方法上存在分歧。

3.3.1 SFC 模型的控制机制

不同于 DIVA，SFC 使用另外的方法创建了一个控制系统，该系统既能响应感

[1] 状态反馈控制（state feedback control, SFC）是现代控制理论的专业术语，具体指将系统的每一状态变量乘以相应的反馈系数，反馈到输入端与参考输入相加，其和作为受控系统的控制信号。在古典控制理论中，反馈信号一般取自输出信号，反馈形式为输出反馈，而在现代控制理论中，基本反馈形式就是状态反馈。状态反馈是将系统的任何一个状态按照一定的比例反馈到输入端，与系统的参考输入进行综合形成控制律，作为受控系统的控制输入。一个系统的状态变量可以展现其整个系统的内部特性而不需要知道系统的内部结构。所以，相对于传统的输出反馈控制，状态反馈控制能更有效地控制系统，使其稳定正常工作。

觉反馈，又不依赖于感觉反馈。虽然 SFC 系统并未明确将前馈控制和反馈控制区分开来，但该系统本质上属于一种反馈控制机制。这里反馈不仅仅依赖再传入感觉信息作为反馈控制器的输入，另一个来源是内部生成的对受控系统当前状态的评估。上述两种反馈源（再传入和内部反馈）将与产生目标进行比较，该方法被称为状态反馈控制，也是工程控制理论中经典的最优控制机制（Todorov, 2004）。由于 SFC 与当前运动控制的理论兼容，该模型中有关中枢神经系统如何控制一般性运动领域的观点已获广泛认可（Shadmehr & Krakauer, 2008; Diedrichsen et al., 2010; Franklin & Wolpert, 2011）。之后，言语运动控制领域的研究者开发了基于 SFC 的理论模型，目的是测试 SFC 这种广受认可的控制机制在言语运动系统中的适用性，并揭示言语运动和人类其他形式的运动在多大程度上共享基本原理（Parrell & Houde, 2019）。

SFC 的核心概念认为，受控系统（如声道）具有动态状态。状态通常被假定为（构成系统的）发音器官的移动位置和速度，但重要的是该状态是系统的即时性描述，并且自身足以预测其未来的行为。中枢神经系统的控制器在完成某项任务时（如产生某语音）可使用该状态作为状态反馈控制律[1]（state feedback control law）的输入，而状态反馈控制律可以生成特异于当前状态的运动控制，以使得系统更加接近于完成某项任务所需的目标状态。

然而，神经系统的信号传输一般来说具有噪声和延迟，中枢神经系统无法直接获取该状态信息。事实上，中枢神经系统必须依赖于对当前状态的内部评估，该评估是由状态评估器（state estimator）根据多个不同输入生成的。状态评估器首先根据运动指令的传出副本形成当前系统的状态预期（state prediction）。将传出副本转换为状态预期的系统，被称为前向模型。此外，状态评估器的另一个输入是来自感觉系统的信息（即感觉反馈）。因此，状态反馈控制律和状态评估器的组合系统可以对感觉反馈做出响应，即状态评估器使用感觉反馈信息来更新和修正对状态的预测。但是该系统并不依赖于感觉反馈，也就是说，即使在感觉反馈缺失的情况下，状态评估器仍然可以根据前向模型的输出预测当前的系统状态。前向模型通过比较预测的以及测量的感觉反馈来学习预测系统状态。

研究者在 SFC 模型中引入状态反馈控制律以指导声带产生目标语音。关键的是，在每个时间点上，这类控制系统通过状态评估器生成当前状态的预期并进行在线的运动控制。在言语产生的整个过程中，系统将持续不断、循环反复地进行上述预测和修正过程，以此来生成对当前系统状态的评估。具体来说，在每个时间点上，SFC 根据前一状态评估和当前发音控制的传出副本对当前发音状态进行预测。该状态预测反过来可以用于评估当前应该从声道获得什么样的体觉和听觉反馈。之后，将传入的感觉反馈与这些预期进行比较，并将任何的不匹配（即反馈预期错误）转换为修正性运动指令以达到预期的状态。基于（1）更新后的对当前发音状态的评

[1] 状态反馈控制律（state feedback control law）是现代控制理论中常用的控制方法，其主要目的是通过测量系统状态并通过控制回路将它们反馈到控制器中，以实现对系统的精确控制。状态反馈控制律的基本原理是将系统状态作为反馈信号，通过控制回路使系统状态趋向所期望的状态，控制器的输出不仅取决于系统输入，还取决于当前的系统状态。因此，状态反馈控制律可以对系统状态进行实时调节以此来提高系统的稳定性和控制精度。

估以及（2）发音目标最终理想的状态，状态反馈控制律将对声道发音器官实施进一步的运动控制（见图 3.4）。

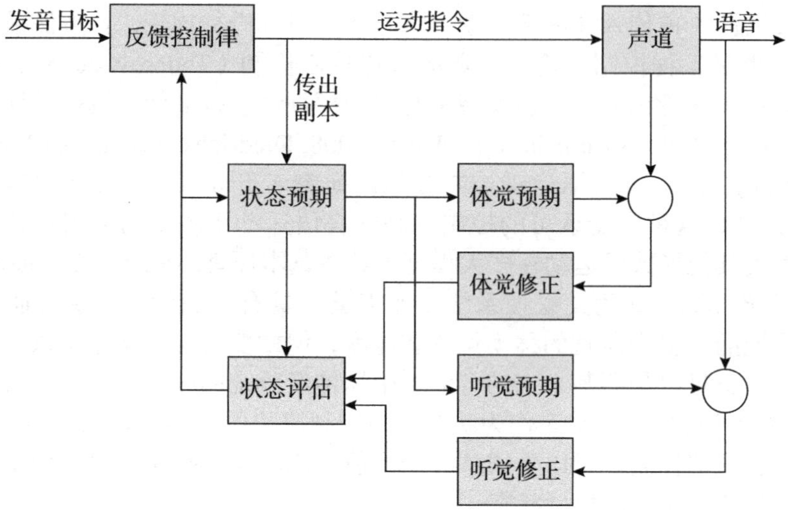

图 3.4　SFC 模型的控制机制

（引自 Parrell & Houde, 2019）。该模型中没有单独的前馈控制器，但具有一个内部状态预测和评估的过程，该过程使得系统可以在延迟、嘈杂甚至缺乏感觉反馈的情况下运行。

在 DIVA 模型中，运动计划预先存储的是各个发音器官时变的、理想的运动位置或轨迹，但在 SFC 模型中，目标语音的运动程序并没有直接表征为随时间变化的一系列发音控制，而是间接表征为声道发音器官实现发音目标时理想的终止状态（或目标状态）。因此，在发音过程中的各个时间点，发音机制需要施加控制以使得当前评估的发音状态逐渐移向理想的目标状态。上述控制将产生两个结果。第一，施加控制的状态反馈控制律基于状态和运动控制之间的映射关系进行工作，该映射在不同发音运动程序之间可能是共享的。第二，由于发音运动程序被表征为理想的目标状态而非理想的运动位置轨迹，所以它们并不一定表现为固定的时间输出序列，有可能具有自适应的时间进程，即下一个理想状态的排序可能取决于当前的理想状态是否已经实现。但研究者也提出，虽然 SFC 使用理想的目标状态而非轨迹作为控制器的输入，但其总体架构仍然与需要轨迹控制的运动任务相兼容（Cluff & Scott, 2015）。SFC 与 DIVA 中的前馈控制基本类似，但其状态评估模块相比之下更为复杂（Parrell & Houde, 2019）。

值得注意的是，SFC 系统中听觉预期的概念相对模糊，Niziolek 等人的两项研究为揭示听觉预期的本质提供了有价值的解答（Niziolek & Guenther, 2013; Niziolek et al., 2013）。其中一项研究考察了被试的元音范畴边界（即听觉目标域）如何影响他们响应听觉扰动时的补偿性反应和神经活动（Niziolek & Guenther, 2013）。研究结果发现，当共振峰扰动的幅度使被试感到反馈中的元音发生偏差但仍然属于该元音范畴时（即“远离范畴边界”试次，简称为“远试次”），被试补偿性反应的幅度相对较大。但是当扰动幅度使被试感到元音跨越了范畴边界，听起来更像是另外一个相邻元音时（即“靠近范畴边界”试次，简称为“近试次”），被试补偿性反应的幅度相对较大。脑成像结果发现，扰动比未扰动条件在双侧颞上回、双侧额下回、岛盖部和三角部的脑激活程度更高[1]，并且近试次比远试次条件在双侧颞上回和辅助运动皮层的脑激活程度更高。这一结果表明，即使是目标域范畴内的扰动，补偿性反应和皮层活动也均会发生变化，这表示听觉预期的精度超越了范畴水平，支持了 SFC 模型中状态评估的观点，即语音范畴内微小的感觉偏差也会导致运动状态的调整（Parrell & Houde, 2019）。

Niziolek 等人（2013）另一项元音产生的研究发现，当产生的元音位于听觉目标域的中心时，听觉预期与听觉反馈相匹配，因而听觉皮层的活动显著降低。但是当产生的元音位于听觉目标域的边缘时，听觉皮层的活动显著提高。反过来推论，如果传出副本是基于产生边缘元音的具体的运动指令，听觉预期也应该是相应的边缘元音，因此预期的和实际的听觉反馈理论上是匹配的，听觉皮层的活动应该显著降低。然而，实际结果表明，当产生边缘元音时，大脑仍需调用额外的资源加工听觉预期与听觉反馈的不匹配。因此，研究者推测，传出副本实质上反映了存储在记忆系统中的发音计划，而并非对外发放的具体的运动指令，换句话说，听觉预期反映了理想的或原型的听觉目标表征（Niziolek et al., 2013）。

3.3.2 SFC 模型的神经基础

基于神经解剖学证据，Guenther 和 Hickok（2016）提供了 SFC 模型中预测和修正加工环路的神经基础（见图 3.5）。在环路的左端，运动皮层可能是反馈控制律负责声道神经肌肉控制的脑区。运动皮层是锥体束运动纤维的主要来源，该脑区直接与脑干和脊髓中的运动神经元建立突触联系，以此来实现精细化的运动目标（Kandel et al., 2000）。研究也表明，运动皮层中声道区域的损伤通常会导致缄默症（Duffy, 2012; Arnts et al., 2020; McAfee et al., 2023）。在环路的右端，听觉和体觉信息首先到达高级中枢神经系统中的初级听觉和躯体感觉皮层（Kandel et al., 2000）。基于前期 SIS 效应的研究结果（Houde et al., 2002; Heinks-Maldonado et al., 2005, 2006; Zheng et al., 2010; Parkinson et al., 2012），研究者推测环路的右端是负责将反馈预期与传入反馈进行比较的脑区（Guenther & Hickok, 2016）。

在环路两端之间，模型提出需要一个额外的脑区来负责联系发生在运动和感觉皮层内的预测和修正过程。中枢神经系统中有许多候选脑区可能是预测和修正过程的神经基础。大量研究表明，小脑对于预测动作的结果至关重要（Wolpert & Miall, 1996; Herzfeld & Shadmehr, 2014）。顶叶皮层也可以高效地整合来自不同通道的感觉反馈信息，当小脑和顶叶皮层发生损伤时，人们响应言语或其他运动领域感觉反

[1] 该研究结果也支持了 DIVA 模型，即当实际的听觉反馈超出了目标域时，听觉错误投射到前运动和额下皮层以生成修正性运动指令（Guenther, 2016）。

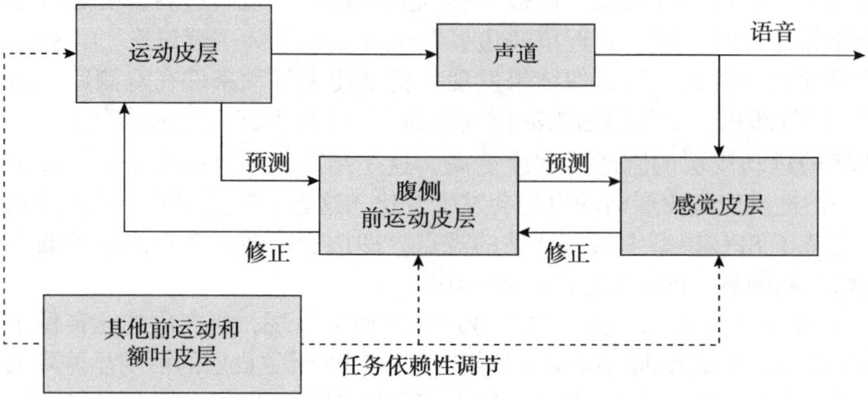

图 3.5　SFC 模型神经基础的示意图

（引自 Guenther & Hickok, 2016）。为了清晰起见，听觉和体觉皮层的加工过程被标记为发生在单一的感觉皮层，读者应理解为在上述两类感觉皮层中发生的加工。

馈扰动的运动调整能力也会受损（Shadmehr & Krakauer, 2008; Shum et al., 2011; Peng et al., 2021）。然而，对于言语产生而言，前运动皮层尤其适合扮演运动感觉联系的中介角色，前运动皮层不仅与运动皮层具有良好的双向联系（Kandel et al., 2000），还可通过弓形束和纵束分别与高级听觉（颞平面）和躯体感觉（顶下小叶）皮层建立双向联系（Makris et al., 2005; Schmahmann et al., 2007; Glasser & Rilling, 2008; Saur et al., 2008）。此外，SFC 模型中的关键模块与感觉运动脑网络高度契合，上述脑区可接受来自其他额叶脑区任务依赖性连接的调节作用（见图 3.5 虚线箭头）。

有证据表明，前运动皮层在言语产生中发挥着联系运动表征和感觉表征的中介作用。一方面，与感觉皮层的相互联系提示，前运动皮层在人们被动听语音的任务期间也可能处于激活状态，脑成像研究证实情况确实如此。例如，Wilson 等人（2004）的研究发现，被试听或者说无意义音节的任务均会激活双侧腹侧前运动皮层，但听非语音的任务并不会激活该脑区。在后续研究中，Wilson 和 Iacoboni（2006）发现，相比听母语语音，被试在听非语音时在双侧腹侧前运动皮层的激活程度更高。此外，更难以产生的语音激活听觉皮层的程度也更高，且双侧腹侧前运动皮层在听语音任务中与听觉皮层具有联系。其他 fMRI（Skipper et al., 2005）和 TMS（Watkins & Paus, 2004）研究也发现了听语音任务中前运动皮层的激活。

另一方面，在言语产生期间扰动听觉反馈应该会导致反馈预期错误，从而提高感觉皮层的激活程度，并且由此产生的状态评估应该传递回前运动皮层，从而也提高其激活程度。Tourville 等人（2008）进行了一项验证上述假设的 fMRI 研究，考察当被试说话时扰动其听觉反馈，大脑皮层活动是如何发生变化的。具体来说，被试口语产生 CVC（即辅音 / 元音 / 辅音，如“head”）结构单词，主试随机在部分试次中扰动被试反馈中的共振峰（即 F1）。结果发现，与未扰动条件相比，扰动条件下听觉皮层（颞上沟后部，包括双侧 Spt 区）和右侧额叶皮层（运动区，包括腹侧运动皮层和腹侧前运动皮层；额下回，包括布洛卡区三角部）的激活程度更高。当关注右侧额叶区域的功能连接[1]情况时，研究者发现，听觉扰动会导致大脑左右半球听觉皮层以及这些听觉皮层与腹侧前运动皮层和额下回的功能连接强度显著提高。上述结果表明，来自高级听觉皮层的听觉反馈修正信息对前运动皮层和三角部脑区的影响大于对运动皮层的影响，这与 SFC 模型的理论预期一致（Guenther & Hickok, 2016）。另一项 fMRI 研究也验证了 Tourville 等人的发现（Toyomura et al., 2007），主试在部分试次中随机引入短暂的音高扰动（提高或降低两个半音），当对比扰动和未扰动条件时，研究者发现左侧前运动皮层得到激活，右半球大量脑区也得到激活，包括听觉皮层（颞上沟）、额叶 BA9 区（邻近于 Tourville 发现的额下回脑区）。

3.3.3 SFC 模型的学习过程

关于言语运动控制或者更一般性的运动控制，研究者关注的核心问题之一是人们如何学习和更新前馈控制系统。虽然运动系统具有多种类别的学习形式（如强化、使用依赖性策略等；Haith & Krakauer, 2015; Krakauer, 2015），但言语运动控制领域研究关注最多的是感觉运动学习（或感觉运动调整），指的是人们在响应扰动感觉反馈时调整行为以减少误差的过程（Houde & Jordan, 1998; Jones & Munhall, 2000; Houde & Jordan, 2002; Jones & Munhall, 2005; Katseff et al., 2012）。

目前有两种基础理论可解释言语运动系统如何进行感觉运动学习。第一种理论认为，先前的行为充当感觉运动调整时前馈控制系统的学习参考。当人们在扰动感觉反馈的情况下执行某一动作时，他们会体验到感觉错误并有机会修正错误。这种修正性运动指令充当学习参考并被纳入前馈运动指令当中，以指导后续的言语产生（Kawato & Gomi, 1992）。这正是 DIVA 模型中描述的感觉运动学习发生的方式，即前馈指令的更新是通过纳入反馈控制通路之前生成的修正性运动指令来实现的。

第二种理论假设认为，前馈控制系统将直接依据感觉错误而不是先前执行的运动指令进行更新。该理论中预期的与实际的感觉信号之间的差异（即感觉预测误差）充当内部前向模型的教学参考，而内部前向模型在 SFC 系统中可预测运动指令相应的运动和感觉反馈的结果（Shadmehr et al., 2010; Haith & Krakauer, 2013）。通过调整前向模型的输出，系统将开始计算能够使感觉误差最小化的行为。虽然研究者并未将这种学习方式纳入到 SFC 模型中，但 SFC 模型的控制机制本质上与上述感觉运动学习的理念一致（Parrell & Houde, 2019）。

两种感觉运动学习理论的关键区别在于修正性运动指令对于学习是不是必要的，换言之，在没有修正性运动指令的情况下，学习是否仅凭感觉预测误差就足够了。虽然言语运动领域尚未考察该问题，但部分眼跳（Wallman & Fuchs, 1998;

[1] 功能连接（functional connectivity）是估计大脑动态变化的分析范式。评估功能连接的方法主要采用直接（EEG/MEG）和间接（fMRI）数据源来量化局部或远程脑网络中神经元充电和放电的同步性。该术语也指脑区同步振荡地图，这些地图可以表明哪些脑区在一同工作，但并不提供脑区间数据流向的信息。

Noto & Robinson, 2001）和伸手调整（Tseng et al., 2007）的研究已经探索过这一问题，结果发现，被试做出动作并体会到感觉预测误差，但他们生成修正性运动指令的能力受到限制。例如，Tseng 等人（2007）要求被试进行快速的伸手动作，以此来限制被试生成修正性运动指令的时间。其他的研究仅在伸手动作终点提供反馈给被试，而并非在整个移动过程中持续提供反馈（Izawa & Shadmehr, 2011）。这些研究一致表明，运动调整并不会因为生成修正性运动指令的能力受到限制而发生改变，人们仅凭感觉预测误差就足以驱动感觉运动调整。然而，也有证据表明，基于反馈的运动指令可能在运动学习中发挥额外的作用（Albert & Shadmehr, 2016）。因此，来自反馈指令（如 DIVA 所述）和感觉预测误差（如 SFC 所述）两个渠道的学习都可能在言语运动学习过程中发挥作用，但目前言语运动系统的调整机制仍有待研究者进一步探索。

本章小结

本章跟随模型建构的历史轨迹回顾了言语运动控制领域的基础理论以及相应的神经基础。

第一节回顾了早期言语运动控制理论模型探讨的焦点，即发音目标的本质。不同的观点分别认为发音目标是由运动层面、听觉层面以及声道形状层面来决定的。随着对言语运动控制过程的了解逐渐深入，研究人员意识到早期模型均无法真正揭示这一过程的复杂机制。

第二节重点介绍了目前言语运动控制领域发展最为完善的 DIVA 神经计算模型。DIVA 的控制机制包括运动状态、听觉状态、体觉状态、听觉目标、体觉目标、运动目标和总体运动指令等多个模块。DIVA 的神经基础涉及广泛的皮层和皮层下组织，如双侧内外侧额叶皮层、顶叶皮层、颞上皮层、丘脑、基底神经节和小脑等。DIVA 的学习过程包括咿呀学语期和模仿期，婴儿出生后的一年内将在不同时期分别习得言语运动控制所需的能力，按照发展顺序依次是听觉和体觉集、感觉运动转换、语音识别和音位目标、感觉目标和前馈控制等。

第三节详细介绍了现代控制理论中具有重要意义的 SFC 模型。SFC 的控制机制包括状态反馈控制律、状态评估、状态预期等模块，其中前向模型和传出副本是该模型可实现反馈控制的重要原因。SFC 的神经基础中起关键性中介作用的是前运动皮层，该脑区负责联系发生在感觉、运动皮层中的预测和修正过程。不同于 DIVA 的学习过程，SFC 认为修正性运动指令并非学习的必要条件，预期的与实际的感觉信号之间的差异是系统学习的输入，通过前向模型人们可以不断调整其运动输出，最终降低言语产生的误差。

第四章

晚期双语者的言语运动控制机制

随着全球化的推进，双语现象屡见不鲜，越来越多的人需要学习两门或多门语言。双语者（bilingual）指掌握并能使用两种或多种语言的个体（贾月芳，陈宝国，2009; Grosjean; 2010）。第一语言（first language, L1，简称一语）是个体出生后掌握的第一种语言，而第二语言（second language, L2，简称二语）指人们在获得一语后再学习和使用的另一种语言（王瑞明等，2016）。研究者们通常依据研究目的和实际被试群体对双语者进行分类，结合语言学习的关键期概念，双语者可被划分为早期双语者[1]（early bilingual）和晚期双语者[2]（late bilingual）。从我国实际情况出发，目前二语学习人群非常庞大。2001 年教育部颁布了《教育部关于积极推进小学开设英语课程的指导意见》，要求从三年级（8~9 岁）开始开设英语课程。因此，我国大多数英语学习者仍属于晚期双语者。本书关注的正是晚期双语者，该群体的特征之一是即使二语熟练度达到较高水平，他们的二语产生仍带有外国口音[3]（foreign accent），这一现象也提示了晚期双语者的一语和二语言语运动控制可能存在本质差异。在晚期双语者群体中开展言语运动控制的认知神经机制研究不仅能够丰富已有的双语加工理论，而且是研究语言学习与脑可塑性关系的一个重要窗口，并能为改善二语言语运动控制的不足提供实验证据。

---

[1] 早期双语者（early bilingual）是指在幼儿时期就已经获得两种语言的个体（王瑞明等，2016）。

[2] 晚期双语者（late bilingual）是指二语获得时间远远晚于母语习得的个体（王瑞明等，2016）。划分晚期双语者的时间节点较为笼统，即青春期之后获得二语的称为晚期双语者（Patkowski, 1990; Thompson, 1991）。更为明确的观点是，八岁及以后获得二语的称为晚期双语者（Birdsong & Molis, 2001）。

[3] 外国口音（foreign accent）指二语学习者所产生的言语常常有易被辨识的非母语口音，“这种偏离反映在不同的语音层面，包括音段层面的元音和辅音发音特征（共振峰）以及超音段层面的韵律切分、重音、语调等特征”（陈默，冯沫悦，2020）。

4.1 语言学习的关键期

发展心理学中一个非常重要的概念是“关键期”，通俗来讲，人类在特定阶段内学习各项认知技能的效率最高。言语运动控制是最为精细复杂的运动技能之一，也是人们语言能力的重要组成部分，因而该技能的掌握不可避免地受到关键期的制约（Smith, 2010）。

4.1.1 关键期的概念与生物机制

20 世纪五六十年代，语言学家们注意到婴儿出生后的前三年是关键期，在此期间人类学习一门语言毫无障碍，而关键期后语言习得变得困难起来（Penfield & Roberts, 1959）。Lenneberg（1967）首次正式提出了语言习得的成熟化模型——“关键期假说”（critical period hypothesis）。该假说认为，语言习得的关键期大概在青春期开始的时候结束，这一过程受大脑生物因素制约，并强调大脑偏侧化[1]（lateralization）在语言学习中的作用不容忽视。关键期之前，大脑还没有发展出语言学习所需要的能力，此时儿童的左右半球都参与语言信息的加工。而在关键期之后，随着语言功能偏侧化[2]完成，人脑的左右半球分别负责不同的功能，其灵活性大大降低，语言学习变得愈加困难。在 Lenneberg 关键期假说的基础上，研究者们深入考察了语言功能偏侧化的神经基础，发现语言功能主要涉及左半球额下回和颞叶区域（Zago et al., 2017）以及右侧小脑（Gao et al., 2015）。来自神经心理学、被剥夺语言环境的个案研究以及听力障碍儿童语言发展等证据均支持母语学习确实存在关键期（李甦，杨玉芳，2016; 王瑞明等，2016）。

最初，关键期假说是 Lenneberg（1967）针对母语学习提出的，但该假说也引起了双语领域研究者们极大的兴趣，他们系统地探索了二语学习的不同方面（如语音、句法、语义、正字法等）是否存在类似的关键期。基于大量证据，研究者们进而提出了第二语言学习的关键期假说，认为二语学习也存在一个关键期，错过了该时期，学习者便很难达到目的语本族语者的熟练水平（Fromkin & Rodman, 1983; Johnson & Newport, 1989; Grimshaw et al., 1998; Birdsong, 1999; Flege et al., 1999; Miralpeix, 2011; Dekeyser, 2013; Birdsong, 2018; Alsaedi, 2023）。然而，也有部分研究者质疑二语学习关键期假说（Bongaerts, 1999; Chee et al., 1999; 姜孟等，2010; Mayberry & Kluender, 2018; DeLuca et al., 2019）。例如，Chee 等人（1999）发现，

[1] 偏侧化（lateralization）是人类大脑的基本特征，表现为人类大脑左右半球在结构和功能上具有不对称性，这种特征可看作人脑发育的重要生物学标记。

[2] 语言功能偏侧化（lateralization of language functions）是最明显的脑功能偏侧化特征。功能偏侧化又称半球特异性，指大脑左右半球负责不同认知功能的加工，但功能偏侧化是个相对概念，即某侧半球在特定认知功能上占主导并不意味着对侧半球完全不涉及。大量脑功能成像研究通过对语言任务的分析发现，语言功能偏侧化所涉及的脑区主要有额叶和颞叶，而且它们的解剖形态也表现出与功能偏侧化相对应的特征（王潇等, 2020; Liu et al.， 2022）。

关键期后学习二语的熟练双语者在完成词汇和句子产生任务时两种语言的脑激活模式没有差异。近期的一项研究使用 669 698 名非英语母语者的大规模数据探索了语言学习能力何时下降，并通过计算模型分离不同变量（包括当前年龄、初次接触年龄和学习经验的年数）来评估语言学习能力的发展轨迹。结果发现，关键期几乎可延续到成年时期（17.4 岁），这一时间点远超关键期假说推测的时间点（Hartshorne et al., 2018）。

研究者们沿袭语言学习受大脑生物因素制约的概念，提出第二语言学习关键期与脑可塑性[1]有着密切的联系（Kim et al., 1997; 陈宝国，彭聃龄，2001）。脑可塑性是一个不断发展变化的特质，人类婴幼儿时期的脑可塑性非常强，然而随着年龄的增长，大脑发育逐渐成熟，可塑性也逐渐降低（Basser, 1962; Lenneberg, 1967）。王瑞明等（2016）归纳了脑可塑性影响语言学习的两种机制。第一，大脑中天生具有负责语言学习的神经组织。这些神经组织如果在一定时期内接受到了外界适宜的语言输入刺激，其功能就会得到充分的发展，从而使人们发展起完备的语言能力。但在一定时期内，如果未能接受到适宜的语言输入刺激，其功能就会减弱，甚至消失。青春期之后，语言学习能力的降低可能与语言相关神经组织的功能降低有关。第二，由于年龄越小，大脑的可塑性越强，这使得儿童双语者的一语和二语学习可能具有相同的神经组织结构，但对于成人二语学习者而言，原来负责母语学习的神经组织功能已经减弱，这使得成人的大脑可能通过发展或使用其他神经组织来负责二语学习，从而导致二语学习的效率降低。

人们认识到语言学习效率在青春期后呈逐渐下降的态势，青春期也是较大神经网络结构成熟化趋于相对终止的时间节点。研究证据表明，关键期不仅与大脑局部的功能和结构变化有关，也与脑网络水平的功能和结构变化有关（Skeide et al., 2014; Fengler et al., 2016; Skeide et al., 2016）。例如，语义学习的研究发现，灰质[2]的减少量（Fengler et al., 2016）以及连接额下回和颞上皮层后部的白质[3]纤维束的成熟性（Skeide et al., 2016）预测了语言的发展。目前研究者尚不清楚大脑灰质减少和白质增加的关系如何，也无从得知这些现象是否构成了脑可塑性的基本原理。但能够确定的是，人类大脑的成熟决定了学习者在关键期对语言的最佳习得（Friederici, 2017）。

4.1.2 二语学习关键期的神经生理学证据

双语现象的影响因素众多（如语言类型、语言使用、转换频率、个体差异、学

[1] 脑可塑性（brain plasticity），又称神经可塑性，指“人脑会因为环境刺激、认知需求和行为经验而产生功能或结构改变，一般可分为功能可塑性和结构可塑性”（程凯文等，2019）。

[2] 灰质（grey matter）是脑皮层脑回和脑沟上 2~3 mm 的外层覆盖物，是中枢神经系统的重要组成部分，由大量的神经元胞体及其树突聚集在一起形成。

[3] 白质（white matter）由各种不同功能的神经纤维在中枢神经系统内聚集而成。它们在成熟状态下被髓鞘包围，使电信号能够快速传导。由于神经纤维表面的髓鞘含有类脂质，故色泽亮白而称白质。

习方式、熟练程度、习得年龄等），因而研究者无法同时记录所有拟研究的因素（DeLuca et al., 2020）。一般来说，双语研究控制部分重要影响因素并操纵部分拟研究变量，以此来揭示语言学习的发展过程及认知规律。大多数双语研究或是关注年龄，或是关注熟练度，或是两者都关注（Bylund et al., 2021; Cai et al., 2021a）。也有一些研究为了排除其他影响因素，直接考察了成年人如何学习一门全新的（自然或人工）语言，以便控制被试接受的语言输入（Wong et al., 2011; Yang et al., 2015）。本节内容将从不同层面梳理支持二语学习关键期的神经生理学证据。

句法和语义。研究者观测到，母语式句法习得的关键期在 3 岁左右结束（Weber-Fox & Neville, 1996; Meisel, 2011）。Weber-Fox 和 Neville（1996）进行了一项开创性研究，该研究使用违反范式[1]并比较不同年龄开始学习二语的双语者（1~3 岁、4~6 岁、7~10 岁、11~13 岁、16 岁以上）在句子加工任务上的差异。结果发现，当被试在 3 岁内学习二语，他们在语义和句法任务上的表现与母语者没有差异。当被试在 3 岁后学习二语，年龄对句法违反句子加工的影响较大，而对语义违反句子加工的影响较小。之后，Hahne 和 Friederici（2001）考察了日德晚期双语者的句法和语义加工，结果发现，语义违反句诱发了与母语类似的 N400 成分[2]，而句法违反句未能诱发出典型 ELAN[3] 和 P600 成分[4]。

研究者利用 fMRI 技术优势关注了关键期后学习二语的双语者在加工不同语言的句法和语义时是使用相同的还是不同的脑机制。例如，Kim 等人（1997）考察了不同年龄阶段学习二语的双语者在加工一语和二语句法时的脑激活模式，结果发现，成人二语学习者的两种语言激活了布洛卡区的不同区域，而儿童二语学习者则激活了布洛卡区的相同区域。Rüschemeyer 等人（2005）对比了晚期俄德双语者和德语母语者在加工句法和语义违反句子时的脑激活模式，结果发现，语义违反条件下两组被试激活无显著差异，但句法违反条件下双语者比母语者在左侧额下回的激活程度更高。Wartenburger 等人（2003）探索了习得年龄和熟练程度各自的作用，要求三组被试（高熟练早期双语者、高熟练晚期双语者和低熟练晚期双语者）进行语义和语法判断任务。结果显示，词汇语义加工依赖于熟练水平，低熟练晚期双语者在左侧额下皮层和右侧额中皮层的激活程度高于高熟练晚期双语者。而句法加工更依赖于习得年龄，在语法判断任务中，高熟练晚期双语者比高熟练早期双语者在双侧额下皮层的激活程度更高。前者两种语言加工表现出较大的激活差异，但后者未表现出这种跨语言差异。综合上述发现，句法和语义学习存在不同的关键期，也证实人类大脑对语言输入的反应在出生后的最初几年内最为灵敏。

语音。20 世纪 90 年代以来，已有大量行为研究支持了二语语音学习存在关键

[1] 违反范式（violation paradigm）是心理语言学研究中常见的范式之一，研究者通常使用语义违反（如“the cats won’t bake”）和句法违反（如“the cats won’t eating”）这样的局部畸变句子来揭示人类的句子加工机制（常欣，王沛，2007）。

[2] N400 成分（N400 component）是出现于 400 ms 左右的负波，呈央 – 顶分布，反映了词汇语义的加工过程。

[3] ELAN（early left anterior negativity，早期左侧前部负波）是出现于 120~200 ms 的负向 ERP 成分，反映了词类信息的加工过程。

[4] P600 成分（P600 component）是出现于 600 ms 左右的正波，呈央 – 顶分布，反映了晚期句法整合的加工过程。

期（Patkowski, 1990; Thompson, 1991; Aoyama et al., 2004; Archila-Suerte et al., 2012; Dollmann et al., 2020; Farid, 2021）。例如，Patkowski（1990）选取5~50岁的二语学习者作为被试，结果发现，被试外国口音的程度与习得年龄呈显著负相关。Thompson（1991）选取4~42岁的二语学习者作为被试，结果也发现，习得年龄预测了他们最终能达到的口音水平。Archila-Suerte等人（2012）根据双语者的二语习得年龄将其分为早期组（平均习得年龄为3.6岁）、中期组（平均习得年龄为6.9岁）和晚期组（平均习得年龄为14.5岁）。结果发现，仅早期组的被试可达到与母语者类似的语音水平。Dollmann等人（2020）发现，语音习得的关键期在10岁左右，此后获得没有外国口音的二语语音可能性较低，但较高的认知能力以及丰富的目标语语言环境可弥补二语习得年龄较晚的缺陷。以上研究表明，虽然语音学习关键期的确切时间仍有争议，但二语语音学习确实存在关键期，关键期后学习二语的双语者表现出外国口音的概率将大幅提高。

一项fMRI研究发现，即使缺乏持续性语音输入，人类婴儿期学习的语音表征在多年之后仍会保持（Pierce et al., 2014）。该研究选取了9~17岁的儿童作为被试，他们都是约12.8个月大时从中国被领养，之后一直沉浸在只有法语的环境下。实验要求被试完成一项汉语词汇声调任务，结果发现，他们的脑激活模式与早期中法双语者非常类似，但与法语母语者不同。国际领养组和中法双语组儿童均激活了左侧颞上回，而法语母语组儿童激活的是右侧颞上回[1]。上述结果显示，婴儿出生后早期接触到的音系知识易于保存在大脑中，即使他们所处的语言环境不需要有意识地使用这些知识（Pierce et al., 2014）。该研究也从侧面间接验证了年龄对于掌握语音知识的重要性。

内在功能连接。除上述不同的语言学层面外，研究者也发现年龄可对大脑的内在功能连接产生影响（Berken et al., 2016）。该研究采用静息态功能性磁共振成像[2]（resting-state functional magnetic resonance imaging, rs-fMRI）技术分别考察两组被试的功能连接情况，其中一组被试为同时双语者，他们从出生起就同时学习法语和英语，另一组为继时双语者，他们先学习一门语言，然后在5岁后再学习另一门语言。研究者进行了基于种子点的相关分析[3]，设定左侧额下回为种子点，然后计算该种子点与右侧顶下小叶和右侧额下回等脑区的功能连接强度。结果发现，同时双语者比继时双语者在上述脑区的功能连接强度更高，且继时双语者的功能连接强度与二语习得年龄呈显著负相关，二语习得年龄越早，左侧额下回与右侧顶下小叶和右侧额

[1] 汉语母语者声调加工的研究表明，汉语声调加工以左脑加工为主，相关的脑区包括左侧颞上回和杏仁核（赵延鑫等，2016）。汉语二语学习的研究表明，早期的汉语声调学习主要由右脑加工，但进入汉语学习的高阶阶段后，声调变成学习者区别语义的重要特征，因而逐渐过渡到以左脑加工为主（尤其是左侧颞上回），对右脑的依赖逐渐减弱（Luo et al., 2006）。

[2] 静息态功能性磁共振成像技术（resting-state functional magnetic resonance imaging, rs-fMRI）是一种无创、非侵入性的可视化成像手段，与任务态fMRI研究不同，被试无须进行任务加工（Fleisher et al., 2009）。

[3] 基于种子点的相关分析（seed-based correlation）是反映“大脑内部不同区域血氧信号随时间变化同步活动程度”的一种分析方法，可对脑区之间的时间序列信号做相关分析，具体计算方法是“设定一个种子点，然后计算该种子点和其他脑区的功能连接强度”（秦海霞等，2019）。

下回的功能连接强度越高。上述结果强调了左侧额下回及其内在功能连接在母语学习中的重要性，也凸显了较早学习二语的重要性。

4.1.3 二语言语运动控制的年龄效应

任何正常的儿童均可在没有外部教授的条件下毫不费力地习得母语的语音系统（Kuhl, 2004）。这也造成一种错觉，认为发音能力是一种极易习得的运动技能。通过前三章的介绍可知，言语运动控制实际上是一种非常复杂的认知活动，涉及一系列快速连续变化的运动程序以及前馈运动和感觉反馈信息的整合，同时依赖运动皮层、感觉皮层、脑岛以及小脑的神经环路（Guenther, 2016）。而二语言语运动控制同样涉及上述精细的感觉运动协调过程，包括准确的音素、声调和语调加工以及对舌、唇和喉等发音器官实现快速而精准的控制（Hernandez & Li, 2007）。根据关键期假说，习得年龄是影响二语言语运动控制能力的重要因素（Simmonds et al., 2011b）。理论上来讲，早期双语者在一定的时期内接受到适宜的目标语（一语和二语）输入刺激，语言加工的特异性脑区得到了充分的发展，由于儿童的脑可塑性极强，他们可能发展出两种语言共享的言语运动控制的神经组织结构。相比之下，晚期双语者在一定时期内未及时接收到二语输入刺激，之前母语神经组织的功能和结构可塑性已经减弱，因而可能需要开发其他神经组织协助二语言语运动控制，导致二语言语运动学习的效率降低。

来自晚期双语者的研究证据间接支持了上述理论假设（Klein et al., 1994; Frenck-Mestre et al., 2005; Moser et al., 2009; Parker Jones et al., 2012）。Parker Jones 等人（2012）发现，与单语者相比，双语者发音以及发音后的反馈监测过程脑激活程度更高。Moser 等人（2009）的研究中，与熟悉的语音相比，产生不熟悉的语音会导致脑激活的范围更广、程度更高。研究者认为，言语运动系统脑活动的增加可能直接反映了被试对产生目标语音所需的运动指令并不熟悉。此外，该研究特别提到了前脑岛和邻近的额叶岛盖的作用，上述脑区参与了（非母语）新异语音的发音动作编码与排序。Klein 等人（1994）发现，当晚期双语者重复产生二语词汇时会额外激活壳核，这是由于左侧基底神经节在发音执行中的调节功能，该脑区负责言语输出中精确的运动计时。在较晚获得的二语中，这一过程自动化程度更低、更为费力，因而需要额外的激活。Frenck-Mestre 等人（2005）也发现，无论是词汇还是句子层面的朗读任务，12 岁以后学习二语的晚期双语者比早期双语者在左侧壳核的活动有所增加。除此之外，两组被试在皮层、皮层下组织以及小脑区域的活动基本相同。因此，双语者学习二语中崭新的发音模式需要调整现有的神经网络，而并非调用新的网络。但这一结论也受到部分研究者的质疑，认为将基底神经节活动与特定认知过程联系起来是有问题的，因为纹状体的不同区域与广泛分布的大脑皮层相连，这些脑区参与运动、认知、情绪等诸多不同的功能（Simmonds et al., 2011b）。

如第一章 1.3.2 节内容所述，大量母语研究均发现了经典的 SIS 效应，这种抑制性活动表明，一语产生时在线监测听觉反馈是高度自动化的过程。相比之下，二语产生的自动化程度较低，可能会导致响应感觉反馈的活动增加，这一假设也得到了 fMRI 证据的支持（Simmonds et al., 2011a）。该研究要求被试分别使用其一语和二语给视觉呈现的图片下定义，他们的任务是产生自发、流畅的句子。研究者对比了被试在一语和二语句子产生时的脑激活差异，以此揭示从母语切换到二语语音产生时感觉运动控制层面的变化。结果发现，相较于一语产生，被试二语产生时大脑双侧颞平面和顶叶岛盖的脑活动增加（见图 4.1）。该研究证实了在关键期后学习二语会对发音和感觉反馈控制的皮层产生影响，具体表现为发音后感觉反馈监测的效率较低。

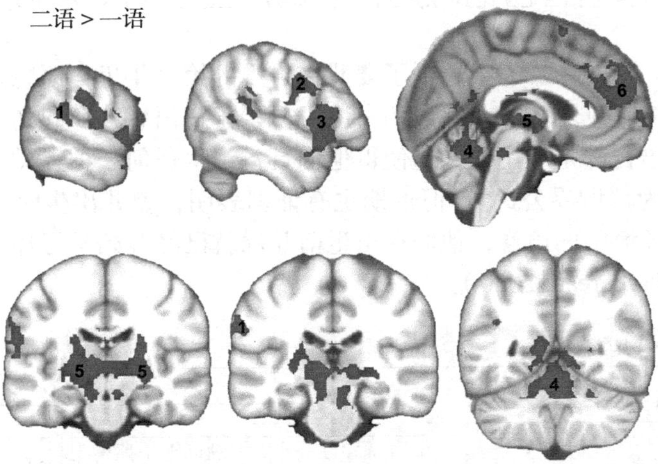

图 4.1　双语者一语和二语句子产生任务中脑激活情况的对比结果

（引自 Simmonds et al., 2011a）。结果显示，二语产生时左侧颞顶皮层（1）、前运动皮层（2）、左侧岛盖部（3）、小脑（4）、丘脑（5）以及内侧前额叶皮层（6）的激活程度更高。注：彩图参见本书第 274 页。

运动控制关键期的概念也适用于语言以外的领域。研究者提出，对于需要高度肌肉灵活性的运动如音乐、舞蹈、滑冰等，人们要想成为专家或职业运动员，需从童年开始学习该技能，这一过程与儿童的语言习得类似（Archibald, 1988）。Penfield 和 Robert（1959）也指出，运动技能在童年时期获得将会掌握得更好，但语言并不是唯一适用的运动技能，诸如钢琴、小提琴演奏以及滑雪等也是如此。研究者们大胆推论，关键期假说可能与认知的关系不大，而与精细化运动控制的关系更为紧密。发音执行过程调用了许多控制呼吸系统、喉部等发音器官的肌肉，因而晚期双语者二语言语运动控制能力难以达到母语水平的原因可能是其运动灵活性下降（Simmonds et al., 2011b）。手势语和书写产生使用的是相对简单的动作，语言产生中唯一需要复杂神经肌肉运动的是发音，正确的发音在很大程度上取决于发音器官移动的方式和位置以及严格的时间序列（Scovel, 1988）。言语运动控制也最容易受到脑可塑性丧失的影响，而脑可塑性会随着年龄增长而降低。即使是反对关键期假说的研究者也认可，言语运动控制会受到年龄的影响（Walsh & Diller, 1978）。

4.2 言语感知和言语产生能力

言语加工包括言语感知和言语产生两个基本过程，言语感知将外界输入的声音转换为意义，而言语产生将概念转换为可被理解的声音序列（Hickok & Poeppel, 2007）。言语运动控制涉及言语感知和言语产生这两大基础能力，两者协同合作以高效地监测语音输出过程（Guenther, 2016; Arjmandi & Behroozmand, 2024）。

4.2.1 母语者言语感知和言语产生能力的发展过程

言语感知。Kuhl（2004）总结了婴儿在出生的第一年里言语感知和言语产生能力发展的时间线（见图 4.2）。儿童的言语习得始于言语感知。起初，婴儿的言语感知能力对所有语言都是通用的，这使得他们具备习得任何一种人类语言的潜能，因而婴儿也被称为“世界公民”。但近期也有证据表明，婴儿出生时可能并非以语言通用模式倾听环境中的声音，他们在出生前几周就已经开始学习环境中的语音信号（Chládková & Paillereau, 2020）。

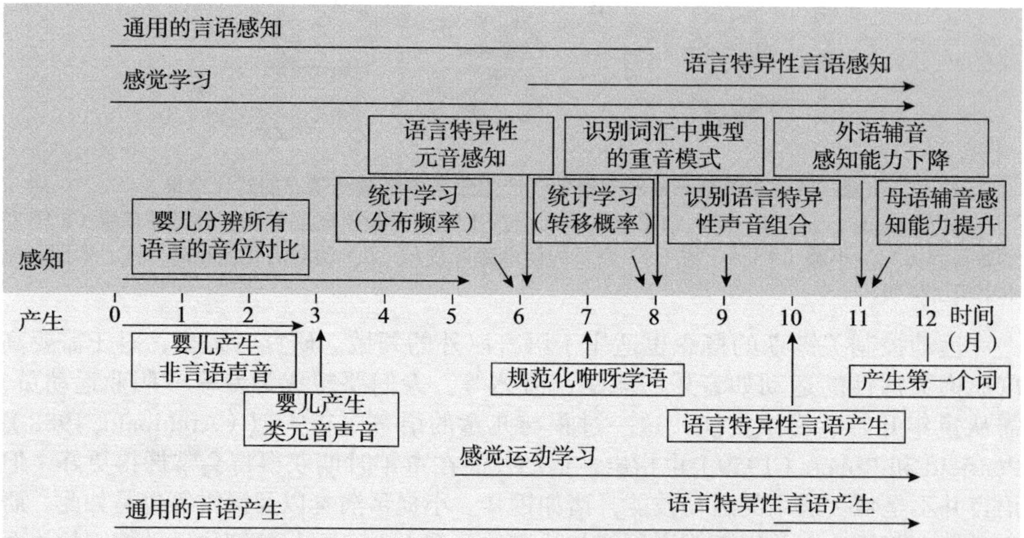

图 4.2　言语感知和言语产生能力发展的时间线

（引自 Kuhl, 2004）。该图显示了正常发育的人类婴儿在生命的第一年中言语感知和言语产生能力的变化过程。

每种语言的语音库由大约 40 个音位组成，独立的音位（包括辅音和元音）可以组合形成词语或短语等更大的语言单位（Jacquemot et al., 2003）。因此，习得母语语音体系的一个重要任务是形成母语的音位范畴表征，这一过程受语言的统计属性调控，当范畴例子出现的频率越高，相应的范畴形成得越早（刘文理等，2008）。

随着母语经验增加，婴儿在 6 个月左右形成语言特异性的元音感知能力，而在 11 个月左右外语辅音感知能力下降，总的趋势是提高母语语音范畴边界的敏感性，降低非母语语音范畴边界的敏感性（Kuhl, 2004）。Kuhl 等人提出了“母语神经专职化”（native language neural commitment）假说，该假说认为，婴儿出生 6 个月后，大脑基于统计学习中语音分布频率的机制编码接受的语音输入，产生了对母语语音库的神经专职化。与此同时，神经专职化也干扰了与母语不一致的非母语语音模式的加工，人们分辨非母语音位范畴的能力降低，经典的例子是日本婴儿无法区分 /r/ 和 /l/（Kuhl et al., 2005; Zhao et al., 2021）。

婴儿出生后的 0~6 个月这一早期阶段也被称作沉默期[1]（silent period），其间婴儿积极听取自然环境中的各种声音，但不会进行发音尝试（Krashen, 1982; Gibbons, 1985）。在自然环境中，婴儿可听到各种各样的声音变式，如不同讲话者发出的声音、不同速率以及不同情境下呈现的声音。面对海量的语音变式，婴儿需学会如何形成语音的范畴型知觉[2]模式，以便将声学特征不同的刺激识别为同一音位范畴。这种能力不仅是婴儿形成言语知觉的关键环节，还在婴儿随后的语言模仿阶段中发挥了重要作用。试想，如果孩子想要使自己发出的语音与妈妈的语音在声学特征上完全匹配，这是无法成功的。但正是由于具有了范畴化能力，儿童才能轻松地模仿成人说话（李甦 , 2007）。

言语产生。沉默期之后，婴儿进入咿呀学语期和模仿期，此时婴儿开始模仿简单的音节，开始了感觉运动学习过程。9~10 月大的时候，婴儿的咿呀学语开始呈现出本族语特征，此时发展心理学家能够区分不同语言背景下儿童的学语特点，这也是最早支持语言特异性言语运动控制的证据（Kuhl, 2004）。关于语言特异性特征，研究者追溯到婴儿呱呱坠地时的第一声啼哭，思考不同国家的婴儿哭声是否一样。结果发现，法国婴儿的哭声是由低到高的语调曲线，体现了法语语音的韵律特征，而德国婴儿的哭声是由高到低的语调曲线，体现了德语语音的韵律特征。该结果表明，人类的语音学习可能开始于胎儿时期，婴儿可通过哭声传递出母语信号（Mampe et al., 2009）。

成长到 12 月大的时候，婴儿的咿呀学语开始转变成独立的词语，进而发展出短语和短句。虽然此时言语错误仍经常发生，但儿童的言语产生已经具备母语口音特征（Kuhl, 2004）。相比之下，在较晚时间才获得二语的儿童或成人带有明显的外国口音，这说明他们的言语运动控制能力存在不足。关于口音特征，有研究发现，在婴儿期接触一门二语会改变言语产生的表现（Sundara et al., 2020）。该研究对比了三组 12 月龄的婴儿在与对话者交流时产生的言语，（1）单语英语学习婴儿，此前接触过 5 小时的二语西班牙语，（2）英语和西班牙语学习同时性双语者，（3）单

[1] 沉默期（silent period）的概念是由著名语言学家 Krashen 提出的，他认为婴儿在习得母语时，总会经历一段时间“听”的过程（6~12 个月），然后才开口说第一个词。Krashen 认为沉默期非常关键，婴儿可通过“听”来接受语言输入，包括语音、语调、词汇、句法等信息，并将其内化、吸收，为言语理解和言语产生做准备（Krashen, 1982）。

[2] 范畴型知觉（categorical perception）指“在声学连续统中，连续的语音刺激被感知为若干离散范畴中的一个，听者能够区分属于不同范畴的刺激，但不能很好地区分属于同一范畴的刺激”（吴倩，王韫佳，2018）。

语英语学习婴儿，此前未接触过西班牙语。结果表明，短期接触过西班牙语的单语英语学习婴儿以及双语婴儿均可灵活地将他们咿呀学语的韵律与讲英语或西班牙语对话者的韵律相匹配，但未接触过西班牙语的英语学习婴儿并不具备这种能力，这证实了早期接触两种语言对语言学习的益处。

研究者们也关注了婴儿期言语感知和言语产生的关系（Hoareau et al., 2019; Vilain et al., 2019; Choi et al., 2021）。例如，Hoareau 等人（2019）使用人工语言探索了婴儿词切分与父母言语输入以及婴儿咿呀学语的关系，结果显示，8 月龄的婴儿可以利用统计线索进行词切分，并且相对于整词，他们更偏好部分词（即新奇效应[1]）。该研究发现，新奇效应量更大的婴儿在 4 月龄时接受了更多的言语输入，并且在 8 月龄时具有更强的言语产生能力。这证实了从言语中提取统计信息的能力与婴儿期的个体因素如早期言语经验、言语产生有关。此外，Vilain 等人（2019）考察了 6 月龄和 9 月龄婴儿的咿呀学语能力对他们从语音流中识别辅音音位范畴能力的影响，结果发现，仅具备咿呀学语能力的婴儿可以正确完成感知匹配任务，证实咿呀学语在提取辅音发音位置中发挥作用，并强调感觉运动的交互作用有助于婴儿在生命的第一年内形成音素表征。

4.2.2 晚期双语者二语感知和二语产生能力的不足

晚期双语者并不简单等同于两个单语者之和（Abutalebi et al., 2007）。一语和二语实质上是不同的语言获得过程，一语是内隐学习[2]，而二语是外显的、有意识的学习（Krashen & Terrell, 1983），二语也可能同时涉及内隐和外显知识的习得（陈亚平，2019）。晚期双语者分别在不同年龄阶段获得两种语言，由于语言学习和产生经验存在本质差异，他们的二语感知和二语产生能力均表现出不同于母语者的特征，这可能导致语言特异性的言语运动控制机制（Mitsuya et al., 2011; Simmonds et al., 2011b）。

二语感知。晚期双语者的二语学习并不存在母语习得过程中的沉默期，他们很少会在一段较长的时间范围内集中倾听二语语音，然后再过渡到词汇和语法等语言学习的其他方面（Grosjean & Li, 2012）。在语言发展的相对后期，听觉系统可能在形成外语语音表征方面不太精确，因而学习者可能无法区分特定的元音和辅音特征。如果某二语语音在母语中不存在或不符合母语发音规则，双语者经常将其同化成母语中最接近的可接受的语音形式[3]（Best et al., 1995, Dupoux et al., 1999; Flege et al., 2003; Best et al., 2007），或者是通过增加或替换其中一个语音形成二语语音

[1] 新奇效应（novelty effect）指某个元素越是违反常理，就越引人注意。从认知角度分析，新奇效应是由人类大脑的信息加工机制所决定的，大脑会优先处理与以往信息不同的新信息（Poppenk et al., 2010）。

[2] 内隐学习（implicit learning）指“个体无目的、无意识地获得受规则支配的复杂知识的现象”（李更春，2023）。

[3] Best 等人（1995, 2007）提出了知觉同化模型及其衍生的二语模型，该模型假设，当母语者听到一个不熟悉的二语语音时，他们会基于母语经验将二语语音归入最近似的母语语音范畴当中。

（Jacquemot et al., 2003; Mitsuya et al., 2011）。此外，Krashen（1994）提出了情感过滤假说，认为情感因素（如动机、自信和焦虑等）影响双语者充分利用语言输入进行语言学习，导致其二语语音学习存在僵化[1]（fossilization）阶段。当双语者认为现有的语言水平已满足当前的交际要求，他们可能不会付出更多努力继续调整听觉皮层，以形成二语语音精确的听觉目标表征。

由于听觉目标无法直接测量，研究者们通常使用语音辨别任务中的听觉敏锐度指标来衡量听觉目标（Perkell et al., 2004a, 2004b; Villacorta et al., 2007; Feng et al., 2011; Perkell, 2012; Daliri et al., 2013; Franken et al., 2017）。语音辨别任务要求被试区分仅存在细微差别的语音，因此，听觉敏锐度测量了人们分辨听觉输入中细微变化的能力。母语神经专职化假设意味着听觉皮层已经调整至母语特异性模式，这种专门化的神经机制必然会影响晚期双语者的二语感知能力（Kuhl et al., 2005; Aktan-Erciyes, 2021）。早期的语音知觉研究证实，晚期双语者比母语者更难以精细区分不同语音范畴的音素对比（Pallier et al., 1997; Sebastián-Gallés & Soto-Faraco, 1999; Bosch et al., 2000; Navarra et al., 2005; Tsukada et al., 2005）。

二语产生。晚期双语者的二语学习也不存在母语习得过程中的咿呀学语期，这意味着他们无法像母语者一样逐渐探索并建立语音运动指令和感觉反馈结果的双向联结（Guenther, 2016）。有研究表明，学习者通过外显的语义知识来学习新词语，当学习者听到二语词语时，他们通常会将二语词语翻译成母语中对应的词语（Thierry & Wu, 2007; Wu & Thierry, 2010）。当晚期双语者产生二语词语时，他们一语和二语的语音表征均会激活（Wu & Thierry, 2011）。二语学习者可能在学习的相对早期就出现僵化现象，即使反馈系统监测到自身语音输出中的不足，他们也缺乏动力对语音的运动表征进行精细化调整和改善。

晚期双语者的二语学习通常开始于他们已经建立了完善的母语语音系统（Liu & Tian, 2018）。从感觉运动整合的角度来讲，长期的语言经验使得母语已经形成稳定可靠的感觉运动双向转换，即个体不仅可以根据运动指令预期相应的感觉反馈结果，也可以根据预期的感觉反馈生成相应的运动指令。双语者在学习一门新语言时需要形成新的有关二语语音的感觉运动双向转换。研究者们提出，母语中高度成熟的感觉运动转换相反会干涉新的转换形成，尤其当双语者母语和二语语音系统的相似度较高时[2]（Best, 1995; Flege, 1995; Liu & Tian, 2018）。晚期双语者很难调整一语中已经成熟的听觉运动转换以表征仅存在细微差别的二语语音，如日英双语者容易学习英语的 /r/ 音素，但很难学习 /l/ 音素，这是因为英语的 /l/ 音素与日语的对应音素极为相似（Guion et al., 2000）。汉语二语学习的研究发现，日本学习者在产生（与日语辅音相似的）汉语辅音时使用类似于日语母语中的辅音区分方式，即发音时舌

[1] 僵化（fossilization）指在二语学习过程中，中介语连续体在尚未达到目的语状态便停止发展的一种状态（Selinker, 1972）。

[2] 双语者一语和二语的语音相似度会影响二语音段的感知和产生。在感知层面，与一语音段相似的二语音段可作为“好的”或“不太好的”语音范例同化到一语语音范畴中，学习者不能很好地分辨被合并同化到同一个语音范畴中的二语音段（Best, 1995）。在产生层面，研究也表明，二语音段中陌生音素的产生要好于相似音素（Flege et al., 1999）。

头是否存在“颚化”（邓丹，2014）。美国学习者的汉语元音习得也受到跨语言相似度的影响，当二语音段与一语音段完全一致或相似度较低时，他们的发音准确度较高，但当二语音段与一语音段存在一定相似性时，他们的发音准确度较低（邓丹，2017）。

4.3 一语和二语言语运动控制的潜在差异

晚期双语者在二语语音或音系加工方面往往会遇到较大困难（Patkowski, 1990; Birdsong, 1999; Dekeyser, 2013）。然而，当前研究主要关注母语背景下的言语运动控制，并未高度重视晚期双语者二语感觉运动环路的运行机制和神经效率（Simmonds et al., 2011a, 2011b; Nip & Blumenfeld, 2015）。一语和二语被认为使用的是相同的言语运动控制系统，母语者前馈和反馈控制的神经通路可高效运行，而晚期双语者掌握一门外语意味着他们需要调整原先母语的神经组织以适应新的语言系统（Kovelman et al., 2008; Kovacs & Mehler, 2009; DeLuca et al., 2020）。这可能导致他们前馈运动通路的效率较低，或形成感觉预期的效率较低，或加工感觉反馈的效率较低等。当对比相对强势的一语和相对弱势的二语，研究者们有待确定晚期双语者两种语言的运动控制究竟在何种认知神经机制上存在差异。

4.3.1 前馈控制和听觉反馈控制的相对权重

在言语运动系统中，前馈控制和反馈控制相互合作，共同确保了流利、准确的言语产生（Perkell, 2012; Guenther, 2016; Parrell & Houde, 2019）。当听觉反馈控制的权重高于前馈控制，语言系统更依赖听觉反馈信号修正言语输出中的错误。当前馈控制的权重高于反馈控制，语言系统则更依赖预先存储的运动目标进行口语产生（Jones & Keough, 2008; Hawco & Jones, 2009; Scheerer & Jones, 2012）。因此，言语运动控制的模型可简化为输向发音器官的运动指令，其中 α_{FF}，α_A 和 α_S 分别代表前馈控制、听觉反馈控制和体觉反馈控制系统的权重，其数值越大，代表该子系统的权重越高。当前试次中输向发音器官的运动指令是前馈运动指令（$\dot{M}_{FF}$）以及基于听觉反馈（$\dot{M}_A$）和体觉反馈（$\dot{M}_s$）生成的修正性运动指令之和（见图 4.3）。本专著主要关注前馈控制和听觉反馈控制的相对权重。在言语产生过程中，如果讲话者监测到听觉错误，听觉反馈控制系统将生成相应的修正性运动指令。因此，在不考虑体觉反馈控制的情况下，输向发音器官的运动指令可由下列公式计算。

$$M_{sum}=\alpha_{FF}*\dot{M}_{FF}+\alpha_A*M_{(AT-AF)}$$

其中，AT 代表听觉目标（auditory target），AF 代表实际产生的听觉反馈

（auditory feedback），两者之间的差值（$AT-AF$）即为感知的听觉错误，$M_{(AT-AF)}$代表完全补偿听觉错误所需要的修正性运动指令。听觉反馈控制的权重（α_A）取值范围是 0~1，当它的值接近于 1 时，言语产生会过多地受到听觉反馈的干扰，表现出接近完全补偿的修正性运动指令。前馈控制的权重（α_{FF}）的取值范围也是 0~1，当它的值接近于 1 时，言语产生主要依靠预先存储的运动目标，此时几乎不会受到听觉反馈的干扰，补偿性反应的幅度较小。因此，在随机扰动实验中，研究者们可利用补偿性反应的幅度衡量听觉反馈控制的权重，以及间接推论前馈控制的权重（Scheerer et al., 2013a, 2013b; Murray & Stepp, 2020）。

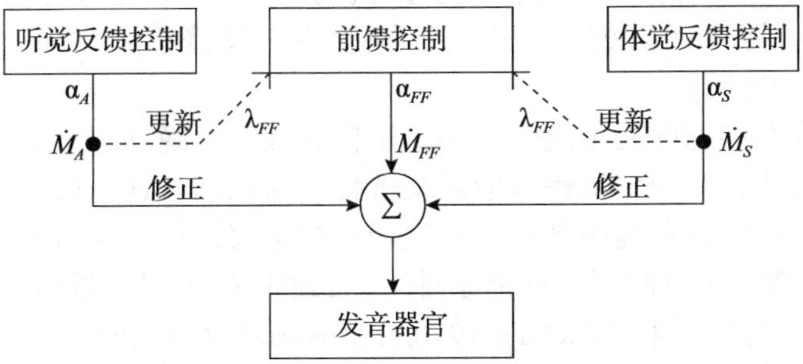

图 4.3　简化的言语运动控制模型的示意图

Guenther（2016）关注了言语运动系统中前馈控制和听觉反馈控制相对权重的发展变化过程，当语音的运动指令能始终产生相同的听觉反馈结果时，个体的听觉和运动目标表征得到强化。换言之，当个体重复发音并且未出现言语错误时，前馈运动指令和相应听觉反馈的联结得到强化，多次强化后存储的运动目标能够可靠无误地产生语音。由于不需要修正语音，此时言语运动控制主要依赖于前馈控制系统。值得注意的是，即使不需要修正语音，听觉反馈控制仍然持续监测讲话者的言语产生过程，一旦监测到错误，言语运动系统将立即提高听觉反馈控制的权重，这种灵活的机制可应对意外出现的错误（Villacorta et al., 2007）。

准确率。准确率是衡量言语运动控制表现的一个重要维度。任何一位正常的母语者均可形成语音运动指令和感觉反馈结果之间稳定的双向联结，由于前馈运动指令高度自动化，发音运动实际产生的听觉反馈通常与听觉目标匹配（Wilson & Iacoboni, 2006; Guenther, 2016）。因此，母语产生主要依赖前馈控制系统。如上文所述，晚期双语者的二语学习缺乏沉默期和咿呀学语期，他们可能很难形成有关二语语音稳定可靠的感觉运动转换（Mitsuya et al., 2011; Liu & Tian, 2018）。理论上来讲，由于二语产生时前馈运动指令未达到高度自动化的程度，发音运动产生的听觉反馈可能与听觉目标表征不匹配（Ludlow & Cikaoja, 1998）。事实上，大量研究证实，相较于一语，晚期双语者的二语产生错误率显著更高（Jared et al., 2013），发音变异性也更大（Wang & van Heuven, 2006; Ng et al., 2008; Xie & Jaeger, 2020; Zhang et al., 2021）。

速度。速度是衡量言语运动控制表现的另一个重要维度。前馈控制是一种更高效的运动控制方式，人们更多地依靠前馈控制减少听觉反馈对发音运动产生的影响，以确保言语产生的流利度（Guenther, 2016; Parrell & Houde, 2019）。而听觉反馈控制是一种更低效的运动控制方式，包括以下四个连续的阶段。第一，对比预期的和实际的听觉反馈，如果不匹配的程度超出阈限，监测到的错误信号被传输至运动系统。第二，反馈控制系统基于错误信号计算修正性运动指令。第三，修正性运动指令传输至肌肉。第四，肌肉收缩以修正错误的运动轨迹（Perkell, 2012）。以上加工过程的神经信号传导必然存在延时，因此，过多依靠听觉反馈进行运动控制必然导致言语不流利现象（Hawco & Jones, 2009; Civier et al., 2010; Perkell, 2012）。研究者们注意到，母语者可以轻松地掌握流畅的言语产生能力，但双语者的二语流畅性较差，经常表现出重复、拖长、停顿或自我修正等现象（van Hest, 1996; Bergmann et al., 2015）。

从上述准确率和速度的角度尝试提出这样的假设，晚期双语者的二语产生可能更多调用听觉反馈，而较少依赖前馈系统进行运动控制。这一假设得到了部分研究证据的支持，早期研究者利用延时听觉反馈范式考察这种延时对双语者言语流利度的影响，结果发现，在延时听觉反馈条件下，二语产生不仅比母语产生的语速更慢，同时也表现出更多的停顿（Mackay, 1970; van Borsel et al., 2005）。近年来，随着声学扰动技术的革新，研究者们开始借助于音高扰动范式考察扰动反馈对双语者补偿性反应的影响。结果发现，当响应音高扰动时，二语学习者比母语者诱发更大幅度的补偿性反应（Ning et al., 2014, 2015）。上述结果均表明，二语产生比一语产生更加依赖听觉反馈进行运动控制，因而受到听觉反馈紊乱的干扰性影响更大。但截止到目前为止，仍然缺乏系统的研究对比晚期双语者一语和二语产生中前馈控制和听觉反馈控制的相对权重（Mitsuya et al., 2011; Treutler & Sörös, 2021）。

4.3.2 前馈控制和听觉反馈控制的认知神经机制

言语运动控制领域另一个重要的研究议题是前馈控制和听觉反馈控制的认知神经机制（Villacorta et al., 2007; Tourville et al., 2008; Chang et al., 2013; Sengupta & Nasir, 2015; Behroozmand & Sangtian, 2018; Meier & Guenther, 2023; Arjmandi & Behroozmand, 2024）。前馈控制和听觉反馈控制均涉及言语感知和言语产生系统的参与。那么，人类大脑中言语产生和言语感知系统究竟是什么关系？研究者们认同，言语产生和言语感知并不是完全独立的系统，两者存在复杂的交互作用（Galantucci et al., 2006; Hickok, 2012; Perkell, 2012; Guenther, 2016; Baese-Berk, 2019）。神经影像学证据表明，不仅运动皮层在言语感知任务中充分激活（Wilson et al., 2004; Skipper et al., 2005; D'Ausilio et al., 2009; Grabski et al., 2013; Schuerman et al., 2017; Stokes et al., 2019），听觉皮层也在言语产生任务中充分激活（Tourville et al., 2008; Hickok, 2012; Niziolek et al., 2013; Skipper et al., 2017）。部分研究者考察了言语感知和言语产生的相关关系，结果发现，当被试的听觉敏锐度越高（即听觉目标域越精细），他们言语产生的稳定性也越高（Perkell et al., 2004a, 2004b; Franken et al., 2017; Chao et al., 2019）。总的来说，听觉皮层和运动皮层的动态关系在言语感知和言语产生过程中均发挥着重要作用。

言语运动控制涉及运动皮层和感觉皮层的神经通路（Houde & Nagarajan, 2011; Hickok, 2012; Houde & Chang, 2015; Guenther, 2016）。例如，负责母语听觉反馈控制的神经通路可高效运行，扰动实验中正常反馈条件下感觉皮层的神经活动有所减弱（即 SIS 效应）。这种皮层活动的抑制意味着高效率的脑运行机制，即提高一部分神经元对感觉反馈的敏感性，从而实现发声时总体神经活动的抑制（Dhanjal et al., 2008; Eliades & Wang, 2008）。晚期双语者由于已经错过了二语语音学习的关键期，其运动皮层和听觉皮层可塑性会受到更多制约（Simmonds et al., 2011a, 2011b），相应地，在二语产生时前馈控制和听觉反馈控制的神经活动可能强度更高，并涉及更广泛分散的神经网络。

DIVA 模型指出，言语产生很大程度上依赖于听觉目标，当实际的听觉反馈不在理想的目标域内，听觉错误进而激活反馈控制程序以生成修正性运动指令（Guenther, 2016）。理论上来讲，在二语学习过程中，双语者首先需要意识到他们产生的语音与母语者产生的语音之间的差异，之后将感知到的差异映射到二语语音的听觉目标表征，最后根据反馈系统提供的错误信号不断校准直至准确习得二语语音的前馈运动指令。在二语产生过程中，双语者同样需要意识到他们产生的语音与听觉目标之间的差异，之后才能根据听觉反馈中的错误信号在线修正运动指令。由此可见，为了产生准确的语音，双语者需要利用听觉反馈不断调整不准确的感觉运动关系。由于晚期双语者二语语音感知能力较弱，现尝试提出这样的假设：他们利用听觉反馈进行长时程校准和调整（即前馈控制）以及在线运动控制（即反馈控制）的能力均可能存在不足。

前馈控制。心理语言学家们非常关注儿童语音表征缓慢的发展变化过程，但成熟讲话者的前馈运动表征一直保持相对稳定，因而产生的语音变异性较小。为了探索该问题，研究者们设计出持续扰动范式以考察前馈系统的更新机制，该范式中的听觉扰动通常是非随机、持续性且长时程的，这些特征使得讲话者能够意识到当前的运动指令无法实现精确的发音目标并诱发相应的运动调整，因而可以反映前馈运动表征随听觉反馈动态变化的过程（Mollaei et al., 2013; Guenther, 2016; Kearney et al., 2020）。前馈控制系统根据听觉错误校准和调整运动指令，其中 λ_{FF} 代表前馈控制的学习速率（见图 4.3）。因此，输向发音器官的前馈运动指令可由下列公式计算。

$$\dot{M}_{FF}(n+1)=\dot{M}_{FF}(n)+\lambda_{FF}*\dot{M}_{A}(n)$$

其中，$\dot{M}_{FF}(n)$ 和 $\dot{M}_{FF}(n+1)$ 分别代表讲话者当前试次和下一试次发音的前馈运动指令，$\dot{M}_{A}(n)$ 代表当前试次中听觉反馈控制系统生成的修正性运动指令，λ_{FF} 反映当前发音尝试中的补偿性反应在多大程度上可以影响下次发音的前馈运动指令，其数值越高，调整性反应的幅度越大。在行为层面，母语者通常表现出调整性反应，这说明他们可以利用听觉反馈及时高效地更新前馈运动表征。部分电生理证据也发现，顶部和额中部的 ERP 活动（Behroozmand & Sangtian, 2018）及 θ 和 γ 跨频段相位一致性（Sengupta & Nasir, 2015）可能反映了感觉运动学习的神经过程。而晚期双语者持续存在的外国口音问题可能说明了他们无法利用听觉反馈调整现有的不准确的感觉运动关系，由此可进一步推测，晚期双语者前馈控制系统的学习机制可能存在不足。

根据文献综述，仅极少数研究采用持续扰动范式对比了双语者一语和二语的前馈学习机制（Mitsuya et al., 2011）。通过在英语和日语两种语言中施加相同的元音 /e/ 共振峰扰动[1]，Mitsuya 等人（2011）考察了英语母语组产生英语元音（一语产生）、日语母语组产生日语元音（一语产生）和日英双语组产生英语元音（二语产生）时的调整性反应。保持期的结果发现，当 F1 值被人为降低时，未探测到三组被试在调整性反应上的显著性差异。但是当 F1 值被人为提高时，日语母语组和日英双语组的调整性反应显著小于英语母语组。结束期的结果发现，当 F1 值被人为降低时，日语母语组的后效显著大于英语母语组和日英双语组。但是当 F1 值被人为提高时，未探测到三组被试在后效上的显著性差异（见图 4.4）。通过对比英语母语组和日英双语组或者对比日语母语组和日英双语者的表现，该研究发现了部分证据以支持一语和二语在前馈控制更新方面存在差异，但实验结果也存在矛盾之处，因而该研究仍无法得出有关语言经验影响的可靠结论。未来需要更多的研究从行为、电生理以及脑激活模式等多维度对比晚期双语者一语和二语前馈控制系统更新的认知神经机制。实验假设，相比一语，二语前馈控制系统的更新效率较低，具体的表现可能是弱化的调整性反应和后效，以及不同于母语者的 ERP 活动和 θ、γ 跨频段相位一致性的变化模式。

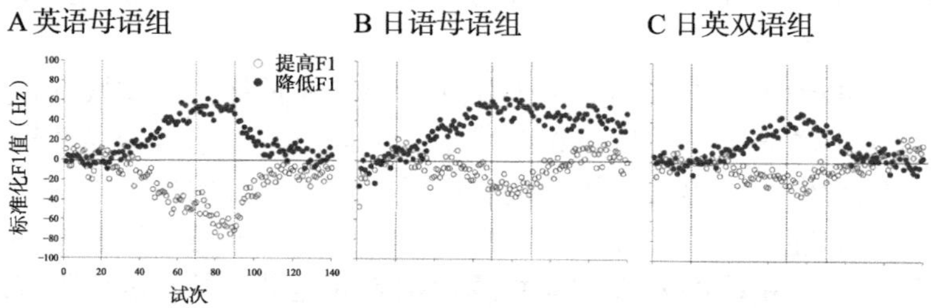

图 4.4 调整性反应和后效结果的示意图

（引自 Mitsuya et al., 2011）。英语母语组（A）、日语母语组（B）和日英双语组（C）在响应提高 F1 扰动（实心圆圈）和降低 F1 扰动（空心圆圈）时平均的标准化 F1 值。垂直虚线表示基线期、渐变期、保持期和结束期四个阶段的边界。

听觉反馈控制。研究者们通常采用随机扰动范式考察听觉反馈控制的作用，该范式中的扰动是随机、间歇性且短暂呈现的，这些特征使得讲话者无法提前准备言

[1] 元音 /e/ 属于一级元音，英语和日语两种语言中都有该元音，因而研究者将其用作实验材料来探索一语和二语的前馈控制学习机制。但元音声学分析表明，英语和日语整体的元音系统在二维空间内（F1、F2 平面；Mitsuya et al., 2011）以及三维空间内（F1、F2 平面、F3-F2 平面；王萍等，2010）不同平面的排列方式和次序均发生了不同程度的变化。因此，Mitsuya 等人（2011）观察到的跨语言差异可能是由于不同语言中元音 /e/ 的声学属性不同而有所差异。

语反应，因而可确认实验中观察到的在线运动调整是由听觉扰动驱动的（Burnett et al., 1997, 1998; Liu et al., 2011a; Scheerer & Jones 2012, 2014）。研究者们在行为层面主要关注三个研究问题。第一，听觉扰动是否可诱发补偿性反应。第二，补偿性反应发生的时间进程如何。第三，扰动幅度和补偿性反应幅度之间存在什么关系。研究者们在电生理层面主要关注三个研究问题。第一，听觉扰动如何诱发脑活动变化。第二，P1-N1-P2 成分的认知内涵是什么。第三，听觉扰动幅度与 P1-N1-P2 波幅和潜伏期存在什么关系。然而，上述问题在双语领域并未得到应有的关注，目前亟须实证研究以揭示一语和二语听觉反馈控制的认知神经机制。实验假设，相比一语，二语听觉反馈控制的效率较低，差异可能出现在补偿性反应的幅度和潜伏期以及 P1-N1-P2 的波幅和潜伏期等方面。

本章小结

本章着眼于晚期双语者这一特殊双语群体的言语运动控制机制。

第一节探讨了晚期双语者二语言语运动控制能力存在不足的神经生理学原因。通过阐释一语和二语语言学习关键期的概念及其生物机制，读者了解到语言功能偏侧化和脑可塑性制约了晚期双语者的二语学习效率。来自句法、语义、语音、内在功能连接以及言语运动控制等方面的神经生理学证据支持了习得年龄会影响二语学习的成效。

第二节从构成言语运动控制的两大基础能力切入，首先介绍了 Kuhl 等人观察到的母语者言语感知和言语产生能力的发展过程。婴儿在出生后的第一年内便可从"世界公民"逐渐过渡到仅对母语语音敏感的语言学习者，母语神经专职化假说可解释这一转变过程。沉默期、咿呀学语期和模仿期是婴儿能够习得言语运动控制技能的关键。之后介绍了晚期双语者二语感知和二语产生能力的不足，前者可能是由于缺乏集中倾听二语语音的沉默期，或是知觉同化导致的偏误，而后者可能是由于缺乏逐渐探索语音感觉和运动表征联结的咿呀学语期，或是跨语言语音相似度导致的偏误。此外，自身的动机不足也可能导致二语感知和二语产生能力出现僵化现象。

第三节归纳了晚期双语者一语和二语言语运动控制的潜在差异，并提出了相应的研究问题和实验预期。首先，准确率和速度是衡量言语运动控制表现的重要维度，前馈控制确保了言语产生的流畅性，而反馈控制确保了言语产生的准确性。晚期双语者二语产生较一语准确率低、流畅性差，因此，两种语言中前馈控制和听觉反馈控制的相对权重可能存在差异。其次，晚期双语者利用听觉反馈调整不准确的感觉运动关系的能力较弱，这既体现于前馈运动学习方面，也体现于在线运动控制方面。未来需要系统的研究以揭示晚期双语者两种语言前馈和听觉反馈控制的认知神经机制差异。

第二部分　实证研究

第五章

双语前馈和反馈控制系统的权重——来自噪声掩蔽的证据

第一部分的四章内容分别系统地梳理了言语运动控制的实证、理论研究背景及其影响因素，并提出晚期双语者可作为重要的研究对象揭示一语和二语产生时言语运动控制的认知神经机制差异，为双语加工以及言语运动控制领域拓展新的研究内容。第五章到第八章将详细介绍本书作者如何进行一系列实验探讨晚期双语者的前馈控制和反馈控制机制。心理语言学和认知神经科学的研究偏向于将言语感知和言语产生当作独立的过程（张清芳，2019），而言语运动控制涉及言语感知和言语产生的动态交互。目前仅少数研究探究这两个过程的关系并将该问题拓展到晚期双语者群体，这在很大程度上阻碍了对晚期双语者言语运动控制研究的进展（Simmonds et al., 2011b）。第五章[1]将具体采用噪声掩蔽范式探索晚期双语者的前馈和反馈控制机制。

5.1 研究背景

言语产生终端的发音执行被视为低层次的运动输出（Indefrey, 2011），但事实上这是一项高度复杂的感觉运动任务，需要前馈和反馈控制系统的整合加工（Guenther, 2016）。目前研究者们对前馈和反馈系统如何协作以确保顺利的言语产生仍然知之甚少。

[1] Cai Xiao, Yin Yulong and Zhang Qingfang, "A cross-language study on feedforward and feedback control of voice intensity in Chinese-English bilinguals," *Applied Psycholinguistics* 41, no. 4 (Jul. 2020): 771–795.

5.1.1 言语运动控制的术语和基本规律

在研究者们构建的众多言语运动控制理论模型中，本研究整合了 DIVA 模型（Guenther, 2006, 2016）和 SFC 模型（Houde & Nagarajan, 2011）以描述前馈和反馈控制的加工过程（见图 5.1）。言语产生始于语音集内一个单元的激活，该单元可以是音素、音节或短语。前馈控制读取先前习得的语音运动指令，并将其发送到发音器官，上述过程独立于发声产生的感觉反馈（Guenther, 2016）。因此，前馈控制实现了言语产生的快速性，但相应地也缺乏监测语音输出中错误的能力（Parrell et al., 2019）。由于人们生活在不断变化且不可预测的环境当中，仅靠前馈控制无法确保有效的言语产生。

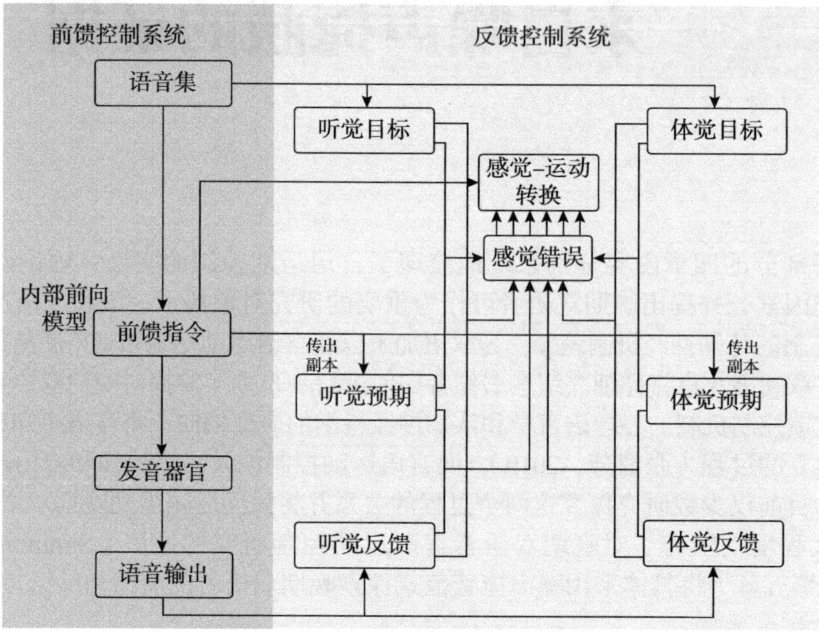

图 5.1 言语运动控制过程的示意图

（引自 Cai et al., 2020b）。该模型包括一个内部前向模型，前向模型根据前馈指令的传出副本生成听觉预期。听觉反馈控制将实际的听觉反馈与听觉预期和听觉目标进行比较。前馈控制还存在一种特殊的机制可以排除实际的听觉反馈参与运动控制，即直接对比听觉预期与听觉目标。

不同于前馈控制，反馈控制依赖实际的听觉反馈进行运动控制（Guenther, 2016; Kearney & Guenther, 2019）。听觉反馈控制系统将实际的听觉反馈与理想的听觉反馈进行比较，如果两者出现不匹配，听觉错误被转化为修正性运动指令以减少感知层面的错误。这一过程与体觉反馈控制过程类似（Hickok et al., 2011; Guenther, 2016）。此框架同时存在两种路径生成理想的听觉反馈（Tian & Poeppel, 2012）。首先，语音集激活导致相应语音的听觉目标激活，听觉目标指个体正确产生特定语音时理应出现的听觉反馈（Guenther, 2016）。其次，内部前向模型利用前馈指令的传出副本在大脑内部估计当前声道的运动状态并生成相应的听觉预期（Tian & Poeppel, 2010, 2012, 2013; Hickok, 2022）。反馈控制是言语运动控制系统中不可或缺的部分，当存在听觉扰动时，反馈控制使得人们可以调整自身的言语运动以适应外部语音环境的变化。

Parrell 等人（2019）提出了一种特殊的前馈控制机制，该机制排除了言语产生过程中实际的听觉反馈参与运动控制。通过内部前向模型实现的听觉预期指讲话者在接受到听觉反馈之前可预估发音运动产生的结果，该预期是基于语言习得期间建立的语音运动命令和听觉反馈结果之间的双向联结。这也是为什么当讲话者在不移动发音器官的情况下想象说话时，他们感觉可以在内部"听到"自己的声音（Tian & Poeppel, 2012, 2015）。基于运动指令的听觉预期可以直接与听觉目标进行比较，以此来验证前馈运动指令的准确性。如果听觉预期与听觉目标不匹配，前馈控制系统也可将错误信号转化为修正性运动指令（Hickok, 2012; Parrell et al., 2019）。

5.1.2 双语者的言语运动控制

已有的理论模型仅在一语产生中细化了前馈和反馈控制的整合机制（Parrell et al., 2019; van der Merwe, 2021; Kröger et al., 2022; Meier & Guenther, 2023; Arjmandi & Behroozmand, 2024），而二语产生的研究尚未充分考虑这个问题。近年来，研究者们开始注意到双语者的言语运动控制可能因语言类型不同（一语或二语）而异（Mitsuya et al., 2011; Simmonds et al., 2011a, 2011b; Liu & Tian, 2018; Vaquero et al., 2020; Barragan et al., 2023），但仍缺乏明确的证据指出差异的具体机制。由于目前二语言语运动控制的理论和实证研究均有所不足，研究者们有必要进一步探索该领域以理解双语者的言语运动控制过程。

一语产生时，前馈控制和反馈控制子系统会相互协作，因而了解这些子系统在言语运动控制过程中的相对权重具有重要意义（Guenther, 2016; Parrell et al., 2019）。研究者强调，言语产生经验驱动了讲话者从反馈控制占主导过渡到前馈控制占主导的模式（Guenther, 2006; Liu et al., 2010c; Guenther & Vladusich, 2012; Scheerer et al., 2013a, 2013b）。讲话者发音运动的初始尝试产生的错误较大，此时言语产生在很大程度上依赖于反馈控制。经过充分练习后，前馈运动指令可以产生相同的感觉反馈结果而不出现错误，此时言语产生主要依赖于前馈控制（Guenther & Vladusich, 2012; Guenther, 2016）。然而，双语者两种语言的学习和产生经历本质上存在巨大差异（Mitsuya et al., 2011; Liu & Tian, 2018）。一语言语运动控制开始于婴儿期，但双语群体的二语习得年龄差异巨大，一些双语者从出生时就接触二语，一些在青春期左右，另外一些在成年时期才开始学习二语（Woumans et al., 2015）。多数情况下，双语者在已经充分习得一语后才开始接触二语。因此，双语者两种语言中前馈控制和反馈控制系统所占的权重可能有所不同。

由于人们已经高度习得母语的运动指令，母语产生成为自动化的控制过程，因而仅需要较少的在线反馈监测（Simmonds et al., 2011a, 2011b）。然而，有证据表明，二语语音产生的变异性较大（Wang & van Heuven, 2006; Ng et al., 2008; Xie & Jaeger, 2020; Zhang et al., 2021），这意味着双语者较不熟悉二语语音的前馈运动指令，即运动指令的变异性也更大（Mitsuya et al., 2011）。因此，本研究假设，二语产生比一语产生在较大程度上依赖反馈控制，而在较小程度上依赖前馈控制。这一假设得到了两项早期研究的支持，他们发现在延时的听觉反馈条件下，双语者二语产生比一语产生的语速更缓慢且具有更多的犹豫或语音重复现象（Mackay, 1970; van Borsel et al., 2005）。基本逻辑是反馈控制权重增加会导致扰动听觉反馈的干扰性影响也增加（Guenther, 2016）。

过去几十年来，虽然双语者的人数激增，但对于大多数双语者来说，流利地讲一门二语是一项具有挑战性的任务（Bergmann et al., 2015）。言语不流利的典型标记包括停顿、音节重复和自我修正（Kormos, 2006; Götz, 2013）。越来越多的证据表明，双语者的二语流利度要比一语低得多。例如，Wiese（1984）报告二语产生比一语产生多 2~3 倍的犹豫性停顿。Hincks（2008）也发现二语产生比一语产生的语速更慢。de Jong（2016）观察到二语者比母语者不仅停顿频率更高，停顿时间也更长。正如研究者们所知，前馈控制对于流利的言语产生至关重要，而过度依赖反馈控制则需要处理听觉反馈及其相应的修正性运动指令，从而导致时滞问题（Civier, 2010; Civier et al., 2010; Perkell, 2012; Ishida et al., 2020）。因此，可以合理地假设，流利度与反馈控制的权重相关，二语较低的流利度与较高的反馈控制权重有关，而一语较高的流利度与较低的反馈控制权重有关。

上述与流利度相关的假设目前仅从言语障碍患者中得到了间接性的支持证据。Guenther（2016）发现，言语障碍患者通常是前馈控制系统受损。例如，言语失用症患者最典型的脑损伤区域包括左侧额下回、前脑岛以及腹侧中央前回。根据 DIVA 模型，这些脑区损伤会影响语音集以及前馈运动指令的正常执行（Kearney & Guenther, 2019）。口吃也是一种影响言语流利度的疾病，但目前其病理机制仍然存在争议（Bradshaw et al., 2021; Farazi et al., 2022; Bernstein Ratner & Brundage, 2024）。一些研究者认为，口吃是反馈控制系统中听觉运动转换异常的结果（Cai et al., 2012; Daliri et al., 2018）。也有研究者认为，造成口吃的原因是一般性的听觉预期缺陷（Daliri & Max, 2015a, 2015b, 2018; Max & Daliri, 2019）、反馈控制权重过高（Civier et al., 2010, 2013）或左半球基底神经节运动环路受损（Chang & Guenther, 2020）。

5.1.3 语音音强的前馈和反馈控制

本研究旨在考察晚期双语者一语和二语前馈和反馈控制系统的相对权重是否存在差异。双语研究存在两种思路，其一是对比相同语言的一语和二语使用者，其二是对比相同双语者的一语和二语（Bergmann et al., 2015; Duncan & Conner, 2024）。

后者被试内设计比较的难点在于存在混淆性因素，研究者很难解释观察到的差异究竟是由语言性质（一语或二语）还是由语言自身差异（如汉语或英语）所导致的。为避免语言性质和语言自身差异的混淆，本研究选择了语音音强[1]来分离出语言性质的独特性作用，这是由于音强自身并非语言特异性的语音特征。许多研究描述了讲话者如何控制音高（Chang et al., 2013; Houde et al., 2019）、共振峰（van Brenk & Terband, 2020; Raharjo et al., 2021; Frankford et al., 2022）和音强（Bauer et al., 2006; Hilger et al., 2019; Senthinathan et al., 2021）。听觉扰动会诱发补偿性反应，即人们向扰动的相反方向调整语音参数（Chang et al., 2013; Behroozmand et al., 2015）。已有研究发现不同语言的音高和共振峰控制可能存在跨语言差异（Mitsuya et al., 2011; Ning et al., 2014, 2015）。声调语言（如汉语）的音高变化具有区别意义的作用，而非声调语言（如英语）的音高变化传达了重音和语调信息，通常用于改变语气（Liu et al., 2010b; Chen et al., 2012b; Ning et al., 2014, 2015）。此外，不同语言在元音数量、元音位置以及元音格局[2]等方面不同（石锋等，2010; 王萍等，2010），因而不同语言对共振峰控制的要求也有所差异（Mitsuya et al., 2011）。通俗来讲，音强取决于人耳对所听到的声音大小强弱的主观感受。与音高和共振峰不同，语音音强是一种基础的、低层次的声学特征（Tian et al., 2018），并不用于有效地区分语言之间的对比性差异（Liu et al., 2007），目前也没有直接的证据可以表明语音音强对不同语言敏感。因此，本研究使用音强指标来考察双语者一语和二语言语运动控制的差异。

在线音强控制的机制类似于音高和共振峰控制（Heinks-Maldonado & Houde, 2005; Bauer et al., 2006; Liu et al., 2007; Hilger et al., 2019; Senthinathan et al., 2021）。例如，Bauer 等人（2006）发现，在元音产生过程中，被试响应随机的音强扰动（200 ms，±1, 3, 6 dB）会表现出补偿性反应（类似的结果模式见 Heinks-Maldonado & Houde, 2005; Hilger et al., 2019）。此外，研究者在言语产生过程中也观察到了类似的运动调整模式（Liu et al., 2007; Hilger et al., 2019; Senthinathan et al., 2021）。例如，Liu 等人（2007）发现，汉语母语者在汉语产生过程中响应音强扰动（200 ms, ±3 dB）也表现出补偿性反应。Hilger 等人（2019）发现，英语母语者在产生短句“You know Nina?”时，也会响应提高或降低两个方向的音高扰动。上述研究表明，反馈控制系统可以实时地监测语音音强并将其稳定在理想水平。研究者们推论，当讲话者更多地依赖前馈控制时，其言语产生更多地依赖事先存储的前馈运动指令，从而产生更稳定的语音输出。当讲话者更多地依赖反馈控制时，其言语产生更多地依赖听觉反馈以修正言语错误，从而更容易受到扰动的影响并表现出更大幅度的补偿性反应（Scheerer & Jones, 2014; Guenther, 2016;

[1] 音强（intensity）是指声音的强弱，其大小取决于声音到达耳朵鼓膜的力度。音强与发音体震动幅度的大小有关，而与音波的长短无关。

[2] 元音格局（vowel pattern）是“元音系统性的表现，包括的内容可以有元音的定位特征、内部变体的表现、整体的分布关系等”（石锋等，2010）。

Murray & Stepp, 2020）[1]。上述研究通过操纵讲话者原始的听觉反馈来考察音强控制这一现象。

在日常生活中，噪声干扰了人们对目标语音信号的追踪和识别，这种现象被称为噪声掩蔽（Watson, 2005）。噪声掩蔽实验为音强控制研究提供了另外一种思路。在嘈杂的语言环境下，讲话者会无意识地提高其语音音强，以弥补听觉反馈中可听度的降低，这种现象被称为朗姆巴德效应（Lombard, 1911）。目前大量研究都稳定地发现了朗姆巴德效应（Lin et al., 2015; Kawase et al., 2019; Trujillo et al., 2021）。噪声实验通常会要求被试产生语音，与此同时将持续的噪声添加到他们的听觉反馈当中（Bauer et al., 2006）。由于口语产生是人们为了促进交流而发展出来的以目标为导向的行为，讲话者通常会自动提高音强以进一步提高语音的可听度（Liu et al., 2007）。噪声环境下的音强控制区别于随机扰动范式中的音强控制，随机扰动范式中的音强控制用于监测和稳定语音输出，而噪声环境下的音强控制用于克服噪声掩蔽产生的干扰性影响，使得讲话者的声音在噪声中依然具有可听度。

为了考察前馈控制，已有研究观察了讲话者如何在长时程、持续性听觉反馈扰动条件下调整运动指令（Lametti et al., 2014; Ballard et al., 2018; Kim & Max, 2021）。然而，持续扰动范式仅揭示了前馈控制的更新机制，而并非前馈控制自身。本研究采用噪声掩蔽范式来考察语音音强的前馈控制。该范式的前提是，高强度的掩蔽噪声可以有效地排除听觉反馈参与言语运动控制（Houde et al., 2002; Christoffels et al., 2007; Lin et al., 2015; Maas et al., 2015; Terband et al., 2015, 2020; Parrell et al., 2021）。掩蔽噪声会干扰涉及实际听觉反馈的比较过程（见图 5.2A）。尽管创造没有任何反馈的实验条件是不可能的[2]（Kent et al., 2000; Maas et al., 2015），但可以合理地预期，在听觉反馈缺失的情况下，言语产生会更加依赖前馈控制（Guenther, 2016; Terband et al., 2020; Parrell et al., 2021）。

前馈控制引入了一种机制，使得讲话者可独立于听觉反馈进行言语运动调整（Hickok, 2012; Parrell et al., 2019）。面对掩蔽噪声，讲话者会在发声前评估噪声信号的干扰程度。当考虑到不利的环境时，讲话者提取出预先存储的前馈运动指令，但并不会直接发送到发音器官以避免明显的错误。讲话者将根据前馈运动指令和背景噪声生成听觉预期，之后比较听觉预期和听觉目标，由噪声引起的可听度降低将进一步激活听觉错误。此时，讲话者基于听觉运动转换生成修正性运动指令，该调

[1] 研究者通过测量补偿性反应的幅度来考察反馈控制的相对权重，更大幅度的补偿性反应表明对反馈控制的依赖程度更高（Scheerer & Jones, 2014）。然而，研究者无法直接测量被试对前馈控制的依赖程度，解决办法是通过测量对反馈控制的依赖反过来推测其前馈控制，反馈控制的权重越高说明前馈控制的权重越低。

[2] 需要强调的是，体觉反馈控制在掩蔽噪声情境下仍然起作用，这是因为听觉反馈并不是感觉系统的唯一输入（Lametti et al., 2012）。此外，听觉反馈的感知本身是一个非常复杂的过程，涉及空气传导以及外周神经系统的骨传导（Howell & Powell, 1984）。研究者通常使用下列方法来尽可能降低骨传导听觉反馈的影响，包括强掩蔽噪声（Christoffels et al., 2007）、低声说话（Houde & Jordan, 2002; Zheng et al., 2010）或语音校准系统，即通过将原始声音的音强提高 10 dB 后反馈至被试耳中（Chen et al., 2015; Ballard et al., 2018）。本实验采用高强度的多人谈话噪声，以有效掩蔽空气传导听觉反馈，并部分掩蔽骨传导反馈。

整旨在克服掩蔽噪声的影响。因而预测，当讲话者更多地依赖前馈控制时，其言语产生更多地依赖预期的听觉错误（即可听度降低）调整运动计划，从而产生更大幅度的朗姆巴德效应。

反馈控制的前提是被试可感知到他们的听觉反馈。因此，本实验施加的噪声信号（弱噪声和强噪声）需让被试仍可在噪声中听到自己的声音，但声音可听度低于他们的预期。增加噪声的目的是部分掩蔽空气传导的听觉反馈，从而降低语音的可听度。强度不足以完全掩蔽原始听觉反馈的噪声会驱动反馈控制及其相应的比较过程（见图 5.2B）。尽管前馈控制在响应噪声信号的运动调整中也发挥作用，但可以合理地预期，此情境下被试反馈控制的权重提高，并根据感知到的听觉错误修正发音运动指令（Guenther & Vladusich, 2012; Guenther, 2016）。因而预测，当讲话者更多地依赖听觉反馈控制时，其言语产生更多地依赖感知到的听觉错误（即可听度降低）调整运动计划，从而产生更大幅度的朗姆巴德效应。

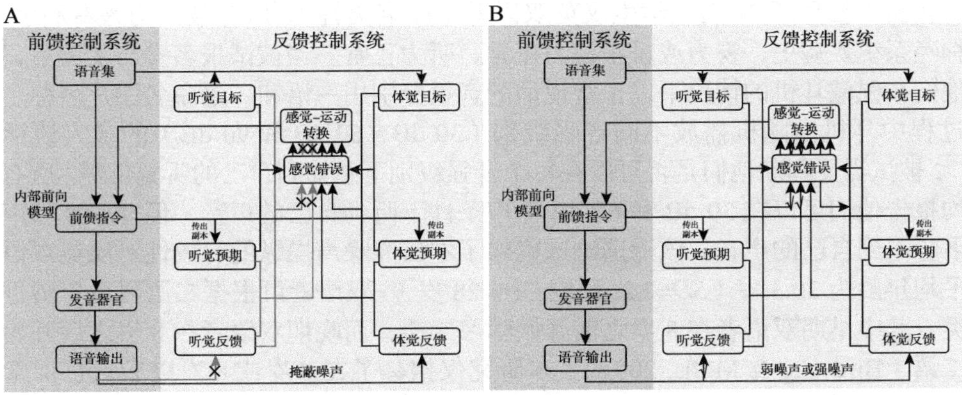

图 5.2　不同噪声条件下音强控制的模型

（引自 Cai et al., 2020b）。（A）掩蔽噪声条件下音强控制的模型。叉号表示该噪声完全掩蔽了听觉反馈，使听觉反馈无法参与言语运动控制。（B）弱噪声或强噪声条件下音强控制的模型。勾号表示这些噪声仅部分掩蔽了听觉反馈，但听觉反馈仍可参与言语运动控制。

5.1.4 实验假设及预期结果

本研究设计了两个噪声实验来考察汉英双语者对前馈和反馈控制系统的相对依赖程度是否受到语言类型和二语流利度的影响。实验 1 通过观察双语者一语和二语产生时如何响应 90 dB 的掩蔽噪声来考察前馈控制的权重。实验 1 预期，一语产生比二语产生更加依赖前馈控制，因而一语产生会诱发更大幅度的朗姆巴德效应。此外，二语流利度与双语者二语产生时对前馈控制的依赖程度存在相关关系，更流利的双语者将表现出更大幅度的朗姆巴德效应。

实验 2 通过观察双语者一语和二语产生时如何响应 30 dB 的弱噪声和 60 dB 的

强噪声来考察听觉反馈控制的权重。虽然强噪声和掩蔽噪声的音强都很高，但不同之处在于强噪声条件下讲话者的听觉反馈仍然可用于反馈控制，掩蔽噪声条件下则无法进行反馈控制。实验 2 预期，二语产生比一语产生更加依赖听觉反馈控制，因而二语产生会诱发更大幅度的朗姆巴德效应。此外，二语流利度与双语者二语产生时对听觉反馈控制的依赖程度存在相关关系，不太流利的双语者将表现出更大幅度的朗姆巴德效应。

5.2 研究方法

5.2.1 被试

实验 1 招募了 24 名大学生汉英双语者（11 名男性）。所有被试均为右利手[1]，无神经系统疾病史，视力或矫正视力正常，听力正常。当被试报名参与实验后，要求他们在佩戴耳机的情况下以正常说话的音量分别用一语和二语命名图片名称。命名过程中耳机内随机播放不同音强级别（30 dB、60 dB 和 90 dB）的多人谈话噪声[2]，被试需要判断他们是否可以在每个音强级别下感知到自己的听觉反馈。所有被试均报告他们可以在 30 dB 和 60 dB 噪声条件下听到自己的声音，但 90 dB 噪声条件下听不到自己的声音。该筛选测试确保了本研究噪声操纵的有效性。汉英双语者的平均年龄为 20.3 岁（*SD*=2.2, 范围：18~28 岁）。双语者可根据二语习得年龄进行分类，其中早期双语者在 8 岁之前开始学习二语，而晚期双语者在 8 岁之后开始学习二语（Birdsong & Molis, 2001）。本研究仅招募了在 8 岁或 8 岁以后通过课堂途径学习英语的晚期双语者，平均二语习得年龄为 9.7 岁（*SD*=1.1, 范围：9~13 岁）。实验 2 的被试与实验 1 相同。两个实验的顺序在被试间进行平衡，其中一半被试先完成实验 1 后完成实验 2，另一半被试先完成实验 2 后完成实验 1。两次实验的间隔约 15 分钟（5 分钟短暂休息加 10 分钟二语流利度测试）。这种被试内设计不仅最大限度地提高了实验间比较的敏感性，而且也可以证实两个实验的结果差异与个体差异无关。

5.2.2 材料和设计

实验 1 选择 15 幅简单的黑白线条图片作为正式的实验材料（见表 5.1[3]），图

[1] 利手与语言功能偏侧化有关，右利手（约占总人口的 90%）的语言优势位于左半球，而左利手（约占总人口的 10%）则分布在左半球、右半球或双侧半球优势（王潇等，2020）。因此，本研究选取更为普遍的右利手被试以揭示言语运动控制的一般性机制。

[2] 多人谈话噪声（multitalker noise）是指由多个讲话者同时说话生成的一种背景噪声。

[3] 汉语材料的拼音参考商务印书馆版《现代汉语词典》，英语材料的音标参考 *Oxford English Dictionary*。

片选自 Snodgrass 和 Vanderwart（1980）建立的标准化英语图片库以及张清芳和杨玉芳（2003b）建立的标准化汉语图片库中共有的部分。另外选择 5 幅练习图片供被试熟悉实验程序，练习图片不会出现在正式实验中。所有图片均为常见物体，并且在视觉复杂度、熟悉度和表象一致性等方面具有良好的指标。目标图片和语言材料的特征包括视觉复杂度、熟悉性、表象一致性，汉语命名一致性和英语命名一致性（见表 5.2）。所有目标图片的汉语和英语名称均为单音节词（如汉语单词“猫”，英语单词“cat”）。

表 5.1　噪声掩蔽实验中正式使用的语言材料

汉语材料	拼音	英语材料	音标
叉	chā	fork	/fɔːk/
梨	lí	pear	/peə/
猫	māo	cat	/kæt/
门	mén	door	/dɔː/
球	qiú	ball	/bɔːl/
蛇	shé	snake	/sneɪk/
手	shǒu	hand	/hænd/
书	shū	book	/bʊk/
树	shù	tree	/triː/
腿	tuǐ	leg	/leg/
鞋	xié	shoe	/ʃuː/
鸭	yā	duck	/dʌk/
眼	yǎn	eye	/aɪ/
月	yuè	moon	/muːn/
云	yún	cloud	/klaʊd/

表 5.2　实验图片和语言材料特征指标的全距与平均值

范畴	指标	全距	平均值（标准差）
目标图片	视觉复杂度 (5 点量表)[a]	1.08~3.67	2.32 (.95)
	熟悉性 (5 点量表)[a]	3.45~4.97	4.61 (.63)
	表象一致性 (5 点量表)[a]	2.69~4.17	3.57 (1.24)
汉语目标词	命名一致性 (*H*)[a]	.00~1.67	.80 (.47)
	命名一致性 (%)[a]	50~100	77.33 (19.15)

续表

范畴	指标	全距	平均值（标准差）
英语目标词	命名一致性 (H)[b]	.00~1.68	.33 (.46)
	命名一致性 (%)[b]	62~100	93.87 (9.75)

a 目标图片的视觉复杂度、熟悉性和表象一致性数据来自标准化图片库（张清芳，杨玉芳，2003a），其中 5 点量表中的 1 代表非常简单、非常不熟悉或非常不一致。汉语目标词的命名一致性数据也来自该汉语图片库。命名一致性的两个指标包括 H 值和被试给出相同的最常见名称的百分比，其中 H 值为 0 或百分比为 100% 的时候代表完美的命名一致性。

b 英语目标词的命名一致性数据来自标准化图片库（Snodgrass & Vanderwart, 1980）。命名一致性的两个指标包括 H 值和被试给出相同的最常见名称的百分比，其中 H 值为 0 或百分比为 100% 的时候代表完美的命名一致性。

早期研究者关注了不同类型的噪声对言语产生的影响，包括宽频带噪声、交通噪声、白噪声[1]、粉红噪声[2]和多人谈话噪声等，其中多人谈话噪声比其他类型的噪声更具备破坏语音感知的能力（Patel & Schell, 2008; Trujillo et al., 2021）。因此，实验 1 采用 90 dB 的多人谈话噪声以尽可能地完全掩蔽被试的听觉反馈。

实验 2 的图片材料与实验 1 相同。前期研究表明，噪声水平会影响朗姆巴德效应的幅度。例如，Patel 和 Schell（2008）操纵了噪声条件（即安静、60 dB 和 90 dB 的多人谈话噪声），研究者观察到，90 dB 的背景噪声比 60 dB 的噪声导致了更大幅度的朗姆巴德效应。按照 Patel 和 Schell（2008）的实验操纵，实验 2 也包括了 60 dB 噪声并增加了 30 dB 噪声，以此进一步考察噪声水平的比例变化如何影响语音音强的运动调整。为了与实验 1 中 90 dB 的掩蔽噪声区分开来，实验 2 将 60 dB 的多人谈话噪声称为强噪声，将 30 dB 的多人谈话噪声称为弱噪声。

实验 1 的实验设计包括语言（一语、二语）和噪声条件（安静、掩蔽噪声）两个自变量，均为被试内因素。在一个实验区组内，被试在一种实验条件下连续命名 15 幅目标图片，共计 15 个试次。实验区组（一语安静条件、一语掩蔽噪声条件、二语安静条件、二语掩蔽噪声条件）的呈现顺序是完全随机的。被试在每种实验条件下需要完成 3 个区组，实验 1 共计 180 个试次。实验 1 的项目以伪随机[3]顺序呈现，以避免潜在的语音促进效应[4]，其中一语区组内具有相同音节的单词不会连续出现（如“书”/shu1/，“数”/shu4/），二语区组内具有相同首音素的单词也不会连续出现（如“ball”“book”）。

[1] 白噪声（white noise）是一种连续单调的声音，其功率谱密度在整个频域内均匀分布。

[2] 粉红噪声（pink noise）是自然界最常见的噪声，其功率谱密度主要分布在中低频段。

[3] 伪随机（pseudo-randomize）中的“伪”是“有规律”的意思，心理语言学实验中伪随机顺序指实验材料的呈现既是随机的也是有规律的。本研究遵守的规律是一语区组内具有相同音节的单词不会连续出现，二语区组内具有相同首音素的单词也不会连续出现。

[4] 语音促进效应（phonological facilitation effect）是指“在图画－词汇干扰实验范式中，要求被试在看到图画和干扰字时，忽略干扰字，尽可能准确和迅速地说出图画的名称。当干扰字与图画名称之间存在音素相关时，比如图画名称为“dog”，干扰字为“door”，与无关干扰字相比，语音相关干扰字显著地缩短了图画命名的时间”（杨群，张清芳，2015）。

实验 2 的实验设计包括语言（一语、二语）和噪声条件（安静、弱噪声、强噪声）两个自变量，均为被试内因素。在一个实验区组内，被试在一种实验条件下连续命名 15 幅目标图片，共计 15 个试次。实验区组（一语安静条件、一语弱噪声条件、一语强噪声条件、二语安静条件、二语弱噪声条件、二语强噪声条件）的呈现顺序是完全随机的。被试在每种实验条件下需要完成 3 个区组，实验 2 共计 270 个试次。每位被试以及每个实验区组都生成新的试次顺序以避免系统误差。

5.2.3 设备和程序

实验 1 和实验 2 在完全隔音的实验室中进行，由 E-prime 心理学专业软件[1]编写实验程序。被试出声命名目标图片名称，设置麦克风接收语音信号，通过 PST-SRBOX 反应盒记录反应时。多人谈话噪声由音响测定器（SMART SENSOR AS804）校准，并通过头戴式耳机（Bose QuietComfort 35 II）播放至被试耳中。使用外接的电容式麦克风（SHURE SM58S）和声卡（YAMAHA Steinberg CI1）收集和记录被试的语音信号。麦克风固定在桌面的话筒架上，距离被试的口部 10 厘米。被试图片命名产生的目标词语音被保存成单独的音频文件（WAV 格式）。实验人员使用 Praat 语音分析软件[2]（6.0.43 版本；Boersma & Weenink, 2013）分析记录的语音信号。实验人员手动标记出所有单词的音节边界（即起始点和结束点），且手动检查发声周期错误，比如遗漏或重复标记等。

被试端坐在距离电脑屏幕 70 厘米处进行实验。首先，正式实验前电脑屏幕中央依次呈现目标图片及其汉语和英语名称，每幅图片呈现 2 s，要求被试熟悉图片并记住每张图片对应的名称。之后，被试分别接受一语和二语的图片命名测试，屏幕中央仅呈现目标图片，要求被试正确说出这些图片对应的一语和二语名称。当主试判定被试可以正确命名所有图片时，实验进入练习阶段。该阶段被试在每个实验条件下完成一个练习区组（包括 5 幅图片）。除图片的数量，练习区组和正式实验区组的流程完全一致。当主试判定被试可以理解任务的指导语后，实验进入正式流程。

每个实验区组分为三个步骤（见图 5.3）。第一，呈现国旗图片 2 s 以提示被试该区组需使用的目标语言（五星红旗使用一语汉语命名图片，星条旗使用二语英语命名图片）。在噪声区组中，国旗图片出现的同时耳机内开始播放噪声。在安静区

---

[1] E-prime 是卡耐基梅隆大学、匹兹堡大学和美国心理学软件工具公司联合开发的一套针对心理与行为实验的软件，该软件集实验程序设计、行为反应收集、实验数据分析等功能于一体，是前沿研究技术（如 ERP、fMRI、眼动等）标配的实验运行软件，被广泛应用于心理行为研究和认知神经科学领域（Richard & Charbonneau, 2009）。E-prime 软件的操作指南详见其官网（https://pstnet.com/products/e-prime/）。

[2] Praat（原名 Praat: Doing Phonetics by Computer）是荷兰阿姆斯特丹大学 Paul Boersma 教授和 David Weenink 客座研究员研发的一款多功能语音学专业软件，主要功能是分析、标注、处理及合成数字化的语音信号等（详见其官网 https://www.fon.hum.uva.nl/praat/）。Praat 软件被广泛应用于语音相关的实验研究中（Winn, 2020; Chen, 2022; Ali et al., 2023），Grillo 和 Wolfberg（2023）的研究证实了不同版本的 Praat 软件在数据分析时结果一致性较高。

组中，耳机内不播放任何噪声。第二，屏幕中央呈现“+”注视点 0.5 s 和空白屏幕 0.5 s。之后，15 幅目标图片依次呈现，每幅图片呈现时间为固定的 2 s，被试需要在规定时间内既快又准地命名图片。在噪声区组中，当被试完成 15 幅图片的命名后，耳机内停止播放噪声信号。第三，10 s 休息时间结束每个区组。

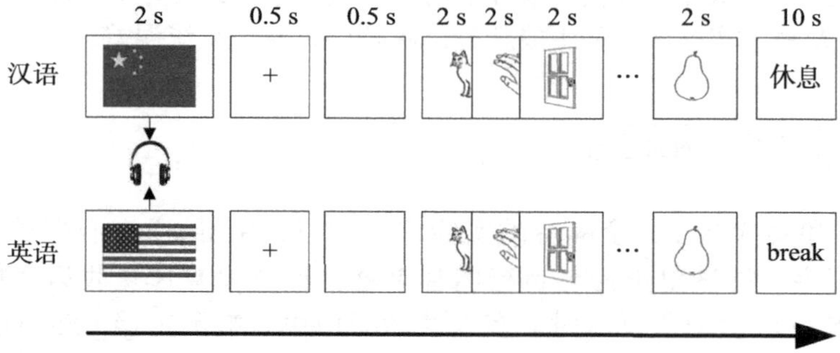

图 5.3　一个实验区组流程的示意图

（引自 Cai et al., 2020b）。

5.2.4 二语流利度测试

本研究纳入了两项英语口语任务测量被试的二语流利度。已有研究经常通过测量时间特征（如语速、犹豫的持续时间、比率和无声停顿等）考察二语流利度（Kormos, 2006; Segalowitz, 2010; Hilton, 2014）。本研究使用语速指标测量被试的二语流利度，这里语速指被试完成英语口语任务所需的时间，时间越短表明二语流利度越高。首先，被试完成快速命名任务，具体包括字母、图片、颜色和数字快速命名。每项子任务都在屏幕中央呈现一个 7 × 7 的网格，4 个字母（“g”“k”“m”“r”）、4 幅物体图片（分别描画“狗”“椅”“床”“树”）、4 种颜色色块（“红”“蓝”“黄”“绿”）或 4 个数字（“2”“4”“6”“9”）随机分布在每个网格中。被试按照从网格左上方到右下方的顺序，使用最快的速度命名每一个项目。上述 4 项子任务的顺序在被试间进行平衡。最终的快速命名时间是被试完成字母、图片、颜色以及数字网格命名任务所需时间的平均值。其次，被试完成语篇朗读任务，具体包括 4 篇摘自《新概念英语》[1] 第二册的短文。要求被试使用正常语速流利地朗读短文。最终的语篇朗读时间是被试完成 4 篇短文朗读任务所需时间的平均值。

[1]《新概念英语》（*New Concept English*）由英国著名英语教育家亚历山大（L.G. Alexander）主编，是一套闻名全球的英语教程，1997 年由外语教学与研究出版社引进国内，并配了中文译文。该教程分为四册，各有侧重，其目标是系统地训练学习者基础的英语听、说、读、写能力。第二册《实践与进步》（*Practice and Progress*）重点强调基础语法的掌握，并以朗朗上口的短文将语法内容融入其中，使学习者在趣味横生的小故事中掌握基本的语言规则。

5.3 研究结果

本研究将22名被试的数据纳入后续统计分析，有2名被试的数据异常并排除使用，其中一名被试因无法忍受音强过高的掩蔽噪声退出了实验，另一名被试因安静和掩蔽噪声条件下的音强值位于组平均值的两个标准差以外而被排除（相同的数据排除标准请参见 Lametti et al., 2014）。研究人员分别整理了实验1（见表5.3）和实验2（见表5.4）中被试在不同实验条件下图片命名的反应时（ms）、错误率（%）和平均音强（dB）的描述性统计结果[1]。

表5.3　实验1中被试在不同实验条件下图片命名的反应时（ms）、错误率（%）和平均音强（dB）的描述性统计结果

	一语			二语		
	反应时（*SD*）	错误率（*SD*）	平均音强（*SD*）	反应时（*SD*）	错误率（*SD*）	平均音强（*SD*）
安静	688 (114)	.51 (.83)	48.50 (4.16)	706 (96)	.40 (.86)	48.46 (4.42)
掩蔽噪声	635 (97)	.91 (1.09)	58.80 (3.77)	661 (80)	1.41 (1.07)	58.13 (3.93)

表5.4　实验2中被试在不同实验条件下图片命名的反应时（ms）、错误率（%）和平均音强（dB）的描述性统计结果

	一语			二语		
	反应时（*SD*）	错误率（*SD*）	平均音强（*SD*）	反应时（*SD*）	错误率（*SD*）	平均音强（*SD*）
安静	673 (98)	.51 (.93)	48.90 (3.85)	703 (63)	.71 (1.04)	48.77 (4.13)
弱噪声	627 (92)	.40 (.86)	54.87 (3.97)	655 (63)	1.11 (1.30)	55.24 (3.70)
强噪声	634 (70)	.91 (1.09)	56.07 (4.32)	656 (66)	1.62 (1.20)	57.33 (3.74)

5.3.1 反应时和错误率分析

实验1和实验2使用R软件（R Core Team, 2015）中lme4包的*lmer*程序来评估固定效应和随机效应的显著性（Bates, 2005; Baayen et al., 2008; Bates et al., 2014）。使用线性混合效应模型[2]（liner mixed-effects model, LMM）分析反应时、错误率以及平均音强的数据，模型以语言和噪声条件作为自变量，并同时考虑被试和项目

[1] 实验1和实验2使用的是相同的22名被试的数据，以此来降低个体差异对实验结果的影响。

[2] 线性混合效应模型（liner mixed-effects model, LMM）是一类用于描述随机变量如何受多个因素影响的统计模型。LMM克服了传统方差分析混淆了实验效应和随机效应的不足，不仅可避免所有刺激求均值导致的信息损失，也可灵活考虑不同原因（如刺激随机抽样、被试嵌套结构等）造成的随机效应，目前被广泛应用于心理学实验当中（Barr et al.，2013；刘玥等，2024）。

的随机效应。模型拟合数据时采用限制性最大似然估计（restricted estimation maximum likelihood, REML），该估计可以查找对观测数据实现最优拟合模型[1]的参数。

实验 1 行为数据统计分析前，首先删除错误反应试次（.81%），然后删除反应时小于 200 ms 或大于 1 500 ms 的极端试次（2.25%），最后删除反应时超过每位被试平均值正负 2 个标准差以外的试次（6.14%）。研究人员整理了实验 1 中图片命名的反应时（ms）、错误率（%）和平均音强（dB）最优拟合模型的参数估计结果（见表 5.5）。反应时的最优拟合模型仅包括语言和噪声条件的主效应，增加两者的交互作用未能显著地提高模型拟合度（$\chi 2$（1, 3596）=1.15, p=.28）。采用两项分布的方法分析错误率，最优拟合模型仅包括噪声条件主效应，增加语言的主效应未能显著地提高模型拟合度（$\chi 2$（1, 3928）=.51, p=.48），增加语言和噪声条件的交互作用也未能显著地提高模型拟合度（$\chi 2$（1, 3928）=1.22, p=.54）[2]。

实验 2 行为数据统计分析前，首先删除错误反应试次（.88%），然后删除反应时小于 200 ms 或大于 1 500 ms 的极端试次（2.19%），最后删除反应时超过每位被试平均值正负 2 个标准差以外的试次（5.49%）。研究人员整理了实验 2 中图片命名的反应时（ms）、错误率（%）和平均音强（dB）最优拟合模型的参数估计结果（见表 5.6）。反应时的最优拟合模型仅包括语言和噪声条件的主效应，增加两者的交互作用未能显著地提高模型拟合度（$\chi 2$（2, 5432）=2.93, p=.23）。错误率的最优拟合模型仅包括语言主效应，增加噪声条件的主效应未能显著地提高模型拟合度（$\chi 2$（2, 5888）=5.21, p=.07），增加语言和噪声条件的交互作用也未能显著地提高模型拟合度（$\chi 2$（2, 5888）=5.93, p=.20）[3]。

表 5.5　实验 1 中图片命名的反应时（ms）、错误率（%）和平均音强（dB）最优拟合模型的参数估计结果

固定效应	测量											
	反应时				错误率				平均音强			
	β	SE	t	p	β	SE	z	p	β	SE	t	p
截距	687.76	21.90	31.36	<.001	5.39	.33	16.13	<.001	48.55	.85	57.23	<.001
语言 2	22.59	3.46	6.54	<.001	—	—	—	—	—	—	—	—
噪声 2	−49.19	3.46	−14.23	<.001	−.95	.39	−2.40	.02	102.93	3.31	31.10	<.001

[1] 最优拟合模型（best-fitting model）定义为最复杂的模型，该模型比之前的模型显著地改善方差估计结果。模型拟合包括三个步骤。第一，指定一个只包含随机因素（被试和项目）的零模型。第二，增加固定因子丰富零模型，在已有模型的基础上，逐步增加两个自变量及其交互作用。第三，使用卡方检验（$\chi 2$）比较新建立的模型与前一模型对数据的拟合程度。当增加一个自变量及两个变量之间的交互作用不能显著地改善模型拟合度时（$p > .05$），表明它们不能对因变量产生显著的影响，因此在增加固定因素或交互作用之前的模型为最优拟合模型。

[2] 实验 1 中反应时和错误率的分析均发现，语言和噪声条件的交互作用不显著，这表明噪声对发声前认知加工的影响在一语和二语之间没有差异。

[3] 实验 2 中反应时和错误率的分析验证了实验 1 中的结果，即语言和噪声条件的交互作用不显著，这表明噪声对发声前认知加工的影响在一语和二语之间没有差异。

续表

固定效应	测量											
	反应时				错误率				平均音强			
	β	SE	t	p	β	SE	z	p	β	SE	t	p
语言 2：噪声 2	—	—	—	—	—	—	—	—	−.52	.14	−3.71	<.001

注：语言 2，二语；噪声 2，掩蔽噪声。

表 5.6　实验 2 中图片命名的反应时（ms）、错误率（%）和平均音强（dB）最优拟合模型的参数估计结果

固定效应	测量											
	反应时				错误率				平均音强			
	β	SE	t	p	β	SE	z	p	β	SE	t	p
截距	673.34	18.12	37.17	<.001	5.20	.28	18.82	<.001	48.98	.85	57.32	<.001
语言 2	28.85	2.77	10.42	<.001	−.64	.29	−2.22	.03	−.18	.12	−1.41	.16
噪声 2	−46.49	3.40	−13.68	<.001	—	—	—	—	5.95	.13	47.56	<.001
噪声 3	−41.98	3.41	−12.31	<.001	—	—	—	—	7.12	.12	57.09	<.001
语言 2：噪声 2	—	—	—	—	—	—	—	—	.46	.18	2.58	.01
语言 2：噪声 3	—	—	—	—	—	—	—	—	1.39	.18	7.88	<.001

注：语言 2，二语；噪声 2，弱噪声；噪声 3，强噪声。

5.3.2 平均音强分析

实验 1 声学数据统计分析前仅删除了错误反应试次（.81%）。平均音强的最优拟合模型包括噪声条件主效应以及语言和噪声条件的交互作用。增加语言的主效应未能显著地提高模型拟合度（$\chi2$（1, 3928）=2.53, p=.11）。简单效应分析表明，在一语（β=10.05, t=83.10, p<.001）和二语（β=9.94, t=73.25, p<.001）图片命名任务中，掩蔽噪声条件均比安静条件下的平均音强显著更高，但一语任务中的音强增幅大于二语任务（见图 5.4A）[1]。另一个方向的简单效应分析表明，安静条件下一语和二语

[1] 就目前文献检索而言，实验 1 是首次使用掩蔽噪声直接比较汉英双语者前馈控制权重的跨语言研究。90 dB 的多人谈话噪声几乎排除了讲话者感知到的听觉反馈，因而基于反馈的运动修正机制几乎无法发挥作用，此时预测性的前馈控制占据言语运动控制的主导作用。研究人员观察到，相比二语产生，一语产生时由掩蔽噪声诱发的朗姆巴德效应幅度更大，支持了实验假设，即晚期双语者的前馈控制受到语言的影响，相比二语产生，晚期双语者一语产生时前馈控制系统的权重更高。

任务中的平均音强无显著性差异（β=–.13, t=–1.06, p=.29），但掩蔽噪声条件下一语比二语任务的平均音强显著更高（β=–.52, t=–4.51, p<.001; 见图 5.4B）。

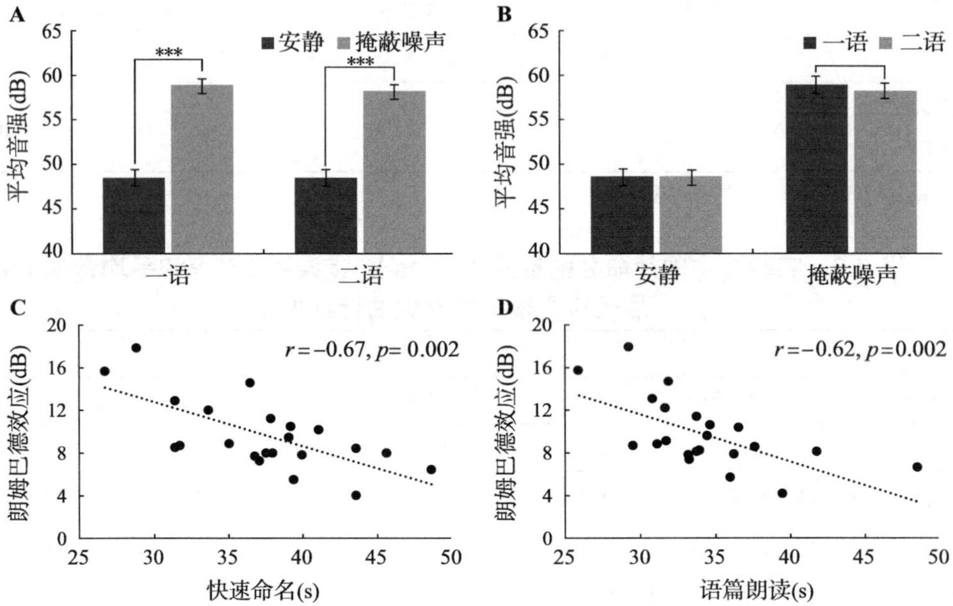

图 5.4　实验 1 音强及其相关分析的结果

（引自 Cai et al., 2020b）。（A）不同噪声条件下一语和二语图片命名平均音强的柱形图。（B）不同语言下安静和掩蔽噪声条件下平均音强的柱形图。（C）快速命名时长与朗姆巴德效应相关性的散点图。（D）语篇朗读时长与朗姆巴德效应相关性的散点图。实验 1 中朗姆巴德效应定义为二语掩蔽噪声和二语安静条件下平均音强的差值。

实验 2 声学数据统计分析前仅删除了错误反应试次（.88%）。平均音强的最优拟合模型包括语言和噪声条件主效应以及两者的交互作用。简单效应分析表明，在一语和二语图片命名任务中，弱噪声（一语：β=5.95, t=52.29, p<.001; 二语：β=6.40, t=53.46, p<.001）和强噪声（一语：β=6.40, t=53.46, p<.001; 二语：β=6.40, t=53.46, p<.001）条件均比安静条件下的平均音强显著更高，但二语任务中的音强增幅大于一语任务（见图 5.5A）[1]。另一个方向的简单效应分析表明，安静条件下一语和二语任务中的平均音强无显著性差异（β=–.15, t=–1.24, p=.22）[2]，但弱噪声（β=.27, t=2.24, p=.03）和强噪声（β=1.18, t=10.64, p<.001）条件下二语比一语任务的平均音

[1] 实验 2 通过将多人谈话噪声的水平从 90 dB 调整为 60 dB 和 30 dB，听觉反馈可参与运动控制，此时反馈控制占据言语运动控制的主导作用。研究人员观察到，相比一语产生，二语产生时由弱噪声和强噪声诱发的朗姆巴德效应幅度更大，支持了实验假设，即晚期双语者的反馈控制受到语言的影响，相比一语产生，晚期双语者二语产生时反馈控制系统的权重更高。

[2] 在实验 1 和实验 2 中，汉英双语者安静条件下的平均音强在一语和二语图片命名任务间均无显著性差异。上述有关语音音强的跨语言相似性特征对于本研究在两种不同语言间进行一语和二语对比具有重要意义。由此，研究人员可认为，实验观察到的跨语言音强变化确实是由一语和二语的实验操纵引发的，并非不同语言自身的差异。

强显著更高（见图 5.5B）[1]。

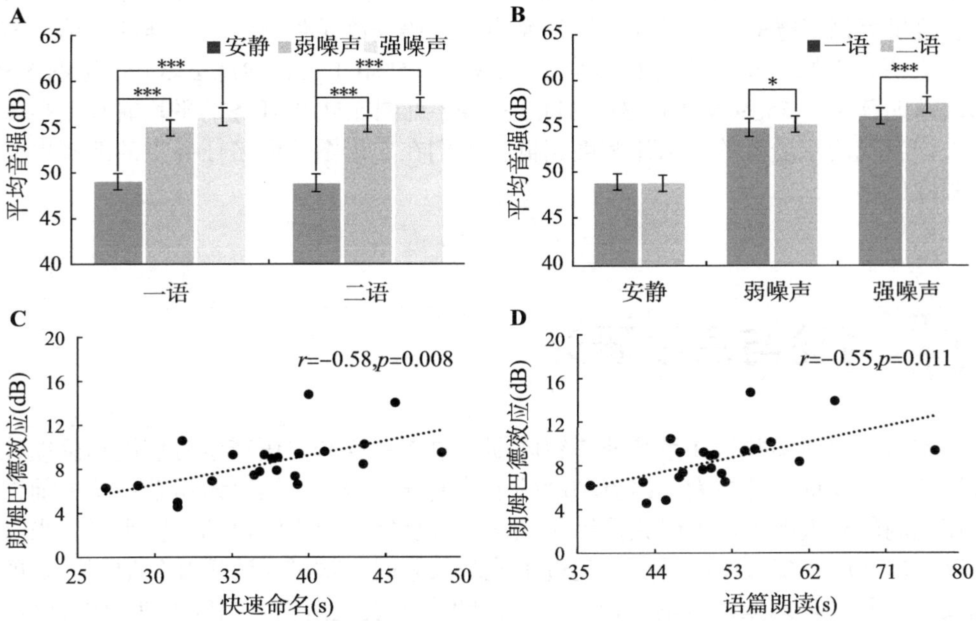

图 5.5　实验 2 音强及其相关分析的结果

（引自 Cai et al., 2020b）。（A）不同噪声条件下一语和二语图片命名平均音强的柱形图。（B）不同语言下安静、弱噪声和强噪声条件平均音强的柱形图。（C）快速命名时长与朗姆巴德效应相关性的散点图。（D）语篇朗读时长与朗姆巴德效应相关性的散点图。实验 2 中朗姆巴德效应定义为二语强噪声和二语安静条件下平均音强的差值。

5.3.3 二语流利度与朗姆巴德效应的相关分析

为了验证被试更高的二语流利度是否与其较高的前馈控制权重有关，实验 1 考察了二语图片命名任务的朗姆巴德效应与二语快速命名和语篇朗读时长的相关关系。最终 22 名被试的数据纳入了皮尔逊相关分析。这里朗姆巴德效应定义为二语掩蔽噪声和二语安静条件下平均音强的差值。此外，二语流利度通过两项英语口语任务测量，并分别定义为被试完成快速命名和语篇朗读任务所需的平均时长。相关分析表明，朗姆巴德效应与快速命名（r=−.67, 95% CI [−.36, −.83], p=.002; 见图 5.4C）和语篇朗读（r=−.62, 95% CI [−.42, −.80], p=.002; 见图 5.4D）任务的平均时长呈显著负相关，当晚期双语者的二语流利度越高，他们在二语图片命名任务中的朗姆巴德效应幅度也越大[2]。

[1] 研究人员使用了 30 dB 和 60 dB 的白噪声重复了实验 2，结果模式也与实验 2 相同，证实了该实验结果模式的稳健性。

[2] 实验 1 相关分析的结果支持了实验假设，即晚期双语者二语产生时的前馈控制与其二语流利度有关，具体来说，与较不流利的双语者相比，流利的双语者前馈控制系统的权重更高。

为了验证被试较低的二语流利度是否与其较高的反馈控制权重有关，实验 2 考察了二语图片命名任务的朗姆巴德效应与二语快速命名和语篇朗读时长的相关关系。这里朗姆巴德效应定义为二语强噪声和二语安静条件下平均音强的差值。相关分析表明，朗姆巴德效应与快速命名（r=.58, 95% CI [.30, .81], p=.005; 见图 5.5C）和语篇朗读（r=.55, 95% CI [.31, .81], p=.009; 见图 5.5D）任务的平均时长呈显著正相关，当晚期双语者的二语流利度越低，他们在二语图片命名任务中的朗姆巴德效应幅度也越大 [1]。

5.4 讨论与后续研究

本研究两项实验旨在系统地考察晚期双语者一语和二语产生时前馈和反馈控制系统的相对权重，并探索二语流利度的个体差异是否与二语言语运动系统中前馈和反馈控制的权重有关。本研究操纵了被试听觉反馈中混入噪声的强度水平，当噪声强度（即 90 dB 多人谈话噪声）超过了掩蔽阈限时，被试无法感知到他们原始的听觉反馈，此时晚期双语者的一语产生比二语产生表现出更大幅度的朗姆巴德效应。并且随着被试二语流利度的提升，其二语图片命名任务中观察到的朗姆巴德效应也在逐渐增大。相比之下，当噪声强度（30 dB 或 60 dB 的多人谈话噪声）未达到掩蔽阈限但降低了语音可听度时，此时晚期双语者的二语产生比一语产生表现出更大幅度的朗姆巴德效应。并且随着被试二语流利度下降，其二语图片命名任务中观察到的朗姆巴德效应也在逐渐增大。总体的实验结果表明，与一语相比，二语产生对前馈控制系统的依赖程度较低，对反馈控制系统的依赖程度较高。相关分析也提供了初步的证据，即晚期双语者的二语流利度与前馈和听觉反馈控制的相对权重有关，二语流利度越高，前馈控制的权重越高，听觉反馈控制的权重越低。

5.4.1 一语和二语的前馈控制系统权重

实验 1 使用掩蔽噪声考察了前馈控制机制，并首次观察到晚期双语者的一语产生比二语产生表现出更大幅度的朗姆巴德效应，这反映了晚期双语者一语比其二语更多地依赖前馈控制系统。前期有研究提供了神经影像学证据，表明人们在产生母语语音或新异语音时前馈控制方面存在差异（Moser et al., 2009）。根据 DIVA 模型，左侧额下回和前脑岛是参与前馈控制的重要脑区，这些脑区损伤会导致发音运动障碍（Guenther, 2016; Kearney & Guenther, 2019）。在 Moser 等人（2009）的研究中，

[1] 实验 2 相关分析的结果支持了实验假设，即晚期双语者二语产生时的反馈控制与其二语流利度有关，具体来说，与流利的双语者相比，较不流利的双语者反馈控制系统的权重更高。

30 名正常成人被试完成了两种三音节的非词产生任务（即英语母语音节和非英语新异音节）。结果发现，与母语语音产生相比，新异语音产生将在更广泛的脑网络中导致相应脑区（包括左侧额下回和前脑岛）的激活程度更高。Moser 等人（2009）推测，言语运动网络中脑活动的增加可能直接反映了被试对目标语音运动指令不熟悉，即前馈控制层面上的差异。尽管二语词汇并非新异语音，但对于晚期双语者来说，二语语音并不像一语语音那样熟悉，这一点可由一语和二语图片命名反应时的差异推知。鉴于上述熟悉性差异，实验 1 的发现易于理解，即晚期双语者的一语和二语产生在前馈控制层面上存在差异，但实验 1 作为行为研究暂无法解释前馈控制的神经机制。

对于晚期双语者来说，一语是高度习得的一门语言。前馈运动指令中存储了可指导发音器官移动并实现发音目标的详细参数，人们可毫不费力地从心理音节表[1]中直接读取前馈运动指令（Civier et al., 2010; Kröger et al., 2022）。晚期双语者已经建立了有关一语语音精确的听觉和运动双向映射关系，即不仅可根据运动指令的传出副本以及环境的影响提前预期听觉反馈的结果，还可根据理想的听觉结果发放相应的运动指令（Hickok, 2012, 2022）。通过准确评估掩蔽噪声的水平，被试可更大幅度地调整其一语产生时的语音音强，以使自己的声音能够被听到。然而，由于习得年龄、语言接触和日常使用等多种因素，晚期双语者二语语音的复述练习相比之下要少得多，他们不太可能在心理音节表中存储与其一语对应词同等准确的二语语音的长期表征（Abutalebi et al., 2001; Parker Jones et al., 2012; Peñaloza et al., 2019）。因此，当晚期双语者响应掩蔽噪声时，二语产生表现出更小幅度的音强调整，以此来弥补听觉反馈的缺失。

现有理论框架认为，前馈控制通过避免额外的感觉反馈加工来实现言语产生的快速性（Perkell, 2012; Guenther, 2016）。因此，实验 1 可将言语流利度与前馈控制的相对权重建立合理的联系。大量病人研究也发现，与前馈控制相关的脑损伤将导致严重的言语运动障碍（Kearney & Guenther, 2019; Terband et al., 2020; Abur et al., 2021）。实验 1 发现了二语流利度与二语产生任务中的朗姆巴德效应呈负相关，这表明更流利的二语讲话者也具备更优越的前馈控制能力。晚期双语者中观察到的这一发现为流利度相关假设提供了额外的证据。母语言语运动控制模型认为，随着语言习得过程的推进，前馈控制的权重逐渐提高（Tourville & Guenther, 2011）。近期的研究结果强调，二语流利度是二语熟练度可靠的预测指标（Tavakoli et al., 2020; Mostafa et al., 2021），实验 1 从侧面表明，随着二语学习过程的推进，前馈控制的权重也逐渐提高。虽然在前馈控制的权重方面二语产生不如一语，但实验结果仍较为乐观，随着晚期双语者的二语熟练度提高，其言语运动控制能力也在不断发展，即从反馈控制占主导逐渐过渡到前馈控制占主导的模式。这意味着晚期双语者的二

[1] 心理音节表（mental syllabary）是“一个音节存储库，包括抽象的音韵音节和语境相关的语音音节，后者指音节的发音运动程序。在语音编码阶段，音韵音节作为心理音节表的输入信号，映射到其中存储的发音运动程序，激活的发音运动程序将会从心理音节表中输出，进一步传输到发音系统以完成发音”（潘家冰，张清芳，2023）。

语产生仍有可能发展到母语般水平（de la Hidalga et al., 2021; Fromont, 2023）。

5.4.2 一语和二语的听觉反馈控制系统权重

实验 2 在弱噪声和强噪声条件下考察了晚期双语者的听觉反馈控制。与实验 1 相反，实验 2 观察到晚期双语者的二语产生比一语产生表现出更大幅度的朗姆巴德效应，并且该效应在强噪声条件下比在弱噪声条件下更为明显，上述对比性发现值得研究者深思其发生原因。实验 1 和实验 2 都引入了干扰被试听觉反馈感知的噪声，但两者唯一的显著性区别在于实验 2 中的弱噪声（30 dB）和强噪声（60 dB）强度都不足以完全掩蔽被试的听觉反馈，而实验 1 中的掩蔽噪声（90 dB）可达到充分的掩蔽效果。因此，弱噪声和强噪声与掩蔽噪声在噪声水平上的差异既是定量的，也是定性的[1]。实验 2 中的强噪声比弱噪声在更大程度上降低了语音可听度，但两个不同水平的噪声导致了相同的结果模式，仅在朗姆巴德效应幅度上存在差异。因此，弱噪声与强噪声在噪声水平上的差异仅是定量的，而非定性的。本研究证实，二语产生比一语产生更多地依赖听觉反馈控制系统。

上述发现（即语言特异性的反馈控制机制）为 Mackay（1970）一项早期研究提供了明确的支持证据。该研究采用延时的听觉反馈技术破坏被试言语产生的流畅性，德英双语者和英德双语者二语产生时这种人为诱发的言语不流畅现象均更严重。这一发现表明，双语者加工紊乱听觉反馈的能力与语言自身（德语或英语）无关，而与语言性质（一语或二语）有关。为了验证上述观点，未来的研究可以同时在英汉双语者和汉英双语者中考察噪声对一语和二语听觉反馈控制过程的影响。

此外，Simmonds 等人（2011a）也提供了神经影像学证据，表明一语和二语产生在听觉反馈控制方面存在差异。根据 DIVA 模型，听觉和体觉联合皮层是参与反馈控制的重要脑区（Guenther, 2016; Kearney & Guenther, 2019）。在被试言语产生过程中施加听觉扰动会导致相应脑区神经活动增加（Toyomura et al., 2007; Tourville et al., 2008; Zheng et al., 2010; Floegel et al., 2020）。Simmonds 等人（2011a）要求双语被试分别用一语和二语完成命题性句子产生任务，结果发现，二语句子产生任务比一语任务在颞顶皮层的激活程度更高。研究者推测，颞顶皮层脑活动增加可能反映了被试在二语产生过程中监测听觉反馈偏差的认知负荷更重。鉴于上述反馈控制差异，实验 2 的发现易于理解，即晚期双语者的一语和二语产生在听觉反馈控制层面上存在差异，但实验 2 作为行为研究也暂无法解释听觉反馈控制的神经机制。

前期研究表明，言语产生对听觉反馈控制系统的依赖本质上是动态变化的，伴随着儿童语言习得的过程从严重依赖逐渐发展到较少依赖（Civier et al., 2010; Scheerer et al., 2013a, 2013b; Coughler et al., 2022）。上述过渡过程受到练习次数或语言经验的调控（Guenther, 2016）。母语者在语言习得过程中大脑已经内化了语音

[1] 本研究中所有被试均通过了噪声情境下听觉反馈感知的筛选测试，具体来说，在图片命名过程中，被试报告他们可以在 30 dB 和 60 dB 的噪声条件下听到自己的声音，但在 90 dB 噪声条件下听不到自己的声音。

运动指令和听觉目标表征之间的映射关系，因而实际的听觉反馈提供的额外信息则变得冗余。然而，对于二语学习者而言，语音运动指令和相应感觉结果的映射关系并不可靠，这一观点可由二语产生时变异性较大的证据推知（Wang & van Heuven, 2006; Ng et al., 2008; Xie & Jaeger, 2020; Zhang et al., 2021）。因此，二语学习者仍需要听觉反馈来重新调整和强化二语语音的感觉运动表征。越来越多的证据表明，二语语音输出需要更细致的听觉监测，以此避免发音错误（Parker Jones et al., 2012; Cai et al., 2020a; Nozari, 2021）。总体而言，听觉反馈控制系统在二语言语运动控制过程中发挥着重要的作用。

过度依赖反馈控制可能会导致言语不流畅问题，基于反馈的运动控制在监测以及修正错误方面相对而言较为缓慢（Perkell, 2012; Parrell et al., 2019）。因此，实验 2 可将言语流利度与反馈控制的相对权重建立合理的联系。Civier 等人（2010）发现，口吃患者受到听觉反馈控制权重过高的不利影响，导致他们触发言语重复的可能性更高，相应地表现出更多的口吃现象（Bradshaw et al., 2021; Farazi et al., 2022; Bernstein Ratner & Brundage, 2024）。实验 2 发现了二语流利度与二语产生任务中的朗姆巴德效应呈正相关，这表明不太流利的二语讲话者更加依赖听觉反馈控制系统。本研究在同一组双语被试中证实，二语言语运动控制效率的提高与反馈控制权重降低以及前馈控制权重提高有关，实验 1 和实验 2 的结果互为彼此重要的补充。大量文献表明，随着语言习得过程的推进，反馈控制的权重逐渐降低（Liu et al., 2010c; Tourville & Guenther, 2011; Scheerer et al., 2013a, 2013b; Coughler et al., 2022）。考虑到二语流利度与二语熟练度的关系，本研究也从侧面表明，随着二语学习过程的推进，听觉反馈控制发挥的作用逐渐降低。这一发现再次提示，晚期双语者一语和二语产生的差异并不总是持久的，二语言语运动控制仍有可能达到母语般高效的水平。

本章小结

本章的主要目的是考察晚期双语者一语和二语产生时前馈和听觉反馈控制系统的相对权重是否存在差异。本研究给汉英双语者听觉呈现多人谈话噪声，并要求被试分别用一语和二语完成图片命名任务。实验 1 对比了晚期双语者响应 90 dB 掩蔽噪声时的音强调整，以此来考察一语和二语前馈控制相对权重的差异。实验 2 对比了晚期双语者响应 30 dB 弱噪声和 60 dB 强噪声时的音强调整，以此来考察一语和二语听觉反馈控制相对权重的差异。实验结果表明，二语产生比一语产生较少地依赖前馈控制，具体表现为响应掩蔽噪声时朗姆巴德效应的幅度更小。相比之下，二语产生比一语产生更多地依赖听觉反馈控制，具体表现为响应弱噪声和强噪声时朗姆巴德效应的幅度更大。此外，本研究探索了二语流利度与二语产生时前馈和听觉反馈控制相对权重的潜在关系。实验结果表明，二语流利度越高，前馈控制的权重更高，而反馈控制的权重更低，前馈和反馈控制的相对权重随着二语学习进程推进而不断发展。

第六章

双语在线听觉反馈控制的认知机制——来自音强控制的证据

第五章利用噪声掩蔽范式初步探索了晚期双语者一语和二语产生时前馈和听觉反馈控制系统的相对权重问题，实验发现，二语产生比一语产生较少地依赖前馈控制系统，而更多地依赖听觉反馈控制系统。然而，在经典的噪声掩蔽范式中，噪声信号持续呈现，被试通常提高音强并在整个测试阶段保持相对稳定（Lane & Tranel, 1971）。研究者提出质疑，持续呈现的噪声信号无法剥离（自下而上的）基于听觉反馈的在线音强控制以及（自上而下的）自发性的前馈音强控制（Bauer et al., 2006）。因此，本研究创新性地调整了经典的噪声掩蔽范式，将持续呈现的长噪声替换成仅随机呈现的短噪声，通过观察被试响应随机短掩蔽噪声的运动调整可探索晚期双语者一语和二语产生时基于听觉反馈的在线音强机制。在第五章的研究基础上，第六章[1]将重点关注晚期双语者在线听觉反馈控制认知机制的三个研究问题。一是听觉扰动（即随机短掩蔽噪声）是否可诱发补偿性反应（即提高音强的运动调整），二是被试在线音强调整发生的时间进程如何，三是在线听觉反馈控制的权重与言语流利度的关系如何，以及上述三个问题在晚期双语者的一语和二语产生中是否具有差异。

6.1 研究背景

言语运动控制的理论模型认为，言语产生是通过前馈控制和反馈控制的协同

[1] Cai Xiao, Yin Yulong and Zhang Qingfang, “Online control of voice intensity in late bilinguals’ first and second language speech production: evidence from unexpected and brief noise masking,” *Journal of Speech, Language, and Hearing Research* 64, no. 5 (May 2021): 1471–1489.

合作完成的（Guenther, 2016; Kröger et al., 2022; Meier & Guenther, 2023; Arjmandi & Behroozmand, 2024）。前馈控制直接提取并发放预先存储的语音运动指令，而反馈控制监测语音输出的准确性，并在偶尔发生错误时负责计算修正性运动指令（Guenther, 2016）。前馈和反馈控制系统各有利弊，前馈控制由于不受感觉反馈的影响可确保言语产生的流畅性，但相应地也缺乏监测和修正言语错误的能力。相比之下，反馈控制确保了言语产生的准确性，但反馈信号由于传导速度缓慢并涉及复杂的加工，相应地也存在时滞问题（Perkell, 2012; Ishida et al., 2020）。由于流畅性和准确性都是讲话者有效交流的必要条件，因此，优化的言语运动系统应结合前馈和反馈控制（Parrell et al., 2019）。到目前为止，研究者们较多关注一语产生如何整合听觉反馈进行在线运动控制（Cai et al., 2010, 2011; Chang et al., 2013; Houde et al., 2019; Raharjo et al., 2021; Senthinathan et al., 2021; Frankford et al., 2022），仅少量研究在二语产生中关注这一问题（Ning et al., 2014, 2015）。通过观察被试响应随机短掩蔽噪声的音强调整，本研究旨在对比一语和二语产生时在线听觉反馈认知机制的差异。

6.1.1 一语和二语产生的听觉反馈控制

自 21 世纪以来，全球范围内双语者的人数激增，一些研究者意识到双语者一语和二语言语运动控制的机制可能不同（Mitsuya et al., 2011; Simmonds et al., 2011a, 2011b; Ning et al., 2014, 2015; Liu & Tian, 2018）。目前双语言语运动控制领域留下了许多悬而未决的问题需要进一步研究，其中之一便是语言性质（即一语或二语）是否会影响言语运动在多大程度上是预先计划的前馈活动还是在线修正的反馈活动。

DIVA 模型强调，在母语习得过程中，前馈和反馈控制系统的相对权重是动态变化的，即从反馈控制占主导逐渐过渡到前馈控制占主导（Guenther, 2016）。最初，婴儿仅通过听觉反馈学习说话，此时言语产生完全依赖听觉反馈控制系统。在语音习得过程中，前馈控制系统尚未发展完善，此时听觉反馈控制系统仍占主导作用。之后，前馈控制系统通过练习逐渐获得准确发放语音运动指令的能力。最终，前馈控制系统得到充分的调制和发展，并在成人言语产生中发挥主导作用。实证研究为 DIVA 模型的理论观点提供了支持性证据，随着语言学习经验的增加，儿童在言语产生时对听觉反馈控制的依赖性逐渐降低（Liu et al., 2010c; Scheerer et al., 2013a, 2013b; Coughler et al., 2022）。本研究关注的是晚期双语者，该群体两种语言的学习经验本质上存在巨大差异。早期双语者在幼儿期就同时习得一语和二语，而晚期双语者通常在青春期后才开始学习二语，此时其一语已经高度习得和发展（Simmonds et al., 2011b; Woumans et al., 2015; Liu & Tian, 2018）。鉴于上述语言学习经验的差异，本研究尝试提出这样的假设，晚期双语者的二语产生比一语产生更加依赖听觉反馈控制。

语言特异性的听觉反馈控制这一假设得到了言语准确性、流畅性和噪声掩蔽三方面证据的支持。首先，即使是成熟讲话者，听觉反馈控制也始终保持运行状态，以修正言语产生过程中意外出现的错误（Villacorta et al., 2007）。研究表明，二语产生比一语产生更容易发生错误（Kormos, 2006; Jared et al., 2013），二语产生的变异性也更大（Wang & van Heuven, 2006; Ng et al., 2008; Xie & Jaeger, 2020; Zhang et al., 2021）。其次，研究者提出假设，如果言语产生过度依赖听觉反馈，那么听觉错误监测以及后续的运动修正将导致言语不流畅现象（Perkell, 2012; Parrell et al., 2019）。大量证据也表明，晚期双语者的二语流利度远低于其一语（Wiese, 1984; van Hest, 1996; Hincks, 2008; Bergmann et al., 2015; de Jong, 2016）。此外，Cai 等人（2020b）的噪声掩蔽研究发现，当响应 30 dB 或 60 dB 的多人谈话噪声时，晚期双语者的二语产生比一语产生表现出更大幅度的音强提高。基于上述观察与分析，本研究尝试提出这样的假设，晚期双语者的二语产生比一语产生更加依赖听觉反馈控制。

一项脑成像研究发现，相比一语产生，晚期双语者二语产生时在颞平面和顶盖（即参与听觉反馈控制的脑区）的激活程度更高（Simmonds et al., 2011a）。然而，神经活动增加并不一定反映了更多听觉反馈控制的参与，相反它可能表明运行效率低下，即响应神经元对听觉反馈的敏感性较低（Eliades & Wang, 2008）。因此，Simmonds 等人（2011a）的实验结果无法验证上述假设，本研究将进一步直接对比晚期双语者一语和二语在线听觉反馈控制的作用机制。

语言能力本质上是多元性的，语言能力的主要维度包括复杂度、准确性和流利度等（Ellis, 2009; Hulstijn, 2012）。其中言语流利度指语言熟练度的时间层面，这与当前言语运动控制的目的密切相关。目前尚未完全解决的延伸问题是言语流利度与听觉反馈控制权重两者之间的关系。Cai 等人（2020b）提供了两者间关系的初步证据，即较高的二语流利度与二语产生时较低的听觉反馈控制权重有关。本研究将验证 Cai 等人（2020b）在二语产生中观察到的发现，并继续探索晚期双语者在一语产生中流利度与听觉反馈控制权重是否也存在相同的关系，以证明流利度与听觉反馈控制有关。

6.1.2 在线语音音强控制过程中听觉反馈的作用

言语产生和言语感知并不是独立的系统，言语感知可通过听觉反馈控制系统影响言语产生（Hickok et al., 2011; Perkell, 2012; Guenther, 2016; Kröger et al., 2022）。早期研究发现，在嘈杂的语言环境下，讲话者会无意识地提高语音音强，这种现象被称为朗姆巴德效应（Lombard, 1911; Lane & Tranel, 1971）。讲话者提高音强以弥补可听度降低，这种意图直接支持了人们在言语产生过程中有感知听觉反馈的需要。研究表明，听觉反馈中音高（Chang et al., 2013; Houde et al., 2019）、共振峰（Raharjo et al., 2021; Frankford et al., 2022）或音强（Heinks-Maldonado & Houde, 2005; Bauer et al., 2006; Hilger et al., 2019; Senthinathan et al., 2021）的意外扰动通常会导致相反方向的补偿性反应。例如，Senthinathan 等人（2021）发现，当扰动降低了听觉反馈中的音强，讲话者将提高自身的语音音强，反之亦然。这些补偿性反应支持了听觉反馈控制的功能是将语音输出稳定在理想水平。

在线听觉反馈控制的发生机制可由 SFC 模型解释（见图 6.1A）。但听觉反馈控制并不是唯一的反馈控制方式，体觉反馈也参与了反馈控制（Hickok et al., 2011; Houde & Nagarajan, 2011; Hickok, 2012, 2022）。当讲话者拟产生目标语音时，前馈运动指令被发送到发音运动系统，同时传出副本被发送到听觉系统，因而内部前向模型可在实际听觉反馈产生前预测发音的感觉结果（Houde & Nagarajan, 2011; Tian & Poeppel, 2012; Houde et al., 2013）。然后，讲话者对比预期的和实际的感觉反馈以衡量语音输出的准确性。当出现听觉扰动时，如本研究中引入的随机短掩蔽噪声，预期的和实际的听觉反馈在音强方面的不匹配将导致被试基于反馈在线生成修正性运动指令，从而提高其语音音强（见图 6.1B）。

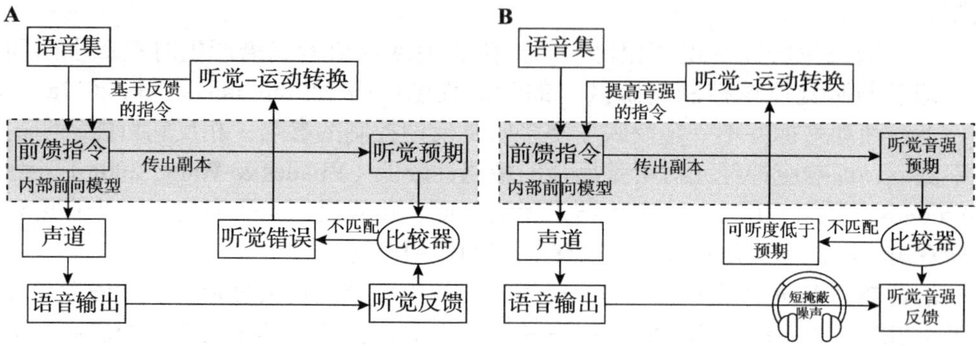

图 6.1　SFC 模型中在线听觉反馈控制过程的示意图

（引自 Cai et al., 2021b）。（A）在线听觉反馈控制所涉及的一般性过程的示意图。内部前向模型（灰色阴影部分）根据前馈指令的传出副本预期听觉反馈的结果。当实际的听觉反馈与预期的反馈不匹配时，听觉错误将通过听觉运动转换生成基于反馈的修正性运动指令。（B）随机短掩蔽噪声情境下被试音强调整的特异性模型。随机噪声导致实际的听觉反馈可听度低于被试的预期，预期的和实际的听觉反馈在音强方面的不匹配将导致被试提高语音音强。

事实上，被试并不会完全补偿听觉扰动（Purcell & Munhall, 2006a; Liu et al., 2011a）。Purcell 和 Munhall（2006a）报告了 9~126 Hz 的运动调整幅度，这仅占实验操纵 200 Hz 共振峰扰动的一部分。这种不完全补偿现象表明，除听觉反馈，前馈运动指令和体觉反馈也参与了言语运动控制，以防讲话者过多受到听觉反馈的影响（Lametti et al., 2012; Murray & Stepp, 2020）。因此，补偿性反应的幅度被认为反映了被试对听觉反馈控制的依赖程度，补偿幅度越大，被试对听觉反馈的依赖程度越高[1]（Scheerer & Jones, 2014）。目前研究者仅在音高扰动背景下考察了跨语言特异性的在线听觉反馈控制机制（Ning et al., 2014, 2015）。例如，Ning 等人（2015）利用语言刺激（即汉语双调序列：/ma1 ma1/, /ma1 ma2/, /ma1 ma4/）将音高在线反馈控制的研究问题拓展到汉语二语学习研究中。结果发现，当响应音高扰动时，汉语

[1] 在言语产生过程中，密切监测听觉反馈的讲话者更有可能响应感知到的听觉错误。因此，当面对相同幅度的扰动时，更加依赖听觉反馈控制的讲话者理应产生更大幅度的补偿性反应（Murray & Stepp, 2020）。

二语学习者比汉语母语者表现出更大幅度的补偿性反应，这表明二语产生对听觉反馈控制的依赖程度更高。然而，前期研究证实，声调语言经验会影响人们的在线音高反馈控制能力（Liu et al., 2010b; Chen et al., 2012b）。在 Ning 等人（2015）的研究中，汉语母语者与汉语二语学习者的差异不仅在于汉语是作为一语还是二语进行加工的，还体现于被试是否具有声调语言的母语背景。因此，基于 Ning 等人（2015）的研究仍无法得出有关语言性质（一语或二语）对听觉反馈控制影响强有力的结论。

本研究假设，如果听觉反馈控制在整体上影响言语产生，那么针对听觉反馈中其他声学特征（如音强）的扰动也可以产生类似的补偿性反应。语音音强是一种基础的、低层次的声学特征（Tian et al., 2018），也不用于有效区分语言间的对比性差异（Liu et al., 2007）。第五章噪声掩蔽的研究也发现，在安静条件下，实验 1 和实验 2 中晚期汉英双语者一语和二语产生的平均音强均无显著性差异（Cai et al., 2020b）。因此，本研究从音强指标入手对比汉英双语者一语和二语产生时的在线反馈控制。本研究预期，如果晚期双语者二语产生比一语产生更多地依赖在线听觉反馈控制，那么相同水平的随机噪声应该在二语产生中诱发更大幅度的朗姆巴德效应。

6.1.3 言语感知与在线听觉反馈控制的关系

言语感知能力可影响被试响应听觉扰动时补偿性反应的幅度。大量研究已经在一语中证实了言语感知和言语产生系统的动态交互作用（Villacorta et al., 2007; Lametti et al., 2014; Chen et al., 2015; Martin et al., 2018; Daliri & Dittman, 2019; Stokes et al., 2019; Murray & Stepp, 2020; Nault & Munhall, 2020; Heyes & Catmur, 2022）。然而，也有不少研究并未探测到两者间显著的相关关系（Feng et al., 2011; Cai et al., 2012; Abur et al., 2018; Lester-Smith et al., 2020; Alemi et al., 2021）。基于上述不一致的发现，言语感知与在线听觉反馈控制的关系仍有待研究者们进一步探索。

在噪声实验中，施加的噪声会部分掩蔽空气传导的听觉反馈，讲话者经常通过提高自身的音强调整言语产生的方式（Lombard, 1911）。因此，被试在噪声环境下的语音感知能力可能会影响他们在噪声环境下言语产生时音强控制的行为表现。大量证据表明，具备正常听力的被试在噪声环境下可感知其母语语音，但噪声对感知二语语音的不利影响远大于一语语音（详见 Garcia Lecumberri et al., 2010 的综述）。因此，本研究也额外关注被试二语语音感知能力的个体差异将如何影响他们的二语产生能力。通过相关分析，本研究首次尝试揭示晚期双语者在二语产生时言语感知系统和言语产生系统将如何相互作用以实现二语语音的音强控制。

6.1.4 实验假设及预期结果

本研究使用随机短掩蔽噪声考察语言性质（一语、二语）是否会影响晚期双语者在线听觉反馈控制的认知机制。日常生活中人们经常受到噪声的影响，并且噪声会干扰言语产生（Lombard, 1911）。噪声掩蔽范式可在实验室情境下复刻出上述情境，因而理解人们响应外界噪声时的语音音强控制具有重要的理论和实践意义。但回顾已有文献，研究者们对朗姆巴德效应的阐释仍然存在问题，即噪声信号一直混合着听觉反馈信号，被试通常提高其音强并在整个测试阶段保持相对稳定（Lane & Tranel, 1971; Uma et al., 2021）。Bauer 等人（2006）也提出质疑，这种持续呈现的噪声无法完全剥离（自下而上的）基于听觉反馈的在线音强控制以及（自上而下的）自发性的前馈音强控制。为避免上述问题，本研究创新性地调整了经典的噪声掩蔽范式，将持续呈现的长噪声替换成仅随机呈现的短噪声，通过观察被试响应随机短掩蔽噪声的运动调整可探索晚期双语者一语和二语产生时基于反馈的在线音强机制。

基于第五章的前期研究成果，本章所述研究预测，晚期双语者的二语产生比一语产生更加依赖听觉反馈控制，因而二语产生任务中音强提高的幅度更大。本研究也关注晚期双语者在线听觉反馈控制的效率，预期二语产生任务中补偿性反应的时间进程要晚于一语。此外，本研究在个体层面上同时探索了一语和二语流利度与听觉反馈控制的相关性，并预期不太流利的讲话者其听觉反馈控制系统的权重也更高。最后，本研究考察了二语感知任务中听觉敏锐度与二语产生任务中音强增幅的相关性，并预期二语听觉敏锐度较低的讲话者其音强增幅也更大。

6.2 研究方法

6.2.1 被试

本研究招募了 22 名大学生汉英双语者（12 名男性）。所有被试均为右利手，无神经系统疾病史，视力或矫正视力正常，听力正常。当被试报名参与实验后，要求他们在佩戴耳机的情况下以正常音量分别用一语和二语朗读单词。朗读过程中耳机内随机播放不同音强级别（30 dB 或 60 dB）的多人谈话噪声，被试需要判断他们是否可以在每个音强级别下感知到自己的听觉反馈。所有被试均报告他们可以在 30 dB 和 60 dB 噪声条件下听到自己的声音，但声音可听度有所降低。该筛选测试确保了本研究噪声操纵的有效性，即听觉反馈控制可以参与音强控制。被试的平均年龄为 21.2 岁（*SD*=2.4, 范围：17~28 岁）。本研究仅招募了在 8 岁或 8 岁以后通过课堂途径学习英语的晚期双语者，平均二语习得年龄为 9.8 岁（*SD*=1.4, 范围：9~14 岁）。所有被试都通过了 CET-4[1]。CET-4 总分为 710 分，所有被试的 CET-4 平均分

[1] 大学英语四级考试（College English Test for Band 4, CET-4）是由教育部教育考试院组织的、以测试中国非英语专业学生英语水平的能力考试（全国大学英语四、六级考试委员会，2016）。

为 545 分（*SD*=53, 范围：432~655 分）[1]，表明被试属于中等熟练或熟练双语者。

6.2.2 材料和设计

本研究选择 50 个汉语单词和 50 个英语单词作为目标材料（见表 6.1[2]），另选择 5 个汉语单词和 5 个英语单词供被试熟悉实验程序。目标材料为翻译对等词，这是由于翻译对等词在心理词典[3]中共享概念表征，但拥有独立的词汇表征（Kroll & Stewart, 1994）。补偿性反应的始潜伏期大约发生在扰动出现后的 100~200 ms 时间窗口内。由于单音节词发音持续时间较短，研究者可能无法在试次内观察到实时的补偿性反应。所以，本研究的汉语和英语材料均为双音节结构（如汉语单词“边境”，英语单词“border”），以确保听觉反馈控制发挥作用所需的时间。本研究另外招募了 16 名未参加正式实验的晚期汉英双语者评估实验材料的熟悉性，评估采用 5 点量表，其中 1 代表“非常不熟悉”，5 代表“非常熟悉”。结果表明，一语汉语单词的熟悉性平均分为 4.71（*SD*=.36），二语英语单词的熟悉性平均分为 4.25（*SD*=.44），证明被试对两种语言材料都较为熟悉。本研究采用 30 dB（弱噪声）或 60 dB（强噪声）的多人谈话噪声作为实验材料，短噪声的持续时间为 300 ms，由主试从标准化录制完成的多人谈话噪声中随机截取。

表 6.1　随机短噪声掩蔽实验中一语和二语朗读任务正式使用的语言材料

汉语材料	拼音	英语材料	音标	汉语材料	拼音	英语材料	音标
边境	biān jìng	border	/ˈbɔːdə(r)/	苦难	kǔ nàn	hardship	/ˈhɑːdʃɪp/
饼干	bǐng gān	biscuit	/ˈbɪskɪt/	孔雀	kǒng què	peacock	/ˈpiːkɒk/
餐巾	cān jīn	napkin	/ˈnæpkɪn/	辣椒	là jiāo	pepper	/ˈpepə(r)/
窗户	chuāng hu	window	/ˈwɪndəʊ/	凉鞋	liáng xié	sandal	/ˈsænd(ə)l/
窗帘	chuāng lián	curtain	/ˈkɜːt(ə)n/	南瓜	nán guā	pumpkin	/ˈpʌmpkɪn/
错误	cuò wù	mistake	/mɪˈsteɪk/	钱包	qián bāo	wallet	/ˈwɒlɪt/
答案	dá àn	answer	/ˈɑːnsə(r)/	铅笔	qiān bǐ	pencil	/ˈpens(ə)l/

[1] CET-4 的分数报道采用常模参照方式，常模群体选自全国 16 所高校的约 3 万名非英语专业的考生。每次考试等值后的卷面分数都参照常模转换为报道分，每位考生的报道分在常模群体中都有一个相应的百分位位置。本研究中被试的 CET-4 平均分为 545 分，被试均分在常模群体中的相应百分位在 65%~74%，表示被试的英语成绩至少优于常模群体中 65% 的人，但不会优于 74% 的人（全国大学英语四、六级考试委员会，2016）。

[2] 汉语材料的拼音参考商务印书馆版《现代汉语词典》，英语材料的音标参考 *Oxford English Dictionary*。

[3] 心理词典（mental lexicon）是由 Treisman 首次提出的概念，指每个语言使用者的大脑中都有一个结构有序、可以按一定的程序通达的心理词汇表征（Treisman, 1960）。

续表

汉语材料	拼音	英语材料	音标	汉语材料	拼音	英语材料	音标
电影	diàn yǐng	movie	/'mu:vi/	气球	qì qiú	balloon	/bə'lu:n/
地铁	dì tiě	subway	/'sʌbweɪ/	水壶	shuǐ hú	kettle	/'ketl/
冬天	dōng tiān	winter	/'wɪntə/	数字	shù zì	number	/'nʌmbə(r)/
帆船	fān chuán	sailboat	/'seɪlbəʊt/	隧道	suì dào	tunnel	/'tʌnl/
飞船	fēi chuán	spacecraft	/'speɪskrɑ:ft/	头盔	tóu kuī	helmet	/'helmɪt/
飞机	fēi jī	airplane	/'eəpleɪn/	夏天	xià tiān	summer	/'sʌmə(r)/
风车	fēng chē	windmill	/'wɪndˌmɪl/	行李	xíng li	luggage	/'lʌgɪdʒ/
风景	fēng jǐng	landscape	/'landskeɪp/	信件	xìn jiàn	letter	/'letə(r)/
公鸡	gōng jī	rooster	/'ru:stə(r)/	兄弟	xiōng dì	brother	/'brʌðə(r)/
国家	guó jiā	country	/'kʌntri/	系统	xì tǒng	system	/'sɪstəm/
海岸	hǎi àn	seashore	/'si:ʃɔ:(r)/	学生	xué shēng	student	/'stju:dənt/
海马	hǎi mǎ	seahorse	/'si:hɔ:s/	洋葱	yáng cōng	onion	/'ʌnjən/
黑板	hēi bǎn	blackboard	/'blækbɔ:d/	婴儿	yīng ér	infant	/'ɪnfənt/
花生	huā shēng	peanut	/'pi:nʌt/	医生	yī shēng	doctor	/'dɒktə(r)/
花园	huā yuán	garden	/'gɑ:d(ə)n/	知识	zhī shi	knowledge	/'nɒlɪdʒ/
脚趾	jiǎo zhǐ	tiptoe	/'tɪptəʊ/	自然	zì rán	nature	/'neɪtʃə(r)/
节目	jié mù	program	/'prəʊgræm/	钻石	zuàn shí	diamond	/'daɪəmənd/
酒杯	jiǔ bēi	wineglass	/'waɪnglɑ:s/	足球	zú qiú	football	/'fʊtbɔ:l/

本研究实验设计包括了语言（一语、二语）和噪声条件（安静、弱噪声、强噪声）两个自变量，均为被试内因素。要求被试在看到单词时既快又准地朗读目标词语。噪声条件的实现方式是主试操纵耳机内出现的噪声信号。在安静条件下，被试说话的同时不播放任何噪声。在弱噪声或强噪声条件下，被试说话的起始点分别开始播放持续时间为 300 ms 的 30 dB 或 60 dB 多人谈话噪声。被试无法预测外部噪声出现的试次，因而只能利用在线听觉反馈控制指导一语和二语产生。

每位被试朗读 50 个汉语单词和 50 个英语单词各 3 次，每种噪声条件下各 1 次，整个实验共计 300 个试次。实验分为 3 个区组进行，每个区组包括 100 个试次，被试在完成一个区组的任务后休息 5~8 分钟。本研究的项目以伪随机顺序呈现，

（1）相同项目在连续 5 个试次中不重复出现，（2）相同实验条件在连续 2 个试次中不重复出现，（3）具有相同首音节的汉语单词在连续 2 个试次中不重复出现（如“飞船”/fei1.chuan2/，“飞机”/fei1.ji1/），（4）具有相同首音素的英语单词在连续 2 个试次中不重复出现（如“border”“biscuit”）。每位被试以及每个实验区组都生成新的试次顺序以避免系统误差。

6.2.3 设备和程序

本研究在完全隔音的实验室中进行，由 E-prime 软件编写实验程序。被试出声朗读目标词语，设置麦克风接收语音信号，通过 PST-SRBOX 反应盒记录反应时。多人谈话噪声由音响测定器（SMART SENSOR AS804）校准，并通过头戴式耳机（Bose QuietComfort 35 II）播放至被试耳中。使用外接的电容式麦克风（SHURE SM58S）和声卡（YAMAHA Steinberg CI1）收集和记录被试的语音信号。麦克风固定在置于桌面的话筒架上，距离被试的口部 10 厘米。

被试端坐在距离电脑屏幕 70 厘米处进行实验。首先，正式实验前电脑屏幕中央依次呈现汉语和英语单词，每个单词呈现 2 000 ms，要求被试熟悉目标词。如果某个单词遇到命名困难，被试按空格键播放并模仿由母语者提前录制的语音，直至他们掌握该单词的发音。之后，被试分别接受一语和二语的朗读测试，要求被试正确朗读出所有单词名称。当主试判定被试可以正确朗读所有单词时，实验进入练习阶段。该阶段被试在每个实验条件下完成 5 个试次，练习试次和正式实验试次的流程完全一致。当主试判定被试可以理解任务指导语后，实验进入正式流程。

每个实验试次分为三个步骤（见图 6.2）。第一，屏幕中央呈现“+”注视点 500 ms 和空白屏幕 500~700 ms。第二，呈现一个汉语或英语单词（如“边境”或“border”），持续时间为固定的 2 000 ms，被试需要在规定时间内既快又准地朗读目标单词。在安静条件下，耳机内不播放任何噪声。在噪声条件下，被试说话的起始点调用弱噪声或强噪声。如果被试在 2 000 ms 内未做出反应，实验直接进入下一个试次并且不会调用噪声。第三，500 ms 的空白屏幕结束每个试次。

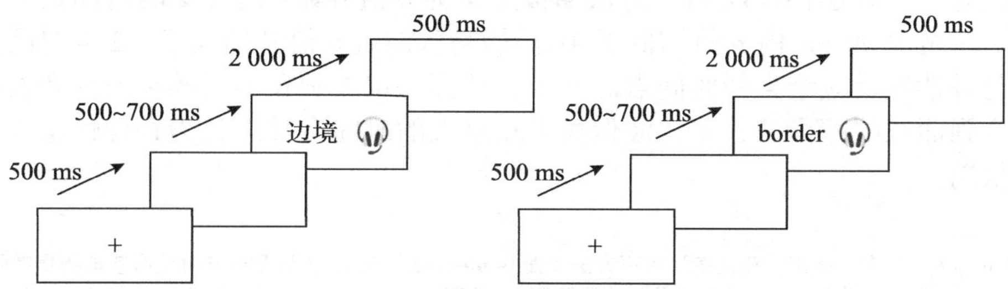

图 6.2　每个实验试次流程的示意图

（引自 Cai et al., 2021b）。

6.2.4 声学记录和分析

被试单词朗读产生的目标词语音被保存成单独的音频文件（WAV 格式）。实验人员使用 Praat 语音分析软件（6.0.43 版本; Boersma & Weenink, 2013）分析记录语音信号。初步的数据检查排除了两名被试，其中一名被试因无法忍受音强过高的强噪声而退出了实验，另一名被试因反应时过长导致超半数试次未能调用噪声。实验人员手动标记出所有双音节词的起始点和结束点（即音长），且手动检查发声周期错误，比如遗漏或重复标记等。之后，实验人员提取出每个单词的峰值音强，并对原始数据进行了标准化处理，具体规则是将每个噪声试次的原始峰值音强值减去安静条件下所有试次峰值音强值的平均值（相同的方法请见 Parrell et al., 2017）。考虑到每位被试的音强取值范围存在较大的个体差异，标准化处理使得研究者可以在不同被试间比较补偿性反应的大小。

为了测量补偿性反应发生的时间进程，实验人员提取出每个语音文件的音强曲线，时间分辨率为 2 ms。每个语音的音强曲线从发声起始点开始对齐，将每种实验条件下各采样点上所有试次的音强值进行叠加平均，每位被试生成 6 条平均音强曲线。在每个采样点上，通过减去安静条件下的平均音强值计算弱噪声和强噪声条件下标准化的平均音强值。每个语音前 400 ms 的数据纳入叠加平均分析。选择 400 ms 这一时长有两个原因。其一，本实验中单词平均音长大于 500 ms（见表 6.2），因而可纳入较多数据进行统计分析。其二，短掩蔽噪声的时长为 300 ms，且补偿性反应的始潜伏期通常为 100~200 ms，因而 400 ms 应可观察到被试响应噪声的在线音强控制。为了确保每个试次的音强曲线具有一致的起始点和结束点，本研究删除了发音时长短于 400 ms 的试次。一语和二语产生任务中分别有 3.93% 和 5.43% 的试次未能满足音长的最低标准，两种语言排除的试次数量在安静条件（$t(19)=-1.15$, $p=.26$）、弱噪声条件（$t(19)=-1.17$, $p=.26$）和强噪声条件（$t(19)=-.99$, $p=.34$）下均无显著性差异。

本研究采用 Chen 等人（2007）的方法来计算始潜伏期、峰值潜伏期以及 400 ms 时间窗口内补偿性反应的持续时间[1]。叠加平均之后，一系列逐点计算的 t 检验对比了每位被试在弱噪声和强噪声条件下的标准化音强值是否与安静条件存在显著性差异。补偿性反应的始潜伏期被定义为 p 值开始低于 .02 的时间点，该时间点之后至少 50 ms 内 p 值均低于 .02。始潜伏期后 p 值开始大于 .02 的时间点被认为是补偿性反应结束的时间点。之后，计算每位被试在不同噪声条件和安静条件下音强曲线的差异波，差异波偏离零点最大的时间点被定义为补偿性反应的峰值潜伏期。

[1] Chen 等人（2007）指出，相比统计校正方法（如 Bonferroni 校正），生理学标准可更有效地防止虚假的统计学显著性。有证据表明，听觉扰动和补偿性反应之间至少存在 60 ms 的间隔（Larson, 1998）。此外，最快的肌肉收缩至少需要 30 ms 才能达到收缩峰值（Perlman & Alipour-Haghighi, 1988），并额外需要 20~30 ms 才能引发可观察的变化（Larson et al., 1987）。因此，通过将始潜伏期限制在 60 ms 之后且最短持续时间限制为 50 ms，研究者可排除时间过短的、并非神经肌肉系统引发的音强变化。

6.2.5 一语和二语流利度测试

本研究纳入了两项口语任务测量被试的一语和二语流利度。一语和二语流利度任务的顺序在被试间进行平衡。首先，被试完成快速命名任务，具体包括图片、颜色和数字快速命名。每项子任务都在屏幕中央呈现一个 7×7 的网格，4 幅物体图片（分别描画“狗”“椅”“床”“树”）、4 种颜色色块（“红”“蓝”“黄”“绿”）或 4 个数字（“2”“4”“6”“9”）随机分布在每一个网格中。被试按照从网格左上方到右下方的顺序，使用最快的速度命名每一个项目。之后，被试完成语篇朗读任务，具体包括 3 篇摘自《新概念英语》第二册的短文（英语原文和汉语翻译）。要求被试使用他们正常的语速流利地朗读短文。本研究采用每分钟正确词数（words correct per minute, WCPM）指标测量被试的言语流利度，该指标可兼顾速度和准确率两个方面。计算 WCPM 包括三个步骤，一是计算错误单词数量，并从被试朗读的总单词数量中减去错误单词数量，错误类型包括遗漏、替换和插入。二是将完成快速命名和语篇朗读任务的时间换算成以分钟为单位。三是将正确说出的单词数量除以完成任务需要的分钟数，即可得到最终的 WCPM。

6.2.6 二语感知测试

本研究采用了二语感知测试衡量被试区分英语最小对立体[1]（minimal pair）的能力。由于最小对立体的语音仅存在单音素水平上的细微差异，研究者可使用最小对立体材料衡量被试的听觉敏锐度。本研究选择 90 组最小对立体作为实验材料（见表 6.2），其中 30 对最小对立体差异出现在首音素（如 year—near），30 对差异出现在中间音素（如 cut—coat），30 对差异出现在结尾音素（如 send—sent）。实验过程中，屏幕左右两侧视觉呈现最小对立体词对，耳机听觉呈现其中一个单词，要求被试既快又准地判断出听到的单词，左边单词按“F”键，右边单词按“J”键。实验包括三个区组，即被试分别在安静、30 dB 或 60 dB 多人谈话噪声条件下完成听觉分辨任务。每个区组包括 30 个试次，10 个首音素、10 个中间音素和 10 个结尾音素的最小对立体，三个区组的顺序在被试间进行平衡。每位被试在不同噪声条件下二语感知测试的准确率和反应时纳入后续分析。

表 6.2　二语感知测试中正式使用的最小对立体语言材料

最小对立体					
首音素		中间音素		结尾音素	
year	near	cut	coat	send	sent
game	fame	smell	spell	slip	slim

[1] 最小对立体（minimal pair）是音系学的重要术语，指除了出现在同一位置上的一个音之外其余音都相同的两个语音组合（胡壮麟，2019）。

续表

最小对立体					
首音素		中间音素		结尾音素	
cake	fake	dog	dig	mass	match
late	gate	hot	hat	park	part
make	lake	but	boot	less	let
right	night	bin	ban	lamp	lamb
life	knife	map	mop	pick	pig
key	bee	man	moon	but	bus
cat	hat	post	past	sharp	shark
dish	fish	rise	raise	cat	can
press	dress	give	gave	stork	storm
chair	care	come	calm	arm	art
hair	pair	some	same	mum	mud
cook	book	horse	house	rub	rug
boy	toy	short	shirt	yes	yet
bad	dad	wood	weed	stock	stop
blog	flog	put	pet	has	hat
shop	top	tooth	teeth	cut	cup
talk	walk	full	fail	cheap	cheat
pan	fan	pass	pace	rice	ride
dear	hear	talk	take	life	like
throw	grow	well	will	feed	feet
cold	hold	big	bag	heel	heat
box	fox	catch	couch	grade	great
ball	hall	coke	cake	safe	save
tall	wall	make	mark	time	tight
how	cow	place	plus	pop	pot
night	light	keep	cup	kit	kid
boil	soil	week	wake	loop	look
wolf	shelf	snack	snake	filled	film

6.3 研究结果

本研究将 20 名被试的数据纳入后续统计分析，使用 LMM 分析数据，模型以语言和噪声条件作为自变量，并同时考虑被试随机和项目随机效应。模型拟合数据时采用 REML 查找对观测数据实现最佳拟合模型的参数（具体方法详见第五章 5.3.1 节内容）。

6.3.1 反应时、错误率和音长分析

研究人员整理了被试在不同实验条件下单词朗读的反应时（ms）、错误率（%）和音长（ms）的描述性统计结果（见表 6.3）以及最优拟合模型的参数估计结果（见表 6.4）。反应时数据分析前，首先删除错误反应试次（.95%）和其他包括麦克风与噪声调用问题的试次（.92%），然后删除反应时小于 200 ms 或大于 1 500 ms 的极端试次（1.20%），最后删除反应时超过每位被试平均值正负 2 个标准差以外的试次（4.02%）。反应时的最优拟合模型仅包括语言的主效应，增加噪声条件的主效应未能显著地提高模型拟合度（$\chi 2$（2, 5 575）=.62, p=.73），增加语言和噪声条件的交互作用也未能显著地提高模型拟合度（$\chi 2$（2, 5 575）=2.97, p=.56）。

采用两项分布的方法分析错误率，最优拟合模型仅包括语言的主效应，增加噪声条件的主效应未能显著地提高模型拟合度（$\chi 2$（2, 6 000）=1.45, p=.49），增加语言和噪声条件的交互作用也未能显著地提高模型拟合度[1]（$\chi 2$（2, 6 000）=5.87, p=.21）。

音长数据分析前，删除错误反应试次（.95%）和其他包括麦克风与噪声调用问题的试次（.92%）。音长的最优拟合模型仅包括噪声条件的主效应，增加语言的主效应未能显著地提高模型拟合度（$\chi 2$（2, 5 888）=1.06, p=.30），增加语言和噪声条件的交互作用也未能显著地提高模型拟合度（$\chi 2$（2, 5 888）=1.67, p=.64）。

表 6.3　被试在不同实验条件下单词朗读的反应时（ms）、错误率（%）和音长（ms）的描述性统计结果

变量	一语			二语		
	反应时（*SD*）	错误率（*SD*）	音长（*SD*）	反应时（*SD*）	错误率（*SD*）	音长（*SD*）
安静	526 (52)	.20 (.60)	586 (24.59)	637 (78)	1.30 (1.93)	571 (20.14)
弱噪声	528 (52)	.60 (.92)	596 (25.16)	634 (73)	1.30 (2.22)	582 (19.33)
强噪声	528 (50)	.90 (1.48)	604 (25.78)	629 (70)	1.40 (1.91)	587 (21.89)

[1] 本研究中反应时和错误率的分析均发现，语言和噪声条件的交互作用不显著，这表明噪声对发声前认知加工的影响在一语和二语之间没有差异。

表 6.4 单词朗读的反应时（ms）、错误率（%）和音长（ms）最优拟合模型的参数估计结果

固定效应	测量											
	反应时				错误率				音长			
	β	*SE*	*t*	*p*	*β*	*SE*	*z*	*p*	*β*	*SE*	*t*	*p*
截距	527.05	13.95	37.77	<.001	5.51	.33	16.64	<.001	578.63	23.62	24.50	<.001
语言 2	107.28	5.89	18.22	<.001	–.87	.28	–3.08	.002	—	—	—	—
噪声 2	—	—	—	—	—	—	—	—	10.67	2.29	4.65	<.001
噪声 3	—	—	—	—	—	—	—	—	17.26	2.29	7.53	<.001
语言 2：噪声 2	—	—	—	—	—	—	—	—	—	—	—	—
语言 2：噪声 3	—	—	—	—	—	—	—	—	—	—	—	—

注：语言 2，二语；噪声 2，弱噪声；噪声 3，强噪声。

6.3.2 峰值音强分析

对于每位被试而言，每个单词在实验过程中共出现 3 次，即每种噪声条件下各出现 1 次。被试响应随机短掩蔽噪声的运动调整可根据方向划分为补偿性反应[1]（compensatory response）和跟随性反应[2]（following response）。本研究仅分析补偿性反应的试次。研究人员整理了被试一语和二语产生时每种噪声条件下标准化的峰值音强值（见图 6.3）。

在弱噪声条件下，一语和二语任务中补偿性反应试次占总试次的比例分别是 78% 和 75%，该比例在两种语言间无显著性差异（$t(1, 19)=1.15, p=.26$）。基于这组有效数据，峰值音强的最优拟合模型包括语言和噪声条件的主效应以及两者的交互作用（见表 6.5）。简单效应分析表明，每种语言产生时弱噪声条件下的峰值音强均高于安静条件（一语：$\beta=2.29$, $t=19.13$, $p<.001$；二语：$\beta=3.59$, $t=23.98$, $p<.001$），但二语任务中的音强增幅大于一语任务。另一个方向的简单效应分析表明，在安静条件下，一语和二语任务中的峰值音强无显著性差异（$\beta=-.12$, $t=-.42$, $p=.68$）。但在弱噪声条件下，二语任务中的峰值音强显著高于一语任务（$\beta=1.38$, $t=4.31$, $p<.001$）。

[1] 本实验中的补偿性反应具体指特定单词在噪声条件（弱噪声或强噪声）下的峰值音强高于其在安静条件下的峰值音强。

[2] 本实验中的跟随性反应具体指特定单词在噪声条件（弱噪声或强噪声）下的峰值音强低于其在安静条件下的峰值音强。

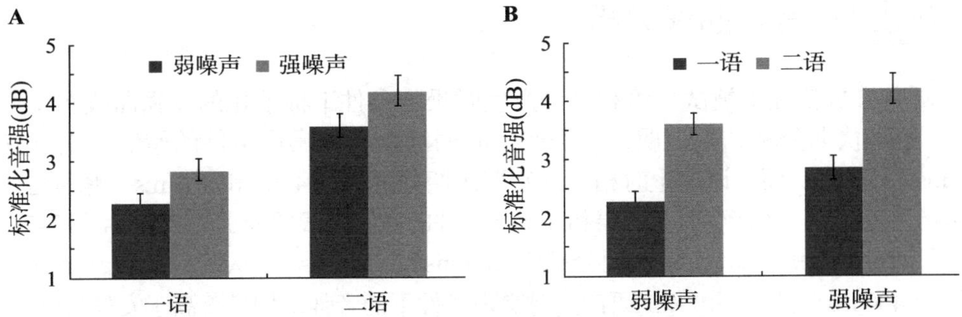

图 6.3　峰值音强的结果

（引自 Cai et al., 2021b）。（A）不同噪声条件下一语和二语单词朗读峰值音强的柱形图。（B）不同语言下弱噪声和强噪声条件峰值音强的柱形图。

在强噪声条件下，一语和二语任务中补偿性反应试次占总试次的比例分别是 74% 和 76%，该比例在两种语言间无显著性差异（$t(1, 19)=-1.32, p=.20$）。基于这组有效数据，峰值音强的最优拟合模型包括语言和噪声条件的主效应以及两者的交互作用（见表 6.5）。简单效应分析表明，每种语言产生时强噪声条件下的峰值音强均高于安静条件（一语：$\beta=2.85, t=23.21, p<.001$；二语：$\beta=4.22, t=27.16, p<.001$），但二语任务中的音强增幅大于一语任务[1]。另一个方向的简单效应分析表明，在安静条件下，一语和二语任务中的峰值音强无显著性差异[2]（$\beta=-.12, t=-.42, p=.68$）。但在强噪声条件下，二语任务中的峰值音强显著高于一语任务（$\beta=1.53, t=4.42, p<.001$）。

表 6.5　峰值音强（dB）最优拟合模型的参数估计结果

固定效应	测量							
	弱噪声				强噪声			
	β	*SE*	*t*	*p*	β	*SE*	*t*	*p*
截距	.02	.25	.09	.93	.03	.26	.10	.92
语言 2	–.04	.33	–.12	.90	–.08	.34	–.24	.82
噪声 2	2.29	.13	17.12	<.001	—	—	—	—
噪声 3	—	—	—	—	2.85	.14	20.14	<.001
语言 2: 噪声 2	1.30	.19	6.83	<.001	—	—	—	—
语言 2: 噪声 3	—	—	—	—	1.36	.20	6.86	<.001

注：语言 2，二语；噪声 2，弱噪声；噪声 3，强噪声。

[1] 就目前文献检索而言，本研究是首次使用随机短掩蔽噪声直接比较汉英双语者在线听觉反馈控制的跨语言研究。研究人员观察到，相比一语产生，二语产生时由弱噪声和强噪声诱发的音强增幅更大，支持了实验假设，即晚期双语者听觉反馈控制的权重受到语言的影响。具体来说，相比一语产生，晚期双语者二语产生时听觉反馈控制系统的权重更高。

[2] 本研究中汉英双语者安静条件下的平均音强在一语和二语单词朗读任务间无显著性差异，因此，研究人员可认为实验观察到的跨语言音强变化确实是由一语和二语的实验操纵引发的，并非不同语言自身的差异。

6.3.3 音强曲线分析

研究人员整理了被试一语和二语产生时噪声条件下标准化的音强曲线图（见图 6.4）。始潜伏期分析结果表明，一语产生时弱噪声和强噪声条件的始潜伏期分别为 104 ms 和 82 ms，而二语产生时相应的始潜伏期分别为 134 ms 和 102 ms。峰值潜伏期分析结果表明，一语产生时弱噪声和强噪声条件的峰值潜伏期分别为 232 ms 和 242 ms，而二语产生时相应的峰值潜伏期分别为 220 ms 和 226 ms[1]。从始潜伏期开始并一直持续到 400 ms，被试一语和二语产生时噪声条件下的音强值均显著高于安静条件。

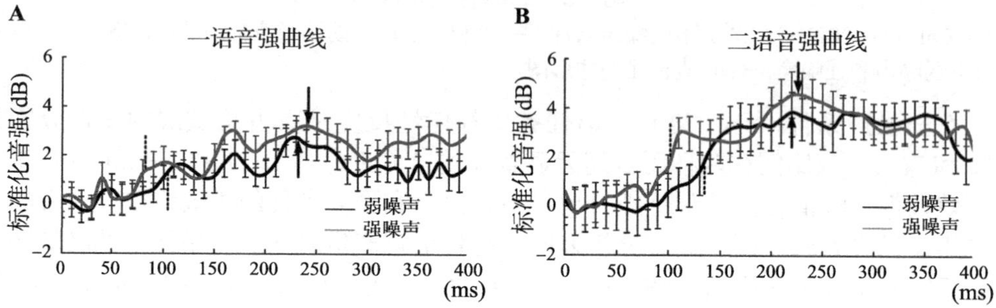

图 6.4　被试一语和二语产生时弱噪声和强噪声条件下标准化的音强曲线图

（引自 Cai et al., 2021b）。垂直虚线指示始潜伏期，即弱噪声和强噪声条件下音强曲线开始偏离安静条件下音强曲线的时间点。垂直箭头指示峰值潜伏期，即弱噪声和强噪声条件下音强曲线偏离安静条件下音强曲线幅度最大的时间点。

6.3.4 流利度相关分析

本研究考察了晚期双语者流利度与单词朗读任务中噪声条件下音强增幅的关系。20 名被试的数据纳入了皮尔逊相关分析。这里音强增幅定义为弱噪声或强噪声条件下标准化的峰值音强值[2]。一语产生时，快速命名的 WCPM 与弱噪声（r=−.48, p=.03）和强噪声（r=−.40, p=.08）条件下的音强增幅呈显著负相关（分别见图 6.5A 和图 6.5B），语篇朗读的 WCPM 也与弱噪声（r=−.58, p=.008）和强噪声（r=−.53, p=.02）条件下的音强增幅呈显著负相关（分别见图 6.5C 和图 6.5D）。二语产生时，快速命名的 WCPM 与弱噪声（r=−.63, p=.003）和强噪声（r=−.48, p=.03）条件下的音强增幅呈显著负相关（分别见图 6.5E 和图 6.5F），语篇朗读的 WCPM 也与弱噪声（r=−.58, p=.007）和强噪声（r=−.47, p=.03）条件下的音强增幅呈显著负相关（分别见图 6.5G 和图 6.5H）。无论晚期双语者是使用一语还是二语，流利

[1] 研究人员观察到，相比一语产生，二语产生中补偿性反应的始潜伏期和峰值潜伏期均较晚，支持了实验假设，即晚期双语者在线听觉反馈控制的效率受到语言的影响，具体来说，相比一语产生，晚期双语者二语产生时在线听觉反馈控制的效率较低。

[2] 标准化峰值音强值是通过将每个噪声试次的原始峰值音强值减去安静条件下所有试次峰值音强值的平均值计算得来的，因而该指标代表了噪声条件下的音强增幅，被认为反映了补偿性反应的幅度。

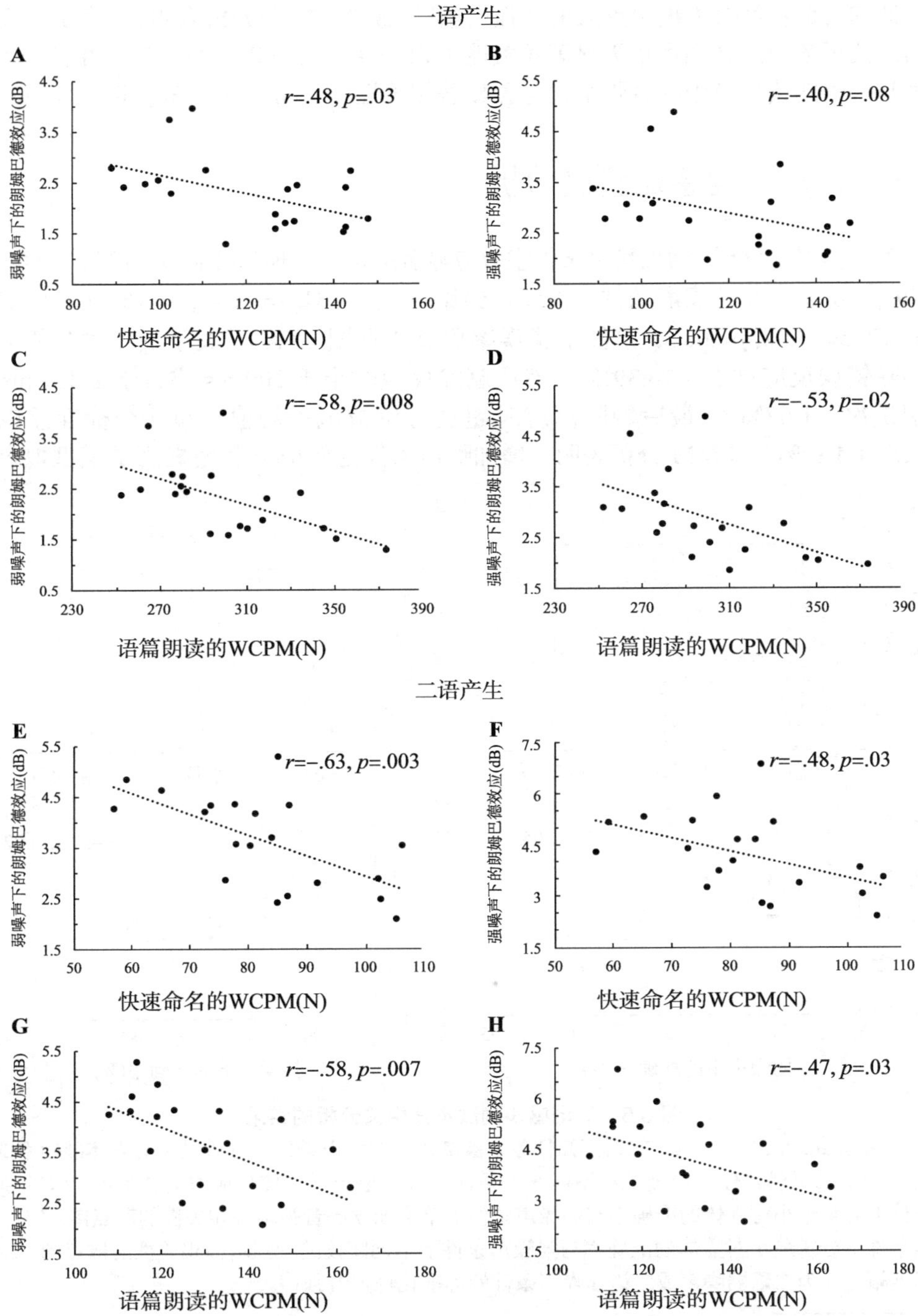

图 6.5　音强增幅与一语（A、B、C、D）和二语（E、F、G、H）流利度相关性的散点图（引自 Cai et al., 2021b）。这里音强增幅定义为弱噪声或强噪声条件下标准化的峰值音强值，而流利度定义为快速命名和语篇朗读任务中的每分钟正确词数（WCPM）。

度较低的讲话者都会表现出更大的音强增幅[1]。额外的相关分析表明，一语流利度与二语朗读任务中的音强增幅无显著相关性（all *rs* ≥ −.39, all *ps* ≥ .09），并且二语流利度与一语朗读任务中的音强增幅也无显著相关性[2]（all *rs* ≥ −.36, all *ps* ≥ .12）。

6.3.5 二语感知测试分析

关于错误率分析，增加噪声条件主效应显著地提高了模型拟合度（$\chi 2$（2, 1 800）= 12.49, p=.002）。相比安静条件，被试在弱噪声（β=−.31, z=−1.41, p=.16[3]）和强噪声（β=−.77, z=−3.58, p<.001）条件下错误率更高（见图 6.6A）。关于反应时分析，首先删除错误反应试次（16.39%），然后删除反应时小于 200 ms 或大于 2 000 ms 的极端试次（1.67%），最后删除反应时超过每位被试平均值正负 2 个标准差以外的试次（4.17%）。LMM 分析表明，增加噪声条件主效应显著地提高了模型拟合度

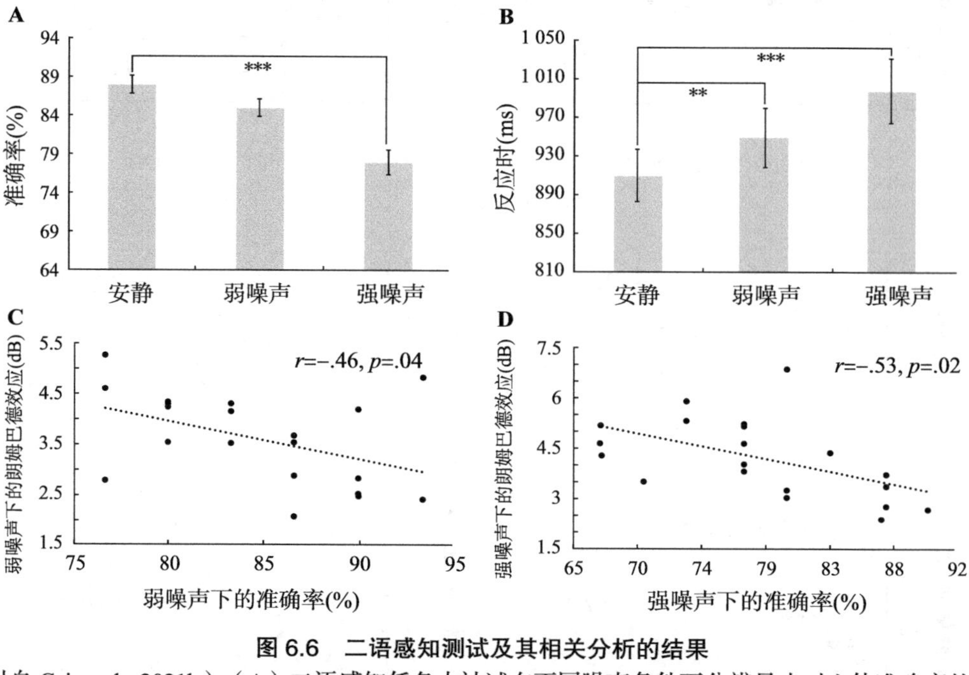

图 6.6　二语感知测试及其相关分析的结果

（引自 Cai et al., 2021b）。（A）二语感知任务中被试在不同噪声条件下分辨最小对立体准确率的柱形图。（B）二语感知任务中被试在不同噪声条件下分辨最小对立体反应时的柱形图。（C）弱噪声条件下分辨最小对立体的准确率与弱噪声条件下单词朗读的音强增幅相关性的散点图。（D）强噪声条件下分辨最小对立体的准确率与强噪声条件下单词朗读的音强增幅相关性的散点图。这里音强增幅定义为二语弱噪声或二语强噪声条件的标准化峰值音强值。

[1] 本研究相关分析的结果支持了实验假设，即晚期双语者在线听觉反馈控制的权重与其言语流利度有关，具体来说，与流利的双语者相比，较不流利的双语者在线听觉反馈控制的权重更高。

[2] 跨语言的相关分析并不显著，这一结果进一步支持了实验假设，即晚期双语者的在线听觉反馈控制是具有语言特异性的。

[3] 本实验中弱噪声与安静条件的错误率差异未达到统计显著性。

（$\chi2$（2, 1 400）=37.54, p<.001）。相比安静条件，被试在弱噪声（β=39.13, t=3.03, p=.003）和强噪声（β=89.27, t=6.71, p<.001）条件下分辨最小对立体的反应时更长（见图 6.6B）。

为了探索二语感知能力是否影响二语产生中的在线音强控制，本研究考察了被试听觉敏锐度分数与其音强增幅的关系。二语感知测试的准确率[1]与弱噪声（r=–.46, p=.04; 见图 6.6C）和强噪声（r=–.53, p=.02; 见图 6.6D）条件下的音强增幅呈显著负相关。二语感知能力较弱的被试相应地表现出更高的音强增幅，这支持了二语言语运动控制过程中言语感知系统和言语产生系统的交互作用。

6.4 讨论与后续研究

本研究创新性地使用随机短噪声掩蔽范式考察晚期汉英双语者一语和二语在线听觉反馈控制的认知机制。本研究额外测量了被试的一语和二语流利度以及二语感知能力，以此进一步探索言语流利度和言语感知能力与在线听觉反馈控制的潜在联系。结果发现，当响应随机短掩蔽噪声时，晚期双语者二语产生比一语产生表现出更大的音强增幅，且音强调整发生的时间进程较晚，这表明二语在线听觉反馈控制系统的权重较高且效率较低。此外，在一语和二语任务中，流利度较低的讲话者相应地在线听觉反馈控制系统的权重更高。最后，本研究发现，噪声环境下二语感知能力较弱的晚期双语者在二语单词朗读任务中的音强增幅更大，这为二语在线音强控制过程中言语感知和言语产生的交互作用提供了初步证据。

6.4.1 晚期双语者在线听觉反馈控制的认知机制

本研究考察了晚期双语者响应随机短掩蔽噪声的音强调整，该范式相比传统的噪声掩蔽范式可更纯粹地考察在线听觉反馈控制的过程。结果表明，二语产生比一语产生导致更大的音强增幅。该结果模式与第五章 Cai 等人（2020b）使用持续呈现的长掩蔽噪声的发现一致，当噪声导致听觉可听度降低时，晚期双语者二语产生时会更大幅度地提高语音音强。更大幅度的补偿性反应被认为反映了讲话者对语音输出更密切的监测，相应地对听觉反馈中的意外偏差更为敏感（Scheerer & Jones, 2014; Murray & Stepp, 2020），因而上述两项研究都表明晚期双语者的言语运动控制是一项具有语言特异性的感觉运动任务，二语比一语更加依赖听觉反馈控制系统进行运动控制。对于双语听觉反馈控制差异的解释详见第五章 5.4.2 节内容。本研究推测，人们对存储的前馈运动指令或在线的听觉反馈的依赖性本质上是由感

[1] 二语感知测试的准确率可反映被试在噪声环境下分辨英语最小对立体的听觉敏锐度，准确率越高说明被试的听觉敏锐度越高。

觉运动表征的（即感觉运动转换）的稳定性驱动的（Liu et al., 2010c; Scheerer et al., 2013a, 2013b; Guenther, 2016; Murray & Stepp, 2020）。当语音的听觉结果可以更稳定地映射到发音器官的位置和移动方向时，人们就可以较少地依赖听觉反馈监测言语输出的错误，从而实现高效的言语运动控制。

然而，本研究的发现与 Mitsuya 等人（2011）的发现并不一致。在 Mitsuya 等人（2011）的研究中，相同幅度的共振峰扰动导致英语二语学习者比英语母语者产生更小幅度的运动调整。这些截然不同的发现可能是由声学参数和研究范式的不同造成的。第一，响应听觉扰动的运动调整可能在超音段（如音高和音强）和音段（如共振峰）声学参数上有所差异。根据 DIVA 模型，讲话者在音段水平上理想的听觉表征被定义为听觉目标，当讲话者的听觉敏锐度更高，编码的听觉目标域更小，相应的语音表征也更精细（Tourville & Guenther, 2011）。由此可推测，对于听觉敏锐度更高的讲话者而言，相同幅度的听觉扰动会导致其言语产生偏离目标区域的距离更远（Martin et al., 2018）。因此，听觉敏锐度更高的母语者应更有可能监测到听觉反馈中的偏差，从而表现出更大幅度的言语运动调整。然而，本研究引入的随机短掩蔽噪声仅降低语音可听度，并不会导致音段层面的错误，此时在线音强调整的主要驱动力应为被试一语和二语产生时对听觉反馈感知的需要，即对听觉反馈的依赖。第二，不同研究使用的范式也有所不同。本研究和 Ning 等人（2015）的研究均使用了随机扰动范式，该范式纯粹地考察了在线听觉反馈控制的作用。然而，Mitsuya 等人（2011）的研究使用了持续扰动范式，该范式通过在大量连续试次中施加扰动考察言语运动系统长时程的感觉运动调整。Kearney 等人（2020）也提出，持续扰动下的语音输出是在线听觉反馈控制和前馈运动学习共同作用的结果。因此，当响应共振峰扰动时，母语者产生更大幅度的运动调整，这一现象可能并非由于母语者比二语者更加依赖听觉反馈，而是由于他们更加依赖前馈学习机制。未来的研究可使用随机共振峰扰动范式考察晚期双语者一语和二语在线听觉反馈控制的认知机制。

音强曲线分析考察了补偿性反应发生的时间进程，结果表明，当响应 300 ms 的随机短掩蔽噪声时，晚期双语者两种语言补偿性反应的始潜伏期均在 80~140 ms，峰值潜伏期均在 220~250 ms，并一直持续到发声后的 400 ms。本研究一语和二语的结果与前人一语产生的结果一致，均在早期时间窗口内探测到补偿性反应（Bauer et al., 2006; Chen et al., 2007; Cai et al., 2012）。例如，音强（Bauer et al., 2006）、音高（Chen et al., 2007）和共振峰（Cai et al., 2012）扰动诱发的补偿性反应始潜伏期分别为 157 ms、122 ms 和 150 ms。上述发现具有重要的理论意义，证实了晚期双语者在二语言语运动控制过程中也可以在线监测听觉反馈并快速调整言语运动。更重要的是，晚期双语者二语产生比一语产生补偿性反应发生的时间进程更晚。这表明晚期双语者在线听觉反馈控制涉及的通路在一语产生中可高效运行，但在二语产生中运行效率相对较低。未来的研究可结合扰动范式和认知神经成像技术探索晚期双语者一语和二语在线听觉反馈控制脑网络的功能连接情况。

当响应随机短掩蔽噪声时，被试在约 76% 的试次中均表现出音强提高反应，这证实了首次使用的随机短噪声掩蔽范式可有效诱发补偿性反应。本研究中音强提高的运动调整重复了前期研究中使用持续性噪声的发现，表明讲话者可以根据声学环境灵活地调节语音音强（Lombard, 1911; Cai et al., 2020b）。但本研究中 2~4 dB 的音强增幅远小于持续性噪声研究中的音强增幅，例如，Cai 等人（2020b）发现了 6~9 dB 的音强增幅，Patel 和 Schell（2008）也发现了 8~9 dB 的音强增幅。这种差异可以解释为，在线音强控制纯粹是响应听觉反馈可听度降低而产生的自动化反应（Bauer et al., 2006）。由于短掩蔽噪声仅在被试发声后随机出现在部分试次当中，该方法排除了被试响应外部噪声而进行自发性音强调整的可能性。本研究反应时和错误率的分析也发现，噪声条件并未对发声前的心理计划过程产生显著性影响，这一结果进一步证实了随机短掩蔽噪声考察的是在线反馈控制过程。

6.4.2　言语流利度及言语感知能力与听觉反馈控制的关系

一语和二语相关分析的结果均表明，不太流利的讲话者在响应随机短掩蔽噪声时表现出更高的音强增幅，证实了听觉反馈控制和言语流利度之间确实存在关联性以调节人们的言语行为。言语流利度与听觉反馈控制的关系与言语运动控制模型的理论预期相一致（Parrell et al., 2019; Meier & Guenther, 2023）。具体而言，前馈控制是一种高效的控制机制，可实现快速的语音流，而听觉反馈控制是一种相对低效的控制机制，需要额外的时间处理复杂的感觉运动加工[1]（Perkell, 2012; Parrell et al., 2019）。对听觉反馈控制这种耗时的运动控制依赖程度较高的话会导致言语流利度较差（Civier et al., 2010）。需要注意的是，本研究使用的横断面研究方法和相关设计并不允许研究人员得出因果性推论，目前暂无法确定言语流利度提高和听觉反馈控制权重降低是不是同步发展，还是其中一个变量影响了另外一个变量。但这里显著的相关发现可以为未来可研究方向提供启示，后续研究可通过因素设计或纵向研究考察听觉反馈控制和言语流利度的因果关系。

本研究的另一个目的是探索二语言语运动控制过程中言语感知系统和言语产生系统的交互作用，因而将二语感知测试中被试听觉敏锐度的个体差异与二语单词朗读任务中音强增幅的个体差异进行了关联分析，这背后的逻辑是，如果言语感知和言语产生之间存在交互作用，被试在这两个任务上的个体差异理应存在相关关系。本研究发现，二语听觉敏锐度较低的被试在二语产生任务中也表现出较大的音强增幅，这与前期一语言语运动控制研究中的发现一致（Villacorta et al., 2007; Lametti et al., 2014; Martin et al., 2018; Murray & Stepp, 2020）。未来研究可通过因素操纵或训练二语感知能力以考察语音感知能力对言语运动控制的调节性作用。

[1] 听觉反馈控制包括一系列连续的加工阶段，如监测听觉错误、计算必要的修正性运动指令、将修正性运动指令传输至肌肉以及收缩肌肉以修正运动轨迹。

本章小结

本章的主要目的是在前期持续性噪声实验的基础上进一步探索晚期双语者一语和二语在线听觉反馈控制的认知机制。20 名晚期汉英双语者分别用一语和二语朗读双音节词语，同时在其语音反馈中随机添加 30 dB 或 60 dB 的短掩蔽噪声，操纵的变量包括语言（一语、二语）和噪声条件（安静、弱噪声、强噪声）。峰值音强分析表明，相比一语产生，二语产生时弱噪声和强噪声条件下的音强增幅更大。音强曲线分析表明，两种语言中音强调整的始潜伏期均在 80~140 ms，并在 220~250 ms 到达峰值，之后一直持续到发声后 400 ms。更重要的是，二语产生比一语产生补偿性反应发生的时间进程更晚。本研究额外考察了晚期双语者言语流利度及言语感知能力与听觉反馈控制的关系。实验任务包括一语和二语流利度测试以及二语感知测试，以此来测量晚期双语者的言语流利度和听觉敏锐度。相关分析表明，当被试的言语流利度越低、二语听觉敏锐度越低，他们产生任务中的音强增幅更大。总结而言，晚期双语者二语产生比一语产生在线听觉反馈控制的权重更高，且加工效率较低。此外，从实证角度支持了言语流利度与听觉反馈控制相对权重之间的关系，并为二语言语运动控制过程中言语感知和言语产生的联系提供了初步的证据。

第七章

双语在线听觉反馈控制的神经机制——来自音高控制的证据

第六章利用随机短噪声掩蔽范式更为纯粹地考察了晚期双语者一语和二语在线听觉反馈控制的认知机制，这为后续晚期双语者言语运动控制的研究提供了崭新的思路。实验发现，一语和二语产生过程中随机呈现的短掩蔽噪声均可诱发补偿性的音强提高反应，且二语产生比一语产生的音强增幅较大、潜伏期较晚，这表明二语听觉反馈控制的权重更高且效率较低。然而，第六章所述的研究属于行为研究，无法揭示在线听觉反馈控制的神经基础。第七章[1]将通过随机音高扰动范式进一步探索晚期双语者在线听觉反馈控制的神经机制。选择音高作为研究对象是因为噪声掩蔽范式额外引入除自身语音信号以外的声音刺激，这可能会影响在线听觉反馈控制的脑活动（Heinks-Maldonado et al., 2005）。因此，本研究将随机呈现的短掩蔽噪声替换成随机呈现的音高扰动，通过观察被试响应随机音高扰动的运动调整和脑活动变化可探索晚期双语者在线音高控制的认知神经机制。具体而言，第七章将重点关注晚期双语者在线听觉反馈控制神经机制的三个研究问题。一是听觉扰动（即音高扰动）如何诱发脑活动变化，二是 P1-N1-P2 成分的认知内涵是什么，三是听觉扰动幅度与 P1-N1-P2 波幅和潜伏期的关系如何，以及上述三个问题在晚期双语者的一语和二语产生中是否具有差异。

[1] Cai Xiao, Yin Yulong and Zhang Qingfang, "Behavioral and ERP evidence of differences in pitch feedback control in late bilinguals' L1 and L2 speech production," *Bilingualism: Language and Cognition* 26, no. 4 (Feb. 2023): 776–794.

7.1 研究背景

母语者在语言习得期间逐步学习母语语音的内部表征，包括具体的声学特征（即听觉目标）和发音运动指令（即运动目标）。然而，当晚期双语者学习一门新语言时，为了实现发音目标，他们必须掌握新的听觉目标和运动目标，并建立新的感觉运动映射关系（Ning et al., 2014; Liu & Tian, 2018）。晚期双语者面临的挑战包括五个方面：一是感知和解析传入的语音信号，二是将感知到的音素与听觉目标进行匹配，三是将听觉目标转换为运动目标，四是选择并执行目标语音适当的发音计划，五是加工听觉反馈以在线修正言语错误（Hickok, 2012）。研究表明，晚期双语者在二语语音表征和发音方面遇到困难，通常人们可通过口音判断出晚期双语者的一语和二语产生（Reiterer et al., 2011; Simmonds et al., 2011b; Dollmann et al., 2020），二语元音产生的稳定性较低，F1 和 F2 值变异性较大（Wang & van Heuven, 2006）。在言语运动控制领域，目前二语产生的研究基础仍较为薄弱。部分前期研究证实了语言性质（一语或二语）影响晚期双语者听觉反馈控制的认知机制，包括听觉反馈控制的相对权重和加工效率（详见第五章和第六章内容）。然而，这些研究本质上属于行为研究，仅提供了被试响应扰动反馈时言语运动调整的终端结果（Coughler et al., 2022）。因此，晚期双语者语言特异性听觉反馈控制的神经机制仍然未知，本研究旨在通过更灵敏的电生理测量手段，进一步比较晚期双语者一语和二语在线听觉反馈控制的认知神经机制。

7.1.1 音高反馈控制的认知神经机制

音高与负责调节呼吸、喉部以及声门上系统的发声控制相关，听觉层面上与之关联的是 F_0（Perkell et al., 1997）。F_0 指声带振动的位置和频率，其大小取决于声带的长度和张力（Zhang, 2016）。对于声调语言（如汉语）的母语者而言，声调不仅带有音高轮廓[1]变化，也具有辨义作用，同一音节声调不同则意义不同，因而他们必须产生词汇声调[2]以区分除声调外其他语音方面相同的词语（Xu et al., 2004）。对于非声调语言（如英语）的母语者而言，音高变化涵指语气变化，如讲话者在重读音节上提高 F_0 以指示强调语气，在短语或句子末尾提高 F_0 以指示疑问语气（Xu & Xu, 2005）。某些神经性言语障碍（如言语失用症）多导致患者出现音高运动控制异常的症状，而音高紊乱极大地干扰了人们正常的言语交流（Demopoulos et al., 2018; Scheerer et al., 2020b; Terband et al., 2020; Peng et al., 2021）。因此，理解言语

[1] 音高轮廓（pitch contour）指声音信号的感知音高随时间的变化。

[2] 词汇声调（lexical tone）是汉语中"最重要的超音段音位和词汇韵律，具有区别语义的功能。从物理属性上看，词汇声调是音节基频变化的时间模式。从语言学层面上看，词汇声调是一种应用于单音节语素（或词）的超音段要素，其在语言系统中的重要性在于和元音、辅音等音段要素相同，词汇声调这一超音段要素也是汉语中的音位，具有区别语义的功能，声调不同的两个语素或词在汉语中表示两个单位，一般具有不同的意义"（肖容，2018）。

产生过程中的音高控制机制对于人们成功的言语交流具有重要意义（Coughler et al., 2022）。

研究者们通常采用随机音高扰动范式考察音高反馈控制的机制。在该范式中，被试听到的音高反馈被人为地提高或降低以考察言语错误发生时听觉反馈控制的机制（Elman, 1981）。由于被试无法预期音高扰动的出现，因而该范式较纯粹地考察了基于听觉反馈的错误监测以及相应的运动修正（Parrell & Houde, 2019）。当音高扰动发生后，被试通常向扰动的相反方向调整运动（即补偿性反应），这一过程十分迅速，大约在扰动出现后的 100~200 ms 时间窗口内（Burnett et al., 1997, 1998; Liu et al., 2011a; Chang et al., 2013; Scheerer et al., 2020a）。例如，当反馈到耳朵里的 F_0 被提高，讲话者会自动降低 F_0，反之亦然（Chang et al., 2013）。由此可见，音高反馈控制的目的是使语音中的 F_0 维持在稳定状态，以实现准确的音高运动控制（Liu et al., 2007; Behroozmand et al., 2012）。

大量研究使用传统的随机音高扰动范式，从行为层面上探讨了讲话者如何将反馈中的音高错误转化为修正性运动指令（Burnett et al., 1997, 1998; Chen et al., 2007; Behroozmand et al., 2012）。然而，补偿性反应仅指示了在线听觉反馈控制的终端结果，研究者们无法得知被试生成修正性运动指令之前一系列的心理加工过程，以及大脑如何响应音高扰动反馈从而导致最终的运动调整（Coughler et al., 2022）。近年来，随着认知神经科学的兴起，研究者们开始尝试结合神经影像学技术和随机音高扰动范式，考察音高反馈控制背后的认知神经机制。神经影像学研究发现，反馈控制涉及听觉和运动相关脑区，包括前运动皮层、颞上回、基底神经节和额顶区域（Kearney & Guenther, 2019; Okano et al., 2020; Segado et al., 2021）。然而，虽然 fMRI 技术具有较高的空间分辨率，但在测量血氧水平依赖性[1]信号时会受到低时间分辨率的限制。

相比之下，脑电具有高时间分辨率，可以在毫秒精度上测量大脑对特定感觉、认知或运动事件的响应（崔刚 , 2015; Zhu et al., 2015）。研究发现，与未扰动的正常听觉反馈条件相比，当被试在扰动听觉反馈条件下发声时 P1-N1-P2 的波幅有所增加（Behroozmand et al., 2009; Chen et al., 2012a, 2012b; Korzyukov et al., 2012a, 2012b; Scheerer et al., 2013a, 2013b; Behroozmand et al., 2015, 2016）。高时间分辨率的优势使得 EEG 成为研究者们考察 P1-N1-P2 活动的理想选择。值得关注的是，P1-N1-P2 成分并不特异于音高反馈加工，随机音高扰动范式诱发的 ERP 反应与一般性听觉材料诱发的 ERP 反应类似（Coughler et al., 2022）。被试在扰动范式下执行复杂的、以目标为导向的运动，因而研究者有必要在特定的实验情境下探讨听觉运动整合相关脑活动的动态变化过程（Behroozmand et al., 2011）。目前随机音高扰动的研究发现，P1-N1-P2 成分是反映音高反馈加工的可靠指标，其中 N1（负波，峰值潜伏期大约在 100 ms）和 P2（正波，峰值潜伏期在 200~300 ms）是更突出的相

[1] 血氧水平依赖性（blood oxygen level dependent，BOLD）是源自血管系统的信号，因而可间接反映神经元活动。研究者通过提取 BOLD 信号变化来考察脑局部和神经网络的功能。例如，使用 BOLD 信号计算功能连接可以度量不同大脑区域之间的功能协同关系（王霞等 , 2023）。

关脑电成分（Behroozmand et al., 2009; Korzyukov et al., 2012a, 2012b; Scheerer et al., 2013a, 2013b; Behroozmand et al., 2015; Coughler et al., 2022; Dai et al., 2022a, 2022b; Lin et al., 2022; Liu et al., 2023）。

与音高反馈控制相关的一个概念是主动控制感[1]（sense of agency），而主动控制感如何调节音高反馈控制这一问题尚未得到研究者们足够的重视。Korzyukov 等人（2017）的研究表明，被试将不同幅度的音高扰动分别感知为由自身产生的错误（如 100 音分）或由外部产生的错误（如 400 音分）。因此，研究者可通过操纵音高扰动幅度考察主动控制感如何调节被试的补偿性言语反应和 P1-N1-P2 的脑活动（Behroozmand & Larson, 2011; Liu et al., 2011a; Scheerer et al., 2013a, 2013b; Chen et al., 2015; Korzyukov et al., 2017; Uhrig et al., 2020; Coughler et al., 2022）。

现有证据倾向于认为，P1 成分反映了被试对早期听觉刺激变化的监测，N1 成分反映了被试对听觉错误的编码，而 P2 成分反映了被试对修正性运动指令的计算（Behroozmand & Larson, 2011; Liu et al., 2011a; Scheerer et al., 2013a; Chen et al., 2015; Korzyukov et al., 2017; Scheerer & Jones, 2018; Toyomura et al., 2020; Patel et al., 2023）。关于 P1-N1-P2 成分的认知内涵详见第一章 1.3.2 节内容。其中 N1 和 P2 成分被认为与主动控制感相关，在本研究具体的语境中，主动控制感指被试判断听觉反馈是否由自身或由外部产生的感受。当语音被判断为由外部产生时，由于缺乏主动控制感，被试需要调用更多的神经资源加工听觉错误，但仅需较少的神经资源编码运动修正，在脑活动层面体现为 N1 波幅增加但 P2 波幅降低（Behroozmand & Larson, 2011; Liu et al., 2011a; Scheerer et al., 2013a; Chen et al., 2015; Korzyukov et al., 2017; Scheerer & Jones, 2018）。

综上所述，随机音高扰动范式中 P1-N1-P2 成分的敏感性使其成为考察音高反馈控制认知神经机制的理想选择。鉴于前期研究仅考虑了单语者，本研究将利用 P1-N1-P2 指标揭示晚期双语者一语和二语在线听觉反馈控制的神经机制存在何种差异。

7.1.2 晚期双语者的音高反馈控制

除双语经验以外，声调语言经验也会影响讲话者的音高反馈控制，具体而言，声调语言背景提高了讲话者监测音高变化的敏感性以及响应音高扰动反馈时运动控制的稳定性（Giuliano et al., 2011; Ning et al., 2014, 2015; Kim & Larson, 2019; Ning, 2022）。例如，Ning 等人（2014）对比了三组被试（即汉语母语者、英语母语者以及汉语二语学习者）响应音高扰动反馈时的补偿性反应。结果发现，汉语母语者补偿性反应的幅度最小，英语母语者补偿性反应的幅度最大，而汉语二语学习者补偿

[1] 主动控制感（sense of agency）又称自主感、施动感，指的是个体感受到自身是行为的主体，即“我”是导致或控制（“我”所感知到的）外部世界中运动或变化的人（Moore, 2016; Korzyukov et al., 2017; Kaiser et al., 2021）。

性反应的幅度介于英语母语者和汉语母语者之间。两组母语者的结果差异是由于音高在声调语言和非声调语言中的凸显性不同，前者音高可用于区分不同的音节，而后者音高仅用于指示重音和语调模式。也有研究发现，不同声调语言的讲话者音高反馈控制也有差异（Liu et al., 2010b; Chen et al., 2012b）。例如，当响应 200 音分和 500 音分扰动时，粤语使用者比普通话使用者表现出较少的补偿性反应（Liu et al., 2010b）以及更大的 P2 波幅（Chen et al., 2012b）。这是由于粤语和普通话分别有六种和四种对比性词汇声调，导致这两种语言音高的凸显性也不同。综上，声调语言背景可帮助人们在言语产生过程中保持相对稳定的音高反馈控制。但由于相关研究数量有限，目前双语经验和声调语言背景之间复杂的交互作用仍不清楚。本研究招募一语和二语分别为声调语言（汉语）和非声调语言（英语）的汉英双语者进一步考察该问题。通过在同一双语群体中对比一语和二语音高反馈控制可探索语言效应，并可考察一语音高反馈控制的声调语言优势是否可迁移到双语者的非声调二语上。

7.1.3 实验假设及预期结果

本研究旨在对比晚期汉英双语者一语和二语产生时在线音高反馈控制的认知神经机制。实验使用了经典的随机音高扰动范式，即被试朗读目标词语的同时在其语音反馈中呈现随机的音高扰动，并测量不同实验条件下被试的补偿性反应和 ERP 活动。本研究预期，晚期双语者二语比一语音高反馈控制的熟练度较低。在行为水平上，晚期双语者在二语产生过程中对音高反馈控制的依赖程度较高，并且基于反馈修正音高错误的效率较低，即补偿性反应的幅度更大且潜伏期更长。在电生理水平上，音高扰动条件均比未扰动条件下诱发更大的 P1-N1-P2 波幅，且晚期双语者的两种语言呈现出语言特异性的音高反馈控制能力。

目前扰动幅度与由此产生的行为和皮层反应的关系仍没有定论。本研究包括不同幅度的音高扰动（即 100、200、400 音分）以探索讲话者如何区分内部和外部产生的错误。本研究预期，当实际的音高与预期的音高偏差较小时，讲话者更有可能将其标记为由自己产生的“正常”的言语错误，从而导致基于反馈的运动修正。相比之下，当实际的音高与预期的音高偏差较大时，讲话者更有可能将其标记为外部环境中的声音，从而防止产生大幅度的运动调整。在行为水平上，较小幅度的扰动（100~200 音分）将导致较大幅度的补偿性反应，但由于主动控制感降低，较大幅度的扰动（400 音分）反而导致较小幅度的补偿性反应。在电生理水平上，扰动幅度会调节被试 N1 和 P2 的波幅变化（Korzyukov et al., 2017）。目前仍然缺乏系统的研究在不同扰动幅度水平上对比晚期双语者一语和二语音高反馈控制的认知神经机制。本研究进一步预期，语言和扰动幅度存在显著的交互作用，两者将共同影响晚期双语者音高反馈控制过程中的补偿性反应和 ERP 活动。

根据语言迁移[1]理论，如果两种语言具有相同的语言学特征，并且该特征在语言 A 中比在语言 B 中更为凸显，那么学习语言 A 将有助于人们学习语言 B（Odlin, 1989; Bialystok et al., 2003）。讲一门声调语言（如汉语）需要人们在音高轮廓和语义之间建立精细的联结关系，从而增强了音高加工能力（Ning et al., 2014, 2015）。因此，如果一语的音高加工优势确实可以转移到二语当中，晚期汉英双语者可能会在一语和二语产生时表现出类似的稳定的音高反馈控制。但如果这种优势仅限于人们加工母语的音高信息，晚期汉英双语者可能会在一语和二语音高反馈控制方面表现出语言特异性的能力。

7.2 研究方法

7.2.1 被试

本研究招募了 24 名大学生汉英双语者（10 名男性）。所有被试均为右利手，无神经系统疾病史，视力或矫正视力正常，听力正常。被试的平均年龄为 22.9 岁（*SD*=2.3, 范围：17~28 岁）。本研究仅招募了在 8 岁或 8 岁以后通过课堂途径学习英语的晚期双语者，平均二语习得年龄为 9.9 岁（*SD*=1.4, 范围：8~12 岁）。所有被试都通过了 CET-4。CET-4 总分为 710 分，所有被试的 CET-4 平均分为 534 分（*SD*=47, 范围：468~632 分）[2]，表明被试属于中等熟练或熟练的双语者。

7.2.2 材料和设计

本研究选择 6 个汉语单词和 6 个英语单词作为目标材料。另选择 2 个汉语单词和 2 个英语单词供被试熟悉实验流程，但练习材料不会出现在正式实验当中。音高反馈控制的研究通常要求被试产生特定的元音（如 /u/ 或 /a/）并持续一段时间（Scheerer et al., 2013a, 2013b; Demopoulos et al., 2018; Murray & Stepp, 2020）。基于这种惯例，本研究调整了经典的范式，要求被试朗读包含相邻元音 /u/ 或 /ʊ/ 的汉语和英语单词。为了最大限度地减少开头辅音对音高数据的影响，本研究两种语言

[1] 语言迁移（language transfer）指目标语与任何已经习得或不完全习得的语言之间的相似性或差异性造成的影响（Odlin, 1989）。

[2] CET-4 的分数报道采用常模参照方式，常模群体选自全国 16 所高校的约 3 万名非英语专业的考生。每次考试等值后的卷面分数都参照常模转换为报道分，每位考生的报道分在常模群体中都有一个相应的百分位位置。本研究中被试的 CET-4 平均分为 534 分，被试均分在常模群体中的相应百分位在 65%~74%，表示被试的英语成绩至少优于常模群体中 65% 的人，但不会优于 74% 的人（全国大学英语四、六级考试委员会，2016）。

材料为首辅音完全相同（即 /g/, /f/, /k/, /p/, /h/ 和 /t/）的假同源词 [1]。一语任务要求被试朗读包含元音 /u/ 的单音节汉语单词，所有单词均为阴平调（即“估 /gu1/”“夫 /fu1/”“枯 /ku1/”“扑 /pu1/”“呼 /hu1/” 和 “突 /tu1/”）。二语任务要求被试朗读包含相邻元音 /u/ 或 /ʊ/ 的单音节英语单词（即 “good /gʊd/,” “food /fu:d/,” “cook /kʊk/,” “pull /pʊl/,” “hook /hʊk/,” 和 “tool /tu:l/”）。

本研究实验设计包括了语言（一语、二语）和扰动幅度（0、100、200、400 音分）两个自变量，均为被试内因素。每位被试需要分别完成一语和二语任务，每种语言的数据采集阶段包括 240 个试次，平均分成 60 个区组，每个区组 4 个试次，整个实验共计 480 个试次。在每个区组中，4 种扰动幅度各占 1 个试次，4 种扰动幅度条件出现的顺序是完全随机的。本研究的项目以伪随机顺序呈现，相同项目在连续 5 个试次中不重复出现。因此，被试无法预期特定试次中出现的刺激类型。每位被试都生成新的试次顺序以避免系统误差。

7.2.3 设备和程序

本研究在完全隔音的实验室中进行。正式实验前，告知被试电脑屏幕中央将视觉呈现目标词。通过心理物理学工具箱（Psychophysics Toolbox）呈现目标单词（Brainard & Vision, 1997），自定义的 MATLAB 脚本控制 Audapter 软件 [2] 以实现实时扰动听觉反馈的目的。实验仪器包括 MOTU Microbook II USB 音频接口和百灵达调音台（Behringer Xenyx 502），并连接到运行 Audapter 的联想台式机。Audapter 是一个 MEX-based 软件包（Cai et al., 2008, 2010, 2011, 2012），研究者可在 C++ 环境下编写脚本并通过 MATLAB 运行程序，自定义的脚本可以实时控制 F_0 扰动的幅度。使用外接的电容式麦克风（SHURE SM58S）和外部声卡（YAMAHA Steinberg CI1）收集和记录被试的语音信号。麦克风固定在置于桌面的话筒架上，距离被试的口部 10 厘米，由主试在一语和二语任务开始前进行校准。在整个实验过程中，被试保持舒适、静止的坐姿，以确保不同实验条件下被试与麦克风的距离都相同。

从麦克风采集的音频信号采样率为 48 000 Hz，为了实现实时的信号处理，需要将采样率降至 12 000 Hz。音高扰动主要包括三个步骤（见图 7.1A）。第一，追踪并同时记录语音信号的 F_0 信息。第二，基于设定的 F_0 扰动参数（+100, +200, 或 +400 音分）计算出相应的 F_0 值。第三，极点替换数字滤波器将原始 F_0 值转换成扰动后的 F_0 值，不同扰动条件出现的顺序完全随机。传递扰动信号的延迟约为 11 ms，低于人耳可以探测的 30 ms 阈限（Yates, 1963）。Audapter 的音频输出通过头

[1] 假同源词（pseudocognates）指具有语音相似性，但彼此间无语义和正字法相关性的词（Jouravlev et al., 2023）。

[2] Audapter 软件是波士顿大学 Guenther 教授团队研发的软件包，该软件可以在 MATLAB 以及 C++ 的编程环境下运行，功能是实时扰动听觉反馈中的多种声学参数，如音强、基频、共振峰等（Cai et al., 2008）。Audapter 软件的安装包、MATLAB 代码及操作指南详见其官网（https://sites.bu.edu/guentherlab/software/audapter/）。

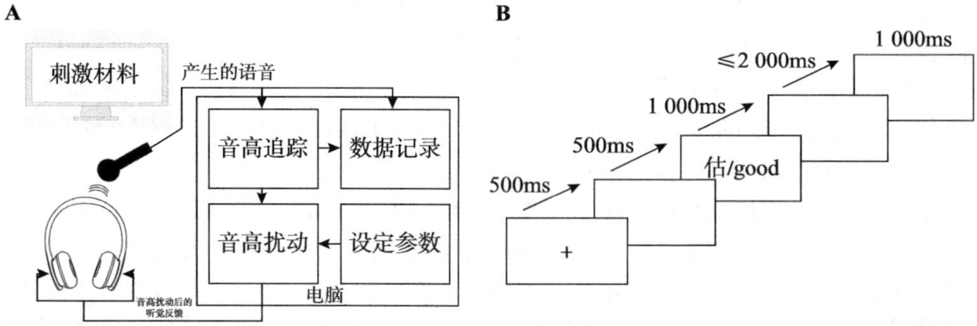

图 7.1 实验试次流程的示意图

（引自 Cai et al., 2023b）。

戴式耳机（Bose QuietComfort 35 II）传递到被试耳中。为了部分掩蔽空气传导和骨传导的听觉反馈，声学校准系统将原始声音的音强提高 10 dB 后反馈至被试耳中（相同的方法请见 Ballard et al., 2018）。

被试端坐在距离电脑屏幕 70 厘米处进行实验。本实验包括练习阶段和测试阶段，两阶段试次的流程完全一致。在练习阶段，告知被试电脑屏幕中央将呈现一个汉语或英语单词，要求他们在单词消失后立即朗读出该单词。实验人员训练被试能够使用一语和二语发出清晰的声音，并保持恒定的音量（74~84 dB）和词长（400~500 ms）。使用 Praat 语音分析软件（6.0.43 版本；Boersma & Weenink, 2013）分析被试练习试次的结果。实验人员将音强和词长结果以口头形式反馈给被试，告知被试当前试次发声是否合适，并对下一个试次的发声尝试给出针对性的建议。这一训练流程确保了音强和词长在不同的试次、实验条件以及被试间保持基本的一致性。正式实验前，被试接受足够的练习试次，当主试判定被试在连续 5 个试次中均满足上述标准，训练阶段结束。之后，告知被试在正式实验中将通过耳机听到自己的声音，有时反馈的声音可能听起来奇怪 [1]，要求他们忽略奇怪的声音并继续完成单词朗读任务。当主试判定被试完全理解上述实验任务后，实验正式进入数据采集阶段。

在测试阶段，每位被试分别完成一语和二语单词朗读任务，两个任务之间需间隔 10 分钟以避免跨语言的干扰。一语和二语任务的顺序在被试间进行平衡。每个实验试次分为四个步骤（见图 7.1B）。第一，屏幕中央呈现“+”注视点 500 ms 和空白屏幕 500 ms。第二，呈现一个汉语或英语单词（如“估”或“good”），持续时间为固定的 1 000 ms。第三，呈现空白屏幕，被试需要在规定时间内既快又准地朗读目标单词。当被试做出朗读反应或 2 000 ms 内未做出反应，空白屏幕消失。在扰动试次中，被试说话的起始点调用音高追踪和扰动程序。每次反应后，主试判断并记录被试是否按照预期做出朗读反应，以及朗读过程中是否发生了语音键错误（即非语音触发语音键或是语音未能触发语音键）。第四，1 000 ms 的空白屏幕结束每个试次。

[1] 当某一试次中引入音高扰动时，由于偏离原始的语音声学参数，反馈的声音会听起来奇怪。

7.2.4 声学记录和分析

被试单词朗读产生的语音被保存成单独的音频文件（WAV 格式）。实验人员使用 Praat 语音分析软件（6.0.43 版本；Boersma & Weenink, 2013）分析记录语音信号。初步的数据检查排除了包含言语错误、朗读不流利或严重音高追踪错误的试次。实验人员手动标记出语音的起始点和结束点，且手动检查发声周期错误，比如遗漏或重复标记等。

为了测量补偿性反应发生的时间进程，实验人员使用修剪算法提取出每个语音文件的音高曲线，时间分辨率为 2 ms（Xu, 1999）。每个语音的音高曲线从发声起始点开始对齐，将每种实验条件下各采样点上所有试次的 F_0 值进行叠加平均，每位被试生成 8 条平均音高曲线。每个语音前 400 ms 的数据纳入叠加平均分析。为了确保每个试次的音高曲线具有一致的起始点和结束点，本研究删除了发音时长短于 400 ms 的试次，共计占总数据的 4.47%。之后，使用下列公式将音高曲线中的基频信号转换成音分：

$$\text{Cents}=100(39.86\log_{10}(f2/f1))$$

公式中的 $f1$ 等于一个任意的基准音（G4: 196 Hz），$f2$ 等于语音信号的基频（Chen et al., 2007; Xu et al., 2004）。每位被试都有独特的 F_0 范围，因而将所有基频信号转换成音分使得研究者可以在不同被试和不同实验条件间比较补偿性反应的大小。

在信号转换后，研究人员考察未扰动条件与 100、200 和 400 音分扰动条件下的音高曲线是否存在显著性差异。为了进行直接比较，本研究统计检验的流程以及参数设置遵循了两项前期的相关研究，这两项研究分别考察了汉语（Xu et al., 2004）和英语（Chen et al., 2007）母语者在线音高反馈控制的认知机制。一系列逐点计算的 t 检验对比了每位被试所有扰动条件与基线条件音高曲线的差异。为了控制 I 类错误，本研究使用了数据驱动的统计校正方法，即错误发现率[1]（false discovery rate, *FDR*），并同时考虑了生理学标准，即音高反馈控制神经肌肉系统的局限性（Xu et al., 2004; Chen et al., 2007）。

补偿性反应始潜伏期的操作性定义是 p 值开始低于 .02 的时间点[2]，该时间点之后至少 50 ms 内 p 值均低于 .02[3]，并且该时间点需发生在扰动呈现 60 ms 以后的时间窗口内[4]。始潜伏期后 p 值开始大于 .02 的时间点被认为是补偿性反应结束的时间

[1] 错误发现率（false discovery rate, *FDR*）指“多重检验中错误拒绝原假设（拒绝真的原假设，即犯 I 类错误）的个数占所有被拒绝的原假设个数的比例的期望值”（区侰华等，2023）。

[2] 通过将 p 值设置为更严格的 .02（而不是 .05）水平，原假设成立的概率相应降低，从而减少 I 类错误。

[3] 研究证据表明，控制 F_0 至关重要的肌肉（如环甲肌）最快需要 30 ms 才能达到收缩峰值（Perlman & Alipour-Haghighi, 1988），另外需要 20~30 ms 才能引发可观察的 F_0 变化（Larson et al., 1987）。通过将补偿性反应最短的持续时间限制为 50 ms，研究者可以有效地排除时间过短的、并非反映音高反馈控制过程中 F_0 变化的响应。

[4] 研究证据表明，音高扰动刺激和 F_0 补偿性反应之间至少存在 60 ms 的间隔（Burnett et al., 1997, 1998; Larson, 1998）。通过将始潜伏期限制在扰动呈现 60 ms 以后的时间窗口内，研究者可以有效地排除并非基于音高反馈进行的运动修正。

点。之后，计算每位被试不同扰动条件和基线条件音高曲线的差异波，在始潜伏期之后、补偿性反应结束之前，差异波偏离零点最大的时间点被定义为补偿性反应的峰值潜伏期，该时间点上的音高差异被定义为补偿性反应的幅度。以始潜伏期以及补偿性反应的幅度和峰值潜伏期为因变量，分别进行 2（语言：一语、二语）× 3（扰动幅度：100、200、400 音分）的重复测量方差分析[1]。由于基线条件中并未呈现音高扰动，分析基线试次中补偿性反应的幅度和潜伏期没有意义。

7.2.5 EEG 记录和分析

脑电信号由 NeuroScan 系统采集，64 导 Ag-AgCl 电极以国际通用 10-20 方式固定于电极帽上。在线记录时以左侧乳突作为参考电极。垂直眼电和水平眼电均为双极记录，垂直眼电电极分别置于左眼眼眶上和眼眶下正中间的位置，水平眼电两个电极分别置于眼角左右两侧 1 厘米处。电极与头皮之间的阻抗均保持在 5 kΩ 以下，连续记录时滤波带通为 0.05~70 Hz，采样频率为 500 Hz。

本研究采用 EEGLAB 工具包（Delorme & Makeig, 2004）和自定义的 MATLAB 脚本对 EEG 数据进行离线分析。第一，将数据由单侧乳突参考转换为双侧乳突参考，然后融合行为数据，并进行 0.1~30 Hz 带通滤波。第二，使用 kurtosis 方法检测坏导，即信号采集时与头部接触不良或已损坏的电极（不超过 6 个），之后使用 EEGLAB 的自带函数进行坏导替换，通过球面插值算法计算被替换导联周围电极的数据，并对信号重新估计后进行替换。第三，替换后的数据以被试发音起始点前 1 000 ms 和发音起始点后 1 500 ms 进行分段，并且手动排除伪迹[2]较大的分段。第四，结合 EEGLAB 中的独立成分分析[3]（independent component analysis, ICA）函数和识别伪迹成分的 ADJUST 插件进一步去除眼动伪迹[4]和肌肉伪迹[5]。第五，按发音起始点前 200 ms 以及发音起始点后 500 ms 对脑电信号进行分段，基线为发音起始点前 200 ms。第六，在离线叠加平均之前，预览后删除包含眼电、肌电、漂移等伪迹的试次，并删除波幅超过 ±50 μV 的试次。如果某一实验条件下剩余的试次数量少于 40，则排除该被试的数据。

前期研究表明，位于额叶和中央区域的电极稳定地表现出明显的 P1-N1-P2 波形变化，因而是研究者们记录音高扰动反应的理想选择（Liu et al., 2011a; Scheerer

[1] 本研究中所有重复测量方差分析均使用 SPSS 软件（19.0）进行数据分析，当 Manchly 球形假设不成立时，采用 Greenhouse-Geisser 方法校正。

[2] 脑电信号一般在微伏量级，并且因脑电导联方式易受到干扰。常见的干扰包括眼动干扰、肌电干扰、心电干扰、高频噪声干扰等，这些干扰通常是来自脑外的电位活动，也被称为伪迹（artifact）。

[3] 独立成分分析（independent component analysis, ICA）基于盲源信号分离技术，基本思路是将多通道观察的信号按照统计独立的原则分解为若干成分。ICA 对脑电信号中由眨眼、肌肉运动引发的伪迹有较高的识别度。

[4] 眼动伪迹的判断标准为成分排序靠前，成分的头部活动集中在前额区，能量活动随频率升高而缓慢衰减，单试次能量大。

[5] 肌肉伪迹的判断标准为成分的头部活动分散在外侧的局部地区，能量活动随频率升高而升高，单试次能量较大。

et al., 2013a, 2013b; Fogarty et al., 2020; Schaefer, 2021）。本研究选取 3 个兴趣区（region of interest, ROI），分别是左（F3，C3）、中（FZ，CZ）和右（F4，C4），每个 ROI 波幅值是两个电极点的平均波幅。选择这些电极点可与前人的音高扰动研究进行直接比较（Scheerer et al., 2013a）。计算出每位被试在不同实验条件下各个电极点的平均波形，之后通过叠加所有被试在不同实验条件下各个电极点的平均波形得出总平均波形。从每位被试的平均波形中提取出 P1-N1-P2 的峰值波幅以及相应的峰值潜伏期。P1 峰值波幅的定义是发音起始点之后 50~150 ms 时间窗口内波幅最正的值，相应时间点即为 P1 峰值潜伏期。N1 峰值波幅的定义是发音起始点之后 100~200 ms 时间窗口内波幅最负的值，相应时间点即为 N1 峰值潜伏期。P2 峰值波幅的定义是发音起始点之后 200~300 ms 时间窗口内波幅最正的值，相应时间点即为 P2 峰值潜伏期。以 P1-N1-P2 的峰值波幅和峰值潜伏期为因变量，分别进行 2（语言：一语、二语）× 4（扰动幅度：0、100、200、400 音分）× 3（偏侧化：左、中、右）的重复测量方差分析。

7.3 研究结果

本研究将 24 名被试的数据纳入后续统计分析，对补偿性反应的始潜伏期、幅度和峰值潜伏期以及 P1-N1-P2 的峰值波幅和峰值潜伏期分别进行方差分析以考察语言和扰动幅度的效应 [1]。

7.3.1 始潜伏期分析

研究人员整理了被试一语和二语产生时基线条件与扰动条件（即 100、200、400 音分）音高曲线的差异波（见图 7.2）。为了确定音高在基线和扰动条件出现差异的时间点，本研究采用 Chen 等人（2007）的方法计算始潜伏期 [2]。结果表明，一语产生时 100、200、400 音分扰动条件的始潜伏期分别为 122 ms、101 ms 和 85 ms，而二语产生时相应的始潜伏期分别为 151 ms、128 ms 和 93 ms[3]。

研究人员对始潜伏期进行两因素方差分析，结果表明，语言主效应显著（F（1, 23）=258.60, p<.001, η_p^2=.92）[4]，扰动幅度主效应显著（F（2, 46）=415.90,

[1] 研究人员采用 *FDR* 方法校正涉及多重比较的数据（Yekutieli & Benjamini, 1999），*FDR* 可通过 R 软件中的 *fdrtool* 包实现。

[2] 即在 400 ms 的时间窗口内，p 值降至 .02 以下且至少持续 50 ms 的时间点。

[3] 研究人员观察到，相比一语产生，二语产生中补偿性反应的始潜伏期较晚，支持了实验假设，即晚期双语者二语产生时在线听觉反馈控制的效率较低。

[4] 语言主效应显著说明，当不考虑扰动幅度时，补偿性反应的始潜伏期在不同语言（一语、二语）间存在显著性差异。

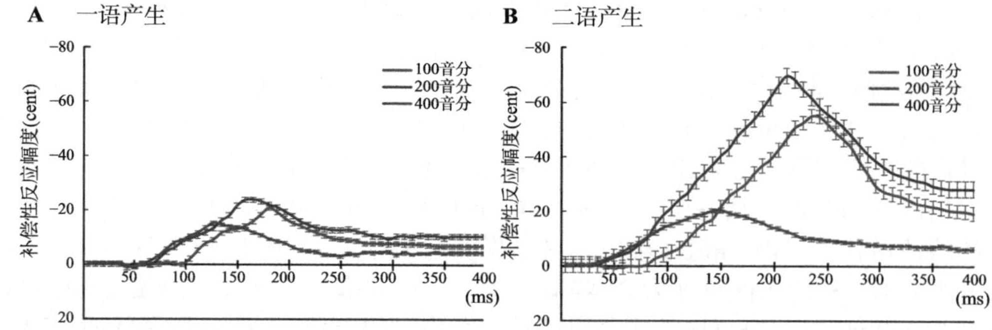

图 7.2　一语（A）和二语（B）产生时基线条件与 100 音分（红线）、200 音分（蓝线）和 400 音分（绿色）扰动条件音高曲线的差异波

（引自 Cai et al., 2023b）。注：彩图参见本书第 275 页。

p<.001, η_p^2=.97）[1]，语言和扰动幅度的交互作用也显著（F（2, 46）=32.33, p<.001, η_p^2=.58）[2]。因此，本研究对三种扰动幅度条件下的始潜伏期分别进行了单因素方差分析，结果表明（*FDR* 校正后），当扰动幅度为 100 音分（F（1, 23）=179.19, p=.001, η_p^2=.89）、200 音分（F（1, 23）=128.56, p=.001, η_p^2=.85）或 400 音分（F（1, 23）=15.46, p=.001, η_p^2=.40）时，晚期双语者的一语产生均比二语产生表现出更早的始潜伏期。此外，本研究对两种语言条件下的始潜伏期也分别进行了单因素方差分析，结果表明（*FDR* 校正后），当使用的语言为一语（F（2, 46）=161.11, p=.001, η_p^2=.88）或二语（F（2, 46）=311.54, p=.001, η_p^2=.93）时，扰动幅度的主效应均显著，即大幅扰动比小幅扰动诱发的始潜伏期更早。

7.3.2 补偿性反应幅度分析

本研究对补偿性反应幅度进行两因素方差分析，结果表明，语言主效应显著（F（1, 23）=40.72, p<.001, η_p^2=.65），即二语产生比一语产生诱发更大幅度的补偿性反应。扰动幅度的主效应显著（F（2, 46）=58.47, p<.001, η_p^2=.73）。事后成对比较结果表明（*FDR* 校正后），200 音分比 100 音分扰动诱发更大幅度的补偿性反应（F（1, 23）=8.67, p=.008, η_p^2=.28），但 100 音分（F（1, 23）=69.38, p=.002, η_p^2=.76）和 200 音分（F（1, 23）=105.16, p=.002, η_p^2=.83）扰动均比 400 音分扰动诱发更大幅度的补偿性反应。语言和扰动幅度的交互作用也显著（F（2, 46）=26.10, p<.001, η_p^2=.54）。因此，本研究对三种扰动幅度条件下补偿性反应分别进行了单因素方差分析。结果表明（*FDR* 校正后），当扰动

[1] 扰动幅度主效应显著说明，当不考虑语言时，补偿性反应的始潜伏期在不同扰动幅度条件（100 音分、200 音分、400 音分）间存在显著性差异。

[2] 语言和扰动幅度的交互作用显著说明，扰动幅度对补偿性反应始潜伏期的影响在不同语言（一语、二语）间存在显著性差异，或语言对补偿性反应始潜伏期的影响在不同扰动幅度（100 音分、200 音分、400 音分）间存在显著性差异。

幅度为100音分（$F(1, 23)=34.57, p=.002, \eta_p^2=.61$）、200音分（$F(1, 23)=39.14, p=.002, \eta_p^2=.64$）或400音分（$F(1, 23)=5.24, p=.03, \eta_p^2=.19$）时，晚期双语者的二语产生均比一语产生表现出更大幅度的补偿性反应[1]。此外，本研究对两种语言条件下的补偿性反应幅度也分别进行了单因素方差分析。结果表明（*FDR*校正后），当使用语言为一语（$F(2, 46)=15.44, p=.001, \eta_p^2=.41$）或二语（$F(2, 46)=43.24, p=.001, \eta_p^2=.66$）时，扰动幅度的主效应均显著，即较小幅度的扰动（100~200音分）诱发较大幅度的补偿性反应，而较大幅度的扰动（400音分）反而诱发较小幅度的补偿性反应[2]。

7.3.3 峰值潜伏期分析

本研究对补偿性反应峰值潜伏期进行两因素方差分析，结果表明，语言主效应显著（$F(1, 23)=63.34, p<.001, \eta_p^2=.74$），即一语产生比二语产生峰值潜伏期发生得更早。扰动幅度的主效应显著（$F(2, 46)=63.76, p<.001, \eta_p^2=.74$）。事后成对比较结果表明（*FDR*校正后），400音分比100音分（$F(1, 23)=124.39, p=.002, \eta_p^2=.85$）和200音分（$F(1, 23)=52.50, p=.002, \eta_p^2=.71$）扰动峰值潜伏期发生得更早，且200音分比100音分扰动条件峰值潜伏期发生得更早（$F(1, 23)=10.70, p=.004, \eta_p^2=.33$）。语言和扰动幅度的交互作用也显著（$F(2, 46)=8.25, p=.001, \eta_p^2=.27$）。因此，本研究对三种扰动幅度条件下的峰值潜伏期分别进行了单因素方差分析。结果表明（*FDR*校正后），当扰动幅度为100音分（$F(1, 23)=56.04, p=.002, \eta_p^2=.72$）、200音分（$F(1, 23)=34.98, p=.002, \eta_p^2=.61$）或400音分（$F(1, 23)=4.56, p=.04, \eta_p^2=.17$）时，晚期双语者二语产生均比一语产生峰值潜伏期发生得更晚[3]。此外，本研究对两种语言条件下补偿性反应的峰值潜伏期分别进行了单因素方差分析。结果表明（*FDR*校正后），当使用语言为一语（$F(2, 46)=22.83, p=.001, \eta_p^2=.51$）或二语（$F(2, 46)=50.77, p=.001, \eta_p^2=.70$）时，扰动幅度的主效应均显著，即大幅扰动比小幅扰动诱发的峰值潜伏期更早[4]。

7.3.4 P1-N1-P2波幅分析

ERP分析排除了包含眨眼和肌肉运动的试次以及错误试次，各实验条件平均接

[1] 研究人员观察到，相比一语产生，二语产生时由100音分、200音分和400音分扰动诱发的补偿性反应幅度更大，支持了实验假设，即晚期双语者听觉反馈控制的权重受到语言的影响，具体来说，相比一语产生，晚期双语者二语产生时听觉反馈控制系统的权重更高。

[2] 研究人员观察到，在一语和二语产生时，较小幅度的扰动将导致较大幅度的补偿性反应，而较大幅度的扰动反而导致较小幅度的补偿性反应，支持了实验假设，即主动控制感影响听觉反馈控制过程中的运动调整，当主动控制感降低时，响应音高扰动的运动调整幅度也降低。

[3] 研究人员观察到，峰值潜伏期与始潜伏期的结果模式一致，支持了实验假设，即晚期双语者二语产生时在线听觉反馈控制的效率较低。

[4] 研究人员观察到，在一语和二语产生时，较大幅度的扰动将诱发较早的补偿性反应，这说明当听觉反馈偏离正常值越大时，人们越容易察觉并修正听觉错误。

受的试次数为 51.04[1]。Boudewyn 等人（2018）提出，将试次增加到 45 次及以上可大幅提高被试内设计探测弱 ERP 效应的统计功效。因此，本研究的剩余数据量可探测 P1-N1-P2 的弱效应。研究人员计算了被试在一语和二语产生时响应所有音高扰动幅度条件的总平均 ERP 波形图（见图 7.3）以及 P1-N1-P2 成分的地形图（见图 7.4），并汇总了行为和 ERP 综合方差分析的结果（见表 7.1）。

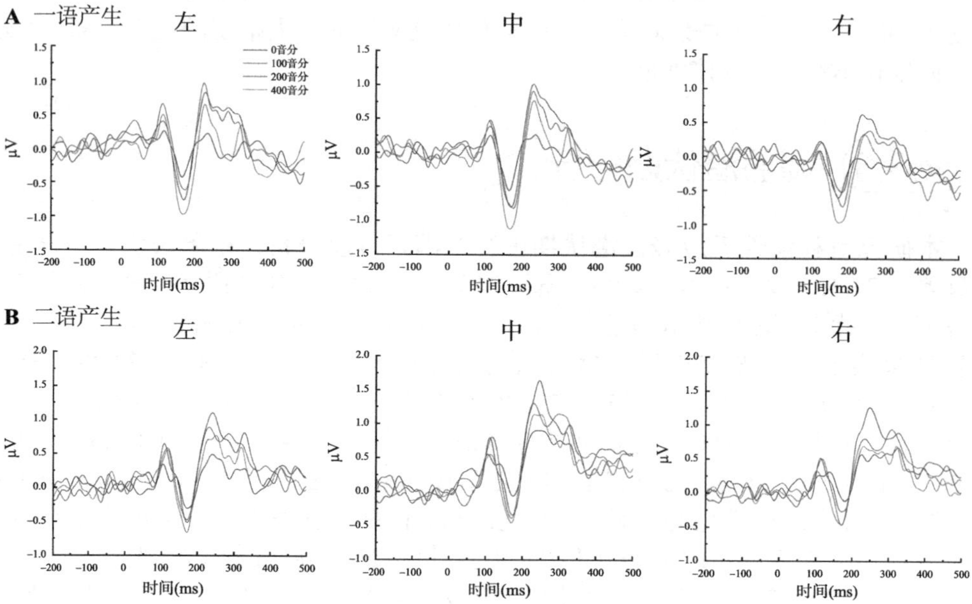

图 7.3　一语（A）和二语（B）产生时不同扰动幅度条件在左侧、中部以及右侧电极的总平均 ERP 波形图

（引自 Cai et al., 2023b）。注：彩图参见本书第 275 页。

表 7.1　本研究行为和 ERP 综合方差分析的结果

	语言	扰动幅度	偏侧化	语言 × 扰动幅度	语言 × 偏侧化	扰动幅度 × 偏侧化	语言 × 扰动幅度 × 偏侧化
行为结果							
始潜伏期	243.78***	653.91***	×	38.19***	×	×	×
反应幅度	40.72***	58.47***	×	26.10***	×	×	×
峰值潜伏期	63.34***	63.76***	×	8.25***	×	×	×
ERP 结果							
P1 波幅	3.30†	—	—	—	3.24t	3.12*	—
N1 波幅	3.96†	3.53*	—	—	4.94*	—	—

[1] 一语产生中，0、100、200 和 400 音分扰动条件分别接受的平均试次数为 51.38、51.13、50.96 和 50.75，二语产生相应条件分别接受的平均试次数为 51.46、51.29、50.75 和 50.63。

续表

	语言	扰动幅度	偏侧化	语言 × 扰动幅度	语言 × 偏侧化	扰动幅度 × 偏侧化	语言 × 扰动幅度 × 偏侧化
P2 波幅	4.17*	5.70**	—	—	8.62**	—	—
P1 潜伏期	4.67*	—	—	—	—	2.89*	—
N1 潜伏期	—	2.34t	2.97†	—	—	—	—
P2 潜伏期	—	—	4.81*	—	—	—	—
成对比较结果							
0 vs. 400 音分	一语产生				二语产生		
	左	中	右		左	中	右
P1 波幅	—	—	—		—	—	—
N1 波幅	5.95*	5.00*	5.78*				
P2 波幅	—	—	—		—	—	—

注：*** $p<.001$, ** $p<.01$, * $p<.05$, †$.05<p<.1$；× 代表测量指标不涉及某种效应；– 代表不显著的效应。

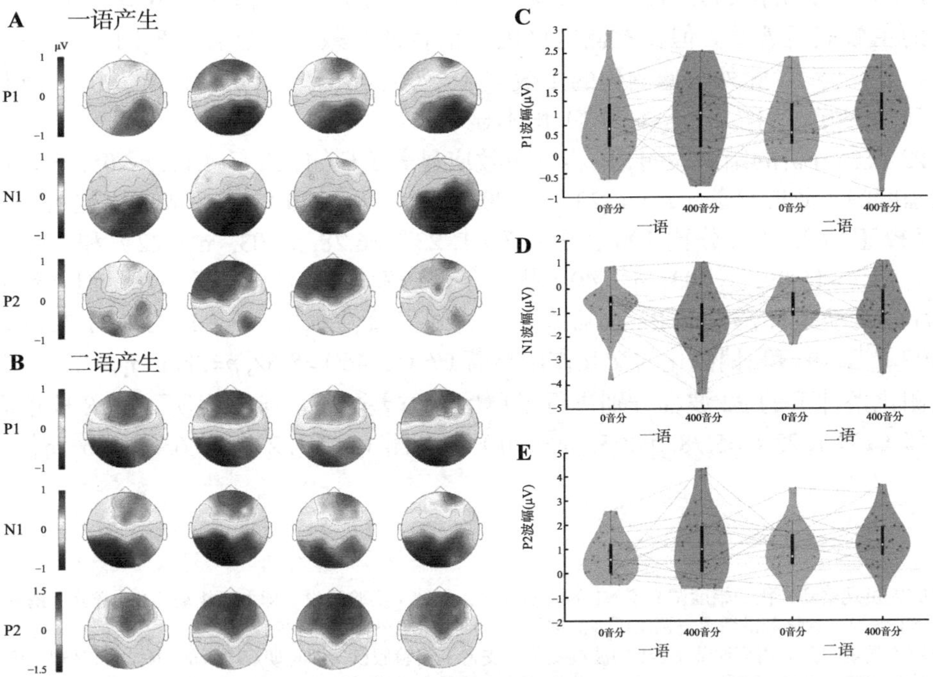

图 7.4　一语（A）和二语（B）产生时不同扰动幅度条件 P1–N1–P2 成分的地形图。P1 波幅（C）、N1 波幅（D）和 P2 波幅（E）在 0 和 400 音分扰动条件下对比结果的小提琴图（引自 Cai et al., 2023b）。实心点代表各个数据点，白色圆圈代表平均值，线的两端代表被试。注：彩图参见本书第 276 页。

方差分析考察了语言、扰动幅度和偏侧化对 P1-N1-P2 波幅的影响。P1 波幅分析的结果表明，语言的主效应仅边缘显著（$F(1, 23)=3.30, p=.08, \eta_p^2=.13$），扰动幅度和偏侧化的交互作用显著（$F(6, 138)=3.12, p=.03, \eta_p^2=.12$）。对三种偏侧化条件下的 P1 波幅分别进行了单因素方差分析。结果表明（*FDR* 校正后），在左侧（$F(3,69)=2.46, p=.27, \eta_p^2=.10$）、中部（$F(3,69)=.40, p=.77, \eta_p^2=.02$）和右侧（$F(3,69)=.28, p=.77, \eta_p^2=.01$）电极内，扰动幅度的主效应均不显著。此外，扰动幅度（$F(3,69)=.70, p=.51, \eta_p^2=.03$）和偏侧化（$F(2, 46)=1.42, p=.25, \eta_p^2=.06$）的主效应或其他变量间的交互作用（all $ps \geqslant .08$）均不显著。

N1 波幅分析的结果表明，语言的主效应仅边缘显著（$F(1, 23)=3.96, p=.06, \eta_p^2=.15$），扰动幅度的主效应显著（$F(3, 69)=3.53, p=.02, \eta_p^2=.13$）。事后成对比较结果表明（*FDR* 校正后），400 音分比 0 音分扰动条件诱发的 N1 波幅（绝对值）显著更大（$F(1, 23)=6.69, p=.05, \eta_p^2=.23$），但与 100 音分（$F(1, 23)=4.41, p=.06, \eta_p^2=.16$）和 200 音分（$F(1, 23)=3.82, p=.06, \eta_p^2=.14$）扰动条件诱发的 N1 波幅差异仅达到边缘显著性水平[1]。进一步分析发现，100 音分和 200 音分扰动与 0 音分扰动条件的 N1 波幅差异不显著（$p \geqslant .15$）。语言和偏侧化的交互作用显著（$F(2, 46)=4.94, p=.03, \eta_p^2=.18$）。对三种偏侧化条件下的 N1 波幅分别进行了单因素方差分析。结果表明（*FDR* 校正后），在中部（$F(1, 23)=5.10, p=.05, \eta_p^2=.18$）和右侧（$F(1, 23)=5.89, p=.05, \eta_p^2=.20$）电极内，语言的主效应显著[2]。但在左侧电极内，语言的主效应不显著（$F(1, 23)=1.12, p=.30, \eta_p^2=.05$）。此外，偏侧化的主效应（$F(2, 46)=.21, p=.81, \eta_p^2=.01$）或其他变量间的交互作用（all $ps \geqslant .17$）均不显著。

P2 波幅分析的结果表明，语言的主效应显著（$F(1, 23)=4.17, p=.05, \eta_p^2=.15$），扰动幅度的主效应显著（$F(1, 23)=5.70, p=.006, \eta_p^2=.20$）。事后成对比较结果表明（*FDR* 校正后），0 音分比 100 音分（$F(1, 23)=6.28, p=.03, \eta_p^2=.22$）和 200 音分（$F(1, 23)=15.09, p=.003, \eta_p^2=.40$）扰动条件诱发的 P2 波幅显著更小，但 0 音分和 400 音分扰动条件诱发的 P2 波幅差异未达到显著性水平（$F(1, 23)=1.72, p=.20, \eta_p^2=.07$）[3]。语言和偏侧化的交互作用显著（$F(2, 46)=8.62, p=.005, \eta_p^2=.27$）。对三种偏侧化条件下的 P2 波幅分别进行了单因素方差分析。结果表明（*FDR* 校正后），在中部（$F(1, 23)=5.78, p=.05, \eta_p^2=.20$）和右侧（$F(1, 23)=6.63, p=.05, \eta_p^2=.22$）

[1] 研究人员观察到，扰动幅度调节了 N1 的波幅变化，支持了实验假设，即大幅扰动（400 音分）诱发更大的 N1 波幅，意味着讲话者需调用更多的神经资源加工来自外部的听觉错误。

[2] 研究人员观察到，语言调节了 N1 的波幅变化，支持了实验假设，即晚期双语者的两种语言呈现出语言特异性的音高反馈控制能力，此处 N1 成分特指被试编码听觉错误的能力。

[3] 研究人员观察到，扰动幅度调节了 P2 的波幅变化，支持了实验假设，即较小幅度的扰动（100~200 音分）导致较大幅度的 P2 波幅增幅，而较大幅度的扰动（400 音分）反而导致较小幅度的 P2 波幅增幅，意味着讲话者分配较多的神经资源修正内部的言语错误，但分配较少的神经资源修正外部的言语错误。大幅扰动（400 音分）诱发更大的 N1 波幅，意味着讲话者需调用更多的神经资源加工来自外部的听觉错误。

电极内，语言的主效应显著[1]。但在左侧电极内，语言的主效应不显著（F（1, 23）= .76, p=.39, η_p^2=.03）。此外，偏侧化的主效应（F（2, 46）=2.85, p=.10, η_p^2=.11）或其他变量间的交互作用（all ps ≥ .22）均不显著。

为了进一步考察晚期双语者一语和二语产生时加工内部及外部反馈的差异，本研究在不同 ROI 内对 0 音分和 400 音分扰动条件的 P1-N1-P2 波幅进行事先成对比较。P1 波幅的结果表明（*FDR* 校正后），一语（all ps ≥ .78）和二语（all ps ≥ .32）产生时，任何 ROI 内 0 音分和 400 音分扰动条件间 P1 波幅差异均不显著（见图 7.4C）。N1 波幅的结果表明（*FDR* 校正后），一语产生时，在左侧（p=.04）、中部（p=.04）和右侧（p=.04）电极内，400 音分均比 0 音分扰动条件诱发更大的 N1 波幅（绝对值）。但在二语产生时，任何 ROI 内（all ps ≥ .30）均未探测到上述差异（见图 7.4D）[2]。P2 波幅的结果表明（*FDR* 校正后），一语（all ps ≥ .28）和二语（all ps ≥ .30）产生时，任何 ROI 内 0 音分和 400 音分扰动条件间 P2 波幅差异均不显著（见图 7.4E）。

7.3.5 P1-N1-P2 潜伏期分析

方差分析考察了语言、扰动幅度和偏侧化对 P1、N1、P2 潜伏期的影响。P1 潜伏期的结果表明，语言的主效应显著（F（1, 23）=4.67, p=.04, η_p^2=.17），表现为一语产生比二语产生 P1 潜伏期出现得更早[3]。扰动幅度和偏侧化的交互作用显著（F（6, 138）=2.89, p=.03, η_p^2=.11）。对三种偏侧化条件下的 P1 潜伏期分别进行了单因素方差分析。结果表明（*FDR* 校正后），在左侧（F（3, 69）=2.71, p=.15, η_p^2=.11）、中部（F（3, 69）=.18, p=.91, η_p^2=.008）和右侧（F（3, 69）=1.98, p=.20, η_p^2=.08）电极内，扰动幅度的主效应均不显著。此外，扰动幅度（F（3, 69）=1.07, p=.35, η_p^2=.05）、偏侧化（F（2, 46）=.17, p=.75, η_p^2=.007）的主效应或其他变量间的交互作用（all ps ≥ .16）均不显著。N1 潜伏期的结果表明，扰动幅度的主效应边缘显著（F（3, 69）=2.34, p=.08, η_p^2=.09），偏侧化的主效应边缘显著（F（2, 46）= 2.97, p=.08, η_p^2=.11）。此外，语言的主效应（F（2, 46）=.17, p=.75, η_p^2=.007）或其他变量间的交互作用（all ps ≥ .23）均不显著。P2 潜伏期的结果表明，偏侧化的主效应显著（F（2, 46）=4.81, p=.02, η_p^2=.17）。此外，语言（F（1, 23）=1.37, p=.25, η_p^2=.06）、扰动幅度（F（3, 69）=1.18, p=.32, η_p^2=.05）的主效应或其他变量间的交互作用（all ps ≥ .29）均不显著。

[1] 研究人员观察到，语言调节了 P2 的波幅变化，支持了实验假设，即晚期双语者的两种语言呈现出语言特异性的音高反馈控制能力，此处 P2 成分特指被试计算修正性运动指令的能力。

[2] 研究人员观察到，语言和扰动幅度共同影响了晚期双语者音高反馈控制的 ERP 反应。结合 N1 成分的认知内涵，该结果意味着晚期双语者二语产生时形成听觉预期的能力仍存在不足。

[3] 研究人员观察到，语言调节了 P1 的潜伏期，即二语产生时 P1 潜伏期出现得更晚，这与补偿性反应始潜伏期和峰值潜伏期的结果模式一致，支持了二语在线音高反馈控制的效率较低。

7.4 讨论与后续研究

本研究考察了语言和扰动幅度影响晚期双语者音高反馈控制的认知神经机制。行为结果表明，晚期双语者的二语产生比一语产生补偿性反应的幅度更大，但始潜伏期和峰值潜伏期更晚。ERP 结果表明，一语产生时，400 音分扰动条件比 0 音分基线条件诱发更大的 N1 波幅，但该差异在二语产生时并不显著。此外，晚期双语者二语产生比一语产生诱发的 P1 潜伏期更晚。这些发现支持了语言性质（一语或二语）对晚期双语者音高反馈控制的认知神经机制的调节作用。尽管存在上述差异，本研究也发现，晚期双语者一语和二语音高反馈加工存在相似之处。被试一语和二语产生时均在音高扰动出现后的 80~150 ms 时间窗口内表现出类似的补偿性反应。被试一语和二语产生时补偿性反应幅度和潜伏期以及 P2 波幅受扰动幅度调节的机制也类似，这意味着两种语言具有类似的听觉门控机制，可以修正内部和外部产生的言语错误。

7.4.1 一语和二语产生中音高反馈控制的行为差异

研究结果表明，在所有音高扰动水平上，二语产生始终比一语产生诱发更大幅度的补偿性反应，这与第六章中晚期汉英双语者在线音强反馈控制的研究结果一致，当响应随机短掩蔽噪声时，二语产生比一语产生的音强增幅更大（Cai et al., 2021b）。由于补偿性反应的幅度反映了讲话者听觉反馈控制系统的相对权重（Lametti et al., 2012; Murray & Stepp, 2020），本研究语言特异性的补偿性反应幅度说明晚期双语者二语比一语音高反馈控制的相对权重更高，即二语产生更加依赖音高反馈指导语音输出。前人的研究表明，随着语言发展，人们对听觉反馈控制的依赖程度逐渐降低，而这一过程是由内部感觉运动表征的稳定性所驱动的（Tourville et al., 2008; Civier et al., 2010; Perkell, 2012; Guenther, 2016）。听觉反馈的首要功能是帮助人们学习语音的感觉运动表征，当语音运动指令和相应感觉反馈结果的映射关系较弱时，讲话者非常依赖听觉反馈在线监测和修正语音输出（Scheerer & Jones, 2012, 2014）。该阐释可为本实验观察到的结果提供佐证，即晚期双语者较晚习得的二语语音的感觉运动表征稳定性较弱。这是由于一语和二语学习过程的质性和量化差异，一语习得过程中，人们密集地学习一门语言，但二语学习者可获得的语言输入量相对有限（Saito et al., 2020）。

同样重要的发现是，在所有音高扰动水平上，二语产生始终比一语产生诱发更早的补偿性反应（包括始潜伏期和峰值潜伏期），这也与第六章中晚期汉英双语者在线音强反馈控制的研究结果一致（Cai et al., 2021b）。这种结果模式提供了直接证据，即晚期双语者二语比一语在线听觉反馈控制的效率较低（Simmonds et al., 2011b）。部分一语习得的研究发现，补偿性反应的潜伏期随着年龄增长而缩短（Liu et al., 2010c, 2012; Coughler et al., 2022)，不同年龄组别的被试中也发现了这一发展趋势（Scheerer et al., 2013b）。研究者将其解释为听觉和语音系统的成熟化，即突触传递效率增加导致了更为高效的神经加工，从而在行为水平上可观察到更为迅速的补偿性反应（Liu et al., 2010c, 2012; Scheerer et al., 2013b）。上述结果可支持本研究的假设，即晚期双语者二语听觉和语音系统较不发达，响应音高扰动反馈的运动调整发生得较为缓慢。

本研究选择的跨语言实验材料仍可改进，汉语材料仅包括元音 /u/，而英语材料包括相邻元音 /u/ 和 /ʊ/。因此，本研究额外进行了零假设检验[1]和贝叶斯因子[2]的事后分析，考察包括元音 /u/ 和 /ʊ/ 的两组英语单词在行为结果上是否存在显著性差异。结果表明，元音 /u/ 和 /ʊ/ 在始潜伏期（all $ps \geqslant .28$, all $BF_{01} \geqslant 3.42$）、反应幅度（all $ps \geqslant .65$, all $BF_{01} \geqslant 7.21$）和峰值潜伏期（all $ps \geqslant .62$, all $BF_{01} \geqslant 6.88$）指标上无显著差异[3]（见表 7.2）。已有文献也表明，音高和共振峰在定义语音特征中发挥了不同的作用（Mollaei et al., 2016; Coughler et al., 2022）。扰动音高会导致被试听自己声音时感到音调更高或更低。共振峰频率与唇、舌、颚的位置信息有关，F1 与舌位的高低有关，F2 与舌位的前后有关，因而扰动共振峰会导致被试听到不同的语音（Purcell & Munhall, 2006b; 邓丹，2017）。本研究仅操纵了 F_0（+ 100, + 200, + 400 音分），并未改变共振峰频率（F1 或 F2）。因此，/u/ 和 /ʊ/ 在元音高度（即 F1）上的差异不太可能影响被试的音高（F_0）反馈控制。上述结果补充证实了先前的结论，即本研究中观察到的跨语言差异反映了晚期双语者二语音高反馈控制的权重更高且效率较低。未来的研究可改进实验材料，如选择晚期双语者一语和二语中相同的元音，以便明确地考察跨语言的音高反馈控制问题。

表 7.2 包含元音 /u/ 和 /ʊ/ 的两组英语单词在三种扰动条件下始潜伏期、反应幅度和峰值潜伏期指标上配对样本 *t* 检验以及贝叶斯因子的结果

测量	始潜伏期			反应幅度			峰值潜伏期		
	t	p	BF_{01}	t	p	BF_{01}	t	p	BF_{01}
100 音分	.92	.37	4.16	.11	.92	21.56	.41	.69	7.39
200 音分	1.12	.28	3.42	.31	.76	9.39	.25	.80	12.65
400 音分	.76	.45	4.53	.46	.65	7.21	.51	.62	6.88

[1] 零假设检验（null hypothesis significance test, NHST）是当前科研中最常用的经典统计方法。研究者通常将希望其为正确的假设作为备择假设（H_1），而将其对立面作为零假设（H_0）。在 NHST 框架下，p 值的意义是假定 H_0 为真的情况下，如果采用完全相同的条件，无数次地重复当前实验，这些实验中将出现当前结果及比当前结果更加极端的结果的概率（胡传鹏等，2018）。

[2] 贝叶斯因子（Bayes factor）是“贝叶斯统计中用来进行模型比较和假设检验的方法。在假设检验中，其代表的是当前数据对零假设与备择假设支持的强度之间的比率”（胡传鹏等，2018）。

[3] 本研究使用免费、开源的统计软件 JASP（https://jasp-stats.org/）计算贝叶斯因子，统计结果表明，与备择假设（H_1）相比，当前的数据更有可能支持零假设（H_0）。以 100 音分扰动条件下始潜伏期的数据为例，BF_{01}=4.16 说明观测数据支持零假设（H_0）的可能性是支持备择假设（H_1）可能性的 4.16 倍。

7.4.2 一语和二语产生中音高反馈控制的 ERP 差异

本研究首次使用电生理指标对比晚期双语者一语和二语音高反馈控制的神经机制。当响应不同幅度的音高扰动时，P1-N1-P2 复合波表现出波幅增大的趋势（见图 7.3），这意味着上述 ERP 成分是反映音高反馈控制中听觉监测以及运动修正等过程敏感的神经指标（Behroozmand et al., 2009, 2011; Korzyukov et al., 2012a, 2012b; Behroozmand et al., 2015; Coughler et al., 2022; Dai et al., 2022a, 2022b; Lin et al., 2022; Liu et al., 2023）。

本研究的一个重要发现来自 0 音分和 400 音分条件 N1 波幅事先成对比较的结果，即晚期双语者表现出语言特异性的 N1 波幅变化模式。具体而言，在一语产生时，400 音分比 0 音分条件诱发更大的 N1 波幅，但该差异在二语产生时并不显著。一语产生的结果表明，随机音高扰动范式中发现的 N1 波幅变化反映了与主动控制感相关的辨别能力，具体指人们对来自内部和外部听觉反馈的区分（Korzyukov et al., 2017）。这与前人的研究结果相吻合，400 或 500 音分扰动条件比基线条件诱发更大的 N1 波幅（Behroozmand & Larson, 2011; Liu et al., 2011a）。前期研究也提出，N1 波幅反映了大脑分配给听觉刺激加工的神经资源（Heinks-Maldonado et al., 2005; Sitek et al., 2013; Scheerer & Jones, 2014）。

当母语者体会到主动控制感时，N1 波幅表现出抑制性活动。这种听觉抑制性活动反映了传出副本前向预期的机制，在实际的听觉反馈产生之前，个体可在大脑内部模拟出听觉反馈的结果，因而仅需要较少的神经资源加工自身产生的与听觉预期相匹配的反馈（Hickok, 2012; Houde et al., 2013）。值得注意的是，这种前向预期机制依赖人们在语音习得阶段建立的语音运动指令和感觉反馈结果之间的双向联结（Liu & Tian, 2018）。通过长期的语言学习和产生经验，晚期双语者母语语音的运动指令已经进行了精细化调整（Simmonds et al., 2011b; Saito et al., 2020），在一语产生过程中可以基于传出副本可靠地预测听觉反馈的结果，此时实际的听觉反馈提供的信息变得冗余，相应地加工听觉反馈的 N1 活动也有所抑制（Heinks-Maldonado et al., 2005; Behroozmand et al., 2009, 2011, 2015）。

相比之下，二语产生时未探测到 0 音分和 400 音分条件下 N1 波幅的差异。考虑到 N1 抑制性活动反映了传出副本前向预期的机制（Hickok, 2012; Liu & Tian, 2018），本研究可得出结论，晚期双语者在二语产生时仍无法高效形成听觉预期，这是由于二语语音的感觉运动表征稳定性较低。部分相关研究证据表明，双语者二语产生的变异性更大，这在一定程度上支持了本研究的结论（Wang & van Heuven, 2006; Ng et al., 2008; Xie & Jaeger, 2020; Zhang et al., 2021）。当晚期双语者无法可靠地预测他们发声的结果时，很可能需要更多的注意力和神经资源在线监测并修正二语语音输出。这也可以解释为什么本研究观察到被试在响应二语音高偏差时补偿性反应的幅度更大。

几个潜在原因可能共同解释了为什么晚期双语者二语语音的感觉运动表征稳定性较低。第一，不同于母语习得，较晚开始的二语学习过程缺乏了沉默期和咿呀学语期（Simmonds et al., 2011b）。在沉默期，婴儿适应母语的语音库并广泛聆听母语语音，但此时不会做出任何发音尝试。在咿呀学语期，婴儿从模仿简单的音节开始，然后逐渐过渡到单词、短语和句子（Kuhl, 2004）。在母语习得的这些重要时期，人们首先精确地编码听觉目标，然后逐渐调整相应的运动指令以实现发音目标。但对于晚期双语者而言，二语学习过程缺乏这些重要时期可能会导致相对不稳定的感觉运动表征，因而需分配更多的神经资源加工二语语音的听觉反馈以确保二语产生的准确性。Simmonds 等（2011b）提出假设，晚期双语者的二语学习同样可能受益于类似的沉默期和咿呀学语期。当晚期双语者开始二语发音尝试之前，如有一段时期仅密集地聆听二语语音但不做任何发音尝试，可能会使其感知到二语语音声学特征上的细微差异，从而可形成更精确的二语听觉目标。之后，晚期双语者通过咿呀学语模仿独立的语音，可能会形成更精确的二语运动目标。未来的研究可以尝试设计纵向语言训练项目，在成人二语学习者群体中验证上述假设是否合理。

第二，晚期双语者感觉运动区域的脑可塑性减弱，因而需要额外的神经资源产生熟悉度较低的二语语音。近期的一项 fMRI 研究发现，晚期德英双语者二语产生时伴随着感觉运动区域神经活动的增加，包括左侧初级感觉运动皮层、双侧小脑、左侧额下回和左侧前脑岛（Treutler & Sörös, 2021）。Simmonds 等人（2011a）也观察到了类似的结果，晚期英语学习者（二语习得年龄在 12 岁左右）在二语句子产生任务中颞平面和顶叶岛盖处的神经活动增加，而这些脑区也参加听觉反馈控制过程。尽管上述两项研究并未纳入实时的听觉反馈扰动，但是他们的研究结果确实强调了语言学习过程中存在某种形式的关键期，这与关键期假说的观点一致（Dekeyser, 2013; Calabria et al., 2018; Alsaedi, 2023）。

第三，晚期双语者的二语语音比母语语音练习经验要少得多。研究者提出，随着练习次数增加，语音运动指令和感觉反馈结果之间的联结也逐渐增强（Civier et al., 2010; Guenther, 2016; Miller & Guenther, 2021; Meier & Guenther, 2023）。根据 DIVA 模型的观点，发音运动的初始尝试产生的错误较大，通过发音练习，基于反馈的修正性运动指令可以被部分纳入到后续的发音尝试中，逐渐提高前馈运动指令的准确性（Tourville & Guenther, 2011）。由于习得年龄、语言接触和日常使用等多种因素，晚期双语者二语语音的复述练习要少得多（Abutalebi et al., 2001; Parker Jones et al., 2012; Saito et al., 2020; Bylund et al., 2021）。目前仍未知上述因素（如语言熟练度、习得年龄、二语接触时长等）是否以及如何影响听觉反馈控制的认知神经机制。通过更加精细的实验操纵，未来的研究应致力于揭示这些因素和听觉反馈控制的因果关系。

除了 N1 波幅，本研究还探测到语言对 P1 潜伏期的影响，即晚期双语者一语比二语产生诱发更早的 P1 潜伏期。这一发现可能解释了一语产生中观察到的较早的补偿性反应，即更高效的神经加工可导致更快的言语补偿性反应（Scheerer et al., 2013b）。P1 成分反映了被试对早期听觉刺激变化的监测（Korzyukov et al., 2012a; Scheerer et al., 2013a; Korzyukov et al., 2017），本研究表明，音高反馈加工的神经效率确实存在跨语言差异（至少表现在 P1 潜伏期指标上），即二语比一语音高反馈控制的运行效率低（Simmonds et al., 2011b）。但考虑到 N1 和 P2 潜伏期指标上语言因素的效应并不显著，以及研究人员首次尝试利用 ERP 对比晚期双语者一语和二语音高反馈控制，本研究暂无法通过当前的 ERP 数据得出语言对音高反馈神经加工速度影响的强有力的结论。

回顾前人音高反馈控制的研究，P1-N1-P2 潜伏期的结果并不一致（Liu et al., 2013; Scheerer et al., 2013a; Coughler et al., 2022）。例如，Scheerer 等人（2013a）发现，扰动幅度对 P1-N1-P2 波幅以及 N1 潜伏期产生了显著性影响，但他们并未探测到扰动幅度对 P1 和 P2 潜伏期产生显著性影响。此外，在听觉反馈控制的发展过程方面，P1-N1-P2 潜伏期的结果也不一致。部分研究观察到这些 ERP 成分的潜伏期随年龄增长而缩短（Liu et al., 2013; Scheerer et al., 2013b），其他一些研究观察到潜伏期随年龄增长而延长（Kraus et al., 1993; Oades et al., 1997），还有一些研究则并未观察到潜伏期随年龄增长而发生变化（Johnstone et al., 1996; Ponton et al., 2000）。基于这些复杂的发现，研究者为阐明晚期双语者音高反馈控制的神经效率仍需做出更多的努力。未来的研究可以探索一语和二语如何调节 P1-N1-P2 的潜伏期，以及驱动此类语言特异性差异背后的认知神经机制。

7.4.3 一语和二语产生中音高反馈控制的相似机制

尽管存在上述差异，本研究也发现了一语和二语音高反馈控制之间存在一些相似性的证据，这使得晚期双语者仍有可能发展出近似于母语者的言语运动控制能力，这表现在如下三个方面。

第一，晚期双语者一语和二语产生时均在扰动出现后的 80~150 ms 时间窗口内表现出类似的补偿性反应。作为一项跨语言研究，本研究首次使用了晚期双语者一语（汉语）和二语（英语）的语言材料探索其双语音高反馈控制的认知神经机制。本研究的发现与前人研究结果一致，Xu 等人（2004）的汉语研究以及 Chen 等人（2007）的英语研究均报告，音高扰动出现后的 100~150 ms 时间窗口内，讲话者会表现出补偿性反应。因此，本研究支持了前人的发现并将其扩展到晚期双语者群体，证实了音高反馈控制是一种稳定音高的自动化加工机制，确保了双语者两种语言的正常交流（Burnett et al., 1997, 1998; Jones & Munhall, 2002）。

第二，本研究观察到，扰动幅度影响一语和二语补偿性反应幅度与潜伏期的模式类似。随着扰动幅度增加，补偿性反应的始潜伏期和峰值潜伏期呈线性降低。相比之下，补偿性反应的幅度变化则更为复杂。较小幅度的音高扰动（即 100 音分和 200 音分）诱发较大幅度的补偿性反应，而较大幅度的音高扰动（即 400 音分）反而诱发较小幅度的补偿性反应。本研究观察到的结果与 Burnett 等人（1998）的发现一致，即较小幅度的音高扰动（低于 150 音分）诱发较大幅度的补偿性反应，但较大幅度的音高扰动（高于 200 音分）诱发较小幅度的补偿性反应（Scheerer et al., 2013a, 2013b）。前期研究也表明，小幅扰动（低于 200 音分）会被讲话者感知为由自身产生的音高错误，但大幅扰动（400 音分）会被感知为由外部产生的音高错误（Scheerer et al., 2013a, 2013b）。上述结果表明，当被试将语音的听觉反馈感知为自己的声音时，这种主动控制感可以调节其感觉运动整合加工的过程（Korzyukov et al., 2017）。因此，当讲话者仍可体验到主动控制感时，音高反馈控制最适用于修正小幅度的反馈错误，并且讲话者存在一种听觉门控机制，以防言语产生过度地受到外部反馈的干扰以及产生不必要的运动调整（Liu & Larson, 2007; Scheerer & Jones, 2012; Scheerer et al., 2013a, 2013b; Golubic et al., 2019; 雷铭 , 李朋波 , 2020）。然而，关于扰动幅度的阈限，即超过该阈限时补偿性反应的幅度开始下降，研究者尚未达成共识。因此，未来的研究可以更系统、更精细地操纵扰动幅度的水平来探索扰动幅度的阈限。

第三，本研究观察到，扰动幅度影响一语和二语 P2 波幅的模式类似。较小幅度的音高扰动（100 音分和 200 音分）比基线条件（0 音分）诱发更大的 P2 波幅，而较大幅度的音高扰动（400音分）与基线条件的P2波幅无显著性差异。在前人的随机音高扰动研究中，扰动幅度如何影响 P2 波幅变化的结果并不一致（Behroozmand et al., 2009; Liu et al., 2011a; Scheerer et al., 2013a）。例如，Liu 等人（2011b）发现，英语母语者在 100、200 和 500 音分扰动条件下 P2 波幅呈线性增长趋势（类似的结果模式请见 Behroozmand et al., 2009）。但在 Chen 等人（2012b）的研究中，普通话和粤语使用者的结果模式不同，前者未受到扰动幅度的影响，后者的 P2 波幅随扰动幅度增加（–500~–50 音分）而线性增长，研究者将上述差异归因为两种语言中音高维度的凸显性不同。本研究的结果则与 Scheerer 等人（2013a）的发现一致，该研究报告了加拿大英语母语者的 P2 波幅并非随音高扰动幅度增加而线性增长，大约在 200~250 音分扰动区间内，P2 波幅的增幅开始下降。然而，目前尚不清楚为什么在上述研究中扰动幅度对 P2 波幅的调节模式有所差异。

本研究也发现，在 400 音分的大幅音高扰动条件下，言语补偿性反应的幅度开始下降，这一发现是听觉门控机制的重要补充。首先，上述发现证实了 P2 成分反映被试基于听觉反馈计算修正性运动指令的过程，由此导致了补偿性反应和 P2 波幅受扰动幅度调节的机制类似。其次，上述发现揭示了人类言语产生过程中感觉运动整合的神经机制。一方面，当小幅扰动被识别为自身产生的错误时（即具有主动控制感），门控机制会选择性地分配更多神经资源修正言语错误。另一方面，当大幅扰动被识别为外部环境中的声音（即缺乏主动控制感），门控机制会特异性地抑制无关感觉刺激的输入以稳定自身的语音输出（Scheerer et al., 2013a; Korzyukov et al., 2017）。

本研究以及大量前期研究普遍存在一个局限性，即元音操纵的方法过于单一、缺乏变化，结果有可能无法推广到所有元音。Alemi 等人（2020）音高反馈控制的研究中操纵了更多不同的元音（如 /a/, /e/, /o/），也观察到了稳定语音音高的自动化加工机制。未来的研究可以通过在随机音高扰动范式中增加元音丰富性来验证本研究观察到的结果。

7.4.4 双语经验和声调背景的影响

本研究在汉英双语者中额外考察了语言迁移对音高反馈加工的影响[1]。直觉上来说，人们认为晚期汉英双语者可能在一语和二语音高反馈控制上都有很高的熟练度，这是由于他们在一语加工时已经充分练习并高度习得整合音高反馈进行运动控制的技能。由于一语和二语产生共享音高反馈控制，并且音高在一语（汉语）比在二语（英语）中更为凸显，语言迁移理论预期一语声调语言经验会对二语音高加工产生积极的影响（Bialystok et al., 2003）。然而，本研究提供的证据与直觉和语言迁移理论的预期相反，当响应音高扰动反馈时，二语产生比一语产生诱发更大幅度的补偿性反应，表明二语音高反馈控制的稳定性相对较弱。因此，本研究并未发现一语声调语言音高反馈控制的加工优势可以迁移到二语非声调语言当中，这表明音高反馈控制可能需要语言特异性的神经肌肉训练经验。

Ning 等人（2015）的研究中报告了间接性支持特异性音高反馈控制的证据，具体来说，在非语言任务中，受过训练的歌手（有音乐经验）比没有任何音乐和声调语言经验的讲话者具有更稳定的音高反馈控制能力。但在语言（即汉语声调产生）任务中，上述两组被试的音高反馈控制能力则无显著性差异。Chen 等人（2022）也发现，与正常发育的同龄人相比，患有自闭症谱系障碍[2]（autism spectrum disorder, ASD）的儿童在模仿词汇声调时表现出更大的音调变化，但在模仿非言语声音时则表现相似。此外，患有 ASD 的汉语儿童未能利用汉语音段的语音知识提高非母语词汇声调模仿的准确性。Lau 等人（2021）发现，长期的声调语言经验并不能消除自闭症儿童音高神经编码的缺陷。上述结果倾向于支持，音高反馈控制是一项语言特异性的技能，且不易受到母语声调语言经验的影响。然而，在 Giuliano 等人（2011）的研究中，声调语言母语者的音高加工优势整体上提高了他们在语言和非语言任务中音高加工的敏锐度。Wiener 和 Bradley（2023）则发现，短期的音乐训练可以改善被试非母语的音高感知能力。鉴于现有研究数量有限，更为优越的音高反馈加工能力是否可以拓展到其他语言或非语言任务中，仍然是悬而未决的问题。在双语背景下，本研究不足之处在于缺乏英语母语组作为对照组进行比较，因而相关研究人员需持谨慎态度，避免过度解释母语声调语言背景有助于双语者非声调二语的音高加工。为深入探讨这一问题，未来的研究可以通过增加对照组并对比其他声调语言（如粤语或越南语）和非声调语言（如德语或西班牙语）的双语者。

尽管一语声调语言经验对二语非声调语言音高加工的促进作用有限，但不能忽视本研究存在的局限性，即语言性质不可避免地与声调语言背景混杂在一起，两者

[1] 汉英双语者的一语汉语为声调语言，二语英语是非声调语言，因而可作为被试探索语言迁移对音高反馈加工的影响。

[2] 自闭症谱系障碍（autism spectrum disorder, ASD）是由神经系统发育异常而导致的广泛性发展障碍。根据第五版《精神疾病诊断与统计手册》（*The Diagnostic and Statistical Maunal of Mental Disorder*, 5th Edition），ASD 核心症状包括社会沟通和社会交往的缺陷，以及局限和重复的行为、兴趣或活动（American Psychiatric Association, 2013）。

共同影响音高反馈控制的加工过程。部分研究也发现，即使对比两种声调语言使用者的音高反馈控制，音高凸显性的差异也会导致其音高反馈控制能力存在差异（Liu et al., 2010b; Chen et al., 2012b）。因此，为了更纯粹地考察语言性质在音高反馈控制中的作用，未来的研究可以在相同的非声调语言内对比母语者和二语学习者的结果（此时二语者的母语也应该是非声调语言），也可以在一语和二语都是非声调语言的晚期双语者（如德英双语者）中对比两种语言的结果。

本章小结

本章的主要目的是在前期在线音强控制实验的基础上进一步探索晚期双语者一语和二语在线听觉反馈控制的神经机制，实验结合了随机音高扰动范式和电生理测量指标。24 名晚期汉英双语者分别用一语和二语朗读单音节词语，同时在其语音反馈中随机呈现 +100 音分、+200 音分或 +400 音分的音高扰动，操纵的变量包括语言（一语、二语）和扰动幅度（0、100、200、400 音分）。行为结果表明，相比一语产生，二语产生时补偿性反应的幅度更大且潜伏期发生得较晚，这证实了二语音高反馈控制的权重更高且运行效率较低。ERP 结果表明，一语产生时，400 音分比 0 音分基线条件诱发更大的 N1 波幅，但该差异在二语产生时并不显著，证实一语和二语加工正常听觉反馈及外部产生反馈的神经机制不同。由于二语语音的感觉运动表征稳定性较低，晚期双语者在二语产生时仍无法高效地形成听觉预期。此外，在一语和二语产生时，被试补偿性反应和 P2 波幅受扰动幅度调节的机制类似，即小幅扰动（100 音分和 200 音分）诱发较大的补偿性反应和 P2 波幅增幅，但大幅扰动（400 音分）诱发较小的补偿性反应和 P2 波幅增幅，这意味着一语和二语音高反馈控制存在类似的听觉门控机制，该机制可帮助讲话者修正内部产生的言语错误，但较少地受到外部产生反馈的不利影响。考虑到上述差异和相似之处，本研究表明，晚期双语者的二语音高反馈控制仍未发展成熟，这也为双语言语运动控制领域开辟了崭新的研究思路。未来仍需更多的研究改进当前的研究方法，并在不同被试群体中验证上述发现。

第八章

双语前馈控制更新的认知机制——来自共振峰控制的证据

第五章、第六章和第七章分别利用噪声掩蔽范式、随机短噪声掩蔽范式和随机音高扰动范式考察了晚期双语者一语和二语产生时听觉反馈控制的认知神经机制。总体的行为及 ERP 结果表明，相比一语产生，晚期双语者二语产生时听觉反馈控制系统的权重更高且效率较低，基于传出副本形成听觉预期的通路也仍有不足。但一语和二语都存在类似的听觉门控机制，以此来区分内部或外部产生的言语错误（Cai et al., 2020b, 2021b, 2023b）。然而，言语运动控制同时涉及前馈控制和反馈控制系统的协同合作，研究人员对晚期双语者前馈控制系统的加工机制仍知之甚少。第五章的实验 1 利用 90 dB 的高强度掩蔽噪声在实验室情境下阻断了听觉反馈参与言语运动控制，因而考察了晚期双语者如何依赖前馈控制系统进行相应的音强调整。结果表明，相比一语产生，晚期双语者二语产生时前馈控制系统的权重较低（Cai et al., 2020b）。目前晚期双语者一语和二语前馈控制系统的更新学习机制是前人少有涉及的研究问题。因此，第八章 [1] 将重点关注晚期双语者前馈控制更新的两个研究问题：一是语言特异性因素（如听觉敏锐度和语言经验）是否影响前馈控制更新的调整性反应和后效，二是领域一般性因素（如工作记忆、执行控制）是否影响前馈控制更新的调整性反应和后效。

[1] Cai Xiao, Ouyang Mingkun, Yin Yulong and Zhang Qingfang, "Sensorimotor adaptation to formant-shifted auditory feedback is predicted by language-specific factors in L1 and L2 speech production," *Language and Speech* 00238309231202503 (Oct. 2023): 1–24.

8.1 研究背景

言语产生是人类掌握的最为复杂的运动技能之一，包括运动计划、运动执行以及感觉反馈监测等一系列动态变化的过程（Parrell et al., 2019; Mollaei et al., 2021; Hickok et al., 2023; Kim et al., 2023a）。言语运动控制的模型认为，当讲话者产生目标语音时，运动指令被发送到运动系统，与此同时，运动指令的传出副本被发送到听觉系统。基于该传出副本，内部前向模型可在实际的听觉反馈产生之前预测发音结果。然后，讲话者对比实际的和预期的感觉反馈，当两者不匹配时，讲话者会根据反馈错误在线修正言语运动（Guenther, 1995; Hickok et al., 2011; Houde & Nagarajan, 2011; Hickok, 2012, 2022）。当这种不匹配重复发生时，基于反馈的修正性运动指令可以被部分纳入后续发音尝试中，以此来更新语音的前馈运动指令（Kearney et al., 2020）。越来越多的证据表明，听觉反馈不仅可用于在线运动控制（Chang et al., 2013; Lametti et al., 2012; Frankford et al., 2022），还可以用于长时程校准和调整前馈运动指令（Reilly & Pettibone, 2017; Kearney et al., 2020; Kothare et al., 2020）。

人类认知发展的领域特殊性[1]（domain-specificity）和领域一般性[2]（domain-generality）问题一直是认知发展理论争论的焦点之一。语言习得的领域特殊性观点认为，语言习得不同于其他认知技能的习得，语言在根本上独立于人类认知的其他部分，因而也被称为语言特异性（language-specificity）。语言习得的领域一般性观点则认为，语言不能脱离于人类的一般认知，语言习得可类比骑车、拉小提琴等一般认知技能的获得（姜孟, 2021）。从神经心理学研究来看，研究者关于某些语言功能的神经基础是否包含语言特异性和领域一般性的神经系统也一直存在争议（Blank & Fedorenko, 2017; Campbell & Tyler, 2018; Fedorenko & Blank, 2020）。迄今为止，发音运动控制机制如何与语言特异性和领域一般性因素相互作用仍然是悬而未决的问题（Martin et al., 2018; Buchsbaum & D'Esposito, 2019; MacPherson, 2019; Marvel et al., 2019; Ayala et al., 2023; Fogel et al., 2023; O'Brien et al., 2023）。此外，Bley-Vroman（2009）认为，二语加工受领域一般性机制的制约，而一语加工（尤其是语法）则依赖于语言特异性机制（Ullman, 2015）。相比之下，Hamrick 等人（2018）提出，儿童的一语加工以及成人的二语加工都是调用领域一般性的神经系统。为了解决上述争议，本研究首次系统地考察语言特异性因素和领域一般性因素与双语前馈控制更新的关系，以期回答一语和二语发音运动控制本质上是语言特异性还是领域一般性加工的问题。

---

[1] 领域特殊性（domain-specificity）理论"起源于'模块论'，认为元认知能力具有特定性，这种进化而来的心理机制只负责解决特定的适应性问题"（邓春婷，刘岩，2019）。

[2] 领域一般性（domain-generality）理论"起源于皮亚杰的'发生认识论'，认为元认知能力不仅仅针对特定单一的领域，它可以从一个领域转移到另一个领域，在不同领域中都是通用的，而不会因任务的不同而不同"（邓春婷，刘岩，2019）。

8.1.1 长时程言语运动调整与个体差异

关于听觉反馈在言语运动控制中的作用存在两种研究范式，详见第一章 1.2 节内容。第一种是随机扰动范式，随机的、不可预期的听觉扰动可考察在线运动控制过程中听觉反馈的作用。研究者们发现，被试会向扰动的相反方向调整言语运动以此来补偿听觉层面监测到的偏差，这表明听觉反馈的功能是维持语音输出的稳定性（Bauer et al., 2006; Liu et al., 2011a; Cai et al., 2012; Chang et al., 2013）。第二种是持续扰动范式，重复呈现的听觉扰动可考察前馈运动指令长时程的校准和调整中听觉反馈的作用。该范式通常由四个阶段组成，第一阶段是基线期，被试发声的同时接受正常的、未改变的听觉反馈（比如 Sengupta & Nasir, 2015 研究中的单音节词“head”，再比如 Behroozmand & Sangtian, 2018 研究中的元音 /a/）。第二阶段是渐变期，被试发声的同时接受扰动的听觉反馈，该阶段的特点是听觉扰动幅度逐渐增加，直至达到最大值。第三阶段是保持期，被试发声的同时接受扰动的听觉反馈，该阶段的特点是最大幅度的听觉扰动一直保持恒定。第四阶段是结束期，该阶段扰动撤销后，被试发声的同时接受正常的、未改变的听觉反馈（Kearney et al., 2020）。为了考察前馈控制更新的模式，研究者主要关注调整性反应和后效两项指标，前者定义为保持期和基线期在相关声学参数上的差异，后者定义为结束期和基线期在相关声学参数上的差异。该范式典型的发现是，被试在保持期会向扰动相反的方向调整言语运动，以部分抵消持续呈现的听觉扰动造成的听觉偏差（即调整性反应）。在结束期，当扰动撤销后，上述调整性反应仍然会保持一段时间（即后效）。调整性反应和后效表明，听觉反馈可在长时程内更新前馈运动指令，以保持精确的言语产生（Jones & Munhall, 2000; Purcell & Munhall, 2006a; Cai et al., 2010; Parrell et al., 2017; Daliri et al., 2018）。

尽管许多研究在组水平上发现了调整性反应和后效的基本结果模式，但研究证据表明，调整性反应的幅度存在巨大的个体差异（Purcell & Munhall, 2006a; Villacorta et al., 2007; Sengupta & Nasir, 2015; Martin et al., 2018; Kim & Max, 2021）。例如，Martin 等人（2018）观察到，36 名被试调整性反应的范围是 4~137 Hz，占扰动幅度的 1.0%~40.8%，后效的范围是 –26~114 Hz，占扰动幅度的 7.8%~33.9%（类似的结果请见 Purcell & Munhall, 2006a; Villacorta et al., 2007）。此外，Sengupta 和 Nasir（2015）报告了 17 位被试中仅有 7 位被试响应单元音的 F1 扰动并做出了调整性反应。除了近似稳态的单元音外，Cai 等人（2010）还在动态的汉语三合元音 /iau/ 上发现了言语运动调整模式的个体差异，约 60% 的被试表现出与扰动方向相反的调整性反应，其他被试则表现出与扰动方向相同的跟随性反应。因此，考虑到上述不同的行为模式，研究者们需进一步确定语言特异性因素以及领域一般性因素如何调节长时程的前馈控制更新过程。

8.1.2 语言特异性因素对前馈控制更新的影响

语言加工究竟是语言特异性的还是领域一般性的，这是历史争论的焦点之一（Blank & Fedorenko, 2017; Campbell & Tyler, 2018; Fedorenko & Blank, 2020）。一方面的证据表明，语言加工是基于语言特异性的神经基础（Chomsky, 1976; Hauser et al., 2002; Fitch, 2011; Ayala et al., 2023）；另一方面的证据表明，语言加工依赖于领域一般性功能（Hamrick et al., 2018; Karmiloff-Smith, 2018; Fogel et al., 2023; O'Brien et al., 2023）。上述不一致的发现证实，语言特异性和领域一般性都是复杂的概念，容易受到环境因素的影响。在言语运动控制领域，有研究分别考察了语言特异性因素和领域一般性因素对感觉运动调整的影响（Villacorta et al., 2007; Mitsuya et al., 2011; Guo et al., 2017; Cai et al., 2020b; Murray & Stepp, 2020; Cai et al., 2021b, 2023b）。然而，较少有研究在个体层面上考察语言特异性因素和领域一般性因素与感觉运动调整的关系（Martin et al., 2018）。本研究将上述问题进一步拓展到晚期双语者的二语产生，下文将分别讨论语言特异性因素和领域一般性因素如何影响人们的前馈控制更新过程。

在语言特异性领域，听觉敏锐度被认为是影响人们前馈控制更新的因素之一（Daliri & Dittman, 2019; Nault & Munhall, 2020; Kim et al., 2023a）。婴儿通过母语者产生的语音模板学习听觉目标表征，之后基于模仿机制逐渐习得语音的前馈运动指令。DIVA 模型指出，听觉敏锐度更高的讲话者，其听觉目标域表征更加精细，言语产生的稳定性和精确性也更高（Guenther & Vladusich, 2012; Guenther, 2016）。在言语产生过程中，当运动指令产生的听觉反馈偏离了目标区域，反馈控制系统会监测到听觉错误。从理论层面来讲，这种监测听觉错误的敏感性是调整并更新现有不准确的感觉运动映射关系的先决条件。在持续扰动范式中，DIVA 模型预测，听觉敏锐度较高的讲话者调整性反应的幅度也越大，由此减少重复扰动引起的听觉错误。这一假设在共振峰扰动实验中得到了验证，研究者们发现，听觉敏锐度可预测 F1 调整性反应的幅度（Villacorta et al., 2007; Martin et al., 2018; Nault & Munhall, 2020）。与之类似，Daliri 和 Dittman（2019）的研究发现，通过心理测量函数[1] 测定的感知边界大小与调整性反应呈显著负相关。然而，也有一些研究并未探测到听觉敏锐度和调整性反应的相关性（Feng et al., 2011; Cai et al., 2012; Abur et al., 2018; Lester-Smith et al., 2020; Alemi et al., 2021）。例如，Feng 等人（2011）和 Lester-Smith 等人（2020）报告了被试的共振峰听觉敏锐度与相应的共振峰调整性反应并不相关。此外，Abur 等人（2018）以及 Alemi 等人（2021）也报告了被试的音高听觉敏锐度与相应的音高调整性反应并不相关。基于上述复杂的研究发现，听觉敏锐度和调整性反应之间的关系仍有待探索。

---

[1] 心理测量函数（psychometric function）是定量描述心理物理学研究中物理刺激和人的主观感受之间关系的函数（罗涛等，2010）。在听觉监测实验中，心理测量函数揭示了人耳对特定听觉刺激的感知能力。

语言经验是另一个可能影响前馈控制更新的语言特异性因素（Mitsuya et al., 2011; Simmonds et al., 2011b）。DIVA 模型指出，讲话者受听觉扰动影响的程度将随语言学习经验的增加而逐渐降低（Guenther, 2006, 2016）。晚期双语者一语和二语的学习经验存在本质差异（Liu & Tian, 2018; DeLuca et al., 2019, 2020），因而被试在响应持续性听觉扰动时一语和二语的调整性反应可能有所不同。这一假设初步得到了 Mitsuya 等人（2011）研究证据的支持，该研究对比了三个不同的语言组响应共振峰扰动时调整性反应的模式。结果发现，当引入持续性 +200 Hz 的 F1 扰动时，日英双语者的二语产生（“head”）比英语母语者的一语产生（“head”）诱发较小幅度的调整性反应，这意味着语言经验（一语、二语）可能影响人们的前馈控制更新过程。但 Mitsuya 等人（2011）并未观察到，当产生相同元音 /e/ 时，日语母语者的一语产生（“え”）和日英双语者的二语产生（“head”）在调整性反应的幅度上存在差异，这使得研究者很难得出语言特异性前馈控制更新机制的确切结论。由于当前的研究结果相对有限，且结论存在不一致的地方，一语和二语前馈控制更新的认知神经机制究竟存在何种差异，未来仍有待进一步的研究。

8.1.3 领域一般性因素对前馈控制更新的影响

近年来，研究者们越来越关注领域一般性因素（即一般认知能力）在语言加工中的作用（Boudiaf et al., 2018; 吴翰林等, 2020; 张肖肖, 陈功香, 2021; 李炳楠, 张丽锦, 2022; Bulut, 2023; Joana et al., 2023）。工作记忆可能是影响人们前馈控制更新的因素之一。根据工作记忆模型的观点，语音环路负责贮存与复述言语信息[1]（Baddeley, 2010）。神经影像学的证据也表明，参与听觉工作记忆的脑网络与参与听觉运动整合的脑网络在很大程度上存在重叠，包括背外侧前额叶皮层、前运动皮层、颞上回和 Spt 区（Koelsch et al., 2009; Behroozmand et al., 2015; Bidelman et al., 2021; Hickok et al., 2023）。因此，研究者推测，工作记忆可能与扰动范式下的感觉运动调整相关。前期的研究证实，工作记忆参与在线运动控制，训练后改善的工作记忆能力导致被试在响应随机听觉扰动时 N1 波幅下降、P2 波幅增加（Li et al., 2015）或补偿性反应减少、P2 波幅增加（Guo et al., 2017）。然而，工作记忆是否在长时程的前馈控制更新中发挥作用仍有待探索。

执行控制是另一个可能影响人们前馈控制更新的因素。根据认知控制理论，信息处理过程中存在一个冲突监测系统，该系统使得人们能够自上而下地调整行为（Botvinick et al., 2001）。在持续扰动范式中，被试需解决两种相互冲突的信息来源，

[1] 工作记忆是一个由不同独立成分组成的复杂系统，分为中央执行系统（central executive system）、语音环路（phonological loop）和视觉空间模板（visuospatial sketch pad）。中央执行系统主要起控制作用，它负责注意相关信息并抑制无关信息，在任务的不同过程间进行转换以及监测工作记忆的内容等。语音环路用于贮存与复述言语信息，在言语词汇的习得中起关键性作用。视觉空间模板则对视觉图像信息进行操作，负责视觉信息的保持和控制（Baddeley, 2010）。

即前馈运动信息与听觉反馈信息的冲突以及听觉反馈信息与体觉反馈信息的冲突（Kearney et al., 2020）。因此，研究者推测，执行控制可能与扰动范式下的感觉运动调整相关，执行控制功能更强的讲话者可更好地响应听觉扰动，其言语运动调整的幅度也越大。Ranasinghe 等人（2017）的研究发现，短暂呈现的音高扰动诱发的补偿性反应可显著预测阿尔茨海默症[1]患者的执行控制功能障碍，这表明执行控制功能可能参与了在线运动控制。但 Martin 等人（2018）并未发现，执行控制功能可预测健康被试的调整性反应。因此，未来的研究仍需进一步阐明执行控制是否参与长时程的前馈控制更新过程。

8.1.4 实验假设及预期结果

本研究旨在探索语言特异性因素和领域一般性因素如何预测持续扰动范式下前馈控制更新的表现。不少研究采用相同的范式并在组水平上稳定地发现了调整性反应和后效，但调整性反应和后效的幅度存在较大的个体差异（Purcell & Munhall, 2006a; Villacorta et al., 2007; Sengupta & Nasir, 2015; Martin et al., 2018; Kim & Max, 2021）。因此，本研究将在个体水平上考察语言特异性因素和领域一般性因素如何预测调整性反应和后效。如果语言特异性因素（即听觉敏锐度和语言经验）在前馈控制更新过程中发挥作用，本研究预期，听觉敏锐度与调整性反应和后效存在显著的相关关系，且母语者和二语学习者在调整性反应和后效的测量指标上表现出不同的模式。相反，如果领域一般性因素（即工作记忆和执行控制）在前馈控制更新过程中发挥作用，本研究预期，这些因素与调整性反应和后效存在显著的相关关系。

8.2 研究方法

8.2.1 被试

本研究共招募了两组被试。所有被试均为右利手，无神经系统疾病史，视力或矫正视力正常，听力正常。英语母语组招募了 18 名在中国就读的留学生（15 名男性），被试的平均年龄为 31.9 岁（*SD*=5.0, 范围：23~41 岁）。所有英语母语组被试均完成了语言历史调查问卷以评估他们的语言背景（Li et al., 2019）。他们来自英语国家，包括加拿大（1 人）、尼日利亚（5 人）、南非（6 人）、肯尼亚（4 人）以及赞比亚（2 人），所有被试报告自出生起开始学习和使用英语。截止到研究进行时，

[1] 阿尔茨海默症（Alzheimer's disease）是“老年期痴呆中最常见的一种类型，影响大脑结构和功能连接的改变，因此也被称为‘失连接综合征’”（樊东琼等，2016）。

所有英语母语者已在中国居住了 12 个月以上，并且日常生活中英语使用的程度较高。

英语二语组招募了 22 名大学生或研究生汉英双语者（11 名男性），被试的平均年龄为 22.1 岁（*SD*=5.2, 范围：18~36 岁）。本研究仅招募了在 8 岁或 8 岁以后学习英语的晚期双语者，平均二语习得年龄为 8.9 岁（*SD*=2.6, 范围：7~15 岁）。所有被试都是通过课堂途径学习英语，并且无英语国家的海外学习或生活经历。所有被试都通过了 CET-4。CET-4 总分为 710 分，所有被试的 CET-4 平均分为 565 分（*SD*=53, 范围：430~678 分）[1]，表明被试属于中等熟练或熟练的双语者[2]。此外，英语二语组被试均事先通过了 /e/ 和 /æ/ 元音感知与元音产生的筛查测试。有研究发现，随着语言熟练度提高，双语者对 /e/ 和 /æ/ 元音范畴化感知的能力也逐渐提高（Lai, 2010）。也有研究发现，中国英语学习者产生的 /e/ 和 /æ/ 在声学特征上的差异并不明显（Wang & van Heuven, 2006）。如果英语二语学习者无法感知与产生 /e/ 和 /æ/ 元音可能会影响本研究关注的前馈控制更新，因此，被试在参加正式实验前以在线访谈的方式分别接受了感知与产生"head"和"had"的筛选测试。具体而言，一名男性英语母语者预先录制"head"和"had"的音频文件，主试将音频文件播放给被试并口语询问被试音频文件是否为两个不同的单词。此外，主试要求被试口语产生"head"和"had"这两个单词，之后由英语语音方向的专业教师判断被试产生的单词在声学层面上是否不同。只有成功通过筛选测试的被试才能参加正式实验。

8.2.2 材料和设计

本研究选择包含元音 /e/ 的单音节词"head"作为持续扰动范式中的实验材料，主要原因有二。其一，在共振峰控制研究中，操纵元音 /e/ 的共振峰频率有着悠久的历史和广泛的应用。实时操纵共振峰频率的技术最早出现在 1997 年左右，当时 John Houde 开发了可以改变元音频率的 DSP-based 硬件（Houde & Jordan, 1998, 2002）。在早期研究中，Houde 和 Jordan（1998, 2002）使用持续扰动范式考察了讲

[1] CET-4 的分数报道采用常模参照方式，常模群体选自全国 16 所高校的约 3 万名非英语专业的考生。每次考试等值后的卷面分数都参照常模转换为报道分，每位考生的报道分在常模群体中都有一个相应的百分位位置。本研究中被试的 CET-4 平均分为 565 分，被试均分在常模群体中的相应百分位在 74%~83%，表示被试的英语成绩至少优于常模群体中 74% 的人，但不会优于 83% 的人（全国大学英语四、六级考试委员会，2016）。

[2] 被试也采用 10 点量表自我评估其英语整体熟练度以及听、说、读、写不同维度的熟练度（量表从极其不熟练到极其熟练）。自评结果表明，总体熟练度的平均分为 5.15 分（*SD*=1.93, 范围：1~9 分），听力熟练度的平均分为 4.41 分（*SD*=2.13, 范围：1~8 分），口语熟练度的平均分为 4.50 分（*SD*=1.87, 范围：1~9 分），阅读熟练度的平均分为 6.14 分（*SD*=2.08, 范围：2~9 分），以及写作熟练度的平均分为 5.18 分（*SD*=2.06, 范围：2~9 分）。相关分析表明，CET-4 分数与总体熟练度（r=.77, p<.001）、听力熟练度（r=.89, p<.001）、口语熟练度（r=.92, p<.001）、阅读熟练度（r=.81, p<.001）以及写作熟练度（r=.63, p=.002）的自评分数呈显著正相关。客观和主观的熟练度测量指标高度相关，这相互印证了测量的有效性，被试属于中等熟练或熟练的双语者。

话者如何响应元音 /e/ 的共振峰扰动。结果发现，被试调整性反应的幅度占扰动幅度的 54%，但该指标在不同被试间存在较大的个体差异。之后，大量研究也操纵了元音 /e/ 的共振峰频率并观察到了类似的结果（Purcell & Munhall, 2006a; Villacorta et al. 2007; Cai et al., 2012; Lametti et al., 2014）。其二，共振峰扰动可以导致元音跨越范畴边界，从而诱发更大幅度的调整性反应（Niziolek & Guenther, 2013）。回顾已有文献，大量研究实时操纵了元音 /e/ 的 F1，如果降低 F1 值，元音 /e/ 听起来更像是元音 /i/，但如果提高 F1 值，元音 /e/ 听起来更像是元音 /æ/（Purcell & Munhall, 2006a; Villacorta et al. 2007; Cai et al., 2012; Lametti et al., 2014）。/e/ 和 /æ/ 两个元音的主要区别在于反映舌位高低的 F1 值。为了能够更加清晰地探测到持续扰动诱发的调整性反应，本研究在扰动试次中引入提高 F1 值 200 Hz 的操纵，该操纵使得“head”的反馈听起来更像是“had”。

本研究实验设计包括了语言组别（英语母语组、英语二语组）和实验条件（基线期、早期调整期、晚期调整期、结束期）两个自变量，其中语言组别为被试间因素，实验条件为被试内因素。在整个实验过程中，每位被试重复产生目标词“head”420 次。实验包括四个阶段（见图 8.1A），一是基线期，该阶段被试接受正常的听觉反馈，共计 100 个试次。二是早期调整期，该阶段被试接受扰动的听觉反馈，前 10 个试次中 F1 扰动依次递增 20 Hz（即 +20 Hz, +40 Hz, +60 Hz, +80 Hz, +100 Hz, +120 Hz, +140 Hz, +160 Hz, +180 Hz, +200 Hz），之后扰动一直保持在最大幅度 +200 Hz，共计 100 个试次。三是晚期调整期，该阶段被试仍然接受扰动的听觉反馈，F1 扰动一直保持在最大幅度 +200 Hz，共计 100 个试次。之后 10 个试次中 F1 扰动依次递减 20 Hz（即 +180 Hz, +160 Hz, +140 Hz, +120 Hz, +100 Hz, +80 Hz, +60 Hz, +40 Hz, +20 Hz, +0 Hz），最终撤销 F1 扰动。四是结束期，该阶段被试接受正常的听觉反馈，共计 100 个试次（相同的实验流程请见 Behroozmand & Sangtian, 2018）。早期调整期引入扰动以及晚期调整期撤销扰动的 10 个过渡试次并未纳入调整性反应的数据分析。有研究表明，如果立即撤销扰动，被试可能会意识到听觉反馈中的变化（Purcell & Munhall, 2006a）。本研究采用渐进式的共振峰扰动，这使得听觉反馈的变化不太明显，因而被试难以意识到实验操纵，确保了调整性反应是由自动化机制驱动的，而并非被试有意识的、主动的反应（Parrell et al., 2017; Behroozmand & Sangtian, 2018）。

本研究延长了传统共振峰持续扰动研究中的保持期，分为早期调整期和晚期调整期，这种变化使得研究者可以更细致地考察前馈控制更新发生的时间进程（Sengupta & Nasir, 2015; Behroozmand & Sangtian, 2018）。在行为层面，晚期调整期比早期调整期诱发更大幅度的调整性反应（Sengupta & Nasir, 2015; Behroozmand & Sangtian, 2018）。在神经层面，当被试从早期调整期过渡到晚期调整期，中央区域电极 θ 和 γ 频段的相位一致性逐渐提高，双侧额颞区域电极 θ 和 γ 频段的相位一致性逐渐降低（Sengupta & Nasir, 2015）。此外，被试在早期调整期和晚期调整期都在额叶区域电极呈现运动后的 ERP 成分，但仅在晚期调整期的顶叶区域电极呈现运动前的 ERP 成分（Behroozmand & Sangtian, 2018）。

上述结果表明，早期调整期和晚期调整期可能在前馈控制更新的认知神经机制上存在差异。

8.2.3 设备和程序

本研究在完全隔音的实验室中进行。正式实验前，告知被试电脑屏幕中央将视觉呈现提示符号（“*”），要求被试看到符号后立即朗读出目标词“head”。通过心理物理学工具箱（Psychophysics Toolbox）实施持续扰动实验（Brainard & Vision, 1997），自定义的 MATLAB 脚本控制 Audapter 软件以实现实时扰动听觉反馈的目的。实验仪器还包括 MOTU Microbook II USB 音频接口和百灵达调音台（Behringer Xenyx 502），并连接到运行 Audapter 的联想台式机。Audapter 是一个 MEX-based 软件包（Cai et al., 2008, 2010, 2011, 2012），研究者可在 C++ 环境下编写脚本并通过 MATLAB 运行程序，自定义的脚本可以实时控制 F1 扰动的幅度。使用外接的电容式麦克风（SHURE SM58S）和外部声卡（YAMAHA Steinberg CI1）收集并记录被试的语音信号。麦克风固定在置于桌面的话筒架上，距离被试的口部 10 厘米。

从麦克风采集的音频信号采样率为 48 000 Hz，为了实现实时的信号处理，需要将采样率降至 12 000 Hz。共振峰扰动主要包括三个步骤（见图 8.1B）。第一，追踪并同时记录语音信号的 F1 信息。第二，基于设定的 F1 扰动参数（+200 Hz）计算出相应的 F1 值。第三，极点替换数字滤波器将原始 F1 值转换成扰动后的 F1 值。传递扰动信号的延迟约为 11 ms，低于人耳可以探测到听觉扰动的 30 ms 阈限（Yates, 1963）。Audapter 的音频输出通过头戴式耳机（Bose QuietComfort 35 Ⅱ）传递到被试耳中。为了部分掩蔽空气传导和骨传导的听觉反馈，声学校准系统将原始声音的音强提高 10 dB 后反馈至被试耳中（相同的方法请见 Ballard et al., 2018）。

被试端坐在距离电脑屏幕 70 厘米处进行实验。本实验包括练习和测试阶段，两阶段试次的流程完全一致。在练习阶段，告知被试电脑屏幕中央将呈现视觉提示符号（“*”），他们看到符号后应快速朗读出目标单词。实验人员训练被试能够发出清晰的声音，并保持恒定的音量（74~84 dB）和词长（400~500 ms）。正式实验前，被试接受足够的练习试次，直至他们可以满足上述标准。当主试判定被试完全理解实验流程后，实验正式进入数据采集阶段。

每个实验试次分为三个步骤（见图 8.1C）。第一，屏幕中央呈现“+”注视点 500 ms 的空白屏幕 400~600 ms。第二，呈现视觉提示符号“*”，被试需要在规定时间内既快又准地朗读单词“head”。当被试做出朗读反应或 2000 ms 内未做出反应，星号屏幕消失。在早期调整期和晚期调整期，被试说话的起始点调用共振峰追踪和扰动程序。每次反应后，主试判断并记录被试是否做出朗读“head”的反应，以及朗读过程中是否发生了语音键错误（即非语音触发语音键或是语音未能触发语音键）。第三，1 000 ms 的空白屏幕结束每个试次。

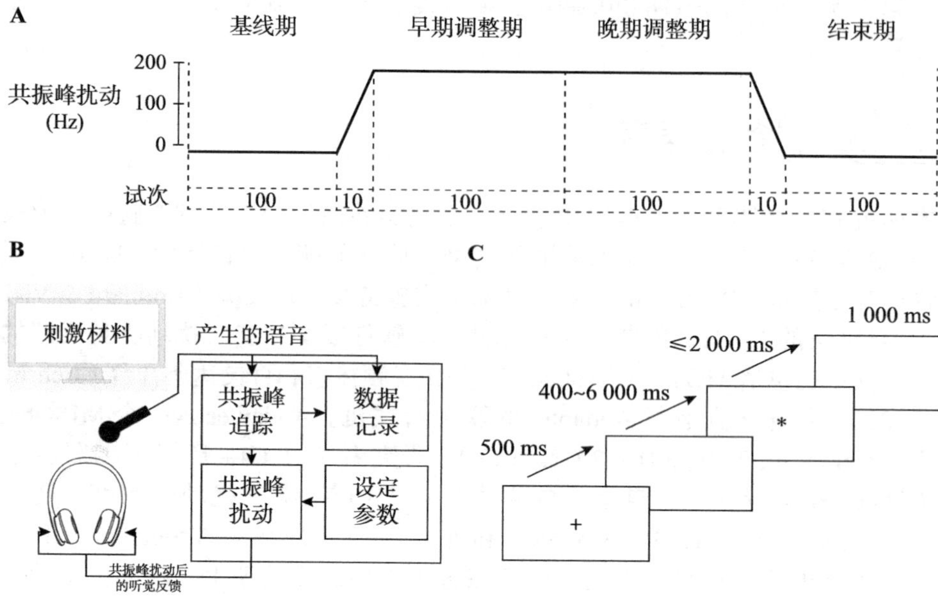

图 8.1　实验试次流程的示意图

（引自 Cai et al., 2023a）。

8.2.4 声学记录和分析

被试单词朗读产生的语音被保存成单独的音频文件（WAV 文件）。实验人员使用 Praat 语音分析软件（6.0.43 版本；Boersma & Weenink, 2013）分析记录的语音信号。初步的数据检查排除了包含言语错误、朗读不流利或严重共振峰追踪错误的试次。实验人员手动标记出语音信号的起始点和结束点，并排查了错误追踪的情况（如 F1 值小于 250 Hz 或 F1 值大于 1 000 Hz 或持续时间短于 150 ms）。

实验人员通过对发音起始点后 50~100 ms 时间窗口内的 F1 值进行平均从而计算得出 F1 值。选择 50~100 ms 的时间窗口主要有两个原因。第一，该时间窗口避免了开头的辅音（/h/）对元音共振峰数据产生过大的影响，污染数据的准确性。第二，在线听觉反馈控制需要 100~200 ms 生成修正性运动指令，因而该时间窗口排除了基于听觉反馈的在线运动调整的影响，50~100 ms 时间窗口内不同条件下的 F1 变化反映了前馈控制更新的调整性反应（Kearney et al., 2020）。值得注意的是，实验人员对每个试次中提取的 F1 值进行了标准化处理，具体规则是将每个试次的原始 F1 值减去基线期 100 个试次 F1 值的平均值（相同的方法请见 Parrell et al., 2017）。考虑到每位被试特定元音的 F1 值取值范围存在较大的个体差异，标准化处理使得研究者可以在不同被试间比较调整性反应的大小。

8.2.5 语言特异性和领域一般性能力测量

在共振峰持续扰动实验结束后，被试完成三组任务以分别测量他们的语言特异性能力和领域一般性能力。基于言语运动控制和一般认知能力的主流理论，本研究采用听觉敏锐度任务测量被试的语言特异性能力，采用工作记忆和执行控制任务测量被试的领域一般性能力。上述任务的顺序在被试间进行平衡。

听觉敏锐度任务。该听觉实验用于衡量被试感知元音 /e/ 中 F1 变化的听觉敏锐度，具体通过自适应阶梯式程序测量被试的最小可觉差[1]（just noticeable difference, *jnd*; 类似的方法请见 Villacorta et al., 2007; Cai et al., 2012）。实验开始前，告知被试听觉测试的目的是测量他们能够分辨两个语音间的最小差异量，要求被试认真地听耳机中连续播放的两个语音并判断它们是否完全相同。该程序涉及一系列两选项的迫选试次，当被试不确定正确答案时，鼓励他们做出最佳猜测。每个试次有两种可能的组合模式，即呈现给被试一对相同的语音（即“AA”）或不同的语音（即“AB”）。标准语音（A）是由一名男性英语母语者录制的单词“head”，偏差语音（B）是在标准语音（A）的基础上通过 Audapter 软件和自定义的 MATLAB 脚本扰动 F1 后合成的新语音，扰动幅度根据一定的规则在 0~+200 Hz 范围内浮动。两个语音连续播放，中间间隔 500 ms，“AA”和“AB”随机出现的概率完全相等。

本研究采用“两下一上阶梯法”测量每位被试的听觉敏锐度，该范式是一种自适应测试，即根据被试的反应逐步调整刺激量的大小，直到实验数据收敛为止（Kaernbach, 1991）。当被试连续两次判断正确时，说明此时的分辨任务对于被试相对简单，可以减少两个语音的 F1 差异。当被试一次判断错误时，说明此时的分辨任务对于被试相对困难，可以增加两个语音的 F1 差异。F1 差异的初始值设置为 200 Hz，判断正确后差异逐渐递减，100~200 Hz 范围内的递减步长为 10 Hz，60~100 Hz 范围内的递减步长为 4 Hz，0~60 Hz 范围内的递减步长为 2 Hz。整个程序结束的规则为，“两下一上”作为一次反转，当累计到 6 次反转后退出程序。最后结束时两个语音的 F1 差异即为 *jnd*。相同的程序运行 6 次，以最后四次测试结果的平均值作为最终的 *jnd*，其数值越小，说明听觉敏锐度越高。

工作记忆任务。研究者测量工作记忆经典的任务是数字广度任务（Baddeley, 2020）。一名英语母语者录制英语数字材料，一名汉语母语者录制汉语数字材料，所有被试用母语完成数字广度正背和倒背任务，这两项任务改编自韦克斯勒智力量表第三版（Wechsler Adult Intelligence Scale, Third Edition, Wechsler, 1997）。

在数字广度正背任务中，被试听到提前录制的数字串按照每秒一个数字的速度播放。在数字串播放完毕后，被试需要按照数字呈现的顺序完全复述所听到的数字串（即正背）。被试从长度为 3 的数字串开始测试，每种长度包含两个长度相同的数字串。被试只要正确说出其中一个数字串则进入下一水平的测试，相应数字串长度在原来基础上增加 1。两次均回答错误则终止实验。正背任务中数字串的长度为

[1] 最小可觉差（just noticeable difference, *jnd*）又叫差别阈限，根据阈限的操作性定义，是指有 50% 的实验次数能引起差别感觉的刺激值。普通心理学将其定义为刚刚能引起差别感觉的刺激物间的最小差异量。

包含的数字个数，分为 3~12 个数字共 10 个水平，最小为 1 分（3 个数字），最大为 10 分（12 个数字）。被试正背工作记忆成绩为他们最后一次正确说出数字串长度对应的分值。在数字广度倒背任务中，被试需要按照数字呈现的顺序倒序复述出所听到的数字串（即倒背），其他规则与正背任务的规则相同。倒背任务数字串的长度为 2~10 个数字共 9 个水平，最小为 2 分（2 个数字），最大为 10 分（10 个数字）。被试倒背工作记忆成绩为他们最后一次正确说出数字串长度对应的分值。每位被试在正背和倒背两个任务上的得分纳入后续分析。

执行控制任务。本研究采用经典的 Flanker 任务和 Stroop 任务测量被试的执行控制能力。Flanker 任务改编自 Eriksen 和 Eriksen（1974）的研究，材料由五个箭头组成，当中间箭头的朝向与左右两侧各两个箭头的朝向相同时，构成一致条件。当中间箭头的朝向与左右两侧箭头的朝向不同时，构成不一致条件。当左右两侧为无任何箭头方向的直线时，构成填充条件。Flanker 测验包括练习阶段和正式实验。在每个试次中，屏幕中央首先呈现“+”注视点 500 ms 和空白屏幕 1 000 ms，之后呈现箭头刺激，被试需要在 2 000 ms 内忽略周围箭头的朝向，并且又快又准确地判断中间箭头的朝向。如果是朝左，左手食指按“F”键；如果是朝右，右手食指按“J”键。被试按键反应后进入 300~500 ms 的空白屏幕，之后进入下一个试次。正式实验包括 42 个试次，其中一致条件、不一致条件和填充条件各占 14 个试次。Flanker 干扰效应的定义是不一致条件的平均反应时减去一致条件的平均反应时后的差值[1]。每位被试的 Flanker 干扰效应纳入后续分析。

Stroop 色词判断任务改编自 Golden 和 Freshwater（1978）的研究，材料包括三种物理颜色（红色、蓝色和黄色）和三个单字词（英语“red”“blue”“yellow”，汉语“红”“蓝”“黄”）。颜色与词随机组合形成一致条件（如红色的“红”或“red”）和不一致条件（如红色的“蓝”或“blue”）。Stroop 测验包括练习阶段和正式实验。在每个试次中，屏幕中央首先呈现“+”注视点 500 ms 和空白屏幕 1 000 ms，之后呈现颜色词，被试需要在 2 000 ms 内忽略字义，并且又快又准确地判断字的颜色。如果是红色，按数字键“1”；如果是蓝色，按数字键“2”；如果是黄色，按数字键“3”。被试按键反应后进入 300~500 ms 的空白屏幕，之后进入下一个试次。正式实验包括 36 个试次，其中一致条件和不一致条件各占 18 个试次。Stroop 干扰效应的定义是不一致条件的平均反应时减去一致条件的平均反应时后的差值[2]。每位被试的 Stroop 干扰效应纳入后续分析。

8.3 研究结果

本研究将英语母语组 18 名被试以及英语二语组 22 名被试的数据纳入后续统计

[1] Flanker 任务中仅正确反应试次的数据纳入分析。

[2] Stroop 任务中仅正确反应试次的数据纳入分析。

分析，采用 LMM 估计固定效应、随机效应以及试次水平上的个体差异对因变量的线性影响[1]。LMM 不仅能够同时处理上述效应，还具有许多其他方面的优势（如更好地处理分类数据），这些优点使得 LMM 能够替代传统的方差分析，成为心理语言学研究颇具潜力的数据分析方法（Barr et al., 2013）。

为了获得每位被试调整性反应单一的测量值，本研究分别对早期调整期、晚期调整期和结束期 100 个试次标准化处理后的 F1 值进行了平均。对于每位被试而言，早期调整性反应的值是从基线条件的零值中减去早期调整期的平均 F1 值，晚期调整性反应的值是从基线条件的零值中减去晚期调整期的平均 F1 值，而后效的值是从基线条件的零值中减去结束期的平均 F1 值[2]。研究人员整理了英语母语组和英语二语组每种语言特异性因素与领域一般性因素的描述性统计数据（见表 8.1）。

表 8.1　英语母语组和英语二语组中每种语言特异性因素与领域一般性因素的描述性统计数据

任务	英语母语组		英语二语组		指标
	M	*SD*	*M*	*SD*	
听觉敏锐度	56.06	16.62	74.7	36.61	*jnd* (Hz)
数字广度正背	4.56	1.15	7.91	1.34	分数
数字广度倒背	5.22	1.63	7.77	1.77	分数
Flanker 干扰效应	13.11	37.34	13.77	23.35	反应时 (ms)
Stroop 干扰效应	82.72	84.82	62.64	66.06	反应时 (ms)

8.3.1 标准化 F1 值的线性混合效应模型分析

本研究使用 LMM 分析标准化 F1 值的数据，该模型拟合数据时采用 REML 得到使模型预测值和观测值最为接近的参数值。本研究采用 *FDR* 对多重比较的数据进行校正。模型以语言组别和实验条件作为自变量，并同时考虑随机效应（即随机截距和随机斜率）。最初的模型仅包括随机因素（被试），接着逐步增加两个自变量及其交互作用。当增加两个自变量及其交互作用显著地改善模型拟合度时，表明上述效应对因变量产生显著的影响[3]。因此，最优拟合模型既包括固定效应（即语言组别、实验条件以及两个变量的交互作用），也包括随机效应（即随机截距和随机斜率）。

研究人员整理了英语母语组和英语二语组被试在早期调整期、晚期调整期和结束期标准化 F1 值的分布情况（见图 8.2A）。LMM 分析结果表明，语言组别的主效应不显著（F=3.09, p=.09），但实验条件的主效应显著（F=166.20, p<.001），语言组

[1] 本研究 R 代码和数据公开在科学平台 Open Science Framework，请访问链接：https://osf.io/kqcn7/?view_only=66b26414e75746a78997859cc4b3beb6。

[2] 研究人员计算早期调整性反应、晚期调整性反应和后效时均使用的是经过标准化处理后的 F1 值。

[3] 本研究使用 R 软件中 lmerTest 包的 ANOVA 函数计算固定效应的显著性。

别和实验条件的交互作用显著（$F=12.41, p<.001$）。简单效应分析表明，英语母语组被试早期调整期（$b=34.06, t(18)=3.40, p=.003$）和晚期调整期（$b=70.74, t(18)=4.67, p<.001$）与基线期标准化 F1 值的差异显著，但结束期和基线期标准化 F1 值的差异不显著（$b=25.01, t(18)=1.86, p=.08$）。英语二语组被试仅晚期调整期和基线期标准化 F1 值的差异显著（$b=44.14, t(22)=2.86, p=.009$），早期调整期（$b=11.48, t(26)=1.59, p=.12$）和结束期（$b=4.11, t(22)=.28, p=.78$）与基线期标准化 F1 值的差异不显著（见图 8.2B）。另一个方向的简单效应表明，英语母语组和英语二语组的标准化 F1 值在早期调整期差异显著（$b=22.65, t(38)=1.95, p=.06$），但在晚期调整期（$b=26.82, t(38)=1.25, p=.22$）和结束期（$b=20.91, t(38)=1.06, p=.29$）差异不显著（见图 8.2C）[1]。

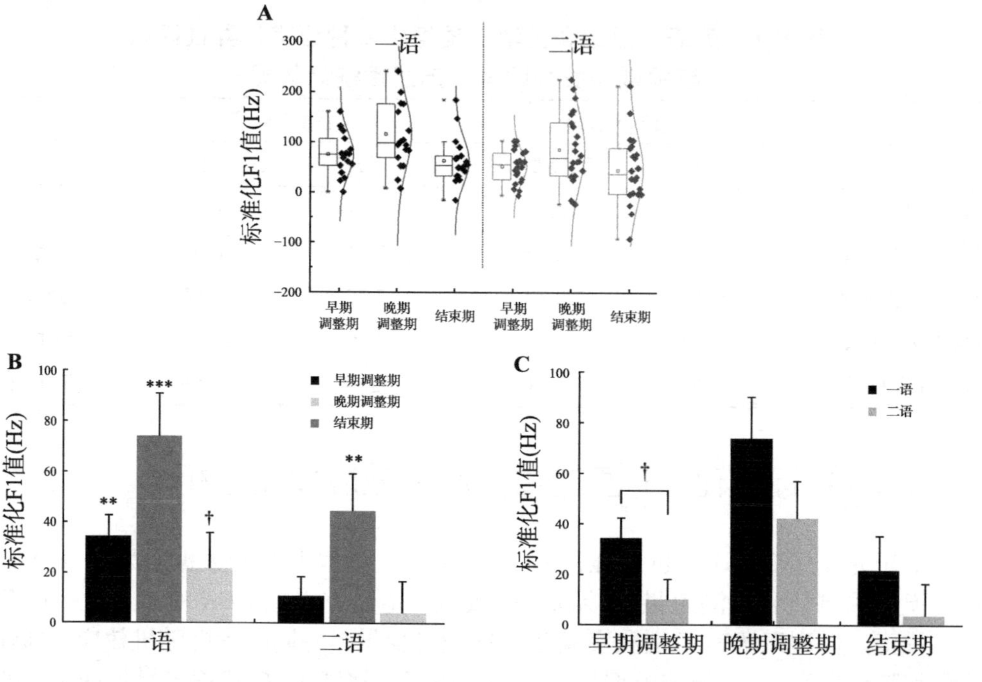

图 8.2　标准化 F1 值的 LMM 分析结果

（引自 Cai et al., 2023a）。（A）英语母语组和英语二语组被试在早期调整期、晚期调整期和结束期标准化 F1 值分布情况的箱线图。（B）不同实验条件下英语母语组和英语二语组被试标准化 F1 值的柱形图。（C）不同语言组别中早期调整期、晚期调整期和结束期标准化 F1 值的柱形图。

8.3.2 言语运动调整的线性混合效应模型分析

为了探索调整性反应和后效的语言组别差异，以及语言特异性因素和领域一般

[1] 研究人员观察到，英语母语者和英语二语者在调整性反应和后效的测量指标上表现出不同的模式，证实语言经验这一语言特异性因素在前馈控制更新过程中发挥作用。

性因素如何与这些效应的组别差异相关，本研究对早期调整期反应、晚期调整期反应以及后效进行了 LMM 分析[1]。语言组别、听觉敏锐度、工作记忆和执行控制能力作为固定因素纳入分析，而被试作为随机因素纳入分析[2]。最优拟合模型的确定包括三个步骤。第一，指定仅包含随机因素的空模型（即模型 r.fit1），也称基准模型，以便与其他更复杂的模型进行比较。第二，通过增加固定因素“语言组别”和随机因素“被试”扩展零模型，然后使用卡方检验比较新建立的模型（即模型 r.fit2）与前一模型（即模型 r.fit1）对数据的拟合程度。第三，在前一模型（即模型 r.fit2）的基础上，顺序增加一个固定因素（如听觉敏锐度、工作记忆或执行控制能力的指标）或一个交互效应（如语言组别与听觉敏锐度、工作记忆或执行控制的交互作用），并将新建立的模型与之前的模型进行比较。如果新建立的模型不能显著地改善模型拟合度，表明其不能对因变量产生显著的影响，那么，在增加固定因素或交互作用之前的模型被指定为最优拟合模型。研究人员整理了早期调整性反应、晚期调整性反应和后效的最优拟合模型结果（见表 8.2）。

表 8.2　早期调整性反应、晚期调整性反应和后效的最优拟合模型结果

固定效应	*b*	*SE*	*t*	*p*
早期调整性反应				
（截距）	−16.04	8.77	−1.83	.09
语言组别	3.30	12.18	.27	.79
听觉敏锐度	1.76	.45	3.89	.001
听觉敏锐度：语言组别 1	1.63	.46	3.49	.003
听觉敏锐度：语言组别 2	.21	.19	1.09	.29
晚期调整性反应				
（截距）	−61.44	14.10	−4.36	<.001
语言组别	8.43	20.51	.41	.69
听觉敏锐度	1.00	.36	2.78	.01
后效				
（截距）	−7.06	25.34	−.28	.78
语言组别	51.01	31.57	1.62	.12
数字广度正背：语言组别 1	8.69	11.83	.73	.47
数字广度正背：语言组别 2	−31.06	9.43	−3.29	.004

注：语言组别 1，英语母语组；语言组别 2，英语二语组。

[1] 在 LMM 分析前，本研究分别考察了英语母语组和英语二语组被试在数字广度正背任务与倒背任务中工作记忆得分的相关性以及在 Flanker 任务和 Stroop 任务中干扰效应的相关性。结果表明，数字广度正背和倒背分数无显著相关性（英语母语组：p=.55；英语二语组：p=.07），Flanker 和 Stroop 干扰效应也无显著相关性（英语母语组：p=.79；英语二语组：p=.69）。因此，本研究将数字广度正背和倒背工作记忆得分以及 Flanker 和 Stroop 干扰效应均作为固定效应纳入 LMM 模型分析。

[2] 使用 R 软件中 lme4 包的 *lmer* 程序估计固定效应和随机效应的显著性。

早期调整性反应的最优拟合模型包括固定效应（语言组别、听觉敏锐度以及语言组别和听觉敏锐度的交互作用）和随机效应（被试的随机截距和语言组别的随机斜率）。与仅包括语言组别固定因素和被试随机效应（即语言组别的随机截距和随机斜率）的模型相比，增加工作记忆和执行控制指标的固定效应或上述固定因素与语言组别的交互作用并不能显著地改善模型拟合度。最终模型分析的结果表明，语言组别的主效应不显著（b=3.3, t=.27, p=.79），但听觉敏锐度的主效应（b=1.76, t=3.89, p=.001）以及语言组别和听觉敏锐度的交互作用（F=10.92, p=.003）显著。简单效应分析表明，英语母语组中听觉敏锐度的主效应显著（b=1.63, t=3.49, p=.003），但英语二语组中听觉敏锐度的主效应不显著（b=.21, t=1.09, p=.29）[1]。

晚期调整性反应的最优拟合模型包括固定效应（语言组别和听觉敏锐度）和随机效应（被试的随机截距和语言组别的随机斜率）。与仅包括语言组别固定因素和被试随机效应（即语言组别的随机截距和随机斜率）的模型相比，增加工作记忆和执行控制指标的固定效应或上述固定因素与语言组别的交互作用并不能显著地改善模型拟合度。最终模型分析的结果表明，语言组别的主效应不显著（b=8.43, t=.41, p=.69），但听觉敏锐度的主效应显著（b=1.00, t=2.78, p=.01）[2]。

后效的最优拟合模型包括固定效应（即语言组别以及语言组别和数字广度正背的交互作用）和随机效应（被试的随机截距和语言组别的随机斜率）。与仅包括语言组别固定因素和被试随机效应（即语言组别的随机截距和随机斜率）的模型相比，增加听觉敏锐度、数字广度倒背和执行控制指标的固定效应或上述固定因素与语言组别的交互作用并不能显著地改善模型拟合度。最终模型分析的结果表明，语言组别的主效应不显著（b=51.07, t=1.62, p=.12），但语言组别和数字广度正背的交互作用显著（F=5.99, p=.01）。简单效应分析表明，英语母语组中数字广度正背的主效应不显著（b=8.69, t=.73, p=.47），但英语二语组中数字广度正背的主效应显著（b=−31.06, t=−3.29, p=.004）[3]。

8.4 讨论与后续研究

本研究考察了语言特异性因素和领域一般性因素如何与英语母语者和英语二语者前馈控制更新过程中的运动调整有关。LMM 分析的结果表明，第一，听觉敏锐

[1] 研究人员观察到，听觉敏锐度显著地预测了英语母语者的早期调整期反应，证实听觉敏锐度这一语言特异性因素在前馈控制更新过程中发挥作用。

[2] 研究人员观察到，听觉敏锐度显著地预测了英语母语者和英语二语者的晚期调整期反应，证实听觉敏锐度这一语言特异性因素在前馈控制更新过程中发挥作用。此外，工作记忆和执行控制并非调整性反应显著的预测变量，表明领域一般性因素在前馈控制更新过程中不起主要作用。

[3] 研究人员观察到，工作记忆显著地预测了英语二语者的后效，但无法预测英语母语者的后效，这一结果表明工作记忆在一语或二语产生任务中发挥的作用不同。此外，工作记忆可显著地预测后效，但无法预测调整性反应，证实调整性反应和后效涉及的认知加工过程是不同的。

度可以显著地预测英语母语者和英语二语者的调整性反应。第二，当响应持续性的共振峰扰动时，英语母语组在早期调整期和晚期调整期表现出显著的调整性反应，并在结束期表现出显著的后效，而英语二语组仅在晚期调整期表现出显著的调整性反应。第三，领域一般性因素不能预测英语母语组的调整性反应和后效，但工作记忆可以显著地预测英语二语组的后效。

8.4.1 语言特异性因素与前馈控制更新的关系

言语运动控制是人类语言交流所必需的复杂的感觉运动技能，因而研究者探索语言特异性因素在言语运动调整中的作用具有重要意义（Parrell et al., 2019）。本研究验证了两个关键的实验假设。假设一，听觉敏锐度较低的讲话者难以监测到反馈中距离元音听觉目标域较远的偏差，因此，相应地基于反馈的运动调整能力也较弱。假设二，考虑到母语者和晚期双语者本质上不同的语言学习和产生经验，研究者可能在一语和二语产生中观察到不同的感觉运动调整模式。

本研究为假设一提供了支持性证据，表现为听觉敏锐度更高的英语母语者在早期调整期和晚期调整期均表现出了更大幅度的调整性反应，并且听觉敏锐度更高的英语二语者在晚期调整期也表现出了更大幅度的调整性反应。尽管传统的语言加工研究经常独立地考察言语感知和言语产生过程，但是大量证据表明，言语感知和言语产生过程是紧密交织在一起的（Perkell et al., 2004a, 2004b; Villacorta et al., 2007; Franken et al., 2017; Martin et al., 2018; Nault & Munhall, 2020; Cai et al., 2021b; Shamma et al., 2021; Kartushina et al., 2023）。本研究与前人母语研究的发现一致，即个体感知语音对比的能力与他们在多大程度上能够精确产生语音对比的能力有关（Perkell et al., 2004a, 2004b; Villacorta et al., 2007; Franken et al., 2017; Martin et al., 2018; Nault & Munhall, 2020; Wong et al., 2023），并且将研究结果拓展到晚期双语者的二语产生中（Cai et al., 2020b, 2021b, 2023a, 2023b）。上述跨被试、跨语言和跨测量指标等一致的发现说明了该结果的稳定性。因此，本研究可得出结论，听觉敏锐度是预测前馈控制更新过程中调整性反应的重要因素。未来的研究可通过操纵听觉敏锐度变量或通过训练提升听觉敏锐度来验证本研究的发现，并探索听觉敏锐度调节人们前馈控制更新背后的神经基础。

听觉敏锐度可预测调整性反应有三个主要原因。第一，镜像神经元[1]是上述言语感知系统和言语产生系统发生联结的神经基础（Fadiga et al., 2002; Kohler et al., 2002; Shamma et al., 2021; Heyes & Catmur, 2022）。当个体执行某个动作或者观察到他人执行某个动作时，镜像神经元都会做出响应。从这个意义来讲，DIVA 模型中

[1] 镜像神经元（mirror neuron）“本身是一群特殊的运动神经元。即，它首先应在个体执行动作时放电；除了在运动时放电，镜像神经元的活动还必须具备感觉 - 运动的对应关系。例如，几乎所有镜像神经元在对感觉刺激（包括动作的视觉刺激及与动作相关的听觉刺激）的反应与其编码的运动反应方面呈现出一致性。即，不仅在自身执行某一动作时放电，而且在观察到他人做类似动作时也放电”（陈波等，2015）。

语音集内的神经元与镜像神经元的功能类似，这些神经元在言语感知和言语产生任务中均会激活（Tourville & Guenther, 2011）。第二，早期的研究结果表明，与听觉敏锐度较低的讲话者相比，听觉敏锐度较高（即能够更好地区分具有细微声学差异的语音）的讲话者形成的听觉目标更为精细，且产生的语音对比也更为明显（Groenen et al., 1996; Newman, 2003; Perkell et al., 2004a, 2004b）。第三，DIVA 模型也预测，听觉敏锐度较高的讲话者理应能更好地感知到听觉目标域之外的偏差，从而更好地调整其言语运动以实现发音目标（Guenther, 2006, 2016）。当不同讲话者元音 /e/ 的听觉目标域大小不同时，他们对相同幅度的 F1 扰动将做出不同的响应（Perkell, 2012）。在持续扰动范式下，被试不断修正前馈运动指令，直至其听觉反馈[1]中的 F1 值落入听觉目标域（Perkell et al., 2004a, 2004b; Villacorta et al., 2007）。因此，本研究观察到听觉敏锐度和调整性反应之间显著的相关性。

值得注意的是，也有部分研究并未发现言语感知和言语产生指标间显著的交互作用（Feng et al., 2011; Cai et al., 2012; Abur et al., 2018; Lester-Smith et al., 2020; Alemi et al., 2021）。研究结果不一致可能的原因之一是不同实验采用了不同任务测量被试的言语感知能力，如用于测量范畴化感知能力的识别任务（Niziolek & Guenther, 2013; Cheng et al., 2021），用于测量分辨语音细微声学差异能力的辨别任务（Cai et al., 2012; Franken et al., 2017; Nault & Munhall, 2020），以及测量不同声学维度（如音高、音强、旋律等）的听觉任务（Martin et al., 2018）。关于范畴知觉的问题，Kuhl（1991）的研究表明，当听觉刺激更接近范畴边界时，人们的辨别能力会增强，这种现象也被称为知觉磁体效应[2]（Kuhl, 1991）。因此，在言语产生过程中，人们可能会更清晰地感知到接近或跨越范畴边界的听觉偏差（Niziolek & Guenther, 2013）。进一步的研究证实了这一猜想，被试在元音范畴化感知能力上的变化会直接影响他们在持续扰动范式下调整性反应的表现（Niziolek & Guenther, 2013; Lametti et al., 2014）。然而，除听觉敏锐度任务外，本研究并未引入任何识别任务以精确测量被试的范畴化感知能力。范畴化感知任务可能提供一种有效且敏感的指标以测量言语感知和言语产生的交互过程（Shen & Froud, 2016; Conover & Bahr, 2023）。未来的研究应包括更丰富的言语感知能力测量指标，并探索言语感知能力的不同侧面与前馈控制更新运动调整的潜在关系。

此外，当英语母语者和英语二语者响应持续性的共振峰扰动时，本研究均未探测到听觉敏锐度与后效之间显著的相关性。这一结果模式与 Martin 等人（2018）的发现一致，即（音高、音强、旋律等不同维度的）听觉敏锐度均与后效无显著相关性。考虑到调整性反应的模式，本研究的结果表明，早期和晚期调整期的调整性反应与结束期后效涉及的认知加工过程是不同的。更具体地讲，听觉敏锐度驱动了共振峰持续扰动期间被试在线的运动调整过程，而非扰动撤销后的后效

[1] 该听觉反馈既包括被试自身产生的语音信号，也包括实验引入的共振峰扰动。

[2] 知觉磁体效应（perceptual magnet effect）是 Kuhl 等人发现的有关婴儿期言语知觉的规律，主要反映了元音范畴内部结构的表征。研究者认为“原型充当知觉磁体，范畴周围的成员知觉上与其同化的程度大于从真实的心理物理距离中所预期的，相对于非原型，围绕原型的知觉空间被压缩了，这增强了知觉的范畴凝聚力”（刘文理等，2008）。

（Martin et al., 2018）。

本研究为第二个假设也提供了支持性证据，表现为英语母语者和英语二语者呈现出不同的结果模式，英语母语者在早期调整期和晚期调整期均表现出显著的调整性反应，在结束期表现出显著的后效，但英语二语者仅在晚期调整期表现出显著的调整性反应。这一发现清晰地表明，讲话者利用听觉反馈提供的信息更新前馈运动指令的效率存在差异，而语言经验是影响上述感觉运动调整效率的主要因素之一。Mitsuya 等人（2011）报告了共振峰扰动反馈调整的跨语言差异，但并未区分早期调整期和晚期调整期不同的结果模式，本研究从前馈控制更新时间进程这一不同的维度补充了 Mitsuya 等人（2011）的发现。

在持续扰动范式中，讲话者为避免未来的言语错误，下一试次的前馈运动指令会部分纳入当前试次中基于反馈的修正性运动指令（Kearney et al., 2020）。理论上来讲，利用听觉反馈更新前馈运动指令的效率相对较低可能会导致发音不准确的持久性问题。Simmonds 等人（2011b）推论，晚期双语者持续的外国口音问题可能是由于他们无法达到与母语者相同的熟练程度来整合前馈运动控制和听觉反馈控制。本研究招募了一组晚期双语者验证了 Simmonds 等人（2011b）的推论，然而，未来仍需要更多精细控制的实验来验证感觉运动调整效率与外国口音持续性之间的关系，以期揭示晚期双语者言语运动控制的认知规律。

8.4.2 领域一般性因素与前馈控制更新的关系

神经影像学证据表明，领域一般性脑区促进语言加工（Campbell & Tyler, 2018; Friederici, 2018; Bulut, 2023）。鉴于此，研究者们探索领域一般性因素在前馈控制更新过程中的作用具有重要意义。本研究验证了两个关键实验假设。第一，前馈控制更新能力较弱的人，其工作记忆能力可能较弱，相应地语音环路系统中听觉运动整合的表现也较弱。第二，前馈控制更新能力较弱的人，其执行控制能力可能较弱，相应地解决由共振峰扰动导致的冲突的能力也较弱。针对调整性反应和后效中领域一般性因素的作用，本研究在英语母语者和英语二语者中得出的发现较为复杂，具体来说，一语产生中领域一般性因素在调整性反应和后效方面并未发挥显著的作用，但二语产生中工作记忆在后效方面发挥了显著的作用。

关于第一个假设，本研究表明，工作记忆并非调整性反应的相关因素，但可显著地预测后效，即调整性反应和后效是由不同的因素驱动的，再次证实了早期和晚期调整期的调整性反应与结束期后效涉及的认知加工过程是不同的（Martin et al., 2018）。有研究者开始关注工作记忆与言语运动调整的关系（Li et al., 2015; Guo et al., 2017; Liu et al., 2018）。虽然有研究发现，工作记忆影响电生理层面上的 N1-P2 波幅变化，但是工作记忆影响行为层面上言语运动调整的发现并不稳定，例如，Guo 等人（2017）观察到了显著的行为表现变化，而 Li 等人（2015）未观察到显著的效应。在 Liu 等人（2018）的研究中，被试完成音高扰动任务的同时需数出扰动出现的次数以及红灯闪烁的次数。结果发现，与基线条件相比，被试在分散性注意条件下言语运动调整的幅度并未降低、反而有所提高。研究者推测，出现这种相反的结果可能是由于工作记忆参与了计数任务，导致言语运动调整的幅度提高。但该研究并未操纵工作记忆，因而工作记忆与言语运动调整的关系仍有待验证。本研究使用行为测量指标，在英语母语者和英语二语者中均未观察到工作记忆与共振峰持续扰动诱发的调整性反应具有直接的关联性。下文将为当前该领域不一致的发现提供三种可能的解释。

第一，工作记忆可能仅对陈述性知识的习得至关重要，陈述性知识是指人们可以描述的知识，而非可以控制行为的程序性知识。一项早期的研究考察了运动学习过程中工作记忆的作用，该研究要求被试分别在（推杆结果）完全反馈或部分反馈条件下进行高尔夫球运动的推杆动作。结果表明，程序性知识并不依赖于工作记忆是否可用，但陈述性知识确实表现出这种依赖性（Maxwell et al., 2003）。在语言学习过程中，言语运动调整的技能可能会经历从陈述性知识转变为程序性知识的过程。当发展至后者时，本研究无法观察到言语运动调整过程中工作记忆的调节作用。第二，在言语运动控制领域，在线运动控制和长时程的前馈控制更新可能依赖的是独立并行的加工机制（Parrell & Houde, 2019）。虽然前人的研究发现了在线运动控制过程中工作记忆的作用（Li et al., 2015; Guo et al., 2017），但本研究关注的是长时程的前馈控制更新，这一过程可能较少地需要工作记忆参与。第三，与高时间分辨率的电生理测量指标相比，行为测量指标可能不够灵敏（Coughler et al., 2022），因而本研究未能探测到前人研究中发现的工作记忆的效应。未来的研究可以使用持续扰动范式并结合行为和电生理测量指标来验证上述可能性。

本研究在晚期双语者中观察到了工作记忆与后效之间显著的相关性，但在母语者中未能发现两者的相关性。基于上述结果，本研究初步提出后效与工作记忆有关，但这种相关性会受到不同语言所需注意控制程度的调节。研究表明，工作记忆的功能是整合输入的信息以及现有记忆中贮存的信息（Brumback et al., 2005; Baddeley, 2010, 2020）。与语音运动指令和感觉反馈相关的信息可以贮存在反馈的记忆环路中，当人们需要调整言语运动时，可从环路中直接提取相关的记忆（Troyer & Doupe, 2000; Gonzalez & Burke, 2013）。因此，更强的工作记忆能力可能导致人们难以克服在调整期已经更新的前馈运动表征，并重新回到扰动引入前的基线状态，因而产生了更大幅度的后效。

关于工作记忆和后效的关系，母语者和晚期双语者中不同的结果模式值得研究者们进一步探讨。已有研究证实了工作记忆与注意控制之间存在密切的联系，即信息存储与信息处理和操纵的关系（Angelopoulou & Drigas, 2021; Baddeley, 2010, 2020; Panichello & Buschman, 2021）。工作记忆可能在需要更多注意控制的语言加工过程中发挥更为重要的作用。前人的研究表明，母语者的语言编码在很大程度上是高度自动化的，仅需较少的注意资源参与（Levelt, 1989），而晚期双语者的二语知识系统并不完整，言语产生机制也并非高度自动化的，因而需要更多的注意资源参与（Declerck & Kormos, 2012; Cai et al., 2020a）。由于注意控制在二语产生比在一语产生中发挥的作用更大（Kormos, 2006），相应地工作记忆对英语二语者后效的预测力也更大。然而，目前尚不清楚哪些因素可能与母语者的后效相关，因而仍需进一步的研究识别出潜在的影响因素。

关于第二个假设，本研究表明，执行控制并非调整性反应和后效显著的预测变量。已有的部分研究考察了执行控制和言语运动调整之间的关系（Pfordresher & Beasley, 2014; Martin et al., 2018）。在 Pfordresher 和 Beasley（2014）的研究中，被试同时完成两项任务，即扰动反馈任务（演奏钢琴旋律的同时聆听音高扰动反馈）和执行控制任务，结果并未探测到执行控制任务会干扰被试听觉运动整合的表现。Martin 等人（2018）也未能观察到执行控制能力（通过数字 Stroop 任务、Simon 任务以及 Flanker 任务测量）与调整性反应和后效（通过持续性扰动范式测量）之间的直接联系。Martin 等人（2018）指出了他们的研究不足，其中之一便是上述执行控制任务并不像言语产生任务那样涉及语言信息的冲突解决过程。因此，本研究包括了经典的 Flanker 任务和色词 Stroop 任务以同时测量被试对非语言和语言信息的冲突解决能力。本研究与先前的研究发现一致，在不同的实验条件下（即早期调整期、晚期调整期、结束期）以及不同的语言组别（英语母语组、英语二语组）内均未发现执行控制与言语运动调整之间的显著相关性，证实了前馈控制更新过程与执行控制能力无关。

综上所述，语言特异性因素显著地预测了被试前馈控制更新的表现，并且该过程相对独立于一般认知技能。当前的言语运动控制模型（如 DIVA、SFC 等）是基于前馈、反馈控制的基本组件构建的，暂未将一般认知能力这种自上而下的调节机制纳入到听觉运动整合当中（Parrell et al., 2019）。在整个研究过程中，除了在英语二语组内探测到工作记忆与后效的相关性，本研究没有观察到领域一般性因素与（共振峰持续扰动诱发的）感觉运动调整之间显著的相关性。当然还存在另外一种可能性，即领域一般性因素在二语言语运动控制中的作用可能比本研究中的发现更为复杂（Bley-Vroman, 2009; Ullman, 2015）。二语学习者语言编码的自动化程度取决于他们的二语熟练程度（Declerck & Kormos, 2012），领域一般性因素可能在语言熟练度较低的双语者中发挥更重要的作用，而本研究仅包括中等熟练或熟练的双语者，他们可能受领域一般性因素的影响较小。未来的研究可以在不同熟练度的二语者中考察领域一般性因素对调整性反应和后效的影响。

本章小结

本章的主要目的是探讨语言特异性因素和领域一般性因素如何预测母语者和晚期双语者的前馈控制更新过程。18 名英语母语者和 22 名英语二语者进行了相同的共振峰持续扰动任务（即朗读“head”）以及测量语言特异性能力（即听觉敏锐度）和领域一般性能力（即工作记忆和执行控制）的任务。主实验引入了持续性的 F1 提高 200 Hz 的扰动，使得“head”听起来更像是“had”，操纵的变量包括语言组别（英语母语组、英语二语组）以及实验条件（基线期、早期调整期、晚期调整期、结束期）。LMM 分析得出三大主要结果。第一，听觉敏锐度与英语母语者和英语二语者的调整性反应显著相关。第二，不同语言组别前馈控制更新的模式不同，母语者在早期和晚期调整期表现出显著的调整性反应，在结束期表现出显著的后效，而晚期双语者仅在晚期调整期表现出显著的调整性反应。第三，本研究仅在晚期双语者中观测到工作记忆与后效的关系，除此之外，领域一般性因素（包括工作记忆和执行控制）与一语或二语产生中的调整性反应和后效均无关。总体而言，该研究从实证层面支持了前馈控制更新是由听觉敏锐度和语言经验等语言特异性因素预测的，而一般认知能力在此过程中不起主要作用。

第三部分　未来展望

第九章

言语运动控制领域前沿性理论进展

第二部分的四章内容系统地探索了晚期双语者一语和二语言语运动控制的认知神经机制差异，研究发现有利于揭示晚期双语者二语言语运动控制的本质和规律，尤其是在线运动控制和前馈运动学习过程中的听觉运动整合机制。由于晚期双语者言语运动控制不足严重影响了他们的口语沟通和表达能力，故研究其言语运动控制的规律不仅有利于开展切实有效的干预措施，还可为二语教学提供科学的理论指导，最终促进二语学习者语音运动技能的掌握。同样重要的是，研究晚期双语者一语和二语言语运动控制的运作机制具有临床意义，有助于揭示言语障碍人群运动控制缺陷背后的机制，从而为有效治疗提供帮助。此外，了解大脑如何实现有效的二语言语运动控制也可为研究者提出言语障碍的治疗方案提供理论支撑。第九章将重点剖析言语运动控制的理论进展，针对其研究主题与前沿热点进行探讨，以期为未来言语运动控制的可研究方向提供理论指导和参考。

9.1 DIVA 模型的前沿性理论进展

近年来，DIVA 模型的研究团队一直致力于构建更全面、更具预测力和解释力的神经计算模型，重要的进展包括在更大语言单位水平上揭示发声控制机制，简化模型参数以拟合实验研究数据，以及与其他模型结合以阐释更多语言现象（Kearney et al., 2020; Turk & Shattuck-Hufnagel, 2020; Miller & Guenthe 2021; Kröger et al., 2022; Weerathunge et al., 2022; Meier & Guenther, 2023）。

9.1.1 GODIVA 揭示多音节发声运动机制

DIVA 模型关注独立的、较小的语言单元（如音节）的发声运动。然而，当人们流利地产生短语或句子时，需要在短时间内对多个音节的发音运动程序进行暂时缓冲和排序。梯度[1]顺序DIVA（gradient order DIVA, GODIVA）模型则可解释多音节计划、定时和协调背后的神经过程（Miller & Guenther, 2021; Meier & Guenther, 2023）。

GODIVA 模型由计划和运动两个环路构成（见图 9.1 灰色阴影部分）。DIVA 和 GODIVA 模型共享运动环路，包括语音集、启动集和与之相关的皮层下组织（即壳核、苍白球、丘脑腹侧前核和外核），主要负责启动和终止发音运动程序。计划环路涉及外侧前额脑区的左侧额下沟后部、左侧前运动脑区的前辅助运动区和与之相关的皮层下组织（即尾状核、苍白球、丘脑腹侧前核），主要负责形成语音工作记忆来缓冲即将产生的语音序列（Meier & Guenther, 2023）。

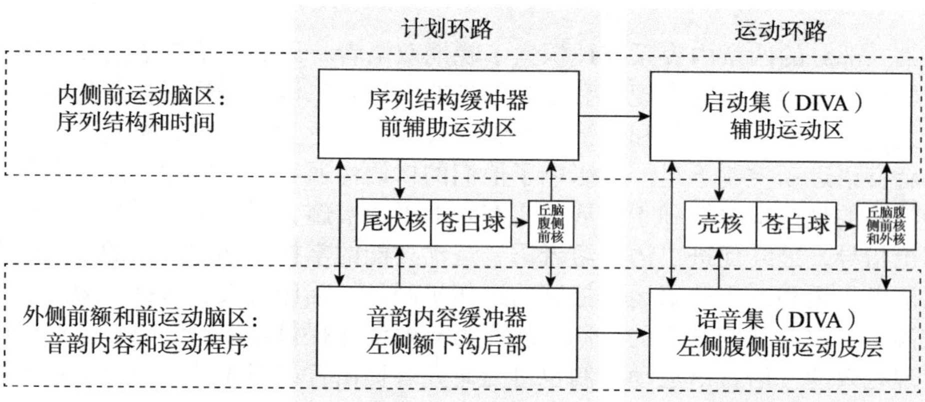

图 9.1 GODIVA 模型的控制机制

（引自 Meier & Guenther, 2023）。模型由两个基底神经节 – 丘脑 – 皮质环路构成，运动环路负责产生高度协调的发音运动程序，计划环路负责临时存储和缓冲即将产生的语音序列。

GODIVA 模型的皮层组织还可区分为内侧和外侧区域（见图 9.1 虚线框）。内侧前运动脑区（即前辅助运动区和辅助运动区）负责表征音韵序列的韵律框架，其中前辅助运动区负责表征语音序列的音节框架结构和韵律模式，因而在 GODIVA 模型中承担了序列结构缓冲器的角色。辅助运动区与 DIVA 模型的启动集功能类似，负责在特定时刻启动和终止单个发音运动程序。因此，从前辅助运动区到辅助运动区的投射将以适当的顺序和韵律模式来激活或抑制启动集相应的节点。通过这种方式，GODIVA 内侧脑区可实现对多语音序列的韵律结构和节奏进行控制。而外侧前额和前运动脑区（即左侧额下沟后部和左侧腹侧前运动皮层）负责语音序列的音韵内容和相应的运动程序，具体而言，左侧额下沟后部是参与言语工作记忆以及音韵属性和复杂度编码的核心脑区，也与婴儿期的语音范畴习得高度相关，因而左侧额下沟脑区在 GODIVA 模型中承担了音韵内容缓冲器的角色。腹侧前运动皮层与

[1] 这里梯度指语音序列的激活水平差异，较早产生的音节节点比稍后产生的音节节点激活水平更高。

DIVA 模型的语音集功能类似，负责执行发音运动程序。当额下沟后部选择了下一个执行的运动程序（即音韵内容缓冲器中激活程度最高的节点），选择结果将从额下沟后部投射到左侧腹侧前运动皮层。当辅助运动区中启动集相应的节点激活，发音运动程序开始执行，同时该语音表征将从音韵内容缓冲器中移除。当启动集相应的节点激活结束时，运动程序也随即终止（Meier & Guenther, 2023）。

GODIVA 模型也需经历学习过程。在婴儿发育早期，高频语序未实现自动化加工，此时皮层上组织（如辅助运动区和前辅助运动区）必须高度参与语音顺序控制。但伴随着练习次数增多，皮层下组织（如基底神经节）逐渐学会识别启动语音序列中的各发音程序适宜的感觉运动环境。在此过程中，皮层－基底神经节运动环路将对婴儿早期频繁使用的语音序列进行组块[1]，这种组块方式将减少认知加工负荷（Meier & Guenther, 2023）。以“snow”的产生为例，在发展早期（见图 9.2A），婴儿

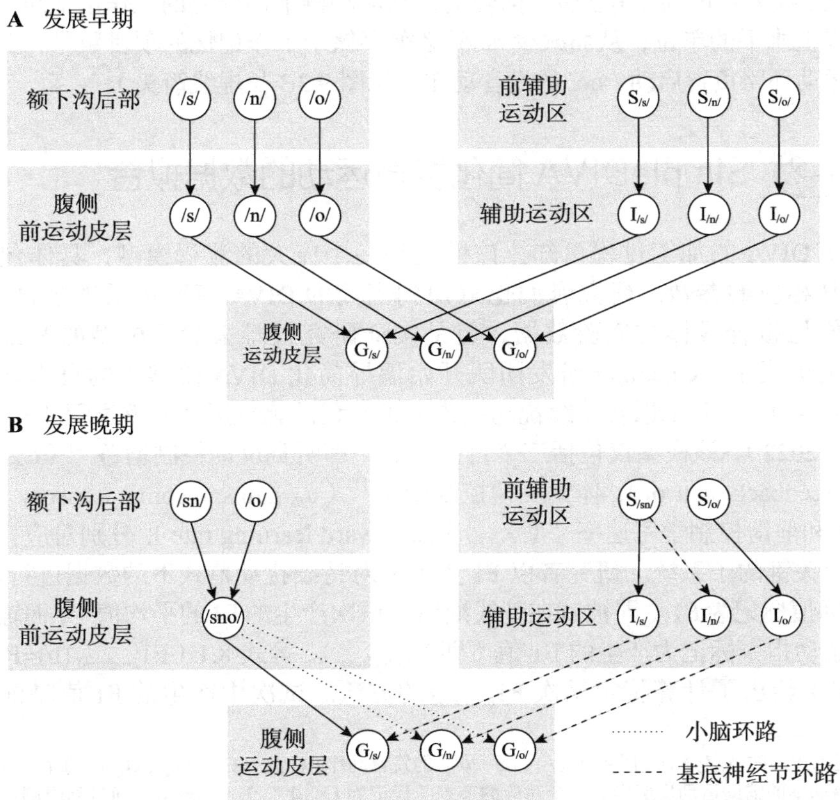

图 9.2　GODIVA 模型中通过组块方式学习语音序列的示意图

（引自 Meier & Guenther, 2023）。（A）婴儿发展早期产生单词“snow”的脑网络，此处皮层－皮层投射由黑色实线箭头表示。（B）婴儿发展后期产生单词“snow”的脑网络，此处小脑（点虚线箭头）和基底神经节（长虚线箭头）环路的发展使得人们较少使用皮层节点和投射。

[1] 组块指由于工作记忆受到容量限制，人们倾向于将重复出现或相互关联的信息重新编码成块，以此来拓展存储容量并减少认知加工负荷（Miller, 1956; 陈玉田等 , 2022）。

腹侧前运动皮层的节点并未形成整个音节（sno）的发音程序，此时音节需由各音素独立的运动程序来表征，且必须通过左侧额下沟后部的音韵内容缓冲器分别激活[1]。婴儿产生“snow”需激活音韵内容缓冲器的节点（/s/、/n/、/o/）和序列结构缓冲器的节点（$S_{/s/}$、$S_{/n/}$、$S_{/o/}$）。额下沟后部的节点依次激活腹侧前运动皮层中对应的发音运动程序（/s/、/n/、/o/），而腹侧前运动皮层的节点再依次激活腹侧运动皮层中对应的发音动作节点（$G_{/s/}$、$G_{/n/}$、$G_{/o/}$）。上述序列激活的时间进程由内侧前运动脑区负责，从前辅助运动区到辅助运动区的投射以适当顺序和时间激活各音素在启动集的节点。一旦某个音素的运动程序完成，该程序在额下沟后部、腹侧前运动皮层和运动皮层的节点会被释放激活状态，从而允许下一个音素的运动程序开始激活。相比之下，在发展晚期（见图 9.2B），婴儿腹侧前运动皮层的节点形成整个音节（sno）的发音程序，且小脑的皮层下环路可高效地协调各发音运动程序（见图 9.2B 点虚线箭头部分）。皮层－皮层下环路建立后，前辅助运动区和额下沟后部的工作记忆缓冲器可表征音段以上水平的单位，从而减少 /sno/ 必须存储于工作记忆的项目数量，此时基底神经节运动环路负责启动 /sno/ 的发音动作（见图 9.2B 长虚线箭头）。

9.1.2 SimpleDIVA 简化发声运动的数据拟合

基于 DIVA 的加工过程可知，该模型是一个庞大的流程模型，具体包括很多模块及其相应的参数。研究者们也意识到当前的 DIVA 模型包括很多自由参数，理应较好地拟合具体的实验数据，但是实证研究很难去验证模型的假设。在最近的理论进展中，Guenther 研发团队开始倡导简化 DIVA 模型中的自由参数（即 SimpleDIVA），以此来拟合持续扰动范式下长时程的感觉运动调整过程（Kearney et al., 2020, 2022）。该模型仅包括三个自由参数，即听觉反馈控制增益[2]（α_A, gains in auditory feedback control）、体觉反馈控制增益[3]（α_S, gains in somatosensory feedback control）和前馈控制学习速率[4]（λ_{FF}, feedforward learning rate），分别对应言语运动控制三个关键的子系统。研究者以 F1 为范例对持续扰动范式下的数据进行建模[5]。F1 的目标值标记为 $F1_T$，即被试在基线期所有试次产生的 F1 的平均值[6]，而输向发音器官的运动指令标记为产生的 F1 值（即 $F1_{produced}$）。等式 8.1（$F1_{produced}(n)=F1_{FF}(n)+\Delta F1_{FB}(n)$）给出了计算特定试次 $F1_{produced}$ 的方法。试次中产生的 F1 值是前馈指令

[1] 腹侧运动皮层的节点分别编码音素（/s/、/n/、/o/）的发音动作（标记为 $G_{/s/}$、$G_{/n/}$、$G_{/o/}$）。每个音素动作（G）都在启动集的辅助运动皮层中有一个对应的节点（标记为 $I_{/s/}$、$I_{/n/}$、$I_{/o/}$），该节点通过到腹侧运动皮层的投射启动发音动作。

[2] 听觉反馈控制增益（α_A, gains in auditory feedback control）指当前试次中补偿性反应幅度占听觉错误幅度的百分比（Kearney et al., 2020）。

[3] 体觉反馈控制增益（α_S, gains in somatosensory feedback control）指当前试次中补偿性反应幅度占体觉错误幅度的百分比（Kearney et al., 2020）。

[4] 前馈控制学习速率（λ_{FF}, feedforward learning rate）指当前试次中修正性运动指令被纳入下一试次前馈运动指令的百分比（Kearney et al., 2020）。

[5] 下列数据拟合过程同样适用于除 F1 以外的其他声学参数。

[6] $F1_T$ 值在整个实验过程中保持相对恒定，也就是说被试不会改变他们判断语音听起来是否正确的标准。

（$F1_{FF}$）和反馈指令（$\Delta F1_{FB}$）之和。当听觉和体觉反馈控制器监测到当前试次中的错误时，反馈系统会立即启动运动修正程序。在每次拟合开始时（即 n=1），$F1_{FF}$ 被初始化为 $F1_T$，对应于被试在正常听觉反馈条件下成功产生 F1 目标值时的前馈运动指令。

在完整的 DIVA 模型中，反馈控制系统由听觉反馈和体觉反馈两部分组成，其中实现听觉反馈控制需要经过三个步骤。第一，计算听觉目标与当前听觉反馈的差异（即听觉错误）。第二，将听觉错误转化到运动空间。第三，通过听觉反馈控制增益调整运动结果[1]。在 SimpleDIVA 模型中，研究者仅关注了与 F1 变化相对应的听觉和体觉空间，这意味着听觉和体觉目标都等于 $F1_T$。等式 8.2（$\Delta F1_{FB}(n)=\alpha_A * (F1_T - F1_{AF}(n)) + \alpha_S * (F1_T - F1_{SF}(n))$）给出了计算特定试次 $\Delta F1_{FB}(n)$ 的方法。$F1_{AF}$ 为当前试次反馈控制启动前被试听到的 F1 值（包括施加的扰动），即 $F1_{AF}=F1_{FF}$ + 扰动幅度。$F1_{SF}$ 为当前试次反馈控制启动前对应 F1 值的体觉反馈。由于此处研究者未考虑体觉扰动，当前试次 $F1_{SF}$ 的值与后续试次 $F1_{SF}$ 的值相等。α_A 和 α_S 这两个自由参数分别是听觉和体觉反馈控制子系统的增益。当施加听觉扰动时，听觉反馈控制器将响应该扰动并做出补偿性反应，但这种补偿将被体觉反馈控制器部分抵消，这是由于体觉控制器的目标是使声道保持在产生某语音正常的体觉配置当中。因此，如果其他条件相同，α_A 数值提高将导致反馈控制器响应听觉扰动时补偿性反应的幅度提高，而 α_S 数值提高将导致响应听觉扰动时补偿性反应的幅度降低。等式 8.3（$F1_{FF}(n+1)=F1_{FF}(n) + \lambda_{FF} * \Delta F1_{FB}(n)$）给出了计算从当前试次到下一试次前馈指令更新的方法。λ_{FF} 是前馈学习速率的参数，讲话者可将当前试次中的修正性运动指令部分纳入到下一试次的前馈运动指令当中，以此来实现言语运动更新。

Kearney 等人（2020）通过 10 次仿真识别出 6 个实验数据集的最优拟合模型[2]。结果表明，SimpleDIVA 模型具有强大的预测力和解释力，它可以解释共振峰频率（F1、F1）和基频（F_0）持续扰动实验的结果，可评估持续扰动范式中掩蔽噪声的影响，可同时拟合涉及多个扰动维度实验的结果，可考察不同时间点上的感觉运动调整，也可使用从一个实验中得出的参数预测另一个实验的言语反应等。总的来说，在不同类型的扰动范式中，SimpleDIVA 模型均与真实数据完美拟合（数据和模型参数的平均相关系数为 .95 ± .02）。

目前 Guenther 研发团队已公开仿真软件[3]以方便研究者们使用和验证 SimpleDIVA 模型。研究者们开始利用 SimpleDIVA 模型来解释言语运动控制的不同现象，并证实了该模型在不同扰动情境和使用人群中具有强大的预测力（Castillo-Allendes et

[1] 与听觉反馈控制类似，实现体觉反馈控制也需要经过三个步骤，即计算体觉目标和当前体觉反馈的差异，将体觉错误转化到运动空间，并通过体觉反馈控制增益调整运动结果。

[2] 按照 10 次仿真顺序，数据集分别来自 Ballard et al., 2018（仿真 1）、Haenchen, 2017; Scott et al., 2019（仿真 2）、Daliri et al., 2018（仿真 3 和仿真 4）、Abur et al., 2018（仿真 5）、Heller Murray, 2019（仿真 6 和仿真 7）、Chao & Daliri, 2023（仿真 8 和仿真 9）、Haenchen, 2017; Ballard et al., 2018; Daliri et al., 2018; Chao & Daliri, 2023（仿真 10）。

[3] SimpleDIVA 模型的仿真软件详见官网（https://sites.bu.edu/guentherlab/software/simplediva-app/）。研究者们可将其应用于随机扰动范式或持续扰动范式的数据，仿真软件将确定 α_A、α_S 和 λ_{FF} 的最佳拟合值，并提供模型与数据拟合情况的统计数据。

al., 2021; Cougher et al., 2021; Kasraeian, 2021; Uezu et al., 2021; Kearney et al., 2022; Terband & van Brenk, 2023)。例如，Terband 和 van Brenk（2023）使用 SimpleDIVA 模型模拟了成人、儿童和患有复杂言语障碍的儿童响应听觉扰动时的反应。前期研究表明，正常发育的儿童比成人补偿性反应的幅度较大，而言语障碍儿童经常呈现跟随性反应[1]，并伴随有较大的个体差异。该研究基于行为数据对听觉反馈控制和前馈控制的参数进行建模，以此来考察不同人群响应共振峰扰动时言语运动调整的潜在机制。结果发现，言语障碍儿童的听觉反馈控制增益（α_A）为负值，而儿童和成人组的 α_A 均为正值。上述结果证实，SimpleDIVA 模型也能够解释除补偿性反应以外的言语运动调整。当响应元音扰动时，负值 α_A 与跟随性反应相关联，表明言语障碍儿童的听觉反馈监测机制已经受损（Terband & van Brenk, 2023）。总结而言，SimpleDIVA 模型为言语运动控制的认知机制提供了新见解，并能为言语障碍人群的康复治疗提供未来可研究方向。

9.1.3 DIVA 的整合模型阐释言语产生和学习

言语运动控制领域应用最为广泛的是 DIVA 和 SFC 模型，其控制机制、神经基础和学习过程详见第三章 3.2 和 3.3 节内容。DIVA 和 SFC 模型在反馈控制的方法上存在分歧，DIVA 模型对比的是感觉目标和实际的感觉反馈，而 SFC 模型对比的是感觉预期和实际的感觉反馈（Nozari, 2020; Weerathunge et al., 2022; Kim et al., 2023a）。有关想象言语产生的系列研究表明，人们可以同时依托两种自上而下的机制评估感觉系统的状态，分别是直接从记忆系统提取感觉目标表征以及间接基于运动指令模拟感觉预期表征（Tian & Poeppel, 2010, 2012; Tian et al., 2016, 2018; Chu et al., 2023）。因此，就目前的形式而言，DIVA 和 SFC 模型都无法精确地反映言语运动控制的全貌，但两者并非完全互斥，研究者应该在寻求共识的同时进一步解决理论分歧，构建更为完整统一的理论框架。

作者尝试整合 DIVA 和 SFC 模型以描述言语运动控制的核心加工过程（见图 9.3）。该模型保留了 DIVA 模型中前馈控制和反馈控制系统的基本框架，并引入了 DIVA 模型中的感觉目标和 SFC 模型中的感觉预期概念。受 SimpleDIVA 模型启发，本书将简化的自由参数也纳入了上述整合模型以阐释言语产生和学习的过程。模型中 α_{FF}、α_A 和 α_S 分别反映了前馈控制系统、听觉反馈控制系统和体觉反馈控制系统的增益，当增益数值越大，讲话者越依赖该子系统进行言语产生。λ_{FF} 反映了前馈学习速率，即讲话者依据感觉反馈更新前馈运动指令的速度，其数值越大，说明人们越能够将当前发音的修正性运动指令纳入到前馈运动指令中，指导后续的发音行为。

言语运动控制涉及复杂的加工过程。当讲话者具有发声意图时，将激活语音集内预先存储的发音计划（也称为运动目标），并通过前馈控制系统向发音器官发送

[1] 跟随性反应（following response）指言语运动调整方向与听觉扰动方向相同的反应。

具体的前馈运动指令（$\dot{M}_{FF}$），发音动作产生相应的感觉反馈。整合模型中同时存在两条通路评估理想的感觉反馈结果，一是从记忆系统中提取语音的感觉目标，二是通过传出副本在线计算语音的感觉预期[1]。言语产生过程中的在线听觉反馈控制包括一系列加工步骤[2]。首先，听觉系统编码由发声运动实际产生的听觉反馈。之后，讲话者将实际的听觉反馈与听觉预期进行比较，当两者匹配时言语产生顺利结束。由于不需要修正当前的语音输出，听觉预期将抑制长时记忆系统中听觉目标表征的激活。在少数特殊情况下，听觉反馈与听觉预期不匹配（即听觉错误），在线听觉反馈控制系统会基于听觉运动转换功能来生成听觉错误相应的修正性运动指令（$\dot{M}_A$）。最终，在线言语产生过程中，输入发音器官的运动指令是前馈运动指令（$\dot{M}_{FF}$）、听觉反馈控制的修正性运动指令（$\dot{M}_A$）和体觉反馈控制的修正性运动指令（$\dot{M}_S$）之和。

然而，前馈运动指令形成后并非一成不变，当听觉错误多次发生时，讲话者意识到当前存储的前馈运动指令无法实现发音目标，需要重新校准语音的前馈运动指令与听觉反馈结果之间的映射关系。这一过程类似于婴儿语言习得期的模仿阶段，

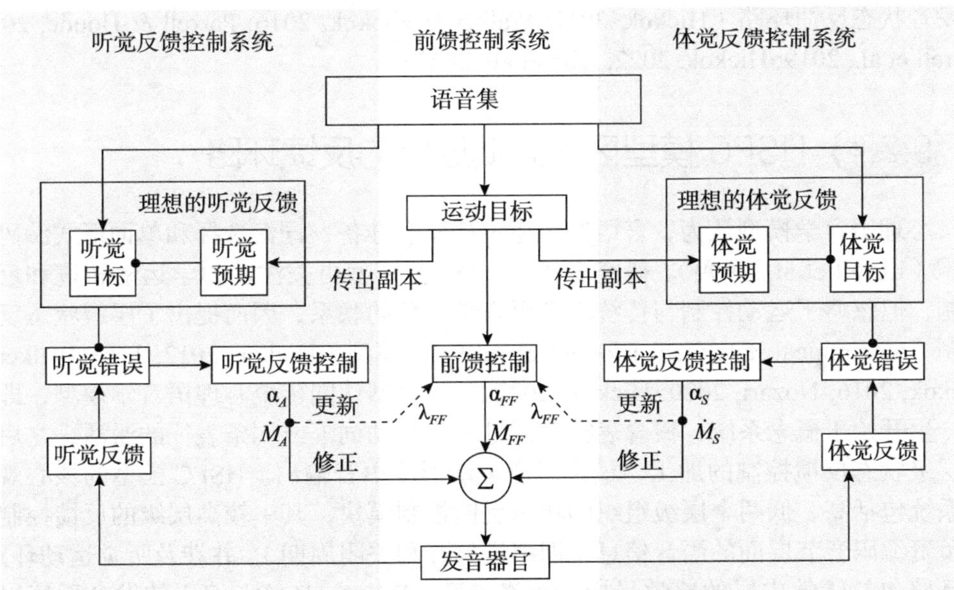

图 9.3　DIVA 和 SFC 整合模型的示意图

整合模型中 α_{FF}、α_A 和 α_S 分别代表前馈控制、听觉反馈控制和体觉反馈控制三个子系统的增益，λ_{FF} 代表前馈控制学习速率，$\dot{M}_{FF}$ 代表前馈运动指令，$\dot{M}_A$ 和 $\dot{M}_S$ 分别代表基于听觉和体觉反馈的修正性运动指令。感觉反馈的两大功能是在线修正言语产生中的错误以及长时程校准和调整当前存储的不准确的前馈运动指令。箭头代表神经元集合间兴奋性的信号传递，以圆圈终止的线条代表抑制性的信号传递。

---

[1] 需要说明的是，传出副本是运动目标而非具体运动指令的内部副本，因而感觉预期本质上编码了理想的感觉目标的结果（Niziolek et al., 2013）。

[2] 这里以在线听觉反馈控制的加工过程为例，由于在线体觉反馈控制的加工过程与之相同，不再赘述。

讲话者需激活长时记忆系统中的听觉目标表征，每一次发音尝试产生的听觉反馈结果逐渐向听觉目标过渡。换言之，听觉反馈和听觉目标的差异用于生成修正性运动指令（$\dot{M}_A$），而修正性运动指令逐渐被纳入到前馈运动指令当中（λ_{FF}），直至前馈运动指令可实现发音的听觉目标。多次重复后，前馈运动指令和听觉反馈结果的映射关系得到强化，更新后的前馈运动指令（$\dot{M}_{FF}$）可指导讲话者随后的发音运动。

9.2 SFC 模型的前沿性理论进展

原始的 SFC 模型也在不断发展，由于 SFC 模型本质上属于反馈控制模型，研究者们趋于认为反馈控制涉及层级控制环路，重要的进展包括区分了高层级的听觉反馈和低层级的体觉反馈环路，以及同时纳入高层级的任务状态反馈和低层级的发音状态反馈环路（Hickok, 2012; Walker & Hickok, 2016; Parrell & Houde, 2019; Parrell et al., 2019; Hickok, 2022; Kim et al., 2023a）。

9.2.1 HSFC 模型区分高低层级的反馈环路

心理语言学模型认为，言语产生还包括概念准备、词汇选择和单词形式编码等步骤（Levelt et al., 1999）。研究者指出，DIVA 模型更关注动力学运动轨迹和反馈控制，但忽略了运动控制与传统心理语言学视角的联系，因而提出了层级状态反馈控制（hierarchical state feedback control, HSFC）模型（Hickok, 2012, 2014; Walker & Hickok, 2016; Nozari, 2020; Hickok, 2022）。该模型认同传统心理语言学模型，即言语产生开始于概念系统，概念表征激活进一步驱动词汇或词条表征的激活，之后进入层级状态反馈控制的加工，最终声道运动形成语音输出。HSFC 模型的核心观点是系统包括高、低两个层级组织的状态反馈控制模块，其中较高层级的反馈控制主要负责编码音节层面的语音信息（即声道打开和关闭周期），并涉及听觉运动环路，该环路包括听觉皮层的感觉目标、布洛卡区（BA44、BA6）编码的发音程序以及 Spt 区计算的感觉运动转换。而较低层级的反馈控制主要负责编码发音特征簇层面的语音信息，即与声道打开或关闭目标相关联的特征值的集合。这些特征簇大致对应于音素，并涉及体觉运动环路，该环路包括体觉皮层的感觉目标、初级运动皮层（M1）编码的发音程序以及小脑环路负责的感觉运动转换（见图 9.4）。Hickok（2012）指出，从词汇（词条）表征投射到较高层级的听觉运动环路再到较低层级的体觉运动环路，是一个从词汇（词条）水平到语音听觉维度再到语音运动维度的转换过程。实际上，将听觉、体觉目标以及小脑环路纳入言语运动控制的脑网络并非 HSFC 模型独有，DIVA 模型中也包括上述成分，但 DIVA 没有利用内部反馈控制系统，也并不区分不同的层级组织水平。

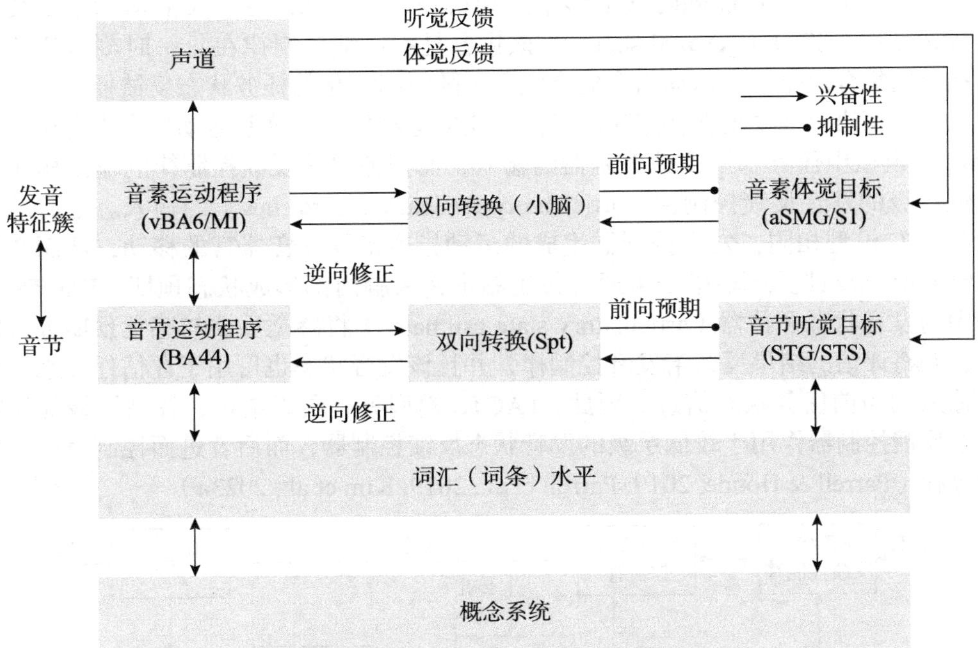

图 9.4　HSFC 模型的神经基础

（引自 Hickok, 2012）。HSFC 模型包括高、低两个层级水平的反馈控制，各自有内部和外部的感觉反馈环路。根据心理语言学模型的观点，HSFC 模型的输入从激活概念表征开始，概念表征进而激活相应的词条表征。之后，词条将充分激活感觉和运动皮层的反馈控制（即听觉 -Spt-BA44 环路）。这一较高层级的环路将投射到较低层级的环路（即体觉 – 小脑 – 运动皮层环路）。HSFC 与 SFC 的差异主要体现在两处。第一，HSFC 模型的语音加工分布在两个层级水平上，分别是较高层级的听觉运动环路（映射到音节水平）和较低层级的体觉运动环路（映射到音素水平）。第二，在 HSFC 模型中，传出副本并非模型的组成部分，其功能被整合到运动计划过程当中。BA：布鲁德曼分区；M1：初级运动皮层；S1：初级躯体感觉皮层；aSMG：缘上回前部；STG：颞上回；STS：颞上沟；vBA6：腹侧 BA6 区。

9.2.2　FACTS 模型增加高阶的任务反馈控制

Parrell 等人拓展了原始的 SFC 模型，即言语任务的反馈感知控制（feedback aware control of tasks in speech, FACTS）模型，以实现对更高级别言语任务的控制（Parrell & Houde, 2019; Parrell et al., 2019; Kim et al., 2023a）。言语运动系统并非遵循特定的发音状态或发音轨迹，而是具有高度灵活性，各个发音器官的位置可做调整以实现发音目标（Parrell & Houde, 2019）。相比 SFC 模型，FACTS 模型中增加了任务水平这一更高层段的控制模块（见图 9.5）。任务状态反馈控制律（task-state feedback control law）生成任务相关的运动指令，该指令使得系统从当前的任务状态向目标状态移动[1]。每个运动指令在言语产生某个特定的时间窗口内激活，而某个特定的时间窗口可能同时激活多个运动指令。与目标语音相关的运动指令被组织成运动指令集合（gestural score），该集合是指反馈控制律在每一时刻激活的运动指令的集合。每一个运动指令集合定义了随时间变化的任务状态反馈控制律，以此来指导言语运动系统在特定时刻激活相应的运动指令。这些运动指令集合构成了FACTS模型中任务水平反馈控制器的输入，而任务水平反馈控制律的输出构成了较低层级的发音反馈控制律（articulatory feedback control law）的输入。之后的步骤与SFC模型相同，发音控制器生成的运动指令指导发音器官的移动，从而产生体觉和听觉反馈。运动指令可通过传出副本在大脑内部形成状态预期。FACTS模型中的发音状态评估器（articulatory state estimator）将感觉反馈与感觉预期进行比较，并将评估的结果反馈给发音控制律，并且该发音状态也可用于评估任务水平所需输入的当前任务状态信息。因此，FACTS模型具有层级结构，较高层级的任务状态反馈控制器作用于较低层级的发音状态反馈控制器，而后者进而控制言语产生的过程（Parrell & Houde, 2019; Parrell et al., 2019; Kim et al., 2023a）。

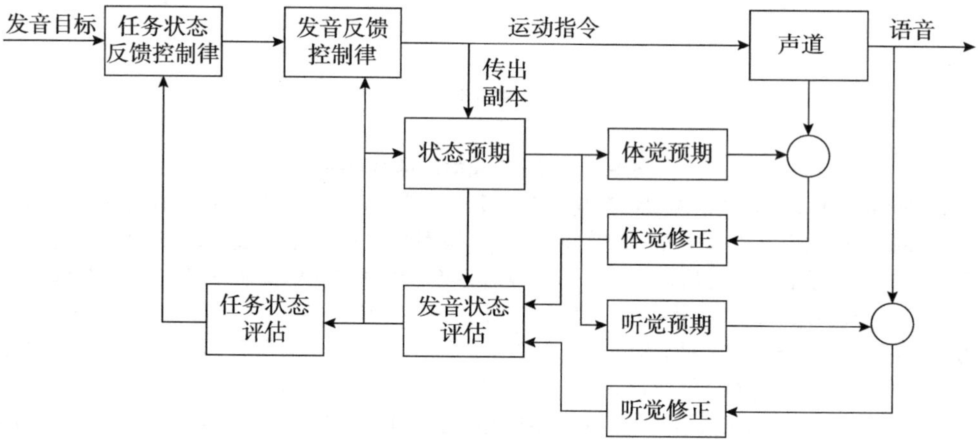

图 9.5 FACTS 模型的控制机制

（引自 Parrell & Houde, 2019）。该模型结合较低层级的发音状态反馈控制律以及较高层级的任务状态反馈控制律，在任务水平上拓展了状态反馈控制的方法。

9.3 言语运动控制过程的新见解

近期，研究者们开始尝试细化现有言语运动控制模型中未明确区分的认知加工过程，重要的进展包括区分言语产生中的运动计划和运动编码阶段，以及区分外

[1] 任务状态反馈控制律借鉴了任务动态模型中的观点，每个运动指令被建模为一个动态系统，该系统可根据当前的任务位置、任务速度和任务目标确定任务加速度的变化（Saltzman & Munhall, 1989）。

周和中央听觉加工缺陷对言语产生的影响（van der Merwe, 2021; Kröger et al., 2022; Arjmandi & Behroozmand, 2024）。

9.3.1 运动计划和运动编码阶段的控制过程

van der Merwe（2021）提出了言语感觉运动控制的四层级模型（four-level model of speech sensorimotor control），简称为FL模型。该模型描述了言语运动控制自上而下所涉及的语言符号计划（linguistic-symbolic planning）、运动计划（motor planning）、运动编码（motor programming）和发音执行（execution）四个加工层级（见图9.6）。Kröger等人（2022）提出的言语产生发展模型与FL模型一致，也明确区分了运动计划和运动编码为不同的加工层级。

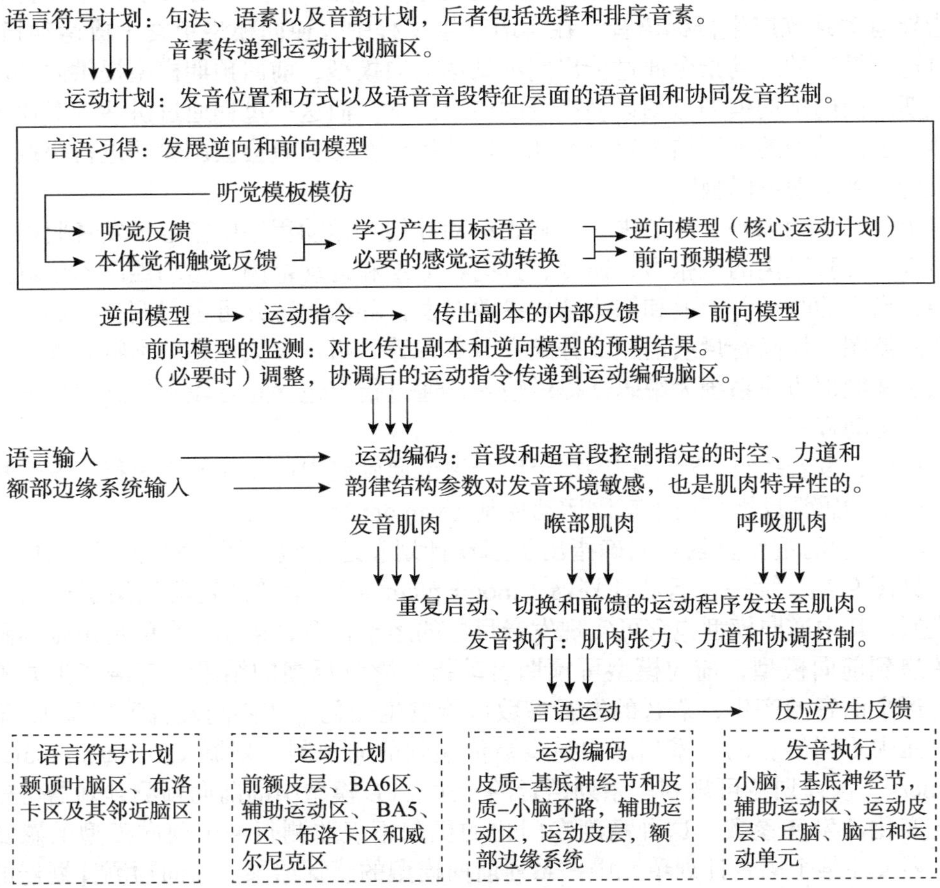

图9.6　言语感觉运动控制的四层级（FL）模型

（引自 van der Merwe, 2021）。

第一，语言符号计划。当讲话者具有交际意图时将启动语言符号计划，此时句法、语素以及音韵的计划过程均发生在FL模型中的最高层，并由颞顶叶脑区、布洛卡区及其邻近脑区负责上述计划过程。讲话者选择并排序后的音素被传递到大脑运动皮层以进行后续加工。

第二，运动计划。该阶段负责计划每个语音的发音位置和发音方式，以及计划语音音段特征层面的语音间控制和协同发音控制。讲话者需从记忆系统中提取某一单元的核心运动计划以及不同维度（如舌位、唇位等）的运动目标。此时，讲话者需加工每个语音的运动计划以及同一单元中不同语音的运动计划。因此，当不同语音组合需协同发音时，讲话者可以识别并进行相应的计划。

FL 模型中额外添加了一个插入框用以描述言语习得过程中反馈、前馈以及前向预测机制的发展过程。在言语习得阶段，人们模仿语音的听觉模板，由此产生的听觉、本体觉和触觉反馈被传递到感觉皮层。经过多次重复，人们可习得语音的感觉运动转换关系，并形成语音的逆向模型和前向模型。逆向模型中包括特异于语音结构的运动计划子程序（如圆唇、软腭上移、声门关闭等），所有子程序联合起来将指导运动系统产生目标语音。在言语产生过程中，逆向模型负责生成运动指令，来自逆向模型的运动指令通过传出副本到达前向模型，前向预期模型提供内部反馈的预期。前向预期模型监测运动指令的传出副本，而这一过程通过讲话者对比传出副本和逆向模型的预期结果得以实现。运动指令在必要时会被调整并进行协调，之后被传递到运动编码脑区。

第三，运动编码。为了进一步解码运动计划，运动程序中指定了发音肌肉、喉部肌肉和呼吸肌肉的肌张力、速度、方向、力量和运动范围。运动编码不依赖逆向模型，指定的时空、力道和韵律结构参数对发音环境敏感并可进行调整，例如可传达情感意图、提高音量或语速或分配音节重音等。指定参数也是肌肉特异性的。语言系统和额部边缘系统为编码器提供输入，通过指定包含超音段和情感信息的参数来完善运动程序。

第四，发音执行。运动程序指定后会被传递到肌肉以完成发音执行，发音执行动作产生的感觉反馈可用于言语运动控制（van der Merwe, 2021）。

FL 模型的重要贡献是明确指出了运动计划和运动编码属于两种不同的控制机制（见图 9.7）。第一，运动计划器（motor planner）。运动计划器利用了逆向和前向模型，其中逆向模型包含可实现发音目标的运动指令，运动指令的传出副本随后被传递到前向模型，前向模型可预期运动指令感觉反馈的结果。言语产生并不意味着逐个语音的产生，语音的发音参数可能发生变化（如协同发音等现象）。某计划单元中不同语音的一系列前向模型被传递到前向预测计划器（forward predictive planner），该计划器可规划一系列语音的产生。FL 模型中的前向预测计划器可处理需要变化的发音参数。这种高度专门化的机制不仅监测每一个前向模型的感觉结果，还关注某个语音计划单元中一系列前向模型的感觉结果。前向预测计划器的输出与逆向模型协同合作以最终确定运动指令，运动指令随后被传递到中枢神经系统中负责编码运动计划的脑区。

第二，运动程序生成器和预测控制器（motor program generator and predictive controller）。与运动计划器不同，运动程序生成器和预测控制器未利用逆向模型以及

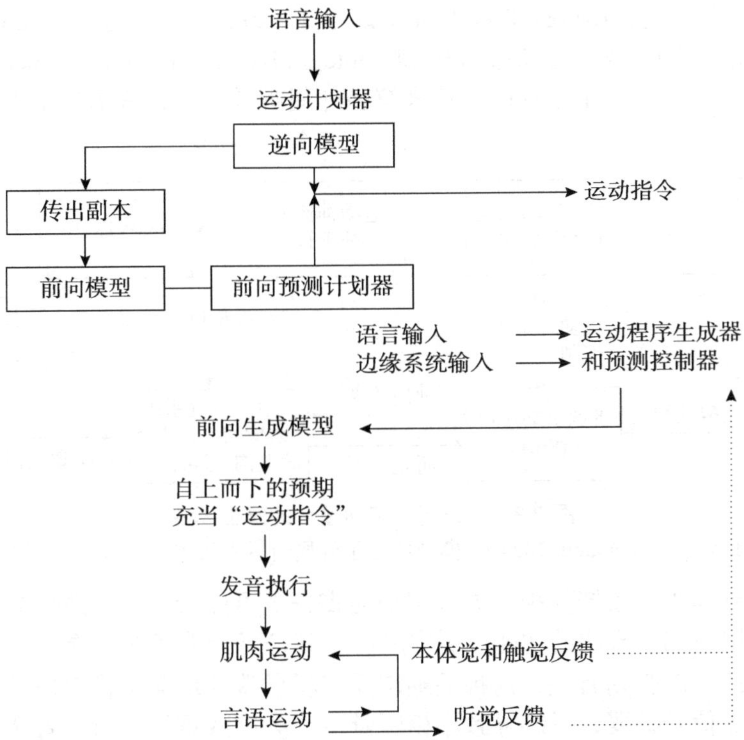

图 9.7　四层级（FL）模型的控制机制

（引自 van der Merwe, 2021）。

传出副本。前向生成模型产生的预期充当接受器的运动指令，主动性推理或以行动为导向的加工会产生对随后到来的感觉结果的预测。预期错误发生后会被反馈至前向模型直至错误消除。由此可知，运动程序生成器和预测控制器不仅对环境敏感，还清楚运动计划理想的结果，并且可利用内部反馈来生成补偿性运动程序。模型中的虚线表明听觉、本体觉和触觉反馈可被运动程序生成器和预测控制器利用以进行运动控制。

9.3.2 外周听觉系统在言语运动控制中的作用

已有模型为言语障碍的缺陷机制提供了有价值的见解，但这些模型并未区分外周听觉系统[1]和中枢听觉系统[2]（Kearney et al., 2019; Chang & Guenther, 2020），因而可能无法充分阐释外周听力受损以及听力设备（人工耳蜗和助听器）对言语产生的

[1] 外周听觉系统（peripheral auditory system）“由外耳、中耳和内耳组成。其中，外耳和中耳是传声系统，负责把声源振动所引起的空气疏密波传递到内耳；内耳具有换能作用，可以将声波的机械能转变为听神经纤维上的神经冲动，也可以说是进行信号形式的转换。内耳的换能作用主要由耳蜗中的基底膜和内毛细胞以及螺旋神经节中的听觉神经共同完成”（周晓正，周骏拓，2013）。

[2] 中枢听觉系统（central auditory system）“由脑干及其以上与听觉相关的中枢神经系统组成，包括位于这条神经通路上不同层级和部位的神经核团以及这些核团之间的纤维连接”（毛弈韬等，2018）。

影响。针对此不足，Arjmandi 和 Behroozmand（2024）修正了 Behroozmand 等人（2018）提出的言语感觉运动整合模型（integrative sensorimotor model of speech），该修正模型中增加了一个单独的模块来解释外周听觉系统在言语产生中的作用（见图 9.8）。

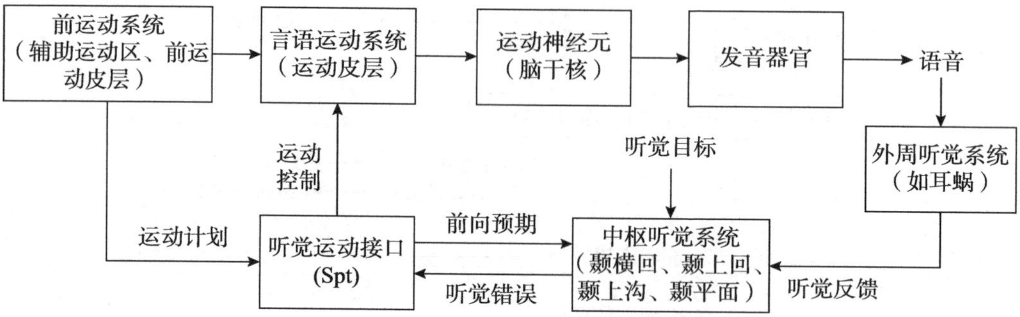

图 9.8　言语听觉运动整合的修正模型

（引自 Arjmandi & Behroozmand, 2024）。模型增加了外周听觉系统模块，并列出相应的神经通路。

人们的外周听觉系统受损（如耳蜗功能丧失）可能会产生一系列缺陷，并影响模型中不同层级加工模块的功能。听力障碍尤其是感音神经性耳聋[1]通常与内耳耳蜗中毛细胞的功能受损有关，这种毛细胞受损将导致耳蜗无法将声信号转换为电信号，引起听觉信号减弱，最终导致中枢听觉皮层萎缩或重组。研究者认为，退化的听觉输入影响颞横回、颞上回、颞上沟和颞平面对语音的初始加工，也会影响人们形成准确的听觉目标（见图 9.8 中枢听觉系统模块；Hickok et al., 2023; Oganian et al., 2023）。

退化的听觉输入也可能影响语言习得阶段中感觉信息的形成以及感觉信息如何转化为合适的运动指令，从而影响言语产生中一系列运动指令的计划、启动和排序。上述过程发生在辅助运动区和前运动皮层（见图 9.8 前运动系统模块；Arjmandi et al., 2021, 2022）。扭曲的感觉预期内部模型可能会影响听觉运动接口处运动计划和听觉输入的整合，该过程主要发生在 Spt 脑区（见图 9.8 听觉运动接口模块；Hickok, 2022）。这有可能导致讲话者产生错误的前向预期和运动控制指令。言语运动系统可能也受到影响，这是由于将运动指令和听觉反馈的不匹配转化成修正性运动指令需要讲话者可正常发放运动计划以及准确传输听觉反馈（见图 9.8 言语运动系统模块；Scott et al., 2020）。当讲话者监测听觉错误的能力受损，有效生成修正性运动指令的能力也会受到影响，从而阻碍了听觉运动接口的加工。脑干核中的运动神经元可能无法精准地支配肌肉并控制发音器官（如呼吸系统）。

总的来说，Arjmandi 和 Behroozmand（2024）的修正模型阐释了当外周听觉系统受损时言语运动控制潜在的层级加工缺陷，但模型中不同模块影响感觉运动加工的神经机制在很大程度上仍然未知。未来研究者们可继续考察由外周听觉系统受损

[1] 感音神经性耳聋（sensorineural hearing loss）是指“发生病变的部位位于耳蜗及其之后的听觉通路，不同于外耳道或中耳病变所引起的传导性耳聋”（毛弈韬等，2018）。

导致的言语运动控制障碍，基于更多脑成像证据来丰富和拓展该模型。

9.4 理论领域未来可研究的方向

综上可见，有关言语运动控制的前沿性理论主要可归纳为三个方向。第一，DIVA 模型在更大的语言单位、更简化的模型参数和更完整的加工过程等方面不断发展。第二，SFC 模型在与心理语言学模型的联系以及更精细复杂的层级反馈结构等方面扩充新的内容。第三，FL 模型和言语感觉运动整合的修正模型在运动计划与运动编码阶段的区分、中枢与外周听觉系统的作用等方面提出了新的见解。前人的理论模型各有侧重、相互补充，为揭示言语运动控制的全貌做出了独特性贡献。在此基础上，未来研究者们可在以下方向进一步完善言语运动控制相关的理论模型。

第一，脑神经模型在个体水平上的预测力。建立神经计算模型的核心目的是为了模拟真实的认知行为。研究者们构建并完善言语运动控制的脑神经模型，如 DIVA 神经计算模型及其变式 GODIVA、SimpleDIVA、DIVA_EEG、LaDIVA、LeTalker 等模型，以加深对言语运动控制这种高级认知行为的理解（Kearney et al., 2020; Weerathunge et al., 2022; Cuadros et al., 2023; Kinahan et al., 2023; Meier & Guenther, 2023; Palaparthi et al., 2024）。认知神经科学领域两个关键的议题是脑功能与行为的关系以及脑结构与行为的关系（Suárez et al., 2020; Levakov et al., 2021）。后续研究应系统地记录言语运动控制相关的行为数据、脑功能数据和脑结构数据，以此来探索行为认知、脑结构基础和脑功能基础之间的关联。未来的建模研究也应基于行为、脑功能和脑结构的关联性数据丰富言语运动控制的脑神经模型，通过优化模型参数在个体水平上预测讲话者的言语运动控制能力或缺陷，以此实现在早期识别并精准干预言语运动控制能力的发展过程。

第二，言语运动控制的动态学习过程。言语运动控制是一个毕生发展的认知技能。在言语发展的初期，婴儿基于咿呀学语和模仿的机制逐渐习得语音的听觉目标、运动目标和体觉目标（Kröger et al., 2022; Meier & Guenther, 2023）。在语言习得过程中，儿童的言语运动控制能力也在不断发展变化以此来适应发音器官的生长、肌肉组织的增加以及肺活量的变化（Barbier et al., 2020; Coughler et al., 2022）。随着年龄的增长，老年人的言语运动控制也面临问题，如嗓音质量下降、发音准确性和言语流利度降低（Li et al., 2018; Hu et al., 2023）。此外，第二部分（第五章至第八章）晚期双语者的实证研究表明，二语言语运动控制能力也是不断变化的连续体，可能受到语言熟练度、习得年龄、二语接触时长等因素的塑造。鉴于上述毕生的发展变化，后续研究可在更长的时间跨度上多点检测一语和二语学习过程中言语运动控制认知神经机制的动态变化。未来的建模研究应重点论述双语言语运动控制能力动态发展伴随的脑网络变化及其原理。

第三，多模态的发音运动数据。研究者们大多是基于外显的声学参数来构建言语运动控制模型，这种单模态的数据不足以解释复杂的发音运动。胡砚冰和蒋晓鸣（2024）提倡使用不同的技术采集多模态的发音运动数据，如电子声门仪（electroglottograph）可通过声门闭合和开启时的电流值评估讲话者的声门运动情况，超声舌部成像（ultrasound tongue imaging）可通过超声探头捕捉舌头的运动和形状图像，电磁发声造影（electromagnetic articulography）可通过电磁传感器测量发音器官的运动情况。Weerathunge 等人（2022）从喉部运动控制的角度提出 LaDIVA 神经计算模型以解释言语习得和言语产生过程。后续建模研究可关注更多不同模态的、可视化的发音运动数据，以构建听觉、体觉和运动层面三位一体的言语运动控制模型。

第四，高阶认知功能的作用。虽然有少数研究开始关注一般认知能力在言语运动控制中的作用（Liu et al., 2015; Guo et al., 2017; Martin et al., 2018; Cai et al., 2023a），已有模型尚未关注高阶认知功能自上而下的调节性机制（van der Merwe, 2021; Kim et al., 2023a; Meier & Guenther, 2023; Arjmandi & Behroozmand, 2024）。由于语言加工和一般认知加工的脑网络存在大量重叠（如前额叶、扣带回、尾状核、顶下小叶等），后续研究可考虑挖掘更多语言以外的因素（如注意、工作记忆、执行控制、加工速度、任务难度等）在言语运动控制加工中潜在的作用机制。未来的建模研究也需要关注言语运动控制的脑网络中语言网络和一般认知控制网络的互动关系。

第五，模型的跨语言解释力。近年来，研究者们建议采用跨语言视角来探索语言加工的认知神经机制（Cai et al., 2020c; Li & Pollatsek, 2020; 潘家冰，张清芳，2023; 陈松林等，2024）。现有的言语运动控制模型都是基于特定的某种语言建立的，这些模型对其他语言的解释力仍未可知。以汉语为例，汉语的语音系统具有独特性，音节数量有限且边界清晰。言语运动控制的难度也较大，由于汉语音节由声母、韵母和声调组成，讲话者需要同时在音段和超音段层面实现精细的运动控制。未来的建模研究应充分考虑不同语言间的共性和特异性，在模型中区分语言间普适性和跨语言特异性的加工模块，以此来增加模型的解释力。

本章小结

本章重点梳理了言语运动控制领域前沿性的理论进展。第一节介绍了 DIVA 模型发展的三个方面。第一，GODIVA 关注了较大的语言单元（如短语和句子）的发声运动机制，模型中的运动环路负责启动和终止发音运动程序，而计划环路负责在工作记忆中缓冲多语音的音节框架结构、韵律模式和音韵内容。第二，SimpleDIVA 简化了 DIVA 的自由参数，即听觉反馈控制增益（α_A）、体觉反馈控制增益（α_S）和前馈控制学习速率（λ_{FF}），后续研究证实了简化的三参数模型具有强大的解释力和预测力。第三，DIVA 的整合模型包括了两种自上而下的机制以评估感觉系统的状态，讲话者可从记忆系统中提取语音的感觉目标，也可基于运动指令在线模拟感觉预期，而是否激活记忆系统中的感觉目标取决于感觉目标以及相应的前馈运动指令是否需要修正。

第二节关注了 SFC 模型发展的两个方面。第一，HSFC 强调了言语运动控制与传统心理语言学视角的联系，言语产生依次进行概念和词汇表征的加工，之后正式进入层级反馈控制的加工。较高层级的听觉反馈控制环路（听觉—Spt—BA44）进一步投射到较低层级的体觉反馈控制环路（体觉—小脑—运动皮层）。第二，FACTS 在 SFC 的基础上额外纳入了更高层级的任务水平控制模块，以此来实现任务的目标状态。该模型也具有层级结构，较高层级的任务状态反馈控制器作用于较低层级的发音状态反馈控制器，进而控制言语产生的过程。

第三节归纳了研究者们对言语运动控制过程的新见解。FL 模型提出，言语运动控制可细分为语言符号计划、运动计划、运动编码和发音执行四个层级。该模型重点阐释了运动计划和运动编码阶段涉及的认知加工及相应的神经基础。言语感觉运动整合的修正模型则明确区分了外周和中枢听觉系统在言语运动控制中的作用。该模型重点阐释了外周听觉系统受损时可能导致的一系列缺陷，如不准确的听觉目标、紊乱的听觉运动整合和修正性运动指令等。

第四节展望了言语运动控制理论模型未来可拓展的五个方向，分别是脑神经模型在个体水平上的预测力、言语运动控制的动态学习过程、多模态的发音运动数据、高阶认知功能的作用和模型的跨语言解释力。

第十章

言语运动控制领域前沿性实证研究进展

第九章概括了言语运动控制领域的前沿性理论进展。DIVA 模型的变式（即 GODIVA、SimpleDIVA 和 DIVA 的整合模型）分别从多音节发声、简化参数和感觉预期来源等维度继续探索了言语运动控制的认知神经机制。SFC 模型的变式（即 HSFC 和 FACTS）侧重于明确反馈控制所涉及的层级加工环路，前者区分较高层级的听觉运动环路和较低层级的体觉运动环路，而后者区分较高层级的任务状态反馈控制和较低层级的发音状态反馈控制。此外，也有部分模型提出了有关言语运动控制过程的新见解，FL 模型详细描述了运动计划和运动编码阶段各自的认知加工，而言语感觉运动整合的修正模型增加了外周听觉系统模块，并阐释了外周听觉系统受损可能导致的一系列运动控制缺陷。第十章重点展望言语运动控制领域的前沿性实证研究进展，并提出该领域未来可研究的方向，以期为研究者们提供选题参考。

10.1 脑机制预测言语运动控制的个体差异

越来越多的研究表明，脑功能指标[1]和脑结构指标[2]可以预测人们的语言学习表现（Yang et al., 2015; Skeide et al., 2016; Qi et al., 2019; Chen et al., 2020; Talozzi et al., 2023; Huang et al., 2024）。这种预测性机制不仅体现于母语习得，还体现于二语学习。例如，Skeide 等人（2016）的母语研究表明，连接额下回和颞上皮层后部语

[1] 脑功能指标包括脑区功能、脑区激活、脑网络连接等相关指标。

[2] 脑结构指标包括脑容量、灰质和白质等相关指标。

言相关脑区的白质纤维束的成熟性预测了语言的发展。Yang 等人（2015）的二语研究表明，成功二语学习者比非成功二语学习者脑网络的整合度更高。以上结果证实，语言学习依赖的脑功能网络和脑结构网络存在先天的个体差异。

10.1.1 脑功能指标预测言语运动控制的个体差异

研究者们关注了讲话者言语运动控制能力的变异性与其脑功能个体差异的关系（New et al., 2015b; Simonyan & Fuertinger, 2015; Geranmayeh et al., 2016; Guo et al., 2016; Botha et al., 2018）。例如，Guo 等人（2016）静息态的功能连接分析显示，右侧辅助运动区、初级运动皮层以及左侧前运动皮层的局部一致性[1]（regional homogeneity, ReHo）可预测被试响应音高扰动时补偿性反应的幅度。New 等人（2015b）发现，右侧颞上沟与右侧前运动皮层、左侧壳核与左侧前运动皮层、左侧丘脑与右侧壳核之间的功能连接强度降低与帕金森病患者的运动性言语障碍有关。Geranmayeh 等人（2016）考察了默认网络[2]、额颞顶叶网络和扣带岛盖网络在失语性中风患者言语产生中的作用。结果表明，虽然单个脑网络无法预测言语产生的表现，但是默认网络与左右半球额颞顶叶网络之间的活动差异可显著预测左半球中风病人言语产生的表现。该研究还观察到上述脑网络的功能连接强度发生了变化。Botha 等人（2018）发现，右侧辅助运动皮层与左侧额下回、颞上回和前运动皮层之间的功能连接强度降低可显著预测言语失用症患者的发音障碍程度（见图 10.1）。

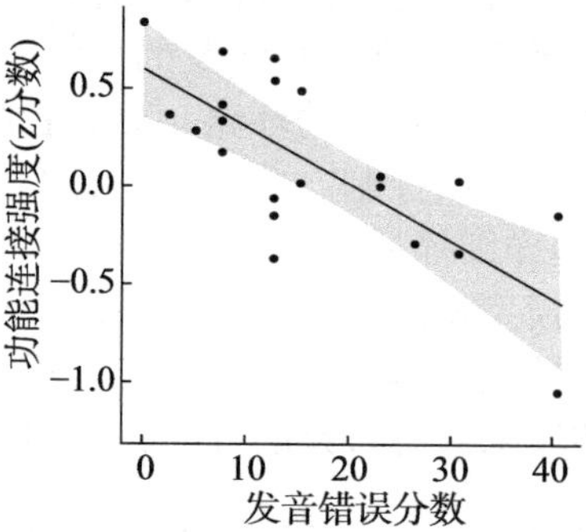

图 10.1 功能连接强度与言语失用症患者发音障碍程度相关性的散点图

（引自 Botha et al., 2018）。右侧辅助运动皮层与左侧额下回、颞上回和前运动皮层的功能连接强度越低，被试的发音错误分数越高。黑色线代表变量之间的相关系数，阴影区域代表 95% 的置信区间。

[1] 局部一致性（regional homogeneity, ReHo）是“一种基于静息态功能磁共振成像的分析方法，能够反映全脑体素在局部区域脑功能活动状态的同步性。ReHo 增高代表局部脑区自发神经功能活动一致性的增强，降低则代表减弱”（王雪飞等，2021）。

[2] 默认网络（default mode network, DMN）是一个大脑系统，它包含一些功能联系紧密的脑区。当人们处于休息状态时，与任务相关的脑区激活水平会下降，与此同时一些脑区的神经活动高度活跃，这些脑区组成的网络被称作默认网络。DMN 的核心脑区包括“后扣带回 / 楔前叶、海马、腹侧前扣带回、内侧前额叶、角回、外侧颞叶等”（樊东琼等，2016）。

上述大量证据表明，许多神经系统疾病与脑功能的异常变化有关，这为理解言语运动控制的病理机制提供了新视角，也可为疾病的早期诊断和治疗评价提供神经影像学标记。

10.1.2 脑结构指标预测言语运动控制的个体差异

研究者们也关注了讲话者言语运动控制能力的变异性与其脑结构个体差异的关系（Tang et al., 2018; Wang et al., 2019; Chen et al., 2020, 2021）。例如，Tang 等人（2018）观察到，右侧丘脑较小的局部体积以及左侧海马和基底内侧杏仁核较大的局部体积与被试响应音高扰动时较大幅度的补偿性反应有关。Wang 等人（2019）发现，专业歌手双侧脑岛灰质体积可预测他们抑制音高扰动时补偿性反应的幅度。Chen 等人（2020）发现，运动过弱型构音障碍的严重程度与右侧前运动皮层和右侧梭状回的大脑形态变化显著相关（见图 10.2A）。但上述研究均为基于种子点的相关分析，其结论的准确性需要研究者具备先验的言语产生脑网络 [1]。Chen 等人（2021）在全脑范围内考察了预测言语运动控制的脑结构基础，即灰质体积、皮层厚度和皮层表面积是否可预测个体响应音高扰动时的补偿性反应。结果表明，左侧顶下小叶的灰质体积越大，左侧颞上回、颞中回、颞极、顶下、顶上小叶和楔前叶的皮层厚度和皮层表面积越大，相应地被试补偿性反应的幅度也越大。此外，右侧额下回和顶上小叶的皮层厚度、左侧楔前叶和楔回的表面积与较小的补偿性反应幅度显著相关（以灰质体积为例，结果见图 10.2B 和图 10.2C）。该研究证实，额叶、颞叶和顶叶区域的脑结构形态也可预测响应音高扰动时的言语运动调整，这加深了研究者们对言语运动控制个体差异的神经基础的理解（Chen et al., 2021）。

最近的一项研究使用弥散张量成像 [2]（diffusion tensor imaging, DTI）技术及各向异性分数 [3]（fractional anisotrophy, FA）和平均弥散度 [4]（mean diffusivity, MD）指标考察了帕金森病患者言语障碍潜在的神经解剖结构缺陷 [5]（Mollaei & Chinoor, 2024）。结果发现，与没有言语障碍的帕金森病患者相比，具有言语障碍的帕金森病患者在左半球基底神经节丘脑环路的 MD 值更高，这一微观结构上的白质变化

[1] 这种方法的局限性在于难以定义 ROI，因为任务态研究通常只有少数脑区显示出言语运动控制相关的激活差异（Behroozmand et al., 2015），而这可能会导致高估相关性的选择偏差。

[2] 弥散张量成像（diffusion tensor imaging, DTI）利用水分子在大脑白质组织中的弥散各向异性对生物组织结构进行成像。“水分子在大脑白质中倾向于沿着神经元轴突的长度方向进行弥散，而在与轴突垂直方向上的弥散会受到阻碍，即弥散呈现出各向异性的特点。DTI 正是利用核磁共振仪测量记录水分子的这种弥散特点，从而推断出生物组织的结构特征。”（乐秋海，舒华，2010）

[3] 各向异性分数（fractional anisotrophy, FA）是描述轴突管束中水分子扩散的各向异性程度的标量值。“FA 的取值范围在 0 到 1 之间：越接近 0 表示体素中的水分子弥散各向同性程度越高，水分子朝各个方向的弥散几率相同，该体素中的纤维束没有方向很明显的特定连接；而越接近于 1 则表示该体素中水分子弥散的各向异性程度越高，水分子几乎朝着主轴方向进行弥散，即该体素中的纤维束连接几乎朝着同一方向。”（乐秋海，舒华，2010）

[4] 平均弥散度（mean diffusivity, MD）反映“某个弥散张量在各个方向上的平均弥散程度”（毛弈韬等，2018）。

[5] DTI 研究中的 FA 和 MD 指标可量化评估神经纤维的损伤程度。

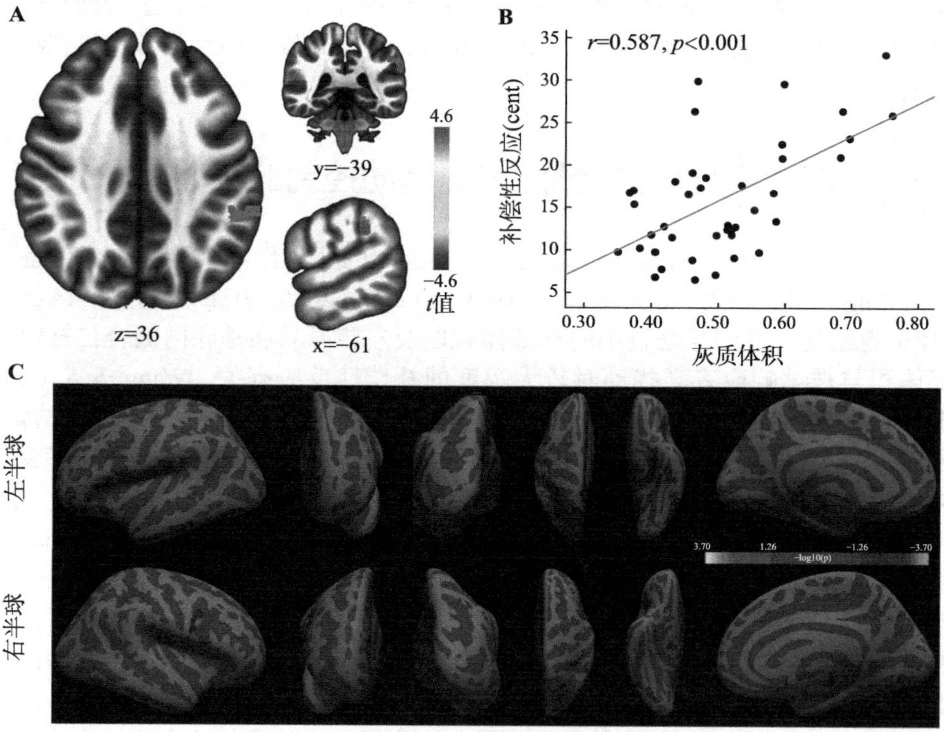

图 10.2　言语运动控制个体差异的脑结构指标

统计图（A）和散点图（B）分别显示大脑区域灰质体积与响应 –200 音分扰动补偿性反应幅度之间存在显著相关性。颜色代表相关性的 t 值。校正后显著的脑区位于左侧顶下小叶。左侧顶下小叶平均灰质体积与补偿性反应的幅度呈显著正相关（引自 Chen et al., 2021）。皮层厚度与运动过弱型构音障碍严重程度相关性的示意图（C）。右侧前运动皮层和梭状回萎缩与运动过弱型构音障碍有关。比例尺中蓝色标记负相关的脑区，红色标记正相关的脑区（引自 Chen et al., 2020）。注：彩图参见本书第 276 页。

可揭示帕金森病患者言语障碍的脑结构基础。但该研究仅在组水平上考察了这一问题，未来的研究可继续在个体水平上考察左半球基底神经节丘脑环路的 MD 值如何预测帕金森病患者的言语障碍程度，以便在早期识别并精准干预疾病的治疗。此外，未来的研究也可以考察左半球基底神经节丘脑环路是否也是导致其他类型言语障碍的脑结构基础，以进一步探索不同类型的言语障碍一般性和特异性的病理机制。

10.2　前沿性技术探索言语运动控制的脑机制

现代认知神经成像技术为脑机制研究提供了强有力的工具，目前言语运动控制领域的研究主要使用 ERP、MEG 和 fMRI 技术揭示该过程在大脑内部的工作机制。

近期研究者继续开发前沿性技术在言语运动控制研究中的潜力，以期更全面地理解言语运动控制的脑机制（李思齐 , 2022; Lin et al., 2022; Reuter et al., 2022）。

10.2.1 持续性 θ 爆发式刺激干预言语运动控制障碍

研究者们尝试利用持续性 θ 爆发式刺激[1]（continuous theta burst stimulation, cTBS）技术考察言语运动控制障碍有效的干预机制（Dai et al., 2022a, 2022b; Lin et al., 2022; Zhu et al., 2023）。Lin 等人（2022）利用光学神经影像导航和 cTBS 技术抑制了脊髓小脑性共济失调[2]（spinocerebellar ataxia, SCA）患者右侧小脑 VII 叶的兴奋性，刺激完成后立即进行随机音高扰动任务，并同时测量被试的补偿性反应和 P1-N1-P2 反应。行为结果发现，当 cTBS 作用于右侧小脑 VII 叶后，SCA 患者响应音高扰动时的补偿性反应幅度降低、潜伏期缩短，行为模式已基本恢复至正常对照组的水平，这说明 cTBS 作用于右侧小脑可显著地改善 SCA 患者异常的听觉运动整合模式。脑电结果发现，与假刺激相比，cTBS 刺激导致 SCA 患者响应音高扰动时 P1 波幅增加（见图 10.3A）、N1 波幅降低（见图 10.3B）、P2 波幅增加（见图 10.3C）。此外，相关分析发现，P1 和 P2 波幅与补偿性反应呈显著负相关，但研究者未探测到 N1 波幅与行为反应的相关性。对于上述结果，研究者解释 P1 和 P2 波幅的增大与补偿性反应显著相关，表明小脑兴奋性的下降可能改善了前额叶的抑制性调控功能，N1 波幅的降低则意味着 SCA 患者加工听觉反馈的效率明显提升。此外，Zhu 等人（2023）在帕金森病患者的研究中采用了相同的右侧小脑 VII 叶 cTBS 刺激，他们也发现了类似的结果模式。

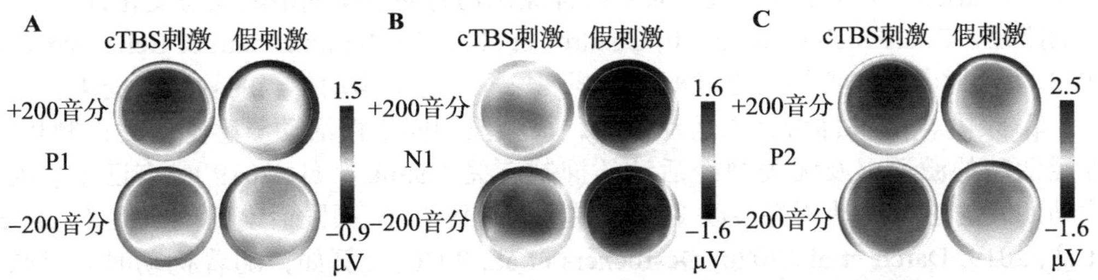

图 10.3　P1 成分（A）、N1 成分（B）和 P2 成分（C）在小脑 cTBS 刺激和假刺激条件下的地形图（引自 Lin et al., 2022）。注：彩图参见本书第 277 页。

Dai 等人（2022b）利用 cTBS 技术抑制了帕金森病患者左侧辅助运动区的兴奋性。行为结果发现，当 cTBS 作用于左侧辅助运动区后，帕金森病患者的补偿性反

[1] 持续性 θ 爆发式刺激（continuous theta burst stimulation, cTBS）是一种新型的、非侵入性的脑刺激技术，可在短时程内诱导突触长时程增强，通过改变皮质的兴奋性干预人体复杂的行为（Jung & Ralph, 2021）。

[2] 脊髓小脑性共济失调（spinocerebellar ataxia, SCA）是一种罕见的神经退行性遗传病，主要是小脑及与小脑相联系的区域如脊髓、基底节和脑干发生退行性病变。症状主要表现为进行性加重的肢体及躯干的共济失调、姿势和步态的异常、眼球运动障碍、吞咽障碍、构音障碍以及肌张力的异常（Lin et al., 2022）。

应幅度降低，行为模式已基本恢复至正常对照组的水平，这说明 cTBS 作用于左侧辅助运动区可显著改善帕金森病患者异常的听觉运动整合模式。脑电结果发现，与假刺激相比，cTBS 刺激导致帕金森病患者响应音高扰动时 N1 波幅增加、P1 和 P2 波幅降低。P2 波幅变化的溯源结果位于右侧额下回、额内侧回、中央前回、中央后回以及脑岛。相关分析也发现，补偿性反应与 N1 波幅呈显著正相关，而与 P2 波幅呈显著负相关。这是由于左侧辅助运动区的 cTBS 刺激会导致该脑区部分功能恢复，这可能增强帕金森病患者对前馈控制的依赖并降低对反馈控制的依赖，言语运动脑网络重组以促进言语产生的在线监测。这一结论也得到了非言语障碍被试研究证据的支持（Dai et al., 2022a）。综上所述，已有研究提供了 cTBS 可改善言语运动障碍的直接证据，也为言语障碍的康复研究提供了理论依据。未来研究可进一步探索可干预言语运动控制障碍的核心脑区。

10.2.2 神经振荡揭示感觉运动整合的脑网络变化

感知运动整合的神经机制一直以来备受研究者们的关注，其中有两个问题至关重要：一是感觉运动整合过程涉及的脑区，二是相关脑区在何时、以何种神经振荡方式参与感觉运动整合过程 [1]。前期大量 fMRI 研究重点关注了第一个问题（Botha et al., 2018; Wang et al., 2019; Chen et al., 2020, 2021; Stephane & Dzemidzic, 2022; O'Brien et al., 2023），但这类定位研究虽然强调脑区激活对于感觉运动整合的重要性，却很难探测特定脑区的神经振荡活动以及多脑区之间神经活动同步性的动态变化过程。与此同时，利用 EEG 和 MEG 开展的神经电生理学研究具有较高的时间分辨率，由脑电和脑磁数据重构而来的神经振荡为揭示脑网络的动态变化提供了直接的路径（Gourévitch et al., 2020; Cuadros et al., 2023; Sarmukadam & Behroozmand, 2023）。因此，研究者们可通过神经振荡现象探索感觉运动整合的脑网络变化。

β 频段。β 被称为感觉运动节律，该频段的同步性活动与感觉运动控制相关神经活动的激活以及无关神经活动的抑制有关（Stolk et al., 2019）。有证据表明，扰动期间的感觉运动调整会改变电极或感兴趣区域 β 频段活动的同步性（Palmer et al., 2019; Darch et al., 2020; Desrochers et al., 2020）。例如，随着扰动时间延长，被试运动控制表现改善的同时伴随着 β 频段同步性活动降低（Desrochers et al., 2020）。在持续扰动范式中，当感觉运动调整的早期错误较大时，β 频段同步性衰减的幅度也较大，但当感觉运动调整的后期错误较小时，β 频段同步性也有所恢复（Palmer et al., 2019; Darch et al., 2020）。

α 频段。在运动控制过程中，额叶和中央顶叶 α 频段能量会在感觉运动调整的早期降低，并在运动控制表现提高时增加（Fine et al., 2017; Thürer et al., 2017;

[1] 大脑在执行认知任务时需要大量神经元集群的参与，神经振荡反映了大脑神经元集群持续性的、有节律的活动，可保证不同神经元集群之间能够进行高效率的信息交流。神经振荡的频率由慢到快依次被分为 delta（δ, <4 Hz）、theta（θ, 4~8 Hz）、alpha（α, 8~13 Hz）、beta（β, 13~30 Hz）和 gamma（γ, > 30 Hz）等频段（Buzsáki et al., 2012）。

Savoie et al., 2018)。在运动控制之前，相应脑区的 α 频段能量随着学习进程的推进而逐渐减少，并在处于调整后的静息状态时有所回升（Desrochers et al., 2020）。此外，认知领域的研究发现，α 能量的高低预示着注意选择的过程（武侠等，2018）。因此，α 频段能量也被解释为注意资源调节器。随着运动控制行为表现的改善，在线监测和修正运动过程所需的注意资源较少，更多的资源将被分配至运动准备（Daou et al., 2018）。

θ 频段。额中区 θ 频段反映了对认知控制的需要（Senoussi et al., 2022），可能与言语运动学习过程中的错误监测和反馈加工有关。在学习早期阶段，错误发生导致认知控制的参与程度较高，额中区 θ 频段能量也更高，但当任务从控制性加工转变为自动化加工时，额中区 θ 频段能量降低（Crivelli-Decker et al., 2018）。在运动控制之后，额叶区域 θ 频段能量受错误调控，通常在感觉运动调整的早期增加，但在感觉运动调整的后期不断降低（Kooiman et al., 2020; Jonker et al., 2021）。研究者推测，在学习早期大幅错误诱发的 θ 能量增加反映了学习策略形成过程中的认知控制需求提高，但学习后期由于错误幅度减小且策略已经形成，认知控制需求降低导致 θ 频段能量也降低。相比之下，在运动控制之前，θ 频段能量活动在整个运动调整期趋于增加。此外，也有证据表明，顶叶皮层参与了感觉运动状态的评估，右顶叶皮层 θ 频段能量可能与感觉预期错误的加工有关（Savoie et al., 2018; Takei et al., 2021）。

γ 频段。在感觉运动调整过程中，γ 频段能量活动与运动重新规划相关的注意调控机制有关。例如，在运动控制过程中，右顶叶区域 γ 频段能量活动在感觉运动调整的早期较高（Kooiman et al., 2020）。也有研究发现，在运动控制之前，前额皮层 γ 频段能量活动与响应扰动时重新校准运动指令的表现有关（Thürer et al., 2016）。此外，随着感觉运动调整从早期过渡到晚期，额叶和运动皮层以及半球间 γ 频段连通性逐渐降低，而额叶和右侧半球连接的相位滞后也发生变化。这些结果表明，γ 频段范围内的连通性变化可能与运动系统从反馈到前馈控制的过渡有关（Gentili et al., 2015; Reuter et al., 2022）。

综上所述，神经振荡的高时间分辨率为理解感觉运动整合的潜在过程提供了新的见解。β、α、θ、γ 频段的神经振荡活动均受到感觉运动调整的系统性调控，这可能反映了运动系统从早期调整期的反馈控制到后期调整期的前馈控制这一过渡过程。未来的研究可结合 EEG、MEG 考察更多感觉运动整合领域的开放性问题，并与其他神经生理学方法相结合，为揭示感觉运动整合的脑网络变化提供更丰富的证据。

10.2.3 sEEG 技术探索从词汇到运动的直接传导

HSFC 模型中存在一条从词汇到语音听觉维度再到语音运动维度的通路（即听觉—Spt—BA44 环路；Hickok, 2012）。近期有研究者尝试探索从词汇水平到语音运动维度是否存在一条快速的、直接的传导通路（李思齐，2022）。该研究使用了立体定向脑电图[1]（stereoelectroencephalography, sEEG）技术，该技术的优势是可在不同的时间进程以及不同的脑区位置区分词汇朗读任务所经历的加工阶段。研究者选取了 BA44 区、颞上回后部（posterior superior temporal gyrus, pSTG）、颞横回（Heschl's gyrus, HG）、腹后侧枕下回（ventroposterior inferior occipital gyrus, vpIOG）以及梭状回后部（posterior fusiform gyrus, pFG）的电极。如果存在从词汇到语音运动维度的快速传导，研究者应可观察到从视觉皮层（vpIOG 和 pFG）到运动皮层（BA44 区）的直接传导通路（见图 10.4 虚线箭头）。如果是 HSFC 模型中提出的通达方式，研究者应可观察到从视觉皮层（vpIOG 和 pFG）到听觉皮层（pSTG、HG）再到运动皮层（BA44 区）的间接传导通路（见图 10.4 实线箭头）。

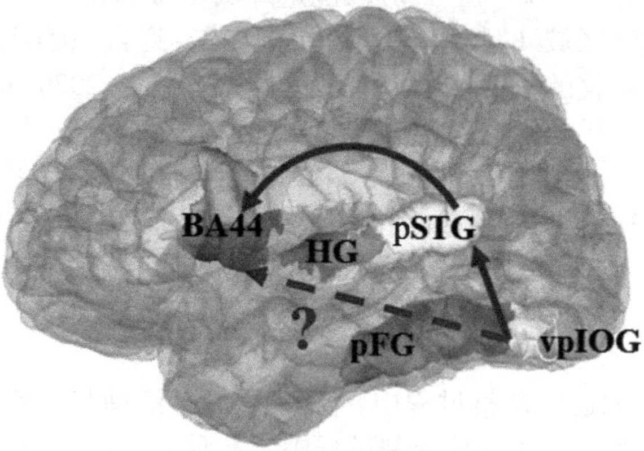

图 10.4　从词汇到语音运动维度通路的示意图

（引自李思齐，2022）。实线箭头所示为间接通路，即从视觉皮层（vpIOG、pFG）到听觉皮层（pSTG、HG）再到运动皮层（BA44 区）的通路。虚线箭头所示为直接通路，即从视觉皮层（vpIOG、pFG 区域）到运动皮层（BA44 区）的通路。问号表示是否存在上述的直接通路仍然未知。

sEEG 研究中 high-gamma 频段被认为是反映认知加工皮层活动的常用指标之一，该频段的神经活动与神经元放电频率以及 BOLD 信号高度相关（Ervin et al., 2020; Forseth et al., 2020）。由于 high-gamma 频段是局部神经激活的重要体现，研究者们可用其来考察词汇、听觉和运动表征的激活情况，这背后的逻辑是不同脑区 high-gamma 反应的起始响应潜伏期可揭示词汇朗读任务中不同脑区响应的先后顺序（李思齐，2022）。结果发现，视觉皮层区域（vpIOG 和 pFG）比听觉皮层（pSTG 和 HG）的起始响应潜伏期显著更早，且发音运动区（BA44 区上部和下部）比听觉皮层（pSTG 和 HG）的起始响应潜伏期也显著更早（见图 10.5）。这一结果模式支持了从词汇到语音运动维度的转换存在一个直接的快速传导通路，也表明 sEEG 技术在揭示言语运动控制的时间进程方面具有独特的潜力。

[1] 立体定向脑电图（stereoelectroencephalography, sEEG）是"一种侵入性的脑电图检测技术，主要通过脑内电极的立体定向植入来记录大脑深部结构的电活动"（尹宁等，2023）。sEEG 技术的优势是同时具备高时间分辨率和高空间分辨率，且可同时覆盖不同功能脑区，在认知神经科学研究中具有重要的应用潜力。

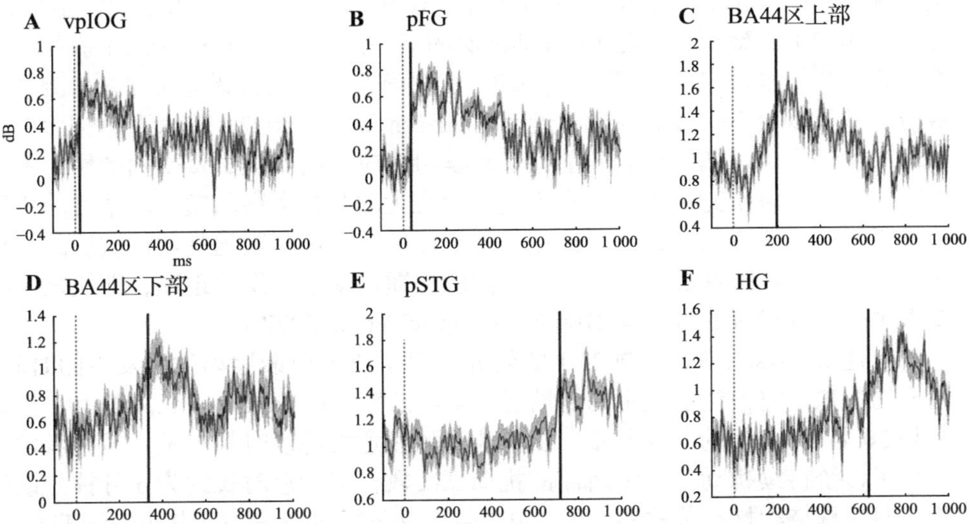

图 10.5　不同脑区单个电极的 high-gamma 反应起始响应潜伏期的示意图

（引自李思齐，2022）。横坐标为时间，纵坐标为电极的平均功率。虚线代表刺激开始呈现的时间，实线代表电极的起始响应时间。

10.3　创新性视角挖掘言语运动控制的认知机制

研究者们不断思索崭新的研究视角并从更多维度继续挖掘言语运动控制的认知神经机制，所涉及的内容包括成人及儿童前馈运动学习发生的时间进程，出声、不出声和想象命名任务中感觉运动皮层相互联系的路径，基于 EEG 溯源结果构建的神经模型预测言语运动控制的脑机制，以及植入电极探索言语运动控制功能恢复的可能性（Hantzsch et al., 2022; Cuadros et al., 2023; Rebernik et al., 2023; Willett et al., 2023; Zhang et al., 2023）。

10.3.1　扰动范式的变式探索前馈学习的时间进程

感觉错误会引发两种类型的运动调整，分别是随机扰动范式下实时的补偿性反应和持续扰动范式下长时程的调整性反应（Parrell & Houde, 2019）。DIVA 模型提出，前馈运动学习发生的过程是循序渐进的，每次发音尝试产生的补偿性反应可被部分纳入到前馈运动指令当中，直至更新后的前馈运动指令可以实现发音目标（Guenther, 2016; Kearney et al., 2020）。理论上来说，单试次的听觉扰动发生后，研究者不仅可观察到基于反馈的补偿性反应，还应观察到前馈运动指令发生相应的变化。这一猜想在肢体运动控制的研究中已经得到了验证，实验发现，单试次的视觉运动扰动影响被试后续试次的移动方向（Ruttle, 2021）。在言语运动控制领域，Cai等人（2012）观察到，跟随F1扰动试次的下一试次中前50 ms的F1值往往与扰动方向相反[1]。然而，Daliri等人（2020）在明确考察单试次调整时并未探测到显著的效应。基于以上不一致的发现，近期Hantzsch等人（2022）在大型数据库中测量了单试次扰动是否可诱发显著的前馈运动学习效应。由于被试接受间歇性、不可预期的听觉扰动，该研究的创新性在于使用随机扰动范式考察前馈运动学习的机制。结果发现，研究者不仅观察到了典型的补偿性反应，还在紧随扰动试次后的非扰动试次中观察到了调整性反应。这表明人们的前馈运动学习发生迅速，即使是一次听觉错误也会导致相应的言语运动调整（Hantzsch et al., 2022）。

上述Hantzsch等人（2022）的研究考察了成人前馈运动学习发生的时间进程，近期的一项研究关注了儿童的前馈运动学习效率（Rebernik et al., 2023）。被试招募的是30名6~14岁的荷兰儿童，由于儿童的注意力持续时间较短，研究者创新性地减少了传统持续扰动范式中所需的扰动试次数，实验总时长约为5分钟。该研究使用了共振峰持续扰动范式的变式，四个阶段仅包括40个试次，其中基线期8个试次，渐变期8个试次，保持期16个试次，结束期8个试次。引入的扰动为降低20%的F1值和提高15%的F2值。研究者分析了发音起始点后30~80 ms时间窗口内F1和F2的平均值[2]，结果发现，即使是经历短暂的持续扰动，儿童被试也呈现出显著的调整性反应。虽然Rebernik等人（2023）的儿童研究与Hantzsch等人（2022）的成人研究使用了不同的范式，但两者的结果相互印证，表明前馈运动学习发生的过程非常迅速。

10.3.2 命名任务的变式揭示感觉运动系统的联系

内部前向模型中存在从运动指令到听觉预期和从运动指令到体觉预期两条并行的通路，但已有研究大多是单独考察其中一条通路的脑机制。近期，Zhang等人（2023）旨在探索上述并行的加工通路以外是否存在一条“运动—体觉—听觉”的序列加工通路。该研究的创新性在于设计了出声命名、不出声命名和想象命名三种性质不同的任务，通过对比不同任务中额叶、顶叶和颞叶皮层间的功能连接强度来考察体觉皮层是否可作为中介枢纽将运动信号转化为听觉信号。具体而言，出声命名同时涉及运动指令、听觉反馈和体觉反馈，不出声命名涉及运动指令和体觉反馈，而想象命名仅涉及运动指令。结果发现，在三种命名任务中，额上回岛盖[3]、顶下小叶前部[4]以及颞上回后部[5]之间的功能连接均显著，即使想象命名任务中听觉反

[1] 听觉反馈控制生成的补偿性反应开始于扰动出现后的100~200 ms时间窗口内，因此，Cai等人（2012）的研究中前50 ms的F1值反映了前馈运动指令的变化。

[2] 听觉反馈控制生成的补偿性反应开始于扰动出现后的100~200 ms时间窗口内，因此，Rebernik等人（2023）的研究中30~80 ms的F1和F2值反映了前馈运动指令的变化。

[3] 额上回岛盖是运动准备和运动模拟的核心脑区（Park et al., 2020）。

[4] 顶下小叶前部是形成体觉预期的核心脑区（Golfinopoulos et al., 2010）。

[5] 颞上回后部是形成听觉预期的核心脑区（Tourville et al., 2008）。

馈和体觉反馈缺失，情况也是如此（见图 10.6）。这表明额叶、顶叶和颞叶脑区存在相互联系的层级加工模式，三者间的动态合作保障了高效、精确的言语产生。此外，相比不出声命名，出声命名任务中额上回岛盖与颞上回后部的功能连接强度更高，额上回岛盖与顶下小叶前部的功能连接也更高。这是由于出声命名任务中被试可感知到听觉和体觉反馈，相应地额上回岛盖与颞上回后部以及顶下小叶前部需要更紧密地联系起来以便在线监测和修正言语错误。最重要的是，出声命名任务中顶下小叶前部与颞上回后部的功能连接强度也更高，这一结果与前期 MEG（Li et al., 2020）和 fMRI（Chu et al., 2023）研究的发现一致，证实了内部前向模型中听觉预期和体觉预期紧密相关，运动指令可经由体觉预期的中介后激活听觉预期。

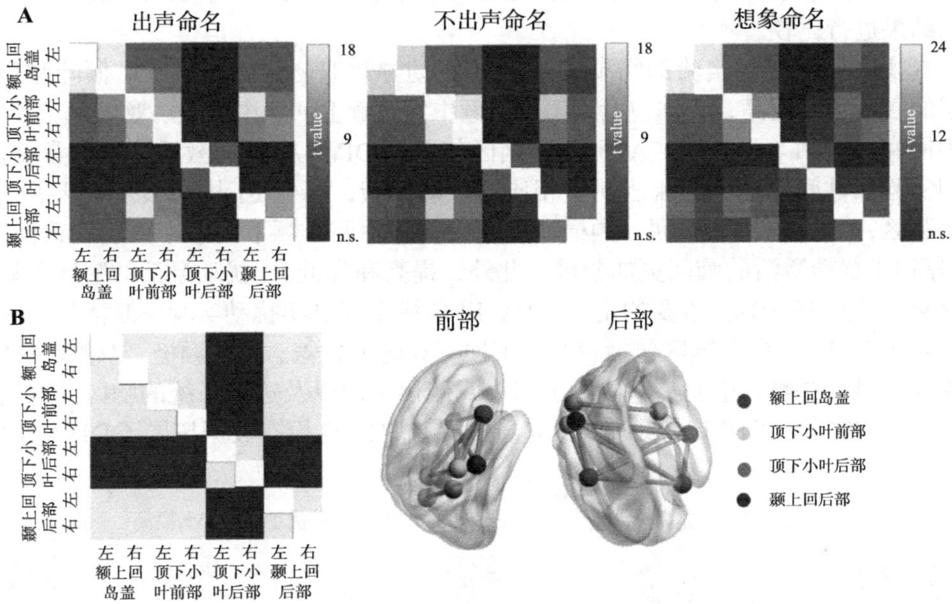

图 10.6　三种命名任务中不同脑区的功能连接示意图

（引自 Zhang et al., 2023）。（A）出声命名、不出声命名及想象命名任务中额叶、顶叶和颞叶脑区之间功能连接的矩阵图。8 个 ROI 分别是（左、右）额上回岛盖、（左、右）顶下小叶前部、（左、右）顶下小叶后部和（左、右）颞上回后部。三个 8 × 8 的矩阵展示了三种实验任务中 8 个 ROI 两两之间的功能连接情况。矩阵中每一个元素代表两个 ROI 之间功能连接强度统计分析的 t 值，深蓝色区域代表不显著的结果。（B）出声命名、不出声命名及想象命名任务中均显著的功能连接的矩阵图和球棍图。矩阵中黄色区域代表显著的功能连接，深蓝色区域代表不显著的结果。球棍图分别从大脑的前部和后部展示显著的功能连接，不同颜色的球代表不同的脑区，蓝棒显示不同脑区的连接方式。注：彩图参见本书第 277 页。

10.3.3 DIVA 的 EEG 变式验证言语运动控制脑机制

基于大量的 fMRI 研究结果，DIVA 模型定位了言语运动控制各加工过程的神经基础，换而言之，fMRI 技术为 DIVA 模型提供了神经生理学验证（Guenther,

2016）。而 fMRI 和 EEG 均属于认知神经成像技术，相比之下，EEG 可直接测量大脑的电活动，并可在毫秒级精度上记录全脑的神经振荡活动（Goriely et al., 2020）。基于此优势，Cuadros 等人（2023）尝试构建了 DIVA 模型的 EEG 变式（即 DIVA_EEG 模型），并评估该模型对于真实 EEG 数据的拟合效果。在 DIVA 模型拟合阶段，研究者选择的扰动是提高或降低元音 /e/ 的 F1 值 350 Hz，通过标准化低分辨率电磁断层成像 [1]（standardized low resolution brain electromagnetic tomography, sLORETA）方法对 EEG 信号进行溯源，以此确定三种实验条件（即正常听觉反馈、提高 F1 扰动和降低 F1 扰动）下 DIVA 模型中不同模块（如听觉目标集、反馈控制集等）相应的地形分布情况。在实验阶段，研究者选择的扰动是提高或降低元音 /e/ 的 F1 值 30%，同时记录被试的补偿性反应和 ERP 活动，并将该结果与 DIVA_EEG 模型拟合的结果进行比较。

真实共振峰扰动实验的结果表明，F1 扰动导致双侧半球在额叶、颞叶和顶叶皮层的激活程度更高，具体包括额下回、额中回、额上回、中央盖、颞横回、颞极、颞中回和颞上回（见图 10.7A），这些脑区与原始 DIVA 模型的激活结果非常相似。不同实验条件间比较的结果表明，相比未扰动反馈，降低 F1 扰动额外激活了偏右侧化脑区，具体包括额下回、颞横回、颞极、颞中回、颞下回、中央盖和舌回等，而提高 F1 扰动激活的脑区更加分散。此外，提高和降低 F1 扰动激活的脑区无显著性差异（见图 10.7B）。重要的是，DIVA_EEG 模型与真实扰动实验中激活的脑区重合率高达 91.5%，重合脑区包括右侧额下回、双侧中央盖、双侧颞极、双侧颞横回、双侧颞上回、左侧颞中回、双侧缘上回、双侧顶上回以及边缘系统的脑区如双侧海马回和双侧脑岛（见图 10.7C）。该研究通过崭新的 EEG 模态数据拓展了 DIVA 模型，

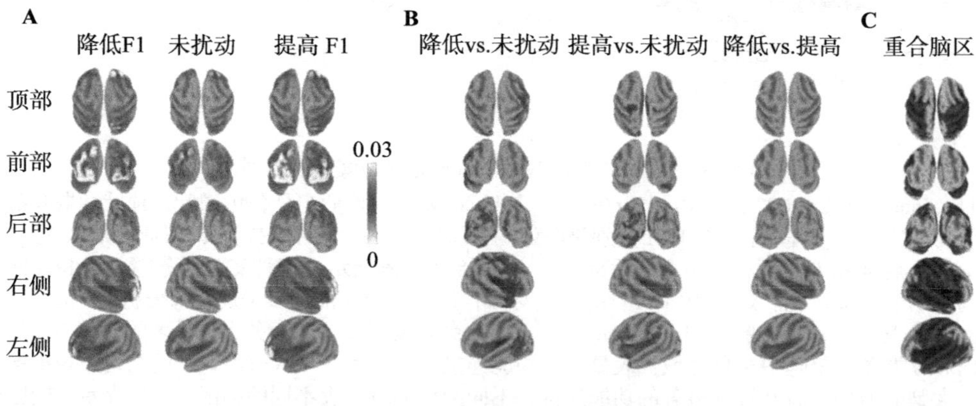

图 10.7　真实共振峰扰动实验结果示意图

（引自 Cuadros et al., 2023）。（A）真实共振峰扰动实验中未扰动和扰动条件下 N1-P2 相应脑区激活源的示意图。（B）真实共振峰扰动实验中不同实验条件间脑区激活差异的示意图。（C）DIVA_EEG 模型与真实共振峰扰动实验中重合激活脑区的示意图。注：彩图参见本书第 278 页。

[1] 标准化低分辨率电磁断层成像（standardized low resolution brain electromagnetic tomography, sLORETA）是一种对 EEG 信号进行溯源的方法，“通过对采集到的头皮电极信号进行逆向运算，求得大脑皮层各个脑区的电流密度分布”（尹宁等，2021）。

从时空维度探索了听觉运动整合加工的神经机制，为后续实证和建模研究提供了独特的视角（Cuadros et al., 2023）。

10.3.4 AI 驱动言语运动控制领域革新

《自然》杂志公布了 2024 年值得关注的七大技术，脑机接口 [1]（brain-computer interface）赫然在列（Eisenstein, 2024）。脑机接口是人工智能 [2]（artificial intelligence, AI）时代下的产物，其中深度学习 [3]（deep learning）在该技术中发挥了重要作用，它通过模仿人类大脑的工作机制来构建人工神经网络，从而实现对人类行为的模拟。

AI 领域的新进展也驱动了言语运动控制研究的革新，近几年的研究表明，脑机接口技术可帮助神经系统损伤的患者恢复部分语言和运动功能（Flesher et al., 2021; Willett et al., 2021; Yang et al., 2021; Musso et al., 2022; Metzger et al., 2023; Willett et al., 2023; Brunner et al., 2024）。以四项发表于《自然》杂志的研究为例。斯坦福大学研究团队研发出一种复杂的脑机接口设备，这一设备利用大脑皮层的神经活动解码手写笔迹，并可将大脑中的笔迹实时翻译成文本。结果表明，瘫痪患者“打字”的速度和准确率较高，每分钟可输入 90 个字符，接近健全人每分钟 115 个字符的智能手机打字速度，而在线原始准确率为 94.1%，离线自动校正的准确率高于 99%（Willett et al., 2021）。之后，该团队在肌萎缩性侧索硬化症 [4] 患者的大脑中植入电极来追踪神经元活动，并通过深度学习算法训练将患者发音尝试时的神经信号解码为文本。在为期几周的训练后，患者能够以每分钟 62 个单词的速度从一个包含 12.5 万个词语的词库中进行语义表达（Willett et al., 2023）。在另一项研究中，加利福尼亚大学研究团队开发了一种多模式语音神经假体，使一位因中风而丧失语言能力的女性能以每分钟 78 个单词的速度进行交流（Metzger et al., 2023）。匹兹堡大学研究团队成功将电极植入一名四肢瘫痪患者的运动和躯体感觉皮层，使其能够快速、精确地控制机械臂，并获得触觉反馈（Flesher et al., 2021）。上述脑机接口的研究结果为神经损伤患者和瘫痪患者语言与运动功能的恢复提供了一条可行的路径。

---

[1] 脑机接口（brain-computer interface）是指“在大脑与外部环境之间建立一种全新的不依赖于外周神经和肌肉组成的交流与控制通道，将脑神经活动转译为外部设备可识别信息，从而实现大脑与外部设备的直接交互”（刘义乐，李华芳，2024）。

[2] 人工智能（artificial intelligence, AI）是指能够复制人类思维和解决问题能力的机器，AI 的最终目标是能够和人类一样，甚至比人类更好地执行某些高级认知功能（Helmy et al., 2023; 尹萌，牛雄鹰，2024）。

[3] 深度学习（deep learning）是 AI 的核心算法之一，它从大量数据中学习和提取信息来构建神经网络模型（如卷积神经网络），通过模仿大脑神经元的连接方式从而完成任务。深度学习也被广泛应用于医学疾病的检测、诊断和治疗（袁玉琢，骆方，2022; Helmy et al., 2023）。

[4] 肌萎缩性侧索硬化症（amyotrophic lateral sclerosis, ALS）是“一种以运动神经元变性为特征的神经退行性疾病”，患者的常见症状为“肢体力弱、构音障碍和吞咽困难，进而出现进行性加重的肌无力、肌萎缩、肌束震颤、延髓麻痹和椎体束征，通常在起病 3~5 年后死于呼吸肌麻痹、呼吸衰竭”（周昱君等，2024）。

2024 年 1 月 28 日，埃隆·马斯克（Elon Musk）创始的脑机接口公司 Neurolink 完成了首例人类患者大脑芯片植入，患者接受开颅手术，机器人将柔性高密度电极线插入患者的大脑读取脑电波，然后将信息无线传输到电脑应用程序上，从而使得人们可以利用意念控制手机或电脑，进而控制任何设备。Neurolink 脑机接口的人体实验预示着 AI 在医疗康复、认知科学等领域有广阔的应用前景。由于言语运动控制的脑机接口研究仍处于起步阶段，未来研究者们可继续探索将电极芯片植入人类大脑的感觉和运动皮层，以帮助言语障碍人群实现精确的言语运动控制。

10.4 实证领域未来可研究的方向

综上可见，有关言语运动控制的前沿性研究主要可归纳为三个方向。第一，探索潜在的脑功能和脑结构指标预测人们言语运动控制能力的个体差异。第二，继续挖掘前沿性的神经成像技术在揭示言语运动控制脑机制方面的潜力。第三，不断开拓新的研究视角以从更丰富的维度了解言语运动控制的认知机制。前人的实证研究在思路上的开拓以及方法上的创新对于后续研究具有极大的启发性和指导性。未来言语运动控制的认知神经机制研究可在以下方向进行创新拓展。

第一，非人灵长类动物的扰动研究。扰动范式使得研究者可对言语调整行为的神经过程做出因果推断，但扰动范式和神经测量技术的结合本身具有挑战性。已有研究主要使用非侵入性脑成像技术考察正常成人言语运动控制的神经机制，时间和空间分辨率相对有限。但具有高时间和空间分辨率的侵入性脑成像技术会对大脑造成创伤，无法在正常人类被试中广泛应用。目前仅极少数研究使用侵入性脑成像技术考察神经损伤病人言语运动控制的神经机制（Forseth et al., 2020），结果的可推广性仍有待验证。非人灵长类动物（如猕猴、猩猩等）在生理、认知能力、脑结构和脑功能等方面与人类高度相似（Capitanio & Emborg, 2008）。鉴于此，未来研究者可考虑开展非人灵长类动物的脑机制研究（Klink et al., 2021; Lehmann & Corneil, 2022; Eliades & Tsunada, 2023; Tsunada & Eliades, 2024），其优势是侵入性（有创）和非侵入性（无创）脑成像技术的选择空间更大，能以更高的精度在频域、时域和空域三个维度上加深研究者们对言语运动控制神经基础的理解。

第二，动态的言语运动控制脑功能网络。目前言语运动控制脑功能网络的研究大多是采用功能连接方法来揭示脑区间的信息沟通方式（Botha et al., 2018; Salvalaggio et al., 2020; Zhang et al., 2023），但功能连接无法提供脑区之间信息流动的方向性，因而在刻画动态交互的脑功能网络时仍有不足。未来的研究可考虑采用有效连接[1] 以进一步构建负载脑区之间信息传递方向和动态过程的脑功能网络，常

[1] 有效连接（effective connectivity）是一种决定神经语言网络中已定义脑区之间信息流动的分析范式。该术语也指采用统计和数学方法估计神经网络中一个脑区到另一个脑区的数据流向。

用的方法包括结构方程模型（structural equation modeling, SEM）、格兰杰因果分析（Granger causality analysis, GCA）和动态因果模型（dynamic causal modeling, DCM）等。此外，在言语运动控制过程中，脑网络中相关脑区的活动在不断动态变化，但由于时间分辨率有限，已有的研究主要考察了某个时间段内任务态的脑活动变化（Guenther, 2016; Miller & Guenther, 2021; Meier & Guenther, 2023）。Cuadros 等人（2023）通过 sLORETA 溯源分析探索了言语运动控制的脑功能网络随时间变化的规律。但脑电信号是从头皮处采集的，其空间分辨率有限。未来研究者可以思索如何在更小的时间和空间尺度上构建言语运动控制的脑网络，以此来揭示大脑中实时的、明确的脑功能活动机制。

第三，相互印证的脑结构和脑功能网络。已有研究大多是独立考察言语运动控制的脑功能网络（Janssen & Mendieta, 2020; Chu et al., 2023; Zhang et al., 2023）或脑结构网络（Chen et al., 2020, 2021; Mollaei & Chinoor, 2024）。未来的研究可结合 fMRI 和 DTI 技术以同时考察特定认知加工过程的脑功能和脑结构机制（Skeide et al., 2016; Alotaibi et al., 2023; Wang et al., 2024）。例如，有研究发现，左侧额下回的脑功能指标（BOLD 信号强度）以及脑结构指标（FA 分数）均可预测被试新异语音训练导致的语音分辨成绩提高的幅度，这表明左侧额下回及其纤维通路是语音学习的核心（Alotaibi et al., 2023）。然而，目前言语运动控制脑结构研究的数量有限，同时考察脑功能和脑结构的研究更是凤毛麟角（Gwak et al., 2021）。因此，言语运动控制的功能和结构一致性是未来需要研究的一个方向。

第四，言语运动控制的神经生物学机制。在心理学、语言学及认知神经科学等领域，研究者们开始在细胞和分子水平上关注高级认知加工过程的神经生物学机制（Patton et al., 2019; Dobri & Ross, 2021; Stockbridge, 2022; Plueckebaum et al., 2023）。例如，γ-氨基丁酸（gamma-aminobutyric acid, GABA）神经环路中小清蛋白细胞兴奋–抑制的平衡决定了语言学习关键期的开启时间（Patton et al., 2019）。Plueckebaum 等人（2023）的研究也表明，上述兴奋–抑制的平衡状态与自闭症儿童的语言能力有关。言语运动控制属于语言能力的一种，但研究者们尚不清楚言语运动学习是否与语言学习具有相同的或是特异性的神经生物学机制。未来研究者可系统地探索言语运动控制的神经生物学机制，并考察不同的影响因素调控该过程的方式。

第五，更接近自然语言的实验材料。在言语运动控制领域，已有的音高扰动研究多是使用相对稳态的单元音（如 /a/ 或 /u/），实验要求被试延长发音，因而夸大了元音的静态特征。然而，日常交流中的发音运动会导致声道形变（如辅音和元音间的过渡），语音的重要特征之一是会随时间不断动态变化（蔡笑，张清芳，2020）。此外，已有的共振峰扰动研究多是使用包含元音 /e/ 的单音节真词或假词（如“head”或“pep”），不仅实验材料的丰富性有待提高，而且音节水平的实验材料仅能推论音节水平上言语运动控制的认知神经机制。针对以上不足，未来的研究可考虑使用负载语言学意义真实的实验材料（Dahl et al., 2024）、包含更多元音的丰富的实验材料（Alemi et al., 2020）以及句子或篇章水平上的实验材料（Bradshaw et al., 2023），以揭示真实语境下言语运动控制的认知神经机制。

本章小结

本章重点梳理了言语运动控制领域的前沿性实证研究进展。第一节从个体差异的角度切入，分别介绍了可预测言语障碍和非言语障碍被试言语运动控制能力的脑功能指标和脑结构指标。总体的研究结果表明，功能连接强度是衡量脑功能网络动态变化的重要指标，而灰质体积、皮层厚度、皮层表面积和白质连接等是衡量脑结构网络动态变化的重要指标，它们均可有效地预测扰动范式下言语运动调整的幅度。此外，上述脑功能和脑结构指标也可为言语运动控制障碍的早期诊断和治疗评价提供神经影像学标记。

第二节从前沿性技术的角度切入，分别介绍了cTBS、神经振荡和sEEG三项技术在言语运动控制研究中的应用潜力。第一，在右侧小脑VII叶施加cTBS可改善SCA患者的言语运动控制障碍，而在左侧辅助运动区施加cTBS可改善帕金森病患者的言语运动控制障碍。第二，β、α、θ、γ频段的神经振荡活动均受到感觉运动调整的系统性调控，这些变化可反映言语运动系统从反馈控制占主导过渡到前馈控制占主导的动态变化过程。第三，作为侵入性脑成像技术，sEEG的优势是同时具有高时间分辨率和高空间分辨率，研究者借助该技术探测到从词汇到语音运动维度存在一个快速的直接传导通路。

第三节从创新性视角的角度切入，分别介绍了扰动范式的变式、命名任务的变式、DIVA_EEG模型以及AI在言语运动控制研究中的应用潜力。第一，研究者创新性地使用随机扰动范式或缩短传统的持续扰动范式考察了成人和儿童的调整性反应，证实了前馈运动学习发生的过程非常迅速。第二，研究者对比了出声命名、不出声命名和想象命名任务间额叶、顶叶和颞叶皮层的功能连接强度，证实了体觉皮层可作为中介枢纽将运动信号转化为听觉信号。第三，研究者构建了DIVA模型的EEG变式，该模型从时间和空间维度探索了听觉运动整合的神经机制，并对真实的扰动实验中EEG数据具有强大的预测力。第四，研究者在AI和深度学习的基础上探索脑机接口技术如何帮助神经系统损伤的患者恢复言语和运动功能。Neurolink公司有关脑机接口芯片植入人体的实验展示了人机交互的应用前景，这为言语运动控制功能的恢复提供了技术上的可行性。

第四节展望了言语运动控制实证研究未来可研究的五个方向，分别是非人灵长类动物的扰动研究、动态的言语运动控制脑功能网络、相互印证的脑结构和脑功能网络、言语运动控制的神经生物学机制以及更接近自然语言的实验材料。

参考文献

[1] 蔡吴蔚艳，肖永涛 . 帕金森病患者言语语言障碍的研究进展 [J]. 中国医药科学，2021，11（6）：47–50.

[2] 蔡笑，张清芳 . 言语运动系统中前馈和反馈控制整合加工的作用机制 [J]. 心理科学进展，2020，54（4）：588–603.

[3] 蔡燕青，刘强强，陈文珍，等 . 辅助运动区癫痫及辅助运动区综合征 1 例并文献复习 [J]. 立体定向和功能性神经外科杂志，2022，35（3）：183–187.

[4] 曹洪林，王宇靖，李敬阳 . 语速对三合元音共振峰动态特征的影响 [J]. 清华大学学报（自然科学版），2017，57（9）：958–962.

[5] 常欣，王沛 . 句子加工：句法违例与语义违例范式下的 ERP 研究述评 [J]. 外语教学与研究（外国语文双月刊），2007，39（1）：56–61.

[6] 陈宝国，彭聃龄 . 语言习得的关键期及其对教育的启示 [J]. 心理发展与教育，2001，17（1）：52–57.

[7] 陈波，陈巍，张静，等 ."镜像" 的内涵与外延：围绕镜像神经元的争议 [J]. 心理科学进展，2015，23（3）：405–418.

[8] 程凯文，邓颜蕙，颜红梅 . 第二语言学习与脑可塑性 [J]. 心理科学进展，2019，27（2）：209–220.

[9] 陈默，冯沫悦 . 汉语作为第二语言的非母语口音评估研究 [J]. 世界汉语教学，2020，34（2）：260–274.

[10] 陈松林，陈新炜，李璜夏，等 . 阅读研究中常用眼动控制模型的对比分析 [J]. 心理科学进展，2024，32（1）：100–117.

[11] 陈亚平 . 二语的外显学习和内隐学习 [M]. 北京：外语教学与研究出版社，2019.

[12] 崔刚 . 神经语言学 [M]. 北京：清华大学出版社，2015.

[13] 邓春婷，刘岩 . 元认知的领域特殊性：来自知觉和高阶层次的证据 [J]. 心理与行为研究，2019，17（4）：480–487.

[14] 邓丹 . 跨语言语音相似度与日本学习者对汉语三组辅音 /ts/ /tʂ/ /tɕ/ 的感知和产出研究 [J]. 世界汉语教学，2014，28（3）：393–410.

[15] 邓丹 . 跨语言相似度与美国学习者汉语元音习得研究 [J]. 汉语学习，2017，3：71–84.

[16] 丁振平，何建华，杨振．重复经颅磁刺激治疗脑病损构音障碍的研究进展 [J]. 中国康复，2023，38（6）：374–379.

[17] 樊东琼，李锐，雷旭，等．阿尔兹海默症及轻度认知障碍静息态大尺度脑网络功能连接的改变 [J]. 心理科学进展，2016，24（2）：217–227.

[18] 胡传鹏，孔祥祯，WAGENMAKERS E J，等．贝叶斯因子及其在 JASP 中的实现 [J]. 心理科学进展，2018，26（6）：951–965.

[19] 胡砚冰，蒋晓鸣．嗓音模仿认知神经加工的多阶段模型 [J]. 心理科学进展，2024，32（3）：499–513.

[20] 胡壮麟．语言学教程 [M]. 北京：北京大学出版社，2019.

[21] 蒋存梅，张前，李卫君，等．绝对音高感对音乐句法加工能力的影响 [J]. 心理学报，2010，42（4）：443–451.

[22] 姜孟．语言认知论：从经典认知到涉身认知 [M]. 北京：科学出版社，2021.

[23] 姜孟，邓小燕，欧平娅．第二语言习得关键期假说五十年之争 [J]. 当代外语研究，2010，357（9）：10–16.

[24] 贾月芳，陈宝国．双语跨语言的句法启动 [J]. 心理科学进展，2009，17（1）：56–63.

[25] 雷铭，李朋波．不同注意形式调节听感觉门控的神经机制 [J]. 心理科学进展，2020，28（8）：1232–1245.

[26] 乐秋海，舒华．弥散张量成像在语言认知神经科学研究中的应用 [J]. 心理科学进展，2010，18（9）：1369–1376.

[27] 廖毅，张薇．修正性反馈在粤方言母言者感知普通话声调中的效用研究 [J]. 语言文字应用，2019，2：124–133.

[28] 李炳楠，张丽锦．阅读超常儿童领域一般性能力与领域特殊性读写技能的表现与思考 [J]. 中国特殊教育，2022，12：71–79.

[29] 李更春．二语习得内隐学习的前沿研究与展望 [J]. 现代外语（双月刊），2023，46（4）：576–585.

[30] 李甦．解析婴儿语言学习之谜 [J]. 中外健康文摘，2007，9B：11.

[31] 李甦，杨玉芳．为什么存在语言学习的关键期？[J]. 科学通报，2016，61（25）：2786–2792.

[32] 李思齐．言语产生和感知中的语音 – 词汇表征转换机制研究 [D]. 上海：华东师范大学，2022.

[33] 刘红艳．认知障碍患者语言认知障碍及言语语言治疗研究 [J]. 教育理论与实践，2014，34（21）：41–43.

[34] 刘文理，杨玉芳，伊廷伟．婴儿期母语音位范畴习得：来自言语知觉的证据 [J]. 心理科学进展，2008，16（1）：42–49.

[35] 刘义乐，李华芳．专利分析非侵入式脑机接口技术发展趋势 [J]. 中国科技信息，2024，1：31–34.

[36] 刘玥，徐雷，刘红云，等．置信区间宽度等高线图在线性混合效应模型样本量规划中的应用 [J]. 心理学报，2024，56（1）：124–138.

[37] 李莹，赵鸿瑜，张木军，等．执行控制的双语优势效应及其调节变量：来自元分析的证据 [J]. 心理科学进展，2023，31（6）：970–987.

[38] 李玉玲，钟妍，刘刚，等．言语信号诱发听力正常老年人听觉皮层诱发电位 P1-N1-P2 特征值研究 [J]. 中国耳鼻咽喉头颈外科，2020，27（9）：520–524.

[39] 罗涛，牟轩沁，闫浩．强迫选择实验中的心理测量函数研究 [J]. 西安交通大学学报，2010，44（6）：104–108.

[40] 毛弈韬，王菁，赵璐晴，等．弥散张量成像在感音神经性聋患者中枢听觉成像中应用的研究进展 [J]. 中华耳科学杂志，2018，16（5）：634–639.

[41] 马宇石，曹迎，方玉琼，等．汉语发展性口吃语言障碍探因研究进展 [J]. 中国康复，2022，37（10）：622–626.

[42] 莫李澄，郭田友，张岳瑶，等．激活右腹外侧前额叶提高抑郁症患者对社会疼痛的情绪调节能力：一项 TMS 研究 [J]. 心理学报，2021，53（5）：494–504.

[43] 潘家冰，张清芳．言语产生中音节频率效应的认知机制：跨语言视角 [J]. 心理科学进展，2023，31（9）：1676–1687.

[44] 秦海霞，赵文瑞，喻婧，等．失眠患者静息态脑网络的改变：网络内与网络间的功能连接异常 [J]. 心理科学进展，2019，27（2）：289–300.

[45] 全国大学英语四、六级考试委员会．全国大学英语四、六级考试大纲：2016 修订版 [M]. 上海：上海交通大学出版社，2016.

[46] 区倩华，阮光峰，丁长海．临床研究中的多重检验 [J]. 广州医药，2023，54（1）：11–15.

[47] 任杰，廖华，华清泉．人工耳蜗植入对成人语后聋患者耳鸣的影响 [J]. 中国听力语言康复科学杂志，2023，21（5）：480–483.

[48] 石锋，冉启斌，王萍．论语音格局 [J]. 南开语言学刊，2010，1：1–14.

[49] 孙晋，牟宏宇，陈友元．听力正常老年人皮层听觉诱发电位研究 [J]. 声学技术，2022，41（5）：685–690.

[50] 汪洁，宋为群，袁英，等．言语失用症与言语运动控制模型 [J]. 中国康复医学杂志，2023，38（2）：269–275.

[51] 王萍，贝先明，石锋．元音的三维空间 [J]. 当代语言学，2010，12（3）：241–251.

[52] 王瑞明，杨静，李利．第二语言学习 [M]. 上海：华东师范大学出版社，2016.

[53] 王潇，吴国榕，吴欣然，等．语言功能偏侧化及其与利手、功能连接的关系 [J]. 心理科学进展，2020，28（5）：778–789.

[54] 王霞，王勇，吴海锋，等．MCI 患者高阶动态功能连接的图论网络构建方法及分类 [J]. 计算机应用研究，2023，41（4）：1–11.

[55] 王雪飞，尹大志，李琳，等．太极拳学习过程中的静息态脑功能活动局部一致性研究 [J]. 磁共振成像，2021，12（6）：51–56.

[56] 吴翰林，于宙，王雪娇，等．语言能力的老化机制：语言特异性与非特异性因素的共同作用 [J]. 心理学报，2020，52（5）：541–561.

[57] 邬建飞，刘宇，魏岱旭，等．单细胞转录组技术在神经退行性疾病上的应用研究进展 [J].

中国比较医学杂志，2023，33（12）：1–7.

[58] 吴倩，王韫佳 . 声调的范畴知觉及其神经机制 [J]. 心理科学进展，2018，26（1）：62–71.

[59] 武侠，钟楚鹏，丁玉珑，等 . 利用时频分析研究非相位锁定脑电活动 [J]. 心理科学进展，2018，26（8）：1349–1364.

[60] 肖容 . 汉语普通话老年人前注意阶段词汇声调感知的 ERP 研究 [D]. 南京：南京师范大学，2018.

[61] 谢宇非，潘滔，王宇，等 . 儿童电刺激皮层听觉诱发电位 P1-N1-P2 的参数优化研究 [J]. 中华耳科学杂志，2022，20（6）：916–922.

[62] 杨群，张清芳 . 口语产生中词频效应、音节频率效应和语音促进效应的认知年老化 [J]. 心理科学，2015，38（6）：1303–1310.

[63] 尹萌，牛雄鹰 . 与 AI“共舞”：系统化视角下的 AI - 员工协作 [J]. 心理科学进展，2024，32（1）：162–176.

[64] 尹宁，贾哲沛，王乐，等 . 基于立体定向脑电图的致痫区神经脆弱性分析 [J]. 生物医学工程学杂志，2023，40（5）：837–842.

[65] 尹宁，张家皓，王海力，等 . 磁刺激穴位调节负性情绪的脑电溯源和脑网络研究 [J]. 电工技术学报，2021，36（4）：756–764.

[66] 袁玉琢，骆方 . 人工智能辅助的自闭症早期患者的筛查与诊断 [J]. 心理科学进展，2022，30（10）：2303–2320.

[67] 张辉，纪晓丽 . 母语与二语神经认知的个体差异及其影响因素研究 [J]. 外语教学与研究（外国语文双月刊），2021，53（2）：212–223.

[68] 张倩 . 三合元音的特点及对外汉语教学初探 [J]. 齐齐哈尔师范高等专科学校学报，2018，5：90–92.

[69] 张清芳 . 语言产生：心理语言学的视角 [M]. 上海：华东师范大学出版社，2019.

[70] 张清芳，杨玉芳 . 影响图画命名时间的因素 [J]. 心理学报，2003a，35（4）：447–454.

[71] 张清芳，杨玉芳 . 言语产生中的词汇通达理论 [J]. 心理科学进展，2003b，11（1）：6–11.

[72] 张肖肖，陈功香 . 跨领域元认知：领域一般还是领域特殊？ [J]. 教育生物学杂志，2021，9（3）：244–248.

[73] 赵延鑫，陈希琢，南云 . 汉语声调认知加工的脑机制及语言经验的影响 [J]. 心理科学，2016，39（4）：875–880.

[74] 周晓正，周骏拓 . 外周听觉系统对声音的表达 [J]. 生物物理学报，2013，29（3）：235–246.

[75] 周昱君，陈秋宇，孙卓，等 . 肌萎缩侧索硬化症发病机制及药物研究进展 [J]. 中国药理学通报，2024，2：201–207.

[76] Abbs J H, Gracco V L. Control of complex motor gestures: orofacial muscle responses to load perturbations of lip during speech[J]. Journal of neurophysiology, 1984, 51(4): 705–723.

[77] Abur D, Lester-Smith R A, Daliri A, et al. Sensorimotor adaptation of voice fundamental frequency in Parkinson's disease[J]. PloS one, 2018, 13(1): e0191839.

[78] Abur D, Subaciute A, Daliri A, et al. Feedback and feedforward auditory-motor processes for

voice and articulation in Parkinson's disease[J]. Journal of speech, language, and hearing research, 2021, 64(12): 4682–4694.

[79] Abutalebi J, Annoni J M, Zimine I, et al. Language control and lexical competition in bilinguals: an event-related fMRI study[J]. Cerebral cortex, 2007, 18(7): 1496–1505.

[80] Abutalebi J, Cappa S F, Perani D. The bilingual brain as revealed by functional neuroimaging[J]. Bilingualism: language and cognition, 2001, 4(2): 179–190.

[81] Aktan-Erciyes A. Understanding language acquisition: neural theory of language[J]. Journal of language and linguistic studies, 2021, 17(2): 697–705.

[82] Albert S T, Shadmehr R. The neural feedback response to error as a teaching signal for the motor learning system[J]. The journal of neuroscience, 2016, 36(17): 4832–4845.

[83] Alemi R, Lehmann A, Deroche M L. Adaptation to pitch-altered feedback is independent of one's own voice pitch sensitivity[J]. Scientific reports, 2020, 10(1): 16860.

[84] Alemi R, Lehmann A, Deroche M L. Changes in spoken and sung productions following adaptation to pitch-shifted auditory feedback[J]. Journal of voice, 2021, 37(3): 466-e1.

[85] Ali I E, Sumita Y, Wakabayashi N. Comparison of Praat and computerized speech lab for formant analysis of five Japanese vowels in maxillectomy patients[J]. Frontiers in neuroscience, 2023, 17: 1098197.

[86] Allison K M, Cordella C, Iuzzini-Seigel J, et al. Differential diagnosis of apraxia of speech in children and adults: a scoping review[J]. Journal of speech, language, and hearing research, 2020, 63(9): 2952–2994.

[87] Alsaedi N. Delayed exposure to second language acquisition: the bobustness of critical period hypothesis and the limitations of the plasticity theory[J]. Theory and practice in language studies, 2023, 13(12): 3149–3156.

[88] Alsius A, Mitsuya T, Munhall K. Does compensation in auditory feedback require attention?[J]. The journal of the acoustical society of america, 2013, 133(5): 3342.

[89] Alotaibi S, Alsaleh A, Wuerger S, et al. Rapid neural changes during novel speech-sound learning: an fMRI and DTI study[J]. Brain and language, 2023, 245: 105324.

[90] American Psychiatric Association. Diagnostic and statistical manual of mental disorders: DSM-5 (Vol. 5)[M]. Washington, D. C.: American psychiatric association, 2013.

[91] Angelopoulou E, Drigas A. Working memory, attention and their relationship: a theoretical overview[J]. Research, society and development, 2021, 10(5): e46410515288–e46410515288.

[92] Arnts H, van Erp W S, Lavrijsen J C, et al. On the pathophysiology and treatment of akinetic mutism[J]. Neuroscience & biobehavioral reviews, 2020, 112: 270–278.

[93] Aoyama K, Flege J E, Guion S G, et al. Perceived phonetic dissimilarity and L2 speech learning: the case of Japanese /r/ and English /l/ and /r/[J]. Journal of phonetics, 2004, 32(2): 233–250.

[94] Archibald J. Second language phonology[M]. Amsterdam/Philadelphia: John Benjamins Publishing Co, 1988.

[95] Archila-Suerte P, Zevin J, Bunta F, et al. Age of acquisition and proficiency in a second

language independently influence the perception of non-native speech[J]. Bilingualism: language and cognition, 2012, 15(1): 190–201.

[96] Arjmandi M, Behroozmand R. On the interplay between speech perception and production: insights from research and theories[J]. Frontiers in neuroscience, 2024, 18: 1347614.

[97] Arjmandi M, Houston D, Dilley L C. Variability in quantity and quality of early linguistic experience in children with cochlear implants: evidence from analysis of natural auditory environments[J]. Ear and hearing, 2022, 43(2): 685–698.

[98] Arjmandi M, Houston D, Wang Y, et al. Estimating the reduced benefit of infant-directed speech in cochlear implant-related speech processing[J]. Neuroscience research, 2021, 171: 49–61.

[99] Arnal L H, Wyart V, Giraud A L. Transitions in neural oscillations reflect prediction errors generated in audiovisual speech[J]. Nature neuroscience, 2011, 14(6): 797–801.

[100] Ayala S A, Eads A, Kabakoff H, et al. Auditory and somatosensory development for speech in later childhood[J]. Journal of speech, language, and hearing research, 2023, 66(4): 1252–1273.

[101] Baayen R H, Davidson D J, Bates D M. Mixed-effects modeling with crossed random effects for subjects and items [J]. Journal of memory and language, 2008, 59(4): 390–412.

[102] Baddeley A. Working memory[J]. Current biology, 2010, 20(4): 136–140.

[103] Baddeley A. Working memory[M]//Memory. Routledge, 2020: 71–111.

[104] Baese-Berk M M. Interactions between speech perception and production during learning of novel phonemic categories[J]. Attention, perception, & psychophysics, 2019, 81: 981–1005.

[105] Ballard K J, Halaki M, Sowman P F, et al. An investigation of compensation and adaptation to auditory perturbations in individuals with acquired apraxia of speech[J]. Frontiers in human neuroscience, 2018, 12: 510.

[106] Ballard K J, Tourville J A, Robin D A. Behavioral, computational, and neuroimaging studies of acquired apraxia of speech[J]. Frontiers in human neuroscience, 2014, 8: 892.

[107] Barbier G, Perrier P, Payan Y, et al. What anticipatory coarticulation in children tells us about speech motor control maturity[J]. Plos one, 2020, 15(4): e0231484.

[108] Barker M S, Nelson N L, Robinson G A. Idea formulation for spoken language production: The interface of cognition and language[J]. Journal of the international neuropsychological society, 2020, 26(2): 226–240.

[109] Barragan B, Alvarado E, Cordon S, et al. Bilingual lips: motor activation for second language word processing[J/OL]. International journal of bilingualism, 2023, 13670069231156535.

[110] Barr D J, Levy R, Scheepers C, et al. Random effects structure for confirmatory hypothesis testing: Keep it maximal[J]. Journal of memory and language, 2013, 68(3): 255–278.

[111] Basser L. Hemiplegia of early onset and the faculty of speech with special reference to the effects of hemispherectomy[J]. Brain, 1962, 85(3): 427–460.

[112] Bates D M. Fitting linear mixed models in R[Z]. R News, 2005, 5(1): 27–30.

[113] Bates D M, Maechler M, Bolker B, et al. lme4: linear mixed-effects models using Eigen and S4[Z]. R Package version, 2014, 1: 1–7.

[114] Bauer J J, Mittal J, Larson C R, et al. Vocal responses to unanticipated perturbations in voice loudness feedback: an automatic mechanism for stabilizing voice amplitude[J]. The journal of the acoustical society of America, 2006, 119(4): 2363–2371.

[115] Baum S R, McFarland D H. Individual differences in speech adaptation to an artificial palate[J]. The journal of the acoustical society of America, 2000, 107(6): 3572–3575.

[116] Behroozmand R, Bonilha L, Rorden C, et al. Neural correlates of impaired vocal feedback control in post-stroke aphasia[J]. NeuroImage, 2022, 250: 118938.

[117] Behroozmand R, Ibrahim N, Korzyukov O, et al. Left-hemisphere activation is associated with enhanced vocal pitch error detection in musicians with absolute pitch[J]. Brain and cognition, 2014, 84(1): 97–108.

[118] Behroozmand R, Ibrahim N, Korzyukov O, et al. Functional role of delta and theta band oscillations for auditory feedback processing during vocal pitch motor control[J]. Frontiers in neuroscience, 2015, 9: 109.

[119] Behroozmand R, Karvelis L, Liu H, et al. Vocalization-induced enhancement of the auditory cortex responsiveness during voice F_0 feedback perturbation[J]. Clinical neurophysiology, 2009, 120(7): 1303–1312.

[120] Behroozmand R, Korzyukov O, Sattler L, et al. Opposing and following vocal responses to pitch-shifted auditory feedback: evidence for different mechanisms of voice pitch control[J]. The journal of the acoustical society of America, 2012, 132(4): 2468–2477.

[121] Behroozmand R, Larson C. Error-dependent modulation of speech-induced auditory suppression for pitch-shifted voice feedback[J]. BMC neuroscience, 2011, 12(1): 54–63.

[122] Behroozmand R, Liu H, Larson C R. Time-dependent neural processing of auditory feedback during voice pitch error detection[J]. Journal of cognitive neuroscience, 2011, 23(5): 1205–1217.

[123] Behroozmand R, Phillip L, Johari K, et al. Sensorimotor impairment of speech auditory feedback processing in aphasia[J]. NeuroImage, 2018, 165: 102–111.

[124] Behroozmand R, Sangtian S. Neural bases of sensorimotor adaptation in the vocal motor system[J]. Experimental brain research, 2018, 236(4): 1–15.

[125] Behroozmand R, Sangtian S, Korzyukov O, et al. A temporal predictive code for voice motor control: Evidence from ERP and behavioral responses to pitch-shifted auditory feedback[J]. Brain research, 2016, 1636: 1–12.

[126] Behroozmand R, Shebek R, Hansen D R, et al. Sensory-motor networks involved in speech production and motor control: An fMRI study[J]. NeuroImage, 2015, 109: 418–428.

[127] Bergmann C, Sprenger S A, Schmid M S. The impact of language co-activation on L1 and L2 speech fluency[J]. Acta psychologica, 2015, 161: 25–35.

[128] Berken J A, Chai X, Chen J K, et al. Effects of early and late bilingualism on resting-state functional connectivity[J]. Journal of neuroscience, 2016, 36(4): 1165–1172.

[129] Bernstein Ratner N, Brundage S B. Advances in understanding stuttering as a disorder of language encoding[J]. Annual review of linguistics, 2024, 10: 127–143.

[130] Best C T. A direct realist view of cross-language speech perception[M]//Speech perception and linguistic experience. Baltimore, MD: York Press, 1995: 171–206.

[131] Best C T, McRoberts G W, LaFleur R, et al. Divergent developmental patterns for infants' perception of two nonnative consonant contrasts[J]. Infant behavior and development, 1995, 18(3): 339–350.

[132] Best C T, Tyler M, Bohn O, et al. Nonnative and second-language speech perception: commonalities and complementarities[M]//Language experience in second language speech learning: In honor of James Flege. Amsterdam: John Benjamins, 2007: 13–34.

[133] Bialystok E, Majumder S, Martin M M. Developing phonological awareness: Is there a bilingual advantage?[J]. Applied psycholinguistics, 2003, 24(1): 27–44.

[134] Bidelman G M, Brown J A, Bashivan P. Auditory cortex supports verbal working memory capacity[J]. NeuroReport, 2021, 32(2): 163–168.

[135] Birdsong D. Second language acquisition and the critical period hypothesis[M]. Mahwah, NJ: Erlbaum, 1999.

[136] Birdsong D. Plasticity, variability and age in second language acquisition and bilingualism[J]. Frontiers in Psychology, 2018, 9: 81.

[137] Birdsong D, Molis M. On the evidence for maturational constraints in second-language acquisition[J]. Journal of memory and language, 2001, 44(2): 235–249.

[138] Blank I A, Fedorenko E. Domain-general brain regions do not track linguistic input as closely as language-selective regions[J]. Journal of neuroscience, 2017, 37(41): 9999–10011.

[139] Bley-Vroman R. The evolving context of the fundamental difference hypothesis[J]. Studies in second language acquisition, 2009, 31(2): 175–198.

[140] Boersma P, Weenink D. Praat: doing phonetics by computer[CP]. (2013). [2020-04-20] http://www.praat.org.

[141] Bohland J W, Guenther F H. An fMRI investigation of syllable sequence production[J]. NeuroImage, 2006, 32(2): 821–841.

[142] Bongaerts T. Ultimate attainment in L2 pronunciation: The case of very advanced late L2 learners[M]//Second language acquisition and the critical period hypothesis. Mahwah, NJ: Erlbaum, 1999: 133–159.

[143] Bosch L, Costa A, Sebastián-Gallés N. First and second language vowel perception in early bilinguals[J]. European journal of cognitive psychology, 2000, 12(2): 189–221.

[144] Bosseler A N, Taulu S, Pihko E, et al. Theta brain rhythms index perceptual narrowing in infant speech perception[J]. Frontiers in psychology, 2013, 4: 690.

[145] Botha H, Utianski R L, Whitwell J L, et al. Disrupted functional connectivity in primary progressive apraxia of speech[J]. NeuroImage: clinical, 2018, 18: 617–629.

[146] Botvinick M M, Braver T S, Barch D M, et al. Conflict monitoring and cognitive control[J]. Psychological Review, 2001, 108(3): 624–652.

[147] Boudewyn M A, Luck S J, Farrens J L, et al. How many trials does it take to get a significant

ERP effect? It depends[J]. Psychophysiology, 2018, 55(6): e13049.

[148] Boudiaf N, Laboissière R, Cousin E, et al. Behavioral evidence for a differential modulation of semantic processing and lexical production by aging: A full linear mixed-effects modeling approach[J]. Aging, neuropsychology, and cognition, 2018, 25(1): 1–22.

[149] Boysson-Bardies B de, Hallé P, Sagart L, et al. A crosslinguistic investigation of vowel formants in babbling[J]. Journal of child language, 1989, 16(1): 1–17.

[150] Bradshaw A R, Lametti D R, McGettigan C. The role of sensory feedback in developmental stuttering: a review[J]. Neurobiology of language, 2021, 2(2): 308–334.

[151] Bradshaw A R, Lametti D R, Shiller D M, et al. Speech motor adaptation during synchronous and metronome-timed speech[J]. Journal of experimental psychology: General, 2023, 152(12): 3476–3489.

[152] Brainard D H, Vision S. The psychophysics toolbox[J]. Spatial vision, 1997, 10: 433–436.

[153] Brumback C R, Low K A, Gratton G, et al. Putting things into perspective: individual differences in working-memory span and the integration of information[J]. Experimental psychology, 2005, 52(1): 21–30.

[154] Brunner I, Lundquist C B, Pedersen A R, et al. Brain computer interface training with motor imagery and functional electrical stimulation for patients with severe upper limb paresis after stroke: a randomized controlled pilot trial[J]. Journal of neuroEngineering and rehabilitation, 2024, 21(1): 1–12.

[155] Buchsbaum B R, D’Esposito M. A sensorimotor view of verbal working memory[J]. Cortex, 2019, 112: 134–148.

[156] Budde K S, Barron D S, Fox P T. Stuttering, induced fluency, and natural fluency: a hierarchical series of activation likelihood estimation meta-analyses[J]. Brain and language, 2014, 139: 99–107.

[157] Bulut T. Domain-general and domain-specific functional networks of Broca’s area underlying language processing[J]. Brain and behavior, 2023, 13(7): e3046.

[158] Burke J F, Zaghloul K A, Jacobs J, et al. Synchronous and asynchronous theta and gamma activity during episodic memory formation[J]. Journal of neuroscience, 2013, 33(1): 292–304.

[159] Burnett T A, Freedland M B, Larson C R, et al. Voice F_0 responses to manipulations in pitch feedback[J]. The journal of the acoustical society of America, 1998, 103(6): 3153–3161.

[160] Burnett T A, Senner J E, Larson C R. Voice F_0 responses to pitch-shifted auditory feedback: A preliminary study[J]. Journal of voice, 1997, 11(2): 202–211.

[161] Buzsáki G, Anastassiou C A, Koch C. The origin of extracellular fields and currents-EEG, EcoG, LFP and spikes[J]. Nature reviews neuroscience, 2012, 13(6): 407–420.

[162] Bylund E, Hyltenstam K, Abrahamsson N. Age of acquisition—not bilingualism—is the primary determinant of less than nativelike L2 ultimate attainment[J]. Bilingualism: language and cognition, 2021, 24(1): 18–30.

[163] Cai S. Online control of articulation based on auditory feedback in normal speech and stuttering: behavioral and modeling studies[D]. Cambridge: Massachusetts Institute of Technology, 2012.

[164] Cai S, Beal D S, Ghosh S S, et al. Weak responses to auditory feedback perturbation during articulation in persons who stutter: evidence for abnormal auditory-motor transformation[J]. PloS One, 2012, 7(7): e41830.

[165] Cai S, Boucek M, Ghosh S S, et al. Proceedings of the 8th International Seminar on Speech Production, December 8-12, 2008[C]. Strassbourg: ISSP, 2008.

[166] Cai S, Ghosh S S, Guenther F H, et al. Adaptive auditory feedback control of the production of the formant trajectories in the Mandarin triphthong /iau/ and its patterns of generalization[J]. The journal of the acoustical society of America, 2010, 128(4): 2033–2048.

[167] Cai S, Ghosh S S, Guenther F H, et al. Focal manipulations of formant trajectories reveal a role of auditory feedback in the online control of both within-syllable and between-syllable speech timing[J]. Journal of neuroscience, 2011, 31(45): 16483–16490.

[168] Cai X, Ouyang M, Yin Y, et al. The effect of time pressure and semantic relatedness in spoken word production: A topographic ERP study[J]. Behavioural brain research, 2020a, 387: 112587.

[169] Cai X, Ouyang M, Yin Y, et al. Language proficiency moderates the effect of L2 semantically related distractors in L2 spoken word production[J]. Brain research, 2021a, 1753: 147231.

[170] Cai X, Ouyang M, Yin Y, et al. Sensorimotor adaptation to formant-shifted auditory feedback is predicted by language-specific factors in L1 and L2 speech production[J/OL]. Language and speech, 2023a, 00238309231202503.

[171] Cai X, Yin Y, Zhang Q. A cross-language study on feedforward and feedback control of voice intensity in Chinese-English bilinguals[J]. Applied psycholinguistics, 2020b, 41(4): 771–795.

[172] Cai X, Yin Y, Zhang Q. The roles of syllables and phonemes during phonological encoding Chinese spoken word production: A topographic ERP study[J]. Neuropsychologia, 2020c, 140(16): 107382.

[173] Cai X, Yin Y, Zhang Q. Online control of voice intensity in late bilinguals' first and second language speech production: Evidence from unexpected and brief noise masking[J]. Journal of speech, language and hearing research, 2021b, 64(5): 1471–1489.

[174] Cai X, Yin Y, Zhang Q. Behavioral and ERP evidence of differences in pitch feedback control in late bilinguals' L1 and L2 speech production[J]. Bilingualism: Language and cognition, 2023b, 26(4): 776–794.

[175] Calabria M, Costa A, Green D W, et al. Neural basis of bilingual language control[J]. Annals of the New York academy of sciences, 2018, 1426(1): 221–235.

[176] Callan D E, Kent R D, Guenther F H, et al. An auditory-feedback-based neural network model of speech production that is robust to developmental changes in the size and shape of the articulatory system[J]. Journal of Speech, Language, and Hearing research, 2000, 43(3): 721–736.

[177] Campbell K L, Lustig C, Hasher L. Aging and inhibition: introduction to the special issue[J]. Psychology and aging, 2020, 35(5): 605.

[178] Campbell K L, Tyler L K. Language-related domain-specific and domain-general systems in the human brain[J]. Current opinion in behavioral sciences, 2018, 21: 132–137.

[179] Capitanio J P, Emborg M E. Contributions of non-human primates to neuroscience research[J]. The lancet, 2008, 371(9618): 1126–1135.

[180] Casserly E D, Rowley M C, Marino F R, et al. Proceedings of meetings on acoustics, November 28-December 02, 2016[C]. Honolulu: AIP Publishing, 2017.

[181] Castillo-Allendes A, Contreras-Ruston F, Searl J. Auditory-vocal integration impairment: new challenges and opportunities for voice assessment and therapy[J]. Revista de investigación e innovación en ciencias de la salud, 2021, 3(2): 87–97.

[182] Cavanagh J F, Frank M J. Frontal theta as a mechanism for cognitive control[J]. Trends in cognitive sciences, 2014, 18(8): 414–421.

[183] Chang E F, Niziolek C A, Knight R T, et al. Human cortical sensorimotor network underlying feedback control of vocal pitch[J]. Proceedings of the national academy of sciences of the United States of America, 2013, 110(7): 2653–2658.

[184] Chang S E, Guenther F H. Involvement of the cortico-basal ganglia-thalamocortical loop in developmental stuttering[J]. Frontiers in Psychology, 2020, 10: 3088.

[185] Chang-Yit R, Pick Jr H L, Siegel G M. Reliability of sidetone amplification effect in vocal intensity[J]. Journal of communication disorders, 1975, 8(4): 317–324.

[186] Chao S C, Daliri A. Effects of gradual and sudden introduction of perturbations on adaptive responses to formant-shift and formant-clamp perturbations[J]. Journal of speech, language, and hearing research, 2023, 66(5): 1588–1599.

[187] Chao S C, Ochoa D, Daliri A. Production variability and categorical perception of vowels are strongly linked[J]. Frontiers in human neuroscience, 2019, 13: 96.

[188] Chee M W, Tan E W, Thiel T. Mandarin and English single word processing studied with functional magnetic resonance imaging[J]. The journal of neuroscience, 1999, 19(8): 3050–3056.

[189] Chen F, Cheung C C H, Peng G. Linguistic tone and non-linguistic pitch imitation in children with autism spectrum disorders: a cross-linguistic investigation[J]. Journal of autism and developmental disorders, 2022, 52(5): 2325–2343.

[190] Cheng H S, Niziolek C A, Buchwald A, et al. Examining the relationship between speech perception, production distinctness, and production variability[J]. Frontiers in human neuroscience, 2021, 15: 660948.

[191] Chen N, Zhao C, Wang M, et al. Linking cortical morphology to interindividual variability in auditory feedback control of vocal production[J]. Cerebral cortex, 2021, 31(6): 2932–2943.

[192] Chen S H, Liu H, Xu Y, et al. Voice F_0 responses to pitch-shifted voice feedback during English speech[J]. The journal of the acoustical society of America, 2007, 121(2): 1157–1163.

[193] Chen X, Zhu X, Wang E Q, et al. Sensorimotor control of vocal pitch production in Parkinson’s disease[J]. Brain research, 2013, 1527: 99–107.

[194] Chen Y, Zhu G, Liu D, et al. Brain morphological changes in hypokinetic dysarthria of Parkinson’s disease and use of machine learning to predict severity[J]. CNS neuroscience & therapeutics, 2020, 26(7): 711–719.

[195] Chen Z, Chen X, Liu P, et al. Effect of temporal predictability on the neural processing of self-triggered auditory stimulation during vocalization[J]. BMC neuroscience, 2012a, 13(1): 1–10.

[196] Chen Z, Liu P, Jones J A, et al. Sex-related differences in vocal responses to pitch feedback perturbations during sustained vocalization[J]. The journal of the acoustical society of America, 2010, 128(6): EL355-EL360.

[197] Chen Z, Liu P, Wang E Q, et al. ERP correlates of language-specific processing of auditory pitch feedback during self-vocalization[J]. Brain and language, 2012b, 121(1): 25–34.

[198] Chen Z, Wong F C, Jones J A, et al. Transfer effect of speech-sound learning on auditory-motor processing of perceived vocal pitch errors[J]. Scientific reports, 2015, 5(1): 13134.

[199] Chládková K, Paillereau N. The what and when of universal perception: A review of early speech sound acquisition[J]. Language learning, 2020, 70(4): 1136–1182.

[200] Choi D, Dehaene-Lambertz G, Peña M, et al. Neural indicators of articulator-specific sensorimotor influences on infant speech perception[J]. Proceedings of the national academy of sciences, 2021, 118(20): e2025043118.

[201] Chomsky N. On the nature of language[M]//Origins and evolution of language and speech. Cambridge, Mass.: Wiley Online Library, 1976: 46–57.

[202] Christoffels I K, Formisano E, Schiller N O. Neural correlates of verbal feedback processing: An fMRI study employing overt speech[J]. Human brain mapping, 2007, 28(9): 868–879.

[203] Chu Q, Ma O, Hang Y, et al. Dual-stream cortical feedbacks mediate sensory prediction[J]. Cerebral cortex, 2023, 33(14): 8890–8903.

[204] Civier O. Computational modeling of the neural substrates of stuttering and induced fluency[D]. Boston: Boston University, 2010.

[205] Civier O, Bullock D, Max L, et al. Computational modeling of stuttering caused by impairments in a basal ganglia thalamo-cortical circuit involved in syllable selection and initiation[J]. Brain and language, 2013, 126(3): 263–278.

[206] Civier O, Tasko S M, Guenther F H. Overreliance on auditory feedback may lead to sound/syllable repetitions: simulations of stuttering and fluency-inducing conditions with a neural model of speech production[J]. Journal of fluency disorders, 2010, 35(3): 246–279.

[207] Cluff T, Scott S H. Apparent and actual trajectory control depend on the behavioral context in upper limb motor tasks[J]. The journal of neuroscience, 2015, 35(36): 12465–12476.

[208] Conover L, Bahr R H. Covert contrasts and categorical perception: a comparison of two measurement tools[J]. Clinical linguistics & phonetics, 2023, 37(2): 143–156.

[209] Coughler C, de Launay K L Q, Purcell D W, et al. Pediatric responses to fundamental and formant frequency altered auditory feedback: a scoping review[J]. Frontiers in human neuroscience, 2022, 16: 858863.

[210] Coughler C, Hamel E M, Cardy J O, et al. Compensation to altered auditory feedback in children with developmental language disorder and typical development [J]. Journal of speech, language, and hearing research, 2021, 64(6S): 2363–2376.

[211] Cowie R I, Douglas-Cowie E. Speech production in profound postlingual deafness[M]// Hearing science and hearing disorders. London: Academic Press, 1983: 183–230.

[212] Cowie R I, Douglas-Cowie E, Kerr A G. A study of speech deterioration in post-lingually deafened adults[J]. The journal of Laryngology & Otology, 1982, 96(2): 101–112.

[213] Crivelli-Decker J, Hsieh L T, Clarke A, et al. Theta oscillations promote temporal sequence learning[J]. Neurobiology of learning and memory, 2018, 153: 92–103.

[214] Cruikshank L C, Singhal A, Hueppelsheuser M, et al. Theta oscillations reflect a putative neural mechanism for human sensorimotor integration[J]. Journal of neurophysiology, 2012, 107(1): 65–77.

[215] Cuadros J, Z-Rivera L, Castro C, et al. DIVA meets EEG: Model validation using formant-shift reflex[J]. Applied sciences, 2023, 13(13): 7512.

[216] Dahl K L, Cádiz M D, Zuk J, et al. Controlling pitch for prosody: Sensorimotor adaptation in linguistically meaningful contexts[J/OL]. Journal of speech, language, and hearing research, 2024, 1–15.

[217] Dai G, Chen M, Chen X, et al. A causal link between left supplementary motor area and auditory-motor control of vocal production: evidence by continuous theta burst stimulation[J]. NeuroImage, 2022a, 264: 119767.

[218] Dai G, Wang M, Li Y, et al. Continuous theta burst stimulation over left supplementary motor area facilitates auditory-vocal integration in individuals with Parkinson's disease[J]. Frontiers in aging neuroscience, 2022b, 14: 948696.

[219] Daliri A, Chao S C, Fitzgerald L C. Compensatory responses to formant perturbations proportionally decrease as perturbations increase[J]. Journal of speech, language, and hearing research, 2020, 63(10): 3392–3407.

[220] Daliri A, Dittman J. Successful auditory motor adaptation requires task-relevant auditory errors[J]. Journal of neurophysiology, 2019, 122(2): 552–562.

[221] Daliri A, Max L. Electrophysiological evidence for a general auditory prediction deficit in adults who stutter[J]. Brain and language, 2015a, 150: 37–44.

[222] Daliri A, Max L. Modulation of auditory processing during speech movement planning is limited in adults who stutter[J]. Brain and language, 2015b, 143: 59–68.

[223] Daliri A, Max L. Stuttering adults' lack of pre-speech auditory modulation normalizes when speaking with delayed auditory feedback[J]. Cortex, 2018, 99: 55–68.

[224] Daliri A, Prokopenko R A, Max L. Afferent and efferent aspects of mandibular sensorimotor control in adults who stutter[J]. Journal of speech, language, and hearing research, 2013, 56(6): 1774–1778.

[225] Daliri A, Wieland E A, Cai S, et al. Auditory-motor adaptation is reduced in adults who stutter but not in children who stutter[J]. Developmental science, 2018, 21(2): e12521.

[226] Daniloff R, Moll K. Coarticulation of lip rounding[J]. Journal of speech, language, and hearing research, 1968, 11(4): 707–721.

[227] Daou M, Lohse K R, Miller M W. Does practicing a skill with the expectation of teaching

alter motor preparatory cortical dynamics?[J]. International journal of psychophysiology, 2018, 127: 1–10.

[228] Darch H T, Cerminara N L, Gilchrist I D, et al. Pre-movement changes in sensorimotor beta oscillations predict motor adaptation drive[J]. Scientific reports, 2020, 10(1): 17946.

[229] D'Ausilio A, Pulvermüller F, Salmas P, et al. The motor somatotopy of speech perception[J]. Current Biology, 2009, 19(5): 381–385.

[230] Declerck M, Kormos J. The effect of dual task demands and proficiency on second language speech production[J]. Bilingualism: language and cognition, 2012, 15(4): 782–796.

[231] de Jong N H. Predicting pauses in L1 and L2 speech: the effects of utterance boundaries and word frequency[J]. International review of applied linguistics in language teaching, 2016, 54(2): 113–132.

[232] Dekeyser R M. Age effects in second language learning: stepping stones toward better understanding[J]. Language learning, 2013, 63(s1): 52–67.

[233] de la Hidalga G M, Zawiszewski A, Laka I. Going native? Yes, if allowed by cross-linguistic similarity[J]. Frontiers in psychology, 2021, 12: 742127.

[234] Delorme A, Makeig S. EEGLAB: An open source toolbox for analysis of single-trial EEG dynamics including independent component analysis[J]. Journal of neuroscience methods, 2004, 134(1): 9–21.

[235] DeLuca V, Miller D, Pliatsikas C, et al. Brain adaptations and neurological indices of processing in adult second language acquisition: challenges for the critical period hypothesis[M]//The handbook of the neuroscience of multilingualism. New York: John Wiley & Sons, 2019: 170–196.

[236] DeLuca V, Segaert K, Mazaheri A, et al. Understanding bilingual brain function and structure changes? U bet! A unified bilingual experience trajectory model[J]. Journal of neurolinguistics, 2020, 56: 100930.

[237] Delvaux V, Soquet A. The influence of ambient speech on adult speech productions through unintentional imitation[J]. Phonetica, 2007, 64(2-3): 145–173.

[238] Demopoulos C, Kothare H, Mizuiri D, et al. Abnormal speech motor control in individuals with 16p11. 2 deletions[J]. Scientific reports, 2018, 8(1): 1–10.

[239] Desmurget M, Grafton S. Feedback or feedforward control: end of a dichotomy[M]//Taking action: cognitive neuroscience perspectives on intentional acts. Cambridge, Mass.: MIT Press, 2003: 289–338.

[240] Desrochers P C, Brunfeldt A T, Kagerer F A. Neurophysiological correlates of adaptation and interference during asymmetrical bimanual movements[J]. Neuroscience, 2020, 432: 30–43.

[241] Dhanjal N S, Handunnetthi L, Patel M C, et al. Perceptual systems controlling speech production[J]. Journal of neuroscience, 2008, 28(40): 9969–9975.

[242] Diedrichsen J, Shadmehr R, Ivry R B. The coordination of movement: optimal feedback control and beyond[J]. Trends in cognitive sciences, 2010, 14(1): 31–39.

[243] Dobri S G, Ross B. Total GABA level in human auditory cortex is associated with speech-in-

noise understanding in older age[J]. NeuroImage, 2021, 225: 117474.

[244] Dollmann J, Kogan I, Weißmann M. Speaking accent-free in L2 beyond the critical period: The compensatory role of individual abilities and opportunity structures[J]. Applied linguistics, 2020, 41(5): 787–809.

[245] Dubois J, Dehaene-Lambertz G, Kulikova S, et al. The early development of brain white matter: A review of imaging studies in fetuses, newborns and infants[J]. Neuroscience, 2014, 276: 48–71.

[246] Duffy J R. Motor speech disorders: Substrates, differential diagnosis, and management[M]. Saint Louis, MO: Elsevier Mosby, 2012.

[247] Duncan E S, Conner P S. Tracking eye movements: Language processing in bilingualism and aphasia[M]//Advances in the neurolinguistic study of multilingual and monolingual adults. New York: Routledge, 2024: 218–232.

[248] Dupoux E, Kakehi K, Hirose Y, et al. Epenthetic vowels in Japanese: a perceptual illusion?[J]. Journal of experimental psychology: human perception and performance, 1999, 25(6): 1568–1578.

[249] Eisenstein M. Seven technologies to watch in 2024. Nature, 2024, 625(7996), 844–848.

[250] Eliades S J, Tsunada J. Effects of cortical stimulation on feedback-dependent vocal control in non-human primates[J]. The laryngoscope, 2023, 133: S1–S10.

[251] Eliades S J, Wang X. Sensory-motor interaction in the primate auditory cortex during self-initiated vocalizations[J]. Journal of neurophysiology, 2003, 89(4): 2194–2207.

[252] Eliades S J, Wang X. Dynamics of auditory-vocal interaction in monkey auditory cortex[J]. Cerebral Cortex, 2005, 15(10): 1510–1523.

[253] Eliades S J, Wang X. Neural substrates of vocalization feedback monitoring in primate auditory cortex[J]. Nature, 2008, 453(7198): 1102–1106.

[254] Ellis R. The differential effects of three types of task planning on the fluency, complexity, and accuracy in L2 oral production[J]. Applied linguistics, 2009, 30(4): 474–509.

[255] Elman J L. Effects of frequency-shifted feedback on the pitch of vocal productions[J]. The journal of the acoustical society of america, 1981, 70(1): 45–50.

[256] Eriksen B A, Eriksen C W. Effects of noise letters upon the identification of a target letter in a nonsearch task[J]. Perception & psychophysics, 1974, 25(1): 249–263.

[257] Ervin B, Buroker J, Rozhkov L, et al. High-gamma modulation language mapping with stereo-EEG: A novel analytic approach and diagnostic validation[J]. Clinical neurophysiology, 2020, 131(12): 2851–2860.

[258] Fadiga L, Craighero L, Buccino G, et al. Speech listening specifically modulates the excitability of tongue muscles: A TMS study[J]. European journal of neuroscience, 2002, 15(2): 399–402.

[259] Fairbanks G. Systematic research in experimental phonetics: I. A theory of the speech mechanism as a servosystem[J]. Journal of speech and hearing disorders, 1954, 19(2): 133–139.

[260] Farazi M, Hosseini Dastgerdi Z, Khavarghazalani B. What is the role of auditory processing in stuttering? A mini review of previous knowledge[J]. Hearing, balance and communication, 2022, 20(1): 1–7.

[261] Farid A. The influence of learners' age on the acquisition of phonology and syntax in second language: a theoretical overview[J]. Journal of research in foreign language teaching (JR), 2021, 2(2): 92–104.

[262] Fedorenko E, Blank I A. Broca's area is not a natural kind[J]. Trends in cognitive sciences, 2020, 24(4): 270–284.

[263] Fel'dman A G. Functional tuning of the nervous system with control of movement or maintenance of a steady posture, III, mechanographic analysis of execution by man of the simplest motor tasks[J]. Biophysics, 1966, 11: 766–775.

[264] Fengler A, Meyer L, Friederici A D. How the brain attunes to sentence processing: Relating behavior, structure, and function[J]. NeuroImage, 2016, 129: 268–278.

[265] Feng Y, Gracco V L, Max L. Integration of auditory and somatosensory error signals in the neural control of speech movements[J]. Journal of neurophysiology, 2011, 106(2): 667–679.

[266] Fine J M, Moore D, Santello M. Neural oscillations reflect latent learning states underlying dual-context sensorimotor adaptation[J]. NeuroImage, 2017, 163: 93–105.

[267] Fitch W T. (2011). The evolution of syntax: an exaptationist perspective[J]. Frontiers in evolutionary neuroscience, 2011, 3: 9.

[268] Fitzgerald M J, Sachithanandan S R. The structure and source of lingual proprioceptors in the monkey[J]. Journal of anatomy, 1979, 128(Pt 3): 523–552.

[269] Flege J E. Second language speech learning: theory, findings, and problems[M]//Speech perception and linguistic experience: issues in cross-language research. Timonium, MD: York Press, 1995: 233–277.

[270] Flege J E, Mackay I R, Meador D. Native Italian speakers' perception and production of English vowels[J]. The journal of the acoustical society of America, 1999, 106(5): 2973–2987.

[271] Flege J E, Schirru C, MacKay I R. Interaction between the native and second language phonetic subsystems[J]. Speech communication, 2003, 40(4): 467–491.

[272] Fleisher A S, Sherzai A, Taylor C, et al. Resting-state BOLD networks versus task-associated functional MRI for distinguishing Alzheimer's disease risk groups[J]. NeuroImage, 2009, 47(4): 1678–1690.

[273] Flesher S N, Downey J E, Weiss J M, et al. A brain-computer interface that evokes tactile sensations improves robotic arm control[J]. Science, 2021, 372(6544): 831–836.

[274] Floegel M, Fuchs S, Kell C A. Differential contributions of the two cerebral hemispheres to temporal and spectral speech feedback control[J]. Nature communications, 2020, 11(1): 2839.

[275] Fogarty J S, Barry R J, Steiner G Z. The first 250 ms of auditory processing: no evidence of early processing negativity in the Go/NoGo task[J]. Scientific reports, 2020, 10(1): 4041.

[276] Fogel Y, Stuart N, Joyce T, et al. Relationships between motor skills and executive functions in developmental coordination disorder (DCD): a systematic review[J]. Scandinavian journal of occupational therapy, 2023, 30(3): 344–356.

[277] Forseth K J, Hickok G, Rollo P S, et al. Language prediction mechanisms in human auditory

cortex[J]. Nature communications, 2020, 11(1): 5240.

[278] Fowler C A, Turvey M T. Immediate compensation in bite-block speech[J]. Phonetica, 1981, 37(5-6): 306–326.

[279] Franken M K, Acheson D J, McQueen J M, et al. Individual variability as a window on production-perception interactions in speech motor control[J]. The journal of the acoustical society of America, 2017, 142(4): 2007–2018.

[280] Franken M K, Acheson D J, McQueen J M, et al. Consistency influences altered auditory feedback processing[J]. Quarterly journal of experimental psychology, 2019, 72(10): 2371–2379.

[281] Franken M K, Acheson D J, McQueen J M, et al. Opposing and following responses in sensorimotor speech control: why responses go both ways[J]. Psychonomic bulletin & review, 2018, 25(4): 1458–1467.

[282] Frankford S A, Cai S, Nieto-Castañón A, et al. Auditory feedback control in adults who stutter during metronome-paced speech II. Formant Perturbation[J]. Journal of fluency disorders, 2022, 74: 105928.

[283] Franklin D W, Wolpert D M. Computational mechanisms of sensorimotor control[J]. Neuron, 2011, 72(3): 425–442.

[284] Frenck-Mestre C, Anton J L, Roth M, et al. Articulation in early and late bilinguals' two languages: Evidence from functional magnetic resonance imaging[J]. Neuroreport, 2005, 16(7): 761–765.

[285] Friederici A D. Language in our brain: the origins of a uniquely human capacity[M]. Cambridge, Mass.: MIT Press, 2017.

[286] Friederici A D. The neural basis for human syntax: Broca's area and beyond[J]. Current opinion in behavioral sciences, 2018, 21: 88–92.

[287] Friederici A D, Gierhan S M. The language network[J]. Current opinion in neurobiology, 2013, 23(2): 250–254.

[288] Fries, P. A mechanism for cognitive dynamics: neuronal communication through neuronal coherence[J]. Trends in cognitive sciences, 2005, 9(10): 474–480.

[289] Fromkin V, Rodman R. An introduction to language[M]. New York: Holt-Saunders, 1983.

[290] Fromont L A. Age and proficiency in second language neurocognition[M]//The Routledge handbook of second language acquisition and neurolinguistics. London: Routledge, 2023: 247–259.

[291] Fu C H, Vythelingum G N, Brammer M J, et al. An fMRI study of verbal self-monitoring: neural correlates of auditory verbal feedback[J]. Cerebral cortex, 2006, 16(7): 969–977.

[292] Galantucci B, Fowler C A, Turvey M T. The motor theory of speech perception reviewed[J]. Psychonomic Bulletin & Review, 2006, 13(3): 361–377.

[293] Gao Q, Wang J, Yu C, et al. Effect of handedness on brain activity patterns and effective connectivity network during the semantic task of Chinese characters[J]. Scientific reports, 2015, 5: 18262.

[294] Garcia Lecumberri M L, Cooke M, Cutler A. Non-native speech perception in adverse conditions: A review[J]. Speech communication, 2010, 52(11-12): 864–886.

[295] Gentili R J, Bradberry T J, Oh H, et al. Evolution of cerebral cortico-cortical communication during visuomotor adaptation to a cognitive-motor executive challenge[J]. Biological psychology, 2015, 105: 51–65.

[296] Geranmayeh F, Leech R, Wise R J. Network dysfunction predicts speech production after left hemisphere stroke[J]. Neurology, 2016, 86(14): 1296–1305.

[297] Geschwind N. Disconnexion syndromes in animals and man. II[J]. Brain: a journal of neurology, 1965, 88(3): 585–644.

[298] Gibbons J. The silent period: an examination[J]. Language learning, 1985, 35(2): 255–267.

[299] Giraud A L, Poeppel D. Cortical oscillations and speech processing: emerging computational principles and operations[J]. Nature neuroscience, 2012, 15(4): 511–517.

[300] Giuliano R J, Pfordresher P Q, Stanley E M, et al. Native experience with a tone language enhances pitch discrimination and the timing of neural responses to pitch change[J]. Frontiers in psychology, 2011, 2: 146.

[301] Glasser M F, Rilling J K. DTI tractography of the human brain's language pathways[J]. Cerebral cortex, 2008, 18(11): 2471–2482.

[302] Golden C J, Freshwater S M. STROOP color and word test[R]. Chicago: APA PsycTests Database Record, 1978.

[303] Golfinopoulos E, Tourville J A, Guenther F H. The integration of large-scale neural network modeling and functional brain imaging in speech motor control[J]. NeuroImage, 2010, 52(3): 862–874.

[304] Golubic S J, Jurasic M J, Susac A, et al. Attention modulates topology and dynamics of auditory sensory gating[J]. Human Brain Mapping, 2019, 40(10): 2981–2994.

[305] Gonzalez C C, Burke M R. The brain uses efference copy information to optimise spatial memory[J]. Experimental Brain Research, 2013, 224: 189–197.

[306] Gorham-Rowan M M, Laures-Gore J. Acoustic-perceptual correlates of voice quality in elderly men and women[J]. Journal of communication disorders, 2006, 39(3): 171–184.

[307] Goriely A, Kuhl E, Bick C. Neuronal oscillations on evolving networks: dynamics, damage, degradation, decline, dementia, and death[J]. Physical review letters, 2020, 125(12): 128102.

[308] Götz S. Fluency in native and nonnative English speech[M]. Amsterdam/Philadelphia: John Benjamins, 2013.

[309] Gould J, Lane H, Vick J, et al. Changes in speech intelligibility of postlingually deaf adults after cochlear implantation[J]. Ear and hearing, 2001, 22(6): 453–460.

[310] Gourévitch B, Martin C, Postal O, et al. Oscillations in the auditory system and their possible role[J]. Neuroscience & biobehavioral reviews, 2020, 113: 507–528.

[311] Grabski K, Schwartz J L, Lamalle L, et al. Shared and distinct neural correlates of vowel perception and production[J]. Journal of neurolinguistics, 2013, 26(3): 384–408.

[312] Gracco V L, Abbs J H. Dynamic control of the perioral system during speech: Kinematic analyses of autogenic and nonautogenic sensorimotor processes[J]. Journal of neurophysiology, 1985, 54(2): 418–432.

[313] Grafton S T, Schmitt P, van Horn J, et al. Neural substrates of visuomotor learning based on improved feedback control and prediction[J]. NeuroImage, 2008, 39(3): 1383–1395.

[314] Gratier M, Devouche E. Imitation and repetition of prosodic contour in vocal interaction at 3 months[J]. Developmental psychology, 2011, 47(1): 67.

[315] Greenlee J D W, Jackson A W, Chen F, et al. Human auditory cortical activation during self-vocalization[J]. PloS One, 2011, 6(3): e14744.

[316] Grillo E U, Wolfberg J. An assessment of different Praat versions for acoustic measures analyzed automatically by VoiceEvalU8 and manually by two raters[J]. Journal of voice, 2023, 37(1): 17–25.

[317] Grimshaw G M, Adelstein A, Bryden M P, et al. First-language acquisition in adolescence: Evidence for a critical period for verbal language development[J]. Brain and language, 1998, 63(2): 237–255.

[318] Groenen P, Maassen B, Crul T, et al. The specific relation between perception and production errors for place of articulation in developmental apraxia of speech[J]. Journal of speech, language, and hearing research, 1996, 39(3): 468–482.

[319] Grosjean F. Bilingual[M]. Cambridge, Mass.: Harvard University Press, 2010.

[320] Grosjean F, Li P. The psycholinguistics of bilingualism[M]. Hoboken, New York: John Wiley & Sons, 2012.

[321] Guenther F H. A neural network model of speech acquisition and motor equivalent speech production[J]. Biological cybernetics, 1994, 72(1): 43–53.

[322] Guenther F H. Speech sound acquisition, coarticulation, and rate effects in a neural network model of speech production[J]. Psychological review, 1995, 102(3): 594–621.

[323] Guenther F H. Cortical interactions underlying the production of speech sounds[J]. Journal of communication disorders, 2006, 39(5): 350–365.

[324] Guenther F H. Neural control of speech[M]. Cambridge, Mass.: MIT Press, 2016.

[325] Guenther F H, Gjaja M N. The perceptual magnet effect as an emergent property of neural map formation[J]. The journal of the acoustical society of America, 1996, 100(2): 1111–1121.

[326] Guenther F H, Hickok G. Neural models of motor speech control[M]//Neurobiology of language. London: Academic Press, 2016: 725–740.

[327] Guenther F H, Husain F T, Cohen M A, et al. Effects of categorization and discrimination training on auditory perceptual space[J]. The journal of the acoustical society of America, 1999, 106(5): 2900–2912.

[328] Guenther F H, Vladusich T. A neural theory of speech acquisition and production[J]. Journal of Neurolinguistics, 2012, 25(5): 408–422.

[329] Guion S G, Flege J E, Akahane-Yamada R, et al. An investigation of current models of second language speech perception: the case of Japanese adults' perception of English consonants[J]. The Journal of the acoustical society of America, 2000, 107(5): 2711–2724.

[330] Guo Z, Huang X, Wang M, et al. Regional homogeneity of intrinsic brain activity correlates

with auditory-motor processing of vocal pitch errors[J]. NeuroImage, 2016, 142: 565–575.

[331] Guo Z, Wu X, Li W, et al. Top-down modulation of auditory-motor integration during speech production: the role of working memory[J]. The journal of Neuroscience, 2017, 37(43): 10323–10333.

[332] Gwak D W, Park E, Park J S, et al. Alterations of functional connectivity in auditory and sensorimotor neural networks: a case report in a patient with cortical deafness after bilateral putaminal hemorrhagic stroke[J]. Medicine, 2021, 100(3): e24302.

[333] Haenchen L. Noninvasive neurostimulation of sensorimotor adaptation in speech production[D]. Boston: Boston University, 2017.

[334] Hahne A, Friederici A D. Processing a second language: late learners' comprehension mechanisms as revealed by event-related brain potentials[J]. Bilingualism: language and cognition, 2001, 4(2): 123–141.

[335] Haith A M, Krakauer J W. Model-based and model-free mechanisms of human motor learning[J]. Advances in experimental medicine and biology, 2013, 782: 1–21.

[336] Haith A M, Krakauer J W. Theoretical models of motor control and motor learning[M]// Routledge handbook of motor control and motor learning. London, United Kingdom: Routledge, 2015: 7–28.

[337] Hamrick P, Lum J A, Ullman M T. Child first language and adult second language are both tied to general-purpose learning systems[J]. Proceedings of the national academy of Sciences, 2018, 115(7): 1487–1492.

[338] Hantzsch L, Parrell B, Niziolek C A. A single exposure to altered auditory feedback causes observable sensorimotor adaptation in speech[J]. Elife, 2022, 11: e73694.

[339] Hao Y C, de Jong K. Imitation of second language sounds in relation to L2 perception and production[J]. Journal of phonetics, 2016, 54: 151–168.

[340] Hari R, Aittoniemi K, Jarvinen M L, et al. Auditory evoked transient and sustained magnetic fields of the human brain localization of neural generators[J]. Experimental brain research, 1980, 40: 237–240.

[341] Hartshorne J K, Tenenbaum J B, Pinker S. A critical period for second language acquisition: evidence from 2/3 million English speakers[J]. Cognition, 2018, 177: 263–277.

[342] Hashimoto Y, Sakai K L. Brain activations during conscious self-monitoring of speech production with delayed auditory feedback: an fMRI study[J]. Human brain mapping, 2003, 20(1): 22–28.

[343] Hauser M D, Chomsky N, Fitch W T. The faculty of language: what is it, who has it, and how did it evolve?[J]. Science, 2002, 298(5598): 1569–1579.

[344] Hawco C S, Jones J A. Control of vocalization at utterance onset and mid utterance: different mechanisms for different goals[J]. Brain research, 2009, 1276: 131–139.

[345] Heinks-Maldonado T H, Houde J F. Compensatory responses to brief perturbations of speech amplitude[J]. Acoustics research letters online, 2005, 6(3): 131–137.

[346] Heinks-Maldonado T H, Mathalon D H, Gray M, et al. Fine-tuning of auditory cortex during

speech production[J]. Psychophysiology, 2005, 42(2): 180–190.

[347] Heinks-Maldonado T H, Nagarajan S S, Houde J F. Magnetoencephalographic evidence for a precise forward model in speech production[J]. Neuroreport, 2006, 17(13): 1375–1379.

[348] Heller Murray E S. Vocal motor control in school-age children with and without vocal nodules[D]. Boston: Boston University, 2019.

[349] Heller Murray E S, Stepp C E. Relationships between vocal pitch perception and production: a developmental perspective[J]. Scientific reports, 2020, 10(1): 3912.

[350] Helmy E, Elnakib A, ElNakieb Y, et al. Role of artificial intelligence for autism diagnosis using DTI and fMRI: a survey[J]. Biomedicines, 2023, 11(7): 1858.

[351] Herman A B, Houde J F, Vinogradov S, et al. Parsing the phonological loop: activation timing in the dorsal speech stream determines accuracy in speech reproduction[J]. Journal of neuroscience, 2013, 33(13): 5439–5453.

[352] Hernandez A E, Li P. Age of acquisition: its neural and computational mechanisms[J]. Psychological bulletin, 2007, 133(4): 638–650.

[353] Herrmann C S, Fründ I, Lenz D. Human gamma-band activity: a review on cognitive and behavioral correlates and network models[J]. Neuroscience & biobehavioral reviews, 2010, 34(7): 981–992.

[354] Herzfeld D J, Shadmehr R. Cerebellum estimates the sensory state of the body[J]. Trends in cognitive sciences, 2014, 18(2): 66–67.

[355] Heyes C, Catmur C. What happened to mirror neurons?[J]. Perspectives on psychological Science, 2022, 17(1): 153–168.

[356] Hickok G. Computational neuroanatomy of speech production[J]. Nature reviews of neuroscience, 2012, 13(2): 135–145.

[357] Hickok G. The architecture of speech production and the role of the phoneme in speech processing[J]. Language, cognition and neuroscience, 2014, 29(1): 2–20.

[358] Hickok G. The dual stream model of speech and language processing[J]. Handbook of clinical neurology, 2022, 185: 57–69.

[359] Hickok G, Buchsbaum B, Humphries C, et al. Auditory-motor interaction revealed by fMRI: speech, music, and working memory in area Spt[J]. Journal of cognition and neuroscience, 2003, 15(5): 673–682.

[360] Hickok G, Houde J, Rong F. Sensorimotor integration in speech processing: computational basis and neural organization[J]. Neuron, 2011, 69(3): 407–422.

[361] Hickok G, Okada K, Serences J T. Area Spt in the human planum temporale supports sensory-motor integration for speech processing[J]. Journal of neurophysiology, 2009, 101(5): 2725–2732.

[362] Hickok G, Poeppel D. The cortical organization of speech processing[J]. Nature reviews neuroscience, 2007, 8(5): 393–402.

[363] Hickok G, Venezia J, Teghipco A. Beyond Broca: neural architecture and evolution of a dual

motor speech coordination system[J]. Brain, 2023, 146(5): 1775–1790.

[364] Hilger A I, Levant S, Kim J, et al. Auditory feedback control of vocal intensity during speech and sustained-vowel production[J]. The journal of the acoustical society of America, 146(4_Supplement), 2019: 3052–3052.

[365] Hilton H. Oral fluency and spoken proficiency: considerations for research and testing[M]// Measuring L2 proficiency: perspectives from SLA. Bristol: Multilingual Matters, 2014: 27–53.

[366] Hincks R. Proceedings of FONETIK 2008, June 11-13, 2008[C]. Gothenburg: Gothenburg University, 2008.

[367] Hoareau M, Yeung H H, Nazzi T. Infants' statistical word segmentation in an artificial language is linked to both parental speech input and reported production abilities[J]. Developmental science, 2019, 22(4): e12803.

[368] Houde J F, Chang E F. The cortical computations underlying feedback control in vocal production[J]. Current opinion in neurobiology, 2015, 33: 174–181.

[369] Houde J F, Gill J S, Agnew Z, et al. Abnormally increased vocal responses to pitch feedback perturbations in patients with cerebellar degeneration[J]. The journal of the acoustical society of America, 2019, 145(5): EL372–EL378.

[370] Houde J F, Jordan M I. Sensorimotor adaptation in speech production[J]. Science, 1998, 279(5354): 1213–1216.

[371] Houde J F, Jordan M I. Sensorimotor adaptation of speech I: compensation and adaptation[J]. Journal of speech, language, and hearing research, 2002, 45(2): 295–310.

[372] Houde J F, Kort N S, Niziolek C A, et al. Proceedings of meetings on acoustics ICA2013, June 2-7, 2013[C]. Montreal: Acoustical Society of America, 2013.

[373] Houde J F, Nagarajan S S. Speech production as state feedback control[J]. Frontiers in human neuroscience, 2011, 5: 82.

[374] Houde J F, Nagarajan S S, Sekihara K, et al. Modulation of the auditory cortex during speech: an MEG study[J]. Journal of cognitive neuroscience, 2002, 14(8): 1125–1138.

[375] Howell P, Powell D J. Hearing your voice through bone and air: implications for explanations of stuttering behaviour from studies of normal speakers[J]. Journal of fluency disorders, 1984, 9(4): 247–264.

[376] Huang C C, Chen P H, Tsai C C, et al. Diffusion and structural MRI as potential biomarkers in people with Parkinson's disease and cognitive impairment[J]. European radiology, 2024, 34(1): 126–135.

[377] Huang X, Chen X, Yan N, et al. The impact of Parkinson's disease on the cortical mechanisms that support auditory-motor integration for voice control[J]. Human brain mapping, 2016, 37(12): 4248–4261.

[378] Hu H, Li J, He S, et al. Aging-related decline in the neuromotor control of speech production: Current and future[J]. Frontiers in aging neuroscience, 2023, 15: 1172277.

[379] Hu H, Liu Y, Guo Z, et al. Attention modulates cortical processing of pitch feedback errors in

voice control[J]. Scientific reports, 2015, 5(1): 7812.

[380] Hulstijn J H. The construct of language proficiency in the study of bilingualism from a cognitive perspective[J]. Bilingualism: language and cognition, 2012, 15(2): 422–433.

[381] Indefrey P. The spatio and temporal signatures of word production components: a critical update[J]. Frontiers in psychology, 2011, 2: 255.

[382] Ishida O, Iimura D, Miyamoto S. The relationship between attentional capture by speech and nonfluent speech under delayed auditory feedback: a pilot examination of a dual-task using auditory or tactile stimulation[J]. Frontiers in human neuroscience, 2020, 14: 51.

[383] Itabashi R, Nishio Y, Kataoka Y, et al. Damage to the left precentral gyrus is associated with apraxia of speech in acute stroke[J]. Stroke, 2016, 47(1): 31–36.

[384] Ito M. Mechanisms of motor learning in the cerebellum[J]. Brain research, 2000, 886(1-2): 237–245.

[385] Izawa J, Shadmehr R. Learning from sensory and reward prediction errors during motor adaptation[J]. PloS computational biology, 2011, 7(3): e1002012.

[386] Jacquemot C, Pallier C, LeBihan D, et al. Phonological grammar shapes the auditory cortex: a functional magnetic resonance imaging study[J]. Journal of neuroscience, 2003, 23(29): 9541–9546.

[387] Jäncke L, Langer N, Hänggi J. Diminished whole-brain but enhanced peri-sylvian connectivity in absolute pitch musicians[J]. Journal of cognitive neuroscience, 2012, 24(6): 1447–1461.

[388] Janssen N, Mendieta C C R. The dynamics of speech motor control revealed with time-resolved fMRI[J]. Cerebral cortex, 2020, 30(1): 241–255.

[389] Jared D, Poh R P Y, Paivio A. L1 and L2 picture naming in Mandarin-English bilinguals: a test of bilingual dual coding theory[J]. Bilingualism: language and cognition, 2013, 16(2): 383–396.

[390] Joana A C H A, Agirregoikoa A, Barreto-Zarza F, et al. Cognitive predictors of language abilities in primary school children: a cascaded developmental view[J]. Journal of child language, 2023, 50(2): 417–436.

[391] Johnson J S, Newport E L. Critical period effects in second language learning: the influence of maturational state on the acquisition of a second language[J]. Cognitive psychology, 1989, 21(1): 60–99.

[392] Johnstone S J, Barry R J, Anderson J W, et al. Age-related changes in child and adolescent event-related potential component morphology, amplitude and latency to standard and target stimuli in an auditory oddball task[J]. International journal of psychophysiology, 1996, 24(3): 223–238.

[393] Jones J A, Keough D. Auditory-motor mapping for pitch control in singers and nonsingers[J]. Experimental brain research, 2008, 190(3): 279–287.

[394] Jones J A, Munhall K G. Perceptual calibration of F_0 production: evidence from feedback perturbation[J]. The journal of the acoustical society of America, 2000, 108(3): 1246–1251.

[395] Jones J A, Munhall K G. The role of auditory feedback during phonation: studies of Mandarin tone production[J]. Journal of phonetics, 2002, 30(3): 303–320.

[396] Jones J A, Munhall K G. Learning to produce speech with an altered vocal tract: the role of

auditory feedback[J]. The journal of the acoustical society of America, 2003, 113(1): 532–543.

[397] Jones J A, Munhall K G. Remapping auditory-motor representations in voice production[J]. Current biology, 2005, 15(19): 1768–1772.

[398] Jones J A, Scheerer N, Tumber A. Proceedings of meetings on acoustics, June 2-7, 2013[C]. Honolulu: AIP Publishing, 2013.

[399] Jones S S. The development of imitation in infancy[J]. Philosophical transactions of the royal Society B: Biological sciences, 2009, 364(1528): 2325–2335.

[400] Jonker Z D, van der Vliet R, Maquelin G, et al. Individual differences in error-related frontal midline theta activity during visuomotor adaptation[J]. NeuroImage, 2021, 245: 118699.

[401] Jouravlev O, McPhedran M, Hodgins V, et al. Cross-language semantic parafoveal preview benefits in bilinguals[J]. Journal of experimental psychology: learning, memory, and cognition, 2023, 49(10): 1683–1697.

[402] Jung J, Ralph M A L. The immediate impact of transcranial magnetic stimulation on brain structure: short-term neuroplasticity following one session of cTBS[J]. NeuroImage, 2121, 240: 118375.

[403] Jürgens U. Neural pathways underlying vocal control[J]. Neuroscience & biobehavioral reviews, 2002, 26(2): 235–258.

[404] Kaernbach C. Simple adaptive testing with the weighted up-down method[J]. Perception & psychophysics, 1991, 49(3): 227–229.

[405] Kaiser J, Buciuman M, Gigl S, et al. The interplay between affective processing and sense of agency during action regulation: a review[J]. Frontiers in psychology, 2021, 12: 716220.

[406] Kakimoto A, Ito S, Okada H, et al. Age-related sex-specific changes in brain metabolism and morphology[J]. Journal of nuclear medicine, 2016, 57(2): 221–225.

[407] Kandel E R, Schwartz J H, Jessell T M. Principles of neural science[M]. New York, NY.: McGraw-Hill, 2000.

[408] Karmiloff-Smith A. An alternative to domain-general or domain-specific frameworks for theorizing about human evolution and ontogenesis[M]//Thinking developmentally from constructivism to neuroconstructivism. New York: Routledge, 2018: 289–304.

[409] Kartushina N, Soto D, Martin C. Metacognition in second language speech perception and production[J]. Language learning, 2023, 73(2): 508–542.

[410] Kasraeian K. Determining the relevance of prediction errors to auditory-motor adaptation[D]. Phoenix: Arizona State University, 2021.

[411] Katseff S, Houde J F, Johnson K. Partial compensation for altered auditory feedback: a tradeoff with somatosensory feedback?[J]. Language and speech, 2012, 55(2): 295–308.

[412] Kawase S, Smith M L, Wright R. Exploring the Lombard effect in first language Japanese speakers of English[J]. The journal of the acoustical society of America, 2019, 146(4_Supplement): 2843–2843.

[413] Kawato M, Gomi H. A computational model of four regions of the cerebellum based on feedback-error learning[J]. Biological cybernetics, 1992, 68(2): 95–103.

[414] Kearney E, Guenther F H. Articulating: the neural mechanisms of speech production[J]. Language, cognition and neuroscience, 2019, 34(9): 1214–1229.

[415] Kearney E, Nieto-Castañón A, Falsini R, et al. Quantitatively characterizing reflexive responses to pitch perturbations[J]. Frontiers in human neuroscience, 2022, 16: 929687.

[416] Kearney E, Nieto-Castañón A, Weerathunge H R, et al. A simple 3-parameter model for examining adaptation in speech and voice production[J]. Frontiers in psychology, 2020, 10: 2995.

[417] Kelso J A, Holt K G. Exploring a vibratory systems analysis of human movement production[J]. Journal of neurophysiology, 1980, 43(5): 1183–1196.

[418] Kent R D. Coarticulation in recent speech production models[J]. Journal of phonetics, 1977, 5(2): 115–133.

[419] Kent R D, Kent J F, Weismer G, et al. What dysarthrias can tell us about the neural control of speech[J]. Journal of phonetics, 2000, 28(3): 273–302.

[420] Keough D, Hawco C, Jones J A. Auditory-motor adaptation to frequency-altered auditory feedback occurs when participants ignore feedback[J]. BMC neuroscience, 2013, 14(1): 25–35.

[421] Khoshhal Mollasaraei Z, Behroozmand R. Impairment of the internal forward model and feedback mechanisms for vocal sensorimotor control in post-stroke aphasia: evidence from directional responses to altered auditory feedback[J]. Experimental brain research, 2024, 242(1): 225–239.

[422] Kim J H, Larson C R. Modulation of auditory-vocal feedback control due to planned changes in voice fo[J]. The Journal of the acoustical society of America, 2019, 145(3): 1482–1492.

[423] Kim K H S, Relkin N R, Lee K. -M, et al. Distinct cortical areas associated with native and second language[J]. Nature, 1997, 388(6638): 171–174.

[424] Kim K S, Daliri A, Flanagan J R, et al. Dissociated development of speech and limb sensorimotor learning in stuttering: speech auditory-motor learning is impaired in both children and adults who stutter[J]. Neuroscience, 2020a, 451: 1–21.

[425] Kim K S, Gaines J L, Parrell B, et al. Mechanisms of sensorimotor adaptation in a hierarchical state feedback control model of speech[J]. PloS computational biology, 2023a, 19(7): e1011244.

[426] Kim K S, Max L. Speech auditory-motor adaptation to formant-shifted feedback lacks an explicit component: reduced adaptation in adults who stutter reflects limitations in implicit sensorimotor learning[J]. European journal of neuroscience, 2021, 53(9): 3093–3108.

[427] Kim K S, Wang H, Max L. It's about time: Minimizing hardware and software latencies in speech research with real-time auditory feedback[J]. Journal of speech, language, and hearing research, 2020b, 63(8): 2522–2534.

[428] Kim K X, Dale C L, Ranasinghe K G, et al. Impaired speaking-induced suppression in Alzheimer's disease[J]. eNeuro, 2023b, 10(6): 1–9.

[429] Kinahan S P, Liss J M, Berisha V. TorchDIVA: an extensible computational model of speech production built on an open-source machine learning library[J]. PloS One, 2023, 18(2): e0281306.

[430] Klein D, Zatorre R J, Milner B, et al. Left putaminal activation when speaking a second

language: evidence from PET[J]. Neuroreport, 1994, 5(17): 2295–2297.

[431] Klink P C, Aubry J F, Ferrera V P, et al. Combining brain perturbation and neuroimaging in non-human primates[J]. NeuroImage, 2021, 235: 118017.

[432] Knapp H D, Taub E, Berman A J. Movements in monkeys with deafferented forelimbs[J]. Experimental neurology, 1963, 7(4): 305–315.

[433] Koelsch S, Schulze K, Sammler D, et al. Functional architecture of verbal and tonal working memory: An FMRI study[J]. Human brain mapping, 2009, 30(3): 859–873.

[434] Kohler E, Keysers C, Umiltà M A, et al. Hearing sounds, understanding actions: action representation in mirror neurons[J]. Science, 2002, 297(5582): 846–848.

[435] Kokkinaki T, Kugiumutzakis G. Basic aspects of vocal imitation in infant-parent interaction during the first 6 months[J]. Journal of reproductive and infant psychology, 2000, 18(3): 173–187.

[436] Kooiman V G, van Keeken H G, Maurits N M, et al. Rhythmic neural activity is comodulated with short-term gait modifications during first-time use of a dummy prosthesis: a pilot study[J]. Journal of neuroEngineering and rehabilitation, 2020, 17(1): 1–14.

[437] Kormos J. Speech production and second language acquisition[M]. New York: Routledge, 2006.

[438] Kort N S, Nagarajan S S, Houde J F. A right-lateralized cortical network drives error correction to voice pitch feedback perturbation[J]. The journal of the acoustical society of America, 2013, 134(5_Supplement): 4234–4234.

[439] Kort N S, Nagarajan S S, Houde J F. A bilateral cortical network responds to pitch perturbations in speech feedback[J]. NeuroImage, 2014, 86: 525–535.

[440] Korzyukov O, Bronder A, Lee Y, et al. Bioelectrical brain effects of one's own voice identification in pitch of voice auditory feedback[J]. Neuropsychologia, 2017, 101: 106–114.

[441] Korzyukov O, Karvelis L, Behroozmand R, et al. ERP correlates of auditory processing during automatic correction of unexpected perturbations in voice auditory feedback[J]. International journal of psychophysiology, 2012a, 83(1): 71–78.

[442] Korzyukov O, Sattler L, Behroozmand R, et al. Neuronal mechanisms of voice control are affected by implicit expectancy of externally triggered perturbations in auditory feedback[J]. PloS One, 2012b, 7(7): e41216.

[443] Kothare H, Raharjo I, Ramanarayanan V, et al. Sensorimotor adaptation of speech depends on the direction of auditory feedback alteration[J]. The journal of the acoustical society of America, 2020, 148(6): 3682–3697.

[444] Kovacs A M, Mehler J. Cognitive gains in 7-month-old bilingual infants[J]. Proceedings of the nationa academy of sciences of the United States of America, 2009, 106(16): 6556–6560.

[445] Kovelman I, Shalinsky M H, Berens M S, et al. Shining new light on the brain's "bilingual signature": a functional near-infrared spectroscopy investigation of semantic processing[J]. NeuroImage, 2008, 39(3): 1457–1471.

[446] Krakauer J W. The applicability of motor learning to neurorehabilitation[M]//Oxford

textbook of neurorehabilitation. Oxford, United Kingdom: Oxford University Press, 2015: 55–64.

[447] Krashen S D. Principles and practice[J]. Learning, 1982, 46(2): 327–369.

[448] Krashen S D. The input hypothesis and its rivals[M]//Implicit and explicit learning of languages. London: Academic Press, 1994: 45–77.

[449] Krashen S D, Terrell T D. The natural approach: language acquisition in the classroom[M]. New York: Pergamon Press, 1983.

[450] Kraus N, McGee T, Micco A, et al. Mismatch negativity in school-age children to speech stimuli that are just perceptibly different[J]. Electroencephalography and clinical neurophysiology, 1993, 88(2): 123–130.

[451] Kröger B J, Bekolay T, Cao M. On the emergence of phonological knowledge and on motor planning and motor programming in a developmental model of speech production[J]. Frontiers in human neuroscience, 2022, 16: 844529.

[452] Kroll J F, Stewart E. Category interference in translation and picture naming–evidence for asymmetric connections between bilingual memory representations[J]. Journal of memory and Language, 1994, 33(2): 149–174.

[453] Kuhl P K. Human adults and human infants show a "perceptual magnet effect" for the prototypes of speech categories, monkeys do not[J]. Perception & psychophysics, 1991, 50(2): 93–107.

[454] Kuhl P K. Early language acquisition: cracking the speech code[J]. Nature reviews neuroscience, 2004, 5(11): 831–843.

[455] Kuhl P K, Conboy B T, Padden D, et al. Early speech perception and later language development: implications for the "critical period" [J]. Language learning and development, 2005, 1(3-4): 237–264.

[456] Kuhl P K, Meltzoff A N. Infant vocalizations in response to speech: vocal imitation and developmental change[J]. The journal of the acoustical society of America, 1996, 100(4): 2425–2438.

[457] Kuhl P K, Williams K A, Lacerda F, et al. Linguistic experience alters phonetic perception in infants by 6 months of age[J]. Science, 1992, 255(5044): 606–608.

[458] Lai Y H. English vowel discrimination and assimilation by Chinese-speaking learners of English[J]. Concentric: studies in linguistics, 2010, 36(2): 157–182.

[459] Lametti D R, Krol S A, Shiller D M, et al. Brief periods of auditory perceptual training can determine the sensory targets of speech motor learning[J]. Psychological science, 2014, 25(7): 1325–1336.

[460] Lametti D R, Nasir S M, Ostry D J. Sensory preference in speech production revealed by simultaneous alteration of auditory and somatosensory feedback[J]. Journal of neuroscience, 2012, 32(27): 9351–9358.

[461] Lametti D R, Smith H J, Freidin P, et al. Cortico-cerebellar networks drive sensorimotor learning in speech[J]. Journal of Cognitive Neuroscience, 2017, 26(3): 194–198.

[462] Lane H, Tranel B. The Lombard sign and the role of hearing in speech[J]. Journal of speech and hearing research, 1971, 14(4): 677–709.

[463] Lane H, Webster J W. Speech deterioration in postlingually deafened adults[J]. The journal of the acoustical society of America, 1991, 89(2): 859–866.

[464] Larson C R. Cross-modality influences in speech motor control: the use of pitch shifting for the study of F0 control[J]. Journal of Communication Disorders, 1998, 31(6): 489–503.

[465] Larson C R, Kempster G B, Kistler M K. Changes in voice fundamental frequency following discharge of single motor units in cricothyroid and thyroarytenoid muscles[J]. Journal of speech and hearing research, 1987, 30(4): 552–558.

[466] Lau J C, To C K, Kwan J S, et al. Lifelong tone language experience does not eliminate deficits in neural encoding of pitch in autism spectrum disorder[J]. Journal of autism and developmental disorders, 2021, 51: 3291–3310.

[467] Lee B S. Some effects of side-tone delay[J]. The journal of the acoustical society of America, 1950, 89(2): 859–866.

[468] Lehmann S J, Corneil B D. Completing the puzzle: why studies in non-human primates are needed to better understand the effects of non-invasive brain stimulation[J]. Neuroscience & biobehavioral reviews, 2022, 132: 1074–1085.

[469] Lenneberg E H. Biological foundations of language[M]. New York: John Wiley and Sons, 1967.

[470] Lester-Smith R A, Daliri A, Enos N, et al. The relation of articulatory and vocal auditory-motor control in typical speakers[J]. Journal of speech, language, and hearing research, 2020, 63(11): 3628–3642.

[471] Levakov G, Faskowitz J, Avidan G, et al. Mapping individual differences across brain network structure to function and behavior with connectome embedding[J]. NeuroImage, 2021, 242: 118469.

[472] Levelt W J M. Speaking: from intention to articulation[M]. Cambridge, Mass.: MIT Press, 1989.

[473] Levelt W J M, Roelofs A, Meyer A S. A theory of lexical access in speech production[J]. Behavioral and brain sciences, 1999, 22(1): 1–75.

[474] Levelt W J M, Wheeldon L. Do speakers have access to a mental syllabary?[J]. Cognition, 1994, 50(1-3): 239–269.

[475] Liégeois F J, Turner S J, Mayes A, et al. Dorsal language stream anomalies in an inherited speech disorder[J]. Brain, 2019, 142(4): 966–977.

[476] Li J, Hu H, Chen N, et al. Aging and sex influence cortical auditory-motor integration for speech control[J]. Frontiers in neuroscience, 2018, 12: 749.

[477] Li L Y, Ji X Y, Liang F, et al. A feedforward inhibitory circuit mediates lateral refinement of sensory representation in upper layer 2/3 of mouse primary auditory cortex[J]. Journal of neuroscience, 2015, 34(41): 13670–13683.

[478] Lindblom B, Lubker J, Gay T. Formant frequencies of some fixed-mandible vowel and a model of speech motor programming by predictive simulation[J]. Journal of phonetics, 1979, 7(2): 147–

162.

[479] Lin I-F, Mochida T, Asada K, et al. Atypical delayed auditory feedback effect and Lombard effect on speech production in high-functioning adults with autism spectrum disorder[J]. Frontiers in human neuroscience, 2015, 9: 510.

[480] Lin Q, Chang Y, Liu P, et al. Cerebellar continuous theta burst stimulation facilitates auditory-vocal integration in spinocerebellar ataxia[J]. Cerebral cortex, 2022, 32(3): 455–466.

[481] Linville S E, Rens J. Vocal tract resonance analysis of aging voice using long-term average spectra[J]. Journal of voice, 2001, 15(3): 323–330.

[482] Li Y, Luo H, Tian X. Mental operations in rhythm: motor-to-sensory transformation mediates imagined singing[J]. PLoS biology, 2020, 18(10): e3000504.

[483] Li P, Zhang F, Yu A, et al. Language history questionnaire (LHQ3): an enhanced tool for accessing multilingual experience[J]. Bilingualism: language and cognition, 2019, 23(5): 938–944.

[484] Liu D, Chang Y, Dai G, et al. Right, but not left, posterior superior temporal gyrus is causally involved in vocal feedback control[J]. NeuroImage, 2023, 278: 120282.

[485] Liu G, Huo E, Liu H, et. Development and emergence of functional network asymmetry in 3-to 9-month-old infants[J]. Cortex, 2022, 154: 390–404.

[486] Liu H, Larson C R. Effects of perturbation magnitude and voice F_0 level on the pitch-shift reflex[J]. The journal of the acoustical society of America, 2007, 122(6): 3671–3677.

[487] Liu H, Meshman M, Behroozmand R, et al. Differential effects of perturbation direction and magnitude on the neural processing of voice pitch feedback[J]. Clinical neurophysiology, 2011a, 122(5): 951–957.

[488] Liu H, Russo N, Larson C R. Age-related differences in vocal responses to pitch feedback perturbations: a preliminary study[J]. The journal of the acoustical society of America, 2010a, 127(2): 1042–1046.

[489] Liu H, Wang E Q, Chen Z, et al. Effect of tonal native language on voice fundamental frequency responses to pitch feedback perturbations during vocalization[J]. The journal of the acoustical society of America, 2010b, 128(6): 3739–3746.

[490] Liu H, Wang E Q, Metman L V, et al. Vocal responses to perturbations in voice auditory feedback in individuals with Parkinson's disease[J]. PloS one, 2012, 7(3): e33629.

[491] Liu H, Zhang Q, Xu Y, et al. Compensatory responses to loudness-shifted voice feedback during production of Mandarin speech[J]. The journal of the acoustical society of America, 2007, 122(4): 2405–2412.

[492] Liu P, Chen Z, Jones J A, et al. Auditory feedback control of vocal pitch during sustained vocalization: a cross-sectional study of adult aging[J]. PloS one, 2011b, 6(7): e22791.

[493] Liu P, Chen Z, Jones J A, et al. Developmental sex-specific change in auditory-vocal integration: ERP evidence in children[J]. Clinical neurophysiology, 2013, 124(3): 503–513.

[494] Liu P, Chen Z, Larson C R, et al. Auditory feedback control of voice fundamental frequency in school children[J]. The journal of the acoustical society of America, 2010c, 128(3): 1306–1312.

[495] Liu X, Tian X. The functional relations among motor-based prediction, sensory goals and feedback in learning non-native speech sounds: evidence from adult Mandarin Chinese speakers with an auditory feedback masking paradigm[J]. Scientific reports, 2018, 8(1): 11910.

[496] Liu Y, Gui Y, Hu J, et al. Attention/memory complaint is correlated with motor speech disorder in Parkinson's disease[J]. BMC neurology, 2019, 19(1): 1–10.

[497] Liu Y, Hu H, Jones J, et al. Selective and divided attention modulates auditory-vocal integration in the processing of pitch feedback errors[J]. European journal of neuroscience, 2015, 42(3): 1895–1904.

[498] Li W, Guo Z, Jones J A, et al. Training of working memory impacts neural processing of vocal pitch regulation[J]. Scientific reports, 2015, 5(1): 16562.

[499] Li X, Pollatsek A. An integrated model of word processing and eye-movement control during Chinese reading[J]. Psychological review, 2020, 127(6): 1139–1162.

[500] Li Y, Chen X, Zhang Q, et. Effects of working memory span training on top-down attentional asymmetry at both neural and behavioral levels[J]. Cerebral cortex, 2023, 33(10): 5937–5946.

[501] Lombard E. The sign of the elevation of the voice [in French: Le signe de l'elevation de la voix][J]. Annales des Maladies de l'Oreille, du Larynx, du Nez et du Pharynx, 1911, 37: 101–119. English translation: http://paul.sobriquet.net/wp-content/uploads/2007/02/lombard-1911-p-h-mason-2006.pdf.

[502] Loui P, Zamm A, Schlaug G. Enhanced functional networks in absolute pitch[J]. NeuroImage, 2012, 63(2): 632–640.

[503] Ludlow C L, Cikoja D B. Is there a self-monitoring speech perception system?[J]. Journal of communication disorders, 1998, 31(6): 505–510.

[504] Luo H, Ni J T, Li Z H, et al. Opposite patterns of hemisphere dominance for early auditory processing of lexical tones and consonants[J]. Proceedings of the national academy of Sciences, 2006, 103(51): 19558–19563.

[505] Maas E, Mailend M L, Guenther F H. Feedforward and feedback control in apraxia of speech: effects of noise masking on vowel production[J]. Journal of speech, language, and hearing research, 2015, 58(2): 185–200.

[506] MacDonald E N, Purcell D W, Munhall K G. Probing the independence of formant control using altered auditory feedback[J]. The journal of the acoustical society of America, 2011, 129(2): 955–965.

[507] Mackay D G. How does language familiarity influence stuttering under delayed auditory feedback?[J]. Perceptual and motor skills, 1970, 30(2): 655–669.

[508] MacNeilage P F. Motor control of serial ordering of speech[J]. Psychological review, 1970, 77(3): 182–196.

[509] MacNeilage P F, Davis B L. Acquisition of speech production: frames, then content[M]// Attention and performance XIII: motor representation and control. Hillsdale, NJ: Erlbaum, 1990: 453–476.

[510] MacNeilage P F, Rootes T P, Chase R A. Speech production and perception in a patient with severe impairment of somesthetic perception and motor control[J]. Journal of speech and hearing research, 1967, 10(3): 449–467.

[511] MacPherson M K. Cognitive load affects speech motor performance differently in older and younger adults[J]. Journal of speech, language, and hearing research, 2019, 62(5): 1258–1277.

[512] Maeda S. Compensatory articulation during speech: evidence from the analysis and synthesis of vocal-tract shapes using an articulatory model[M]//Speech production and speech modelling. Dordrecht: Springer Netherlands, 1990: 131–149.

[513] Makris N, Kennedy D N, McInerney S, et al. Segmentation of subcomponents within the superior longitudinal fascicle in humans: a quantitative, in vivo, DT-MRI study[J]. Cerebral cortex, 2005, 15(6): 854–869.

[514] Mampe B, Friederici A D, Christophe A, et al. Newborns' cry melody is shaped by their native language[J]. Current biology, 2009, 19(23): 1994–1997.

[515] Martin C D, Niziolek C A, Duñbeitia J A, et al. Online adaptation to altered auditory feedback is predicted by auditory acuity and not by domain-general executive control resources[J]. Frontiers in human neuroscience, 2018, 12: 91.

[516] Marvel C L, Morgan O P, Kronemer S I. How the motor system integrates with working memory[J]. Neuroscience & biobehavioral reviews, 2019, 102: 184–194.

[517] Masapollo M, Segawa J A, Beal D S, et al. Behavioral and neural correlates of speech motor sequence learning in stuttering and neurotypical speakers: An fMRI investigation[J]. Neurobiology of language, 2021, 2(1): 106–137.

[518] Max L, Daliri A. Limited pre-speech auditory modulation in individuals who stutter: data and hypotheses[J]. Journal of speech, language, and hearing research, 2019, 62(8S): 3071–3084.

[519] Max L, Guenther F H, Gracco V L, et al. Unstable or insufficiently activated internal models and feedback-biased motor control as sources of dysfluency: a theoretical model of stuttering[J]. Contemporary issues in communication science and disorders, 2004, 31: 105–122.

[520] Maxwell J P, Masters R S W, Eves F F. The role of working memory in motor learning and performance[J]. Consciousness and cognition, 2003, 12(3): 376–402.

[521] Mayberry R I, Kluender R. Rethinking the critical period for language: new insights into an old question from American sign language[J]. Bilingualism: language and cognition, 2018, 21(5): 886–905.

[522] McAfee S S, Robinson G, Gajjar A, et al. Cerebellar mutism is linked to midbrain volatility and desynchronization from speech cortices[J]. Brain, 2023, awad209.

[523] McGuire P K, Silbersweig D A, Frith C D. Functional neuroanatomy of verbal self-monitoring[J]. Brain, 1996, 119(3): 907–917.

[524] Meier A M, Guenther F H. Neurocomputational modeling of speech motor development[J]. Journal of child language, 2023, 50(6): 1318–1335.

[525] Meisel J M. Bilingual language acquisition and theories of diachronic change: bilingualism

as cause and effect of grammatical change[J]. Bilingualism: language and cognition, 2011, 14(2): 121–145.

[526] Metzger S L, Littlejohn K T, Silva A B, et al. A high-performance neuroprosthesis for speech decoding and avatar control[J]. Nature, 2023, 620(7976): 1037–1046.

[527] Miller G A. The magical number seven, plus or minus two: some limits on our capacity for processing information[J]. Psychological review, 1956, 63(2): 81–97.

[528] Miller H E, Guenther F H. Modelling speech motor programming and apraxia of speech in the DIVA/GODIVA neurocomputational framework[J]. Aphasiology, 2021, 35(4): 424–441.

[529] Miralpeix I. Age effects on second language acquisition: critical issues under debate[J]. Language teaching, 2011, 44(1): 122–132.

[530] Mitchell P R, Kent R D. Phonetic variation in multisyllable babbling[J]. Journal of child language, 1990, 17(2): 247–265.

[531] Mitsuya T, MacDonald E N, Purcell D W, et al. A cross-language study of compensation in response to real-time formant perturbation[J]. The journal of the acoustical society of America, 2011, 130(5): 2978–2986.

[532] Mitsuya T, Munhall K G, Purcell D W. Modulation of auditory-motor learning in response to formant perturbation as a function of delayed auditory feedback[J]. The journal of the acoustical society of America, 2017, 141(4): 2758–2767.

[533] Mollaei F, Chinoor M A B. Microstructural white matter changes underlying speech deficits in Parkinson's disease[J]. Brain and language, 2024, 249: 105378.

[534] Mollaei F, Mersov A, Woodbury M, et al. White matter microstructural differences underlying beta oscillations during speech in adults who stutter[J]. Brain and language, 2021, 215: 104921.

[535] Mollaei F, Shiller D M, Baum S R, et al. Sensorimotor control of vocal pitch and formant frequencies in Parkinson's disease[J]. Brain research, 2016, 1646: 269–277.

[536] Mollaei F, Shiller D M, Gracco V L. Sensorimotor adaptation of speech in Parkinson's disease[J]. Movement disorders, 2013, 28(12): 1668–1674.

[537] Moore J W. What is the sense of agency and why does it matter?[J]. Frontiers in psychology, 2016, 7: 1272.

[538] Moser D, Basilakos A, Fillmore P, et al. Brain damage associated with apraxia of speech: evidence from case studies[J]. Neurocase, 2016, 22(4): 346–356.

[539] Moser D, Fridriksson J, Bonilha L, et al. Neural recruitment for the production of native and novel speech sounds[J]. NeuroImage, 2009, 46(2): 549–557.

[540] Mostafa T, Crossley S A, Kim Y. Predictors of English as second language learners' oral proficiency development in a classroom context[J]. International journal of applied linguistics, 2021, 31(3): 526–548.

[541] Mott F W, Sherrington C S. Experiments upon the influence of sensory nerves upon movement and nutrition of the limbs. Preliminary communication[J]. Proceedings of the royal society of London, 1895, 57: 481–488.

[542] Munhall K G, MacDonald E N, Byrne S K, et al. Talkers alter vowel production in response to real-time formant perturbation even when instructed not to compensate[J]. The journal of the acoustical society of America, 2009, 125(1): 384–390.

[543] Murray E S H, Stepp C E. Relationships between vocal pitch perception and production: a developmental view[J]. Scientific reports, 2020, 10: 3912.

[544] Musso M, Hübner D, Schwarzkopf S, et al. Aphasia recovery by language training using a brain-computer interface: a proof-of-concept study[J]. Brain communications, 2022, 4(1): fcac008.

[545] Naskar S, Qi J, Pereira F, et al. Cell-type-specific recruitment of GABAergic interneurons in the primary somatosensory cortex by long-range inputs[J]. Cell reports, 2021, 34(8): 108774.

[546] Nault D R, Mitsuya T, Purcell D W, et al. Perturbing the consistency of auditory feedback in speech[J]. Frontiers in human neuroscience, 2022, 16: 905365.

[547] Nault D R, Munhall K G. Individual variability in auditory feedback processing: responses to real-time formant perturbations and their relation to perceptual acuity[J]. The journal of the acoustical society of America, 2020, 148(6): 3709–3721.

[548] Navarra J, Sebastián-Gallés N, Soto-Faraco S. The perception of second language sounds in early bilinguals: new evidence from an implicit measure[J]. Journal of experimental psychology: Human perception and performance, 2005, 31(5): 912–918.

[549] New A B, Robin D A, Parkinson A L, et al. Altered resting-state network connectivity in stroke patients with and without apraxia of speech[J]. NeuroImage: Clinical, 2015a, 8: 429–439.

[550] New A B, Robin D A, Parkinson A L, et al. The intrinsic resting-state voice network in Parkinson's disease[J]. Human brain mapping, 2015b, 36(5): 1951–1962.

[551] Newman R S. Using links between speech perception and speech production to evaluate different acoustic metrics: a preliminary report[J]. The journal of the acoustical society of America, 2003, 113(5): 2850–2860.

[552] Ng M L, Chen Y, Sadaka J. Vowel features in Turkish accented English[J]. International journal of speech-language pathology, 2008, 10(6): 404–413.

[553] Niemi M, Laaksonen J P, Ojala S, et al. Effects of transitory lingual nerve impairment on speech: an acoustic study of sibilant sound/s[J]. International journal of oral and maxillofacial surgery, 2006, 35(10): 920–923.

[554] Nieto-Castanon A, Guenther F H, Perkell J S, et al. A modeling investigation of articulatory variability and acoustic stability during American English /r/ production[J]. The journal of the acoustical society of America, 2005, 117(5): 3196–3212.

[555] Ning L H. Comparison of involuntary and volitional responses to pitch-shifted auditory feedback: evidence for tone speakers' flexibility to switch between opposing and following responses[J]. Journal of speech, language, and hearing research, 2022, 65(6): 2160–2186.

[556] Ning L H, Loucks T M, Shih C. The effects of language learning and vocal training on sensorimotor control of lexical tone[J]. Journal of phonetics, 2015, 51: 50–69.

[557] Ning L H, Shih C, Loucks T M. Mandarin tone learning in L2 adults: a test of perceptual and

sensorimotor contributions[J]. Speech communication, 2014, 63: 55–69.

[558] Nip I S, Blumenfeld H K. Proficiency and linguistic complexity influence speech motor control and performance in Spanish language learners[J]. Journal of speech, language, and hearing research, 2015, 58(3): 653–668.

[559] Niziolek C A, Guenther F H. Vowel category boundaries enhance cortical and behavioral responses to speech feedback alterations[J]. Journal of neuroscience, 2013, 33(29): 12090–12098.

[560] Niziolek C A, Nagarajan S S, Houde J F. What does motor efference copy represent? Evidence from speech production[J]. Journal of neuroscience, 2013, 33(41): 16110–16116.

[561] Niziolek C A, Parrell B. Responses to auditory feedback manipulations in speech may be affected by previous exposure to auditory errors[J]. Journal of speech, language, and hearing research, 2021, 64(6S): 2169–2181.

[562] Noto C T, Robinson F R. Visual error is the stimulus for saccade gain adaptation[J]. Cognitive brain research, 2001, 12(2): 301–305.

[563] Nozari N. A comprehension- or a production-based monitor? Response to Roelofs (2020)[J]. Journal of cognition, 2020, 3(1): 1–21.

[564] Nozari N. (2021). Neural basis of word production[M]//The Oxford handbook of the mental lexicon. Oxford, United Kingdom: Oxford University Press, 2021: 552–574.

[565] Nozari N, Dell G S, Schwartz M F. Is comprehension necessary for error detection? A conflict-based account of monitoring in speech production[J]. Cognitive psychology, 2011, 63(1): 1–33.

[566] Oades R D, Dmittmann-Balcar A, Zerbin D. Development and topography of auditory event-related potentials (ERPs): Mismatch and processing negativity in individuals 8–22 years of age[J]. Psychophysiology, 1997, 34(6): 677–693.

[567] O'Brien A M, Perrachione T K, Weil L W, et al. Altered engagement of the speech motor network is associated with reduced phonological working memory in autism[J]. NeuroImage: clinical, 2023, 37: 103299.

[568] Odlin T. Language transfer: crosslinguistic influence in language learning[M]. Shanghai: Shanghai Foreign Language Education Press, 1989.

[569] Oganian Y, Bhaya-Grossman I, Johnson K, et al. Vowel and formant representation in the human auditory speech cortex[J]. Neuron, 2023, 111(13): 2105–2118.

[570] Ohashi H, Ostry D J. Neural development of speech sensorimotor learning[J]. Journal of neuroscience, 2021, 41(18): 4023–4035.

[571] Okada K, Matchin W, Hickok, G. Neural evidence for predictive coding in auditory cortex during speech production[J]. Psychonomic bulletin & review, 2018, 25: 423–430.

[572] Okano K, Bauer C C, Ghosh S S, et al. Real-time fMRI feedback impacts brain activation, results in auditory hallucinations reduction: Part 1: Superior temporal gyrus-Preliminary evidence[J]. Psychiatry Research, 2020, 286: 112862.

[573] Oller D K. The emergence of the sounds of speech in infancy[M]//Child phonology: Vol. 1. Production. New York: Academic Press, 1980: 93–112.

[574] Oller D K, Eilers R E. The role of audition in infant babbling[J]. Child development, 1988, 59(2): 441–449.

[575] O'Reilly J X, Mesulam M M, Nobre A C. The cerebellum predicts the timing of perceptual events[J]. Journal of neuroscience, 2008, 28(9): 2252–2260.

[576] Ostry D J, Gribble P L. Sensory plasticity in human motor learning[J]. Trends in neuroscience, 2016, 39(2): 114–123.

[577] Ozker M, Doyle W, Devinsky O, et al. A cortical network processes auditory error signals during human speech production to maintain fluency[J]. PloS biology, 2022, 20(2): e3001493.

[578] Palaparthi A, Alluri R K, Titze I R. Deep learning for neuromuscular control of vocal source for voice production[J]. Applied Sciences, 2024, 14(2): 769.

[579] Pallier C, Bosch L, Sebastián-Gallés N. A limit on behavioral plasticity in speech perception[J]. Cognition, 1997, 64(3): B9–B17.

[580] Palmer C E, Auksztulewicz R, Ondobaka S, et al. Sensorimotor beta power reflects the precision-weighting afforded to sensory prediction errors[J]. NeuroImage, 2019, 200: 59–71.

[581] Panichello M F, Buschman T J. Shared mechanisms underlie the control of working memory and attention[J]. Nature, 2021, 592(7855): 601–605.

[582] Parker Jones Ō, Green D W, Grogan A, et al. Where, when and why brain activation differs for bilinguals and monolinguals during picture naming and reading aloud[J]. Cerebral cortex, 2012, 22(4): 892–902.

[583] Park H, Thut G, Gross J. Predictive entrainment of natural speech through two fronto-motor top-down channels[J]. Language, cognition and neuroscience, 2020, 35(6): 739–751.

[584] Parkinson A L, Flagmeier S G, Manes J L, et al. Understanding the neural mechanisms involved in sensory control of voice production[J]. NeuroImage, 2012, 61(1): 314–322.

[585] Parrell B, Agnew Z, Nagarajan S, et. Impaired feedforward control and enhanced feedback control of speech in patients with cerebellar degeneration[J]. The journal of neuroscience, 2017, 37(38): 9249–9258.

[586] Parrell B, Houde J. Modeling the role of sensory feedback in speech motor control and learning[J]. Journal of speech, language, and hearing research, 2019, 62(8S): 2963–2985.

[587] Parrell B, Ivry R B, Nagarajan S S, et al. Intact correction for self-produced vowel formant variability in individuals with cerebellar ataxia regardless of auditory feedback availability[J]. Journal of speech, language, and hearing research, 2021, 64(6S): 2234–2247.

[588] Parrell B, Lammert A C, Ciccarelli G, et al. Current models of speech motor control: a control-theoretic overview of architectures and properties[J]. The journal of the acoustical society of America, 2019, 145(3): 1456–1481.

[589] Parrell B, Ramanarayanan V, Nagarajan S, et al. FACTS: a hierarchical task-based control model of speech incorporating sensory feedback[J]. Interspeech 2018, 2018, 2018: 1497–1501.

[590] Patel R, Reilly K J, Archibald E, et al. Responses to intensity-shifted auditory feedback during running speech[J]. Journal of speech, language, and hearing research, 2015, 58(6): 1687–1694.

[591] Patel R, Schell K W. The influence of linguistic content on the Lombard effect[J]. Journal of speech, language, and hearing research, 2008, 51: 209–220.

[592] Patel S, Hebert K, Korzyukov O, et al. Effects of sensorimotor voice training on event-related potentials to pitch-shifted auditory feedback[J]. PloS one, 2023, 18(1): e0269326.

[593] Patkowski M S. Age and accent in second language: a reply to James Emil Flege[J]. Applied linguistics, 1990, 11(1): 73–89.

[594] Patton M H, Blundon J A, Zakharenko S S. Rejuvenation of plasticity in the brain: opening the critical period[J]. Current opinion in neurobiology, 2019, 54: 83–89.

[595] Peñaloza C, Grasemann U, Dekhtyar M, et al. BiLex: A computational approach to the effects of age of acquisition and language exposure on bilingual lexical access[J]. Brain and language, 2019, 195: 104643.

[596] Penfield W, Roberts L. Speech and brain mechanisms[D]. Princeton: Princeton University Press, 1959.

[597] Peng D, Lin Q, Chang Y, et al. A causal role of the cerebellum in auditory feedback control of vocal production[J]. The cerebellum, 2021, 20: 584–595.

[598] Pergher V, Au J, Shalchy M A, et al. The benefits of simultaneous tDCS and working memory training on transfer outcomes: a systematic review and meta-analysis[J]. Brain stimulation, 2022, 15(6): 1541–1551.

[599] Perkell J S. On the use of feedback in speech production[J]. Advances in psychology, 1981, 7: 45–52.

[600] Perkell J S. Movement goals and feedback and feedforward control mechanisms in speech production[J]. Journal of neurolinguistics, 2012, 25(5): 382–407.

[601] Perkell J S, Guenther F H, Lane H, et al. The distinctness of speakers' productions of vowel contrasts is related to their discrimination of the contrasts[J]. The journal of the acoustical society of America, 2004a, 116(4): 2338–2344.

[602] Perkell J S, Matthies M L, Ghosh S S, et al. Auditory and somatosensory goals for sibilants[J]. The journal of the acoustical society of America, 2008, 123(5): 3459–3459.

[603] Perkell J S, Matthies M L, Lane H, et al. Speech motor control: acoustic goals, saturation effects, auditory feedback and internal models[J]. Speech communication, 1997, 22(2-3): 227–250.

[604] Perkell J S, Matthies M L, Tiede M, et al. The distinctness of speakers' /s/-/ʃ/ contrast is related to their auditory discrimination & use of an articulatory saturation effect[J]. Journal of speech, language & hearing research, 2004b, 47(6): 1259–1269.

[605] Perlman A L, Alipour-Haghighi F. Comparative study of the physiological properties of the vocalis and cricothyroid muscles[J]. Acta Oto-Laryngologica, 1988, 105(3-4): 372–378.

[606] Perrier P. Control and representations in speech production[J]. ZAS papers in lingustics, 2005, 40: 109–132.

[607] Pfordresher P Q, Beasley R T. Making and monitoring errors based on altered auditory feedback[J]. Frontiers in psychology, 2014, 5: 914.

[608] Pierce L J, Klein D, Chen J K, et al. Mapping the unconscious maintenance of a lost first language[J]. Proceedings of the national academy of sciences, 2014, 111(48): 17314–17319.

[609] Plueckebaum H, Meyer L, Beck A K, et al. The developmental trajectory of functional excitation-inhibition balance relates to language abilities in autistic and allistic children[J]. Autism research, 2023, 16(9): 1681–1692.

[610] Polit A, Bizzi E. (1979). Characteristics of motor programs underlying arm movements in monkeys[J]. Journal of neurophysiology, 42(1): 183–194.

[611] Ponton C W, Eggermont J J, Kwong B, et al. Maturation of human central auditory system activity: evidence from multi-channel evoked potentials[J]. Clinical neurophysiology, 2000, 111(2): 220–236.

[612] Poppenk J, Köhler S, Moscovitch M. Revisiting the novelty effect: When familiarity, not novelty, enhances memory[J]. Journal of experimental psychology: learning, memory, and cognition, 2010, 36(5): 1321–1330.

[613] Purcell D W, Munhall K G. Adaptive control of vowel formant frequency: evidence from real-time formant manipulation[J]. The journal of the acoustical society of America, 2006a, 120(2): 966–977.

[614] Purcell D W, Munhall K G. Compensation following real-time manipulation of formants in isolated vowels[J]. The journal of the acoustical society of America, 2006b, 119(4): 2288–2297.

[615] Putnam A H, Ringel R L. A cineradiographic study of articulation in two talkers with temporarily induced oral sensory deprivation[J]. Journal of speech and hearing research, 1976, 19(2): 247–266.

[616] Qi Z, Han M, Wang Y, et al. Speech processing and plasticity in the right hemisphere predict variation in adult foreign language learning[J]. NeuroImage, 2019, 192: 76–87.

[617] Raharjo I, Kothare H, Nagarajan S S, et al. Speech compensation responses and sensorimotor adaptation to formant feedback perturbations[J]. The journal of the acoustical society of America, 2021, 149(2): 1147–1161.

[618] Railo H, Nokelainen N, Savolainen S, et al. Deficits in monitoring self-produced speech in Parkinson's disease[J]. Clinical neurophysiology, 2020, 131(9): 2140–2147.

[619] Ramig L O, Gray S, Baker K, et al. The aging voice: a review, treatment data and familial and genetic perspectives[J]. Folia phoniatrica et logopaedica, 2001, 53(5): 252–265.

[620] Ranasinghe K G, Gill J S, Kothare H, et al. Abnormal vocal behavior predicts executive and memory deficits in Alzheimer's disease[J]. Neurobiology of aging, 2017, 52: 71–80.

[621] Ranasinghe K G, Kothare H, Kort N, et al. Neural correlates of abnormal auditory feedback processing during speech production in Alzheimer's disease[J]. Scientific reports, 2019, 9(1): 5686.

[622] R Core Team. (2015). R: A language and environment for statistical computing[CP]. (2015). [2020-04-20] https://www.R-project.org/.

[623] Rebernik T, Tienkamp T, Polsterer K, et al. Proceedings of the 20th international congress of phonetic sciences, August 7-11, 2023[C]. Prague: Guarant International, 2023.

[624] Reilly K J, Pettibone C. Vowel generalization and its relation to adaptation during perturbations of auditory feedback[J]. Journal of neurophysiology, 2017, 118(5): 2925–2934.

[625] Reiterer S M, Hu X, Erb M, et al. Individual differences in audio-vocal speech imitation aptitude in late bilinguals: functional neuro-imaging and brain morphology[J]. Frontiers in psychology, 2011, 2: 271.

[626] Reuter E M, Booms A, Leow L A. Using EEG to study sensorimotor adaptation[J]. Neuroscience & biobehavioral reviews, 2022, 134: 104520.

[627] Richard L, Charbonneau D. An introduction to E-Prime[J]. Tutorials in quantitative methods for psychology, 2009, 5(2): 68–76.

[628] Roque-Gutierrez E, Ibbotson P. Working memory training improves children's syntactic ability but not vice versa: a randomized control trial[J]. Journal of experimental child psychology, 2023, 227: 105593.

[629] Rothwell J C, Traub M M, Day B L, et al. Manual motor performance in a deafferented man[J]. Brain, 1982, 105(3): 515–542.

[630] Rüschemeyer S A, Fiebach C J, Kempe V, et al. Processing lexical semantic and syntactic information in first and second language: fMRI evidence from German and Russian[J]. Human brain mapping, 2005, 25(2): 266–286.

[631] Ruttle J E, 't Hart B M, Henriques D Y. Implicit motor learning within three trials[J]. Scientific reports, 2021, 11(1): 1627.

[632] Saito K, Sun H, Tierney A. Domain-general auditory processing determines success in second language pronunciation learning in adulthood: a longitudinal study[J]. Applied psycholinguistics, 2020, 41(5): 1083–1112.

[633] Saltzman E. Task dynamic coordination of the speech articulators: a preliminary model[J]. Experimental Brain Research Series, 1986, 15: 129–144.

[634] Saltzman E, Munhall K. A dynamical approach to gestural patterning in speech production[J]. Ecological psychology, 1989, 1(4): 333–382.

[635] Salvalaggio A, De Filippo De Grazia M, Zorzi M, et al. Post-stroke deficit prediction from lesion and indirect structural and functional disconnection[J]. Brain, 2020, 143(7): 2173–2188.

[636] Sapir S, Ramig L, Fox C. Speech and swallowing disorders in Parkinson disease[J]. Current opinion in otolaryngology & head and neck surgery, 2008, 16(3): 205–210.

[637] Sarmukadam K, Behroozmand R. Aberrant beta-band brain connectivity predicts speech motor planning deficits in post-stroke aphasia[J]. Cortex, 2022, 155: 75–89.

[638] Sarmukadam K, Behroozmand R. Neural oscillations reveal disrupted functional connectivity associated with impaired speech auditory feedback control in post-stroke aphasia[J]. Cortex, 2023, 166: 258–274.

[639] Sato M, Schwartz J-L, Perrier P. Phonemic auditory and somatosensory goals in speech production[J]. Language, cognition, and neuroscience, 2014, 29(1): 41–43.

[640] Saur D, Kreher B W, Schnell S, et al. Ventral and dorsal pathways for language[J].

Proceedings of the national academy of sciences, 2008, 105(46): 18035–18040.

[641] Savoie F A, Thénault F, Whittingstall K, et al. Visuomotor prediction errors modulate EEG activity over parietal cortex[J]. Scientific reports, 2018, 8(1): 12513.

[642] Schaefer H. Cortical auditory evoked potential morphology: response characteristics of the P1-N1-P2-N2 waves as determined by stimulus and subject parameters[D]. Vancouver: University of British Columbia, 2021.

[643] Scheerer N E, Behich J, Liu H, et al. ERP correlates of the magnitude of pitch errors detected in the human voice[J]. Neuroscience, 2013a, 240: 176–185.

[644] Scheerer N E, Jacobson D S, Jones J A. Sensorimotor learning in children and adults: Exposure to frequency-altered auditory feedback during speech production[J]. Neuroscience, 2016, 314: 106–115.

[645] Scheerer N E, Jacobson D S, Jones J A. Sensorimotor control of vocal production in early childhood[J]. Journal of experimental psychology: general, 2020a, 149(6): 1071.

[646] Scheerer N E, Jones J A. The relationship between vocal accuracy and variability to the level of compensation to altered auditory feedback[J]. Neuroscience letters, 2012, 529(2): 128–132.

[647] Scheerer N E, Jones J A. The predictability of frequency-altered auditory feedback changes the weighting of feedback and feedforward input for speech motor control[J]. European journal of Neuroscience, 2014, 40(12): 3793–3806.

[648] Scheerer N E, Jones J A. Detecting our own vocal errors: an event-related study of the thresholds for perceiving and compensating for vocal pitch errors[J]. Neuropsychologia, 2018, 114: 158–167.

[649] Scheerer N E, Jones J A, Iarocci G. Exploring the relationship between prosodic control and social competence in children with and without autism spectrum disorder[J]. Autism research, 2020b, 13(11): 1880–1892.

[650] Scheerer N E, Liu H, Jones J A. The developmental trajectory of vocal and event-related potential responses to frequency-altered auditory feedback[J]. European journal of neuroscience, 2013b, 38(8): 3189–3200.

[651] Schmahmann J D, Pandya D N, Wang R, et al. Association fibre pathways of the brain: parallel observations from diffusion spectrum imaging and autoradiography[J]. Brain, 2007, 130(3): 630–653.

[652] Schuerman W L, Meyer A S, McQueen J M. Mapping the speech code: cortical responses linking the perception and production of vowels[J]. Frontiers in human neuroscience, 2017, 11: 161.

[653] Scott T L, Haenchen L, Daliri A, et al. Speech motor adaptation during perturbed auditory feedback is enhanced by noninvasive brain stimulation[J]. Trials, 2019, 1: 1392–1396.

[654] Scott T L, Haenchen L, Daliri A, et al. Noninvasive neurostimulation of left ventral motor cortex enhances sensorimotor adaptation in speech production[J]. Brain and language, 2020, 209: 104840.

[655] Scovel T. A time to speak: a psycholinguistic inquiry into the critical period for human speech[M]. New York: Newbury House Publishers, 1988.

[656] Sebastián-Gallés N, Soto-Faraco S. Online processing of native and non-native phonemic contrasts in early bilinguals[J]. Cognition, 1999, 72(2): 111–123.

[657] Segado M, Zatorre R J, Penhune V B. Effector-independent brain network for auditory-motor integration: fMRI evidence from singing and cello playing[J]. NeuroImage, 2021, 237: 118128.

[658] Segalowitz N. Cognitive bases of second language fluency[M]. New York: Routledge, 2010.

[659] Selinker L. Interlanguage[J]. International review of applied linguistics in language teaching, 1972, 10(1-4): 209–232.

[660] Sengupta R, Nasir S M. Redistribution of neural phase coherence reflects establishment of feedforward map in speech motor adaptation[J]. Journal of neurophysiology, 2015, 113(7): 2471–2479.

[661] Sengupta R, Shah S, Gore K, et al. Anomaly in neural phase coherence accompanies reduced sensorimotor integration in adults who stutter[J]. Neuropsychologia, 2016, 93: 242–250.

[662] Senoussi M, Verbeke P, Desender K, et al. Theta oscillations shift towards optimal frequency for cognitive control[J]. Nature human behaviour, 2022, 6(7): 1000–1013.

[663] Senthinathan A, Adams S, Page A D, et al. Speech intensity response to altered intensity feedback in individuals with Parkinson's disease[J]. Journal of speech, language, and hearing research, 2021, 64(6S): 2261–2275.

[664] Shadmehr R, Krakauer J W. A computational neuroanatomy for motor control[J]. Experimental Brain Research, 2008, 185: 359–381.

[665] Shadmehr R, Smith M A, Krakauer J W. Error correction, sensory prediction, and adaptation in motor control[J]. Annual review of neuroscience, 2010, 33: 89–108.

[666] Shaiman S, Gracco V L. Task-specific sensorimotor interactions in speech production[J]. Experimental brain research, 2002, 146(4): 411–418.

[667] Shamma S, Patel P, Mukherjee S, et al. Learning speech production and perception through sensorimotor interactions[J]. Cerebral cortex communications, 2021, 2(1): tgaa091.

[668] Shen G, Froud K. Categorical perception of lexical tones by English learners of Mandarin Chinese[J]. The journal of the acoustical society of America, 2016, 140(6): 4396–4403.

[669] Shiller D M, Rochon M L. Auditory-perceptual learning improves speech motor adaptation in children[J]. Journal of experimental psychology: human perception and performance, 2014, 40(4): 1308.

[670] Shiller D M, Sato M, Gracco V L, et al. Perceptual recalibration of speech sounds following speech motor learning[J]. The journal of the acoustical society of America, 2009, 125(2): 1103–1113.

[671] Shum M, Shiller D M, Baum S R, et al. Sensorimotor integration for speech motor learning involves the inferior parietal cortex[J]. The European journal of neuroscience, 2011, 34(11): 1817–1822.

[672] Simmonds A J, Wise R J, Dhanjal N S, et al. A comparison of sensorymotor activity during speech in first and second languages[J]. Journal of neurophysiology, 2011a, 106(1): 470–478.

[673] Simmonds A J, Wise R J, Leech R. Two tongues, one brain: imaging bilingual speech production[J]. Frontiers in psychology, 2011b, 2: 166.

[674] Simonyan K, Fuertinger S. Speech networks at rest and in action: interactions between functional brain networks controlling speech production[J]. Journal of neurophysiology, 2015, 113(7):

2967–2978.

[675] Sitek K R, Mathalon D H, Roach B J, et al. Auditory cortex processes variation in our own speech[J]. PLoS One, 2013, 8(12): e82925.

[676] Skeide M A, Brauer J, Friederici A D. Syntax gradually segregates from semantics in the developing brain[J]. NeuroImage, 2014, 100: 106–111.

[677] Skeide M A, Brauer J, Friederici A D. Brain functional and structural predictors of language performance[J]. Cerebral cortex, 2016, 26(5): 2127–2139.

[678] Skipper J I, Devlin J T, Lametti D R. The hearing ear is always found close to the speaking tongue: review of the role of the motor system in speech perception[J]. Brain and language, 2017, 164: 77–105.

[679] Skipper J I, Nusbaum H C, Small S L. Listening to talking faces: motor cortical activation during speech perception[J]. NeuroImage, 2005, 25(1): 76–89.

[680] Smith A. Development of neural control of orofacial movements for speech[M]//The handbook of phonetic sciences. Cambridge, Mass.: Wiley Online Library, 2010: 251–296.

[681] Snodgrass J C, Vanderwart M. A standardized set of 260 pictures: norms for name agreement, image agreement, familiarity, and visual complexity[J]. Journal of experimental psychology: human learning and memory, 1980, 6(2): 174–215.

[682] Sörös P, Bose A, Sokoloff L G, et al. Age-related changes in the functional neuroanatomy of overt speech production[J]. Neurobiology of aging, 2011, 32(8): 1505–1513.

[683] Stark R E. Stages of speech development in the first year of life[M]//Child phonology: Vol. 1. Production. New York: Academic Press, 1980: 93–112.

[684] Stephane M, Dzemidzic M, Yoon G. Altered corollary discharge in the auditory cortex could reflect louder inner voice experience in patients with verbal hallucinations, a pilot fMRI study[J]. Schizophrenia research, 2022, 243: 475–480.

[685] Sternad D. It's not (only) the mean that matters: variability, noise and exploration in skill learning[J]. Current opinion in behavioral sciences, 2018, 20: 183–195.

[686] Stockbridge M D. Better language through chemistry: augmenting speech-language therapy with pharmacotherapy in the treatment of aphasia[M]//Handbook of clinical neurology. Amsterdam: Elsevier, 2022: 261–272.

[687] Stokes R C, Venezia J H, Hickok G. The motor system's [modest] contribution to speech perception[J]. Psychonomic bulletin & review, 2019, 26: 1354–1366.

[688] Stolk A, Brinkman L, Vansteensel M J, et al. Electrocorticographic dissociation of alpha and beta rhythmic activity in the human sensorimotor system[J]. Elife, 2019, 8: e48065.

[689] Sundara M, Ward N, Conboy B, et al. Exposure to a second language in infancy alters speech production[J]. Bilingualism: Language and cognition, 2020, 23(5): 978–991.

[690] Suárez L E, Markello R D, Betzel R F, et al. Linking structure and function in macroscale brain networks[J]. Trends in cognitive sciences, 2020, 24(4): 302–315.

[691] Summers W V, Pisoni D B, Bernacki R H, et al. Effects of noise on speech production:

Acoustic and perceptual analyses[J]. The journal of the acoustical society of America, 1988, 84(3): 917–928.

[692] Svirsky M A, Lane H, Perkell J S, et al. Effects of short-term auditory deprivation on speech production in adult cochlear implant users[J]. The journal of the acoustical society of America, 1992, 92(3): 1284–1300.

[693] Swink S, Stuart A. The effect of gender on the N1-P2 auditory complex while listening and speaking with altered auditory feedback[J]. Brain and language, 2012, 122(1): 25–33.

[694] Takakura Y, Otsuki M, Sakai S, et al. Sub-classification of apraxia of speech in patients with cerebrovascular and neurodegenerative diseases[J]. Brain and cognition, 2019, 130: 1–10.

[695] Takei T, Lomber S G, Cook D J, et al. Transient deactivation of dorsal premotor cortex or parietal area 5 impairs feedback control of the limb in macaques[J]. Current biology, 2021, 31(7): 1476–1487.

[696] Talozzi L, Forkel S J, Pacella V, et al. Latent disconnectome prediction of long-term cognitive-behavioural symptoms in stroke[J]. Brain, 2023, 146(5): 1963–1978.

[697] Tang X, Chen N, Zhang S, et. Predicting auditory feedback control of speech production from subregional shape of subcortical structures[J]. Human brain mapping, 2018, 39(1): 459–471.

[698] Tavakoli P, Nakatsuhara F, Hunter A M. Aspects of fluency across assessed levels of speaking proficiency[J]. The modern language journal, 2020, 104(1): 169–191.

[699] Teinonen T, Fellman V, Näätänen R, et al. Statistical language learning in neonates revealed by event-related brain potentials[J]. BMC neuroscience, 2009, 10(1): 1–8.

[700] Terband H, Rodd J, Maas E. Proceedings of the 18th international congress of phonetic sciences, August 10-14, 2015[C]. Glasgow: University of Glasgow, 2015.

[701] Terband H, Rodd J, Maas E. Testing hypotheses about the underlying deficit of apraxia of speech through computational neural modelling with the DIVA model[J]. International journal of speech-language pathology, 2020, 22(4): 475–486.

[702] Terband H, van Brenk F. Modeling responses to auditory feedback perturbations in adults, children, and children with complex speech sound disorders: evidence for impaired auditory self-monitoring?[J]. Journal of speech, language, and hearing research, 2023, 66(5): 1563–1587.

[703] Themistocleous C, Eckerström M, Kokkinakis D. Voice quality and speech fluency distinguish individuals with mild cognitive impairment from healthy controls[J]. Plos one, 2020, 15(7): e0236009.

[704] Thierry G, Wu Y J. Brain potentials reveal unconscious translation during foreign-language comprehension[J]. Proceedings of the national academy of sciences, 2007, 104(30): 12530–12535.

[705] Thompson I. Foreign accents revisited: The English pronunciation of Russian immigrants[J]. Language learning, 1991, 41(2): 177–204.

[706] Thürer B, Stockinger C, Focke A, et al. Increased gamma band power during movement planning coincides with motor memory retrieval[J]. NeuroImage, 2016, 125: 172–181.

[707] Thürer B, Stockinger C, Putze F, et al. Mechanisms within the parietal cortex correlate with

the benefits of random practice in motor adaptation[J]. Frontiers in human neuroscience, 2017, 11: 403.

[708] Tian X, Ding N, Teng X, et al. Imagined speech influences perceived loudness of sound[J]. Nature human behaviour, 2018, 2(3): 225–234.

[709] Tian X, Poeppel D. Mental imagery of speech and movement implicates the dynamics of internal forward models[J]. Frontiers in psychology, 2010, 1: 166.

[710] Tian X, Poeppel D. Mental imagery of speech: linking motor and perceptual systems through internal simulation and estimation[J]. Frontiers in human neuroscience, 2012, 6: 314.

[711] Tian X, Poeppel D. The effect of imagination on stimulation: the functional specificity of efference copies in speech processing[J]. Journal of cognitive neuroscience, 2013, 25(7): 1020–1036.

[712] Tian X, Poeppel D. Dynamics of self-monitoring and error detection in speech production: evidence from mental imagery and MEG[J]. Journal of cognitive neuroscience, 2015, 27(2): 352–364.

[713] Tian X, Zarate J M, Poeppel D. Mental imagery of speech implicates two mechanisms of perceptual reactivation[J]. Cortex, 2016, 77(7): 1–12.

[714] Todorov E. Optimality principles in sensorimotor control[J]. Nature neuroscience, 2004, 7(9): 907–915.

[715] Torre III P, Barlow J A. Age-related changes in acoustic characteristics of adult speech[J]. Journal of communication disorders, 2009, 42(5): 324–333.

[716] Tourville J A, Guenther F H. The DIVA model: a neural theory of speech acquisition and production[J]. Language and cognitive processes, 2011, 26(7): 952–981.

[717] Tourville J A, Reilly K J, Guenther F H. Neural mechanisms underlying auditory feedback control of speech[J]. NeuroImage, 2008, 39(3): 1429–1443.

[718] Toyomura A, Koyama S, Miyamaoto T, et al. Neural correlates of auditory feedback control in human[J]. Neuroscience, 2007, 146(2): 499–503.

[719] Toyomura A, Miyashiro D, Kuriki S, et al. Speech-induced suppression for delayed auditory feedback in adults who do and do not stutter[J]. Frontiers in human neuroscience, 2020, 14: 150.

[720] Treisman A. Contextual cues in selective listening[J]. Quarterly journal of experimental psychology, 1960, 12: 242–248.

[721] Tremblay P, Deschamps I. Structural brain aging and speech production: a surface-based brain morphometry study[J]. Brain structure and function, 2016, 221: 3275–3299.

[722] Tremblay S, Shiller D M, Ostry D J. Somatosensory basis of speech production[J]. Nature, 2003, 423(6942): 866–869.

[723] Treutler M, Sörös P. Functional MRI of native and non-native speech sound production in sequential German-English bilinguals[J]. Frontiers in human neuroscience, 2021, 15: 683277.

[724] Troyer T W, Doupe A J. An associational model of birdsong sensorimotor learning I. Efference copy and the learning of song syllables[J]. Journal of neurophysiology, 2000, 84(3): 1204–1223.

[725] Trujillo J, Özyürek A, Holler J, et al. Speakers exhibit a multimodal Lombard effect in noise[J]. Scientific reports, 2021, 11(1): 16721.

[726] Tseng Y-W, Diedrichsen J, Krakauer J W, et al. Sensory prediction errors drive cerebellum-dependent adaptation of reaching[J]. Journal of neurophysiology, 2007, 98(1): 54–62.

[727] Tsukada K, Birdsong D, Bialystok E, et al. A developmental study of English vowel production and perception by native Korean adults and children[J]. Journal of phonetics, 2005, 33(3): 263–290.

[728] Tsunada J, Eliades S J. Frontal-auditory cortical interactions and sensory prediction during vocal production in marmoset monkeys[Z/OL]. bioRxiv, (2024-01-29)[2024-03-04]. https://www.biorxiv.org/content/10.1101/2024.01.28.577656v1.abstract.

[729] Tumber A K, Scheerer N E, Jones J A. Attentional demands influence vocal compensations to pitch errors heard in auditory feedback[J]. PLoS one, 2014, 9(10): e109968.

[730] Turk A, Shattuck-Hufnagel S. Speech timing: implications for theories of phonology, phonetics, and speech motor control[M]. Oxford, United Kingdom: Oxford University Press, 2020.

[731] Tye-Murray N, Spencer L, Woodworth G G. Acquisition of speech by children who have prolonged cochlear implant experience[J]. Journal of speech, language, and hearing research, 1995, 38(2): 327–337.

[732] Uezu Y, Hiroya S, Mochida T. Articulatory compensation for low-pass filtered formant-altered auditory feedback[J]. The journal of the acoustical society of America, 2021, 150(1): 64–73.

[733] Uhrig S, Perkis A, Behne D M. Effects of speech transmission quality on sensory processing indicated by the cortical auditory evoked potential[J]. Journal of neural engineering, 2020, 17(4): 046021.

[734] Ullman M T. (2015). The declarative/procedural model: A neurobiologically motivated theory of first and second language[M]//Theories in second language acquisition: an introduction. New York: Routledge, 2015: 135–158.

[735] Uma Maheswari S, Shahina A, Nayeemulla Khan A. Understanding Lombard speech: a review of compensation techniques towards improving speech-based recognition systems[J]. Artificial intelligence review, 2021, 54: 2495–2523.

[736] van Borsel J, Sunaert R, Engelen S. Speech disruption under delayed auditory feedback in multilingual speakers[J]. Journal of fluency disorders, 2005, 30(3): 201–217.

[737] van Brenk F, Terband H. Compensatory and adaptive responses to real-time formant shifts in adults and children[J]. The journal of the acoustical society of America, 2020, 147(4): 2261–2270.

[738] van der Merwe A. New perspectives on speech motor planning and programming in the context of the four-level model and its implications for understanding the pathophysiology underlying apraxia of speech and other motor speech disorders[J]. Aphasiology, 2021, 35(4): 397–423.

[739] van Hest E. Self-repair in L1 and L2 production[M]. Tilburg: University Press, 1996.

[740] Vaquero L, Rousseau P N, Vozian D, et al. What you learn & when you learn it: impact of early bilingual & music experience on the structural characteristics of auditory-motor pathways[J]. NeuroImage, 2020, 213: 116689.

[741] Vilain A, Dole M, Loevenbruck H, et al. The role of production abilities in the perception of consonant category in infants[J]. Developmental science, 2019, 22(6): e12830.

[742] Villacorta V M, Perkell J S, Guenther F H. Sensorimotor adaptation to feedback perturbations of vowel acoustics and its relation to perception[J]. The journal of the acoustical society of America, 2007, 122(4): 2306–2319.

[743] Walker G M, Hickok G. Empirical and computational findings converge in support of the hierarchical state feedback control theory[J]. Language, cognition and neuroscience, 2016, 31(4): 470–470.

[744] Wallman J, Fuchs A F. Saccadic gain modification: visual error drives motor adaptation[J]. Journal of neurophysiology, 1998, 80(5): 2405–2416.

[745] Walsh T M, Diller K C. Neurolinguistic foundations to methods of teaching a second language[J]. International review of applied linguistics in language teaching, 1978, 16: 1–14.

[746] Wang H, Max L. Inter-trial formant variability in speech production is actively controlled but does not affect subsequent adaptation to a predictable formant perturbation[J]. Frontiers in human neuroscience, 2022, 16: 890065.

[747] Wang H, van Heuven V J. Acoustical analysis of English vowels produced by Chinese, Dutch and American speakers[J]. Linguistics in the Netherlands, 2006, 23(1): 237–248.

[748] Wang P, Jiang Y, Biswal B B. Aberrant interhemispheric structural and functional connectivity within whole brain in schizophrenia[J]. Schizophrenia research, 2024, 264: 336–344.

[749] Wang W, Wei L, Chen N, et al. Decreased gray-matter volume in insular cortex as a correlate of singers' enhanced sensorimotor control of vocal production[J]. Frontiers in neuroscience, 2019, 13: 815.

[750] Wartenburger I, Heekeren H R, Abutalebi J, et al. Early setting of grammatical processing in the bilingual brain[J]. Neuron, 2003, 37(1): 159–170.

[751] Watkins K, Paus T. Modulation of motor excitability during speech perception: the role of Broca's area[J]. Journal of cognitive neuroscience, 2004, 16(6): 978–987.

[752] Weber-Fox C M, Neville H J. Maturational constraints on functional specializations for language processing: ERP and behavioral evidence in bilingual speakers[J]. Journal of cognitive neuroscience, 1996, 8(3): 231–256.

[753] Wechsler D. WAIS-3: Wechsler adult intelligence scale: administration and scoring manual[M]. New York: Psychological Corportaion, 1997.

[754] Weerathunge H R, Alzamendi G A, Cler G J, et al. LaDIVA: A neurocomputational model providing laryngeal motor control for speech acquisition and production[J]. PLOS computational biology, 2022, 18(6): e1010159.

[755] Whitford T J. Speaking-induced suppression of the auditory cortex in humans and its relevance to schizophrenia[J]. Biological psychiatry: cognitive neuroscience and neuroimaging, 2019, 4(9): 791–804.

[756] Wiener S, Bradley E D. Harnessing the musician advantage: short-term musical training affects non-native cue weighting of linguistic pitch[J]. Language teaching research, 2023, 27(4): 1016–1031.

[757] Wiese R. Language production in foreign and native languages: same or different?[M]//

Second language productions. Tübingen: Gunter Narr Verlag, 1984: 11–25.

[758] Willett F R, Avansino D T, Hochberg L R, et al. High-performance brain-to-text communication via handwriting[J]. Nature, 2021, 593(7858): 249–254.

[759] Willett F R, Kunz E M, Fan C, et al. A high-performance speech neuroprosthesis[J]. Nature, 2023, 620(7976): 1031–1036.

[760] Wilson S M, Iacoboni M. Neural responses to non-native phonemes varying in producibility: Evidence for the sensorimotor nature of speech perception[J]. NeuroImage, 2006, 33(1): 316–325.

[761] Wilson S M, Saygin A P, Sereno M I, et al. Listening to speech activates motor areas involved in speech production[J]. Nature neuroscience, 2004, 7(7): 701–702.

[762] Winn M B. Manipulation of voice onset time in speech stimuli: a tutorial and flexible Praat script[J]. The journal of the acoustical society of America, 2020, 147(2): 852–866.

[763] Wolpert D M, Diedrichsen J, Flanagan J R. Principles of sensorimotor learning[J]. Nature reviews neuroscience, 2011, 12(12): 739–751.

[764] Wolpert D M, Miall R C. Forward models for physiological motor control[J]. Neural networks, 1996, 9(8): 1265–1279.

[765] Wong E C H, Wong M N, Velleman S L, et al. Lexical tone perception and production in Cantonese-speaking children with childhood apraxia of speech: a pilot study[J]. Clinical linguistics & phonetics, 2023, 37(4-6): 316–329.

[766] Wong F C, Chandrasekaran B, Garibaldi K, et al. White matter anisotropy in the ventral language pathway predicts sound-to-word learning success[J]. The journal of neuroscience, 2011, 31(24): 8780–8785.

[767] Woumans E, Santens P, Sieben A, et al. Bilingualism delays clinical manifestation of Alzheimer's disease[J]. Bilingualism: language and cognition, 2015, 18(3): 568–574.

[768] Wu Y J, Thierry G. Chinese-English bilinguals reading English hear Chinese[J]. Journal of neuroscience, 2010, 30(22): 7646–7651.

[769] Wu Y J, Thierry G. Event-related brain potential investigation of preparation for speech production in late bilinguals[J]. Frontier in psychology, 2011, 2: 114.

[770] Xie X, Jaeger T F. Comparing non-native and native speech: Are L2 productions more variable?[J]. The journal of the acoustical society of America, 2020, 147(5): 3322–3347.

[771] Xu Y. Effects of tone and focus on the formation and alignment of f_0 contours[J]. Journal of phonetics, 1999, 27(1): 55–105.

[772] Xu Y, Larson C R, Bauer J J, et al. Compensation for pitch-shifted auditory feedback during the production of Mandarin tone sequences[J]. The journal of the acoustical society of America, 2004, 116(2): 1168–1178.

[773] Xu Y, Xu C X. Phonetic realization of focus in English declarative intonation[J]. Journal of phonetics, 2005, 33(2): 159–197.

[774] Yang J, Gates K M, Molenaar P, et al. Neural changes underlying successful second language word learning: An fMRI study[J]. Journal of neurolinguistics, 2015, 33: 29–49.

[775] Yang S, Li R, Li H, et al. Exploring the use of brain-computer interfaces in stroke neurorehabilitation[J]. BioMed research international, 2021, 2021: 9967348.

[776] Yates A J. Delayed auditory feedback[J]. Psychological bulletin, 1963, 60(3): 213–232.

[777] Yekutieli D, Benjamini Y. Resampling-based false discovery rate controlling multiple test procedures for correlated test statistics[J]. Journal of statistical planning and inference, 1999, 82(1-2): 171–196.

[778] Yu A C, Lee C W, Lan C, et al. A new system of Cantonese tones? Tone perception and production in Hong Kong South Asian Cantonese[J]. Language and speech, 2022, 65(3): 625–649.

[779] Zago L, Herve P Y, Genuer R, et al. Predicting hemispheric dominance for language production in healthy individuals using support vector machine[J]. Human brain mapping, 2017, 38(12): 5871–5889.

[780] Zarate J M, Wood S, Zatorre R J. Neural networks involved in voluntary and involuntary vocal pitch regulation in experienced singers[J]. Neuropsychologia, 2010, 48(2): 607–618.

[781] Zarate J M, Zatorre R J. Experience-dependent neural substrates involved in vocal pitch regulation during singing[J]. NeuroImage, 2008, 40(4): 1871–1887.

[782] Zhang W, Yang F, Tian X. Functional connectivity between parietal and temporal lobes mediates internal forward models during speech production[J]. Brain and language, 2023, 240: 105266.

[783] Zhang X, Cheng B, Zhang Y. The role of talker variability in nonnative phonetic learning: A systematic review and meta-analysis[J]. Journal of speech, language, and hearing research, 2021, 64(12): 4802–4825.

[784] Zhang Z. Mechanics of human voice production and control[J]. The journal of the acoustical society of America, 2016, 140(4): 2614–2635.

[785] Zhao T C, Boorom O, Kuhl P K, et al. Infants' neural speech discrimination predicts individual differences in grammar ability at 6 years of age and their risk of developing speech-language disorders[J]. Developmental cognitive neuroscience, 2021, 48: 100949.

[786] Zhu X, Dai G, Wang M, et al. Continuous theta burst stimulation over right cerebellum for speech impairment in Parkinson's disease: study protocol for a randomized, sham-controlled, clinical trial[J]. Frontiers in aging neuroscience, 2023, 15: 1215330.

[787] Zhu X, Damian M F, Zhang Q. Seriality of semantic and phonological processes during overt speech in Mandarin as revealed by event-related brain potentials[J]. Brain and language, 2015, 144: 16–25.

[788] Zhu X, Niu Y, Li W, et al. Menstrual cycle phase modulates auditory-motor integration for vocal pitch regulation[J]. Frontiers in neuroscience, 2016: 10, 600.

[789] Zheng Z Z, Munhall K G, Johnsrude I S. Functional overlap between regions involved in speech perception and in monitoring one's own voice during speech production[J]. Journal of cognitive neuroscience, 2010, 22(8): 1770–1781.

术语表

中文	英文	英文缩写	正文定义	脚注定义
言语产生	speech production	—	p.3	—
感觉反馈	sensory feedback	—	—	—
前馈控制	feedforward control	—	p.5	—
反馈控制	feedback control	—	p.5	—
运动控制	motor control	—	pp.4-5	—
效应器	effector	—	—	—
发音系统	articulator system	—	—	—
接受器	plant	—	p.5	—
控制器	controller	—	p.5	—
运动指令	motor command	—	p.5	—
开环控制	open-loop control	—	p.5	—
闭环控制	closed-loop control	—	p.5	—
伺服系统	servosystem	—	—	p.5
增益因子	gain	G	—	p.6
前向模型	forward model	—	—	p.7
传出副本	efference copy	—	—	p.7
逆向模型	inverse model	—	—	p.7
在线运动控制	online motor control	—	—	p.8
长时程校准和调整	long-term calibration and tuning	—	—	—
噪声掩蔽范式	noise masking paradigm	—	p.8	—
听觉反馈	auditory feedback	—	p.8	—

续表

中文	英文	英文缩写	正文定义	脚注定义
躯体感觉反馈	somatosensory feedback	—	p.8	—
持续时间	duration	—	—	—
语音质量	voice quality	—	—	—
共振峰	formant	—	—	—
朗姆巴德效应	Lombard effect	—	p.8	—
语后聋	postlingual deafness	—	—	p.8
非人灵长类动物	non-human primates	—	—	—
扰动	perturbation	—	—	p.9
延时听觉反馈	delayed auditory feedback	—	p.9	—
毫秒	millisecond	ms	—	p.9
内隐	implicit	—	—	p.9
听觉反馈扰动	auditory feedback perturbation	—	p.9	—
第一共振峰	first formant	F1	—	p.10
第二共振峰	second formant	F2	—	p.10
随机扰动范式	unexpected perturbation paradigm	—	p.10	—
补偿性反应	compensatory response/compensation	—	p.10	—
感觉运动学习	sensorimotor learning	—	p.12	—
感觉运动调整	sensorimotor adaptation	—	p.12	—
持续扰动范式	sustained perturbation paradigm	—	p.12	—
基线期	baseline phase	—	p.12	—
渐变期	ramp phase	—	p.12	—
保持期	hold phase	—	p.12	—
结束期	end phase	—	p.12	—
调整性反应	adaptive response/adaptation	—	p.13	—
后效	aftereffect	—	—	p.13
脑电图	electroencephalograph	EEG	—	p.14
事件相关电位	event-related potential	ERP	—	p.14
脑磁图	magnetoencephalography	MEG	—	p.14

续表

中文	英文	英文缩写	正文定义	脚注定义
功能性磁共振成像	functional magnetic resonance imaging	fMRI	—	p.14
始潜伏期	onset latency	—	—	p.14
皮层听觉诱发电位	cortical auditory evoked potential	CAEP	—	p.15
P1-N1-P2 复合波	P1-N1-P2 complex	—	—	p.16
言语诱发的抑制	speaking-induced suppression	SIS	—	p.16
脑皮层电图	electrocorticogram	ECoG	—	p.16
听觉门控机制	auditory gating mechanism	—	—	p.17
神经振荡	neural oscillation	—	—	p.18
感觉运动接口	sensorimotor interface	—	pp.19-20	—
传导性失语症	conduction aphasia	—	—	p.20
经颅磁刺激	transcranial magnetic stimulation	TMS	—	p.20
听觉敏锐度	auditory acuity	—	—	p.21
三合元音	triphthong	—	p.22	—
耦合	coupling	—	—	p.24
缄默症	mutism	—	—	p.25
基底神经节	basal ganglia	—	—	p.26
帕金森病	Parkinson's disease	—	—	p.26
标准差	standard deviation	SD	—	p.30
工作记忆	working memory	WM	—	p.32
执行控制	executive control	—	—	p.32
认知障碍患者	people with cognitive impairment	—	—	p.32
构音障碍	dysarthria	—	—	p.33
痉挛型构音障碍	spastic dysarthria	SD	—	p.33
弛缓型构音障碍	flaccid dysarthria	FD	—	p.33
失调型构音障碍	ataxic dysarthria	AD	—	p.33
运动过强型构音障碍	hyperkinetic dysarthria	HrD	—	p.33
运动过弱型构音障碍	hypokinetic dysarthria	HoD	—	p.33
辅助运动区综合征	supplementary motor area syndrome	SMAS	—	p.33
言语失用症	apraxia of speech	AOS	—	p.34

续表

中文	英文	英文缩写	正文定义	脚注定义
神经退行性疾病	neurodegenerative diseases	NDs	—	p.35
口吃	stuttering	—	—	p.36
选择性注意	selective attention	—	—	p.38
分配性注意	divided attention	—	—	p.38
绝对音高感	absolute pitch	AP	—	p.42
相对音高感	relative pitch	RP	—	p.42
协同发音	coarticulation	—	—	p.47
任务动态	task dynamics	—	p.48	—
发音器官速度方向	directions into velocities of articulators	DIVA	p.48	—
语音集	speech sound map	—	—	—
听觉目标	auditory target	—	—	—
体觉目标	somatosensory target	—	—	—
运动目标	motor target	—	—	—
自适应	self-adaptive	—	—	p.49
基频	fundamental frequency	F_0	—	p.50
启动集	initiation map	—	p.51	—
发音器官集	articulator map	—	p.51	—
听觉目标集	auditory target map	—	—	p.51
听觉状态集	auditory state map	—	p.52	—
听觉错误集	auditory error map	—	p.52	—
反馈控制集	feedback control map	—	p.52	—
体觉目标集	somatosensory target map	—	p.53	—
体觉状态集	somatosensory state map	—	p.53	—
体觉错误集	somatosensory error map	—	p.53	—
咿呀学语	babbling	—	—	p.53
模仿	imitation	—	—	—
发声期	phonation stage	—	p.55	—
咕咕期	goo stage	—	p.55	—
拓展期	expansion stage	—	p.55	—

续表

中文	英文	英文缩写	正文定义	脚注定义
重复咿呀学语期	reduplicated babbling stage	—	p.55	—
非重复咿呀学语期	nonreduplicated babbling stage	—	p.55	—
状态反馈控制	state feedback control	SFC	—	p.58
状态反馈控制律	state feedback control law	—	—	p.59
状态评估器	state estimator	—	p.59	—
状态预期	state prediction	—	p.59	—
功能连接	functional connectivity	—	—	p.63
双语者	bilingual	—	p.65	—
第一语言 / 一语	first language	L1	p.65	—
第二语言 / 二语	second language	L2	p.65	—
早期双语者	early bilingual	—	—	p.65
晚期双语者	late bilingual	—	—	p.65
外国口音	foreign accent	—	—	p.65
关键期假说	critical period hypothesis	—	p.66	—
偏侧化	lateralization	—	—	p.66
语言功能偏侧化	lateralization of language functions	—	—	p.66
脑可塑性	brain plasticity	—	—	p.67
灰质	grey matter	—	—	p.67
白质	white matter	—	—	p.67
违反范式	violation paradigm	—	—	p.68
N400 成分	N400 component	N400	—	p.68
早期左侧前部负波	early left anterior negativity	ELAN	—	p.68
P600 成分	P600 component	P600	—	p.68
静息态功能性磁共振成像技术	resting-state functional magnetic resonance imaging	rs-fMRI	—	p.69
基于种子点的相关分析	seed-based correlation	—	—	p.69
母语神经专职化	native language neural commitment	—	p.73	—
沉默期	silent period	—	—	p.73
范畴型知觉	categorical perception	—	—	p.73
新奇效应	novelty effect	—	—	p.74

续表

中文	英文	英文缩写	正文定义	脚注定义
内隐学习	implicit learning	—	—	p.74
僵化	fossilization	—	—	p.75
元音格局	vowel pattern	—	—	p.89
音强	intensity	—	—	p.89
白噪声	white noise	—	—	p.94
粉红噪声	pink noise	—	—	p.94
多人谈话噪声	multitalker noise	—	—	p.92
伪随机	pseudo-randomize	—	—	p.94
语音促进效应	phonological facilitation effect	—	—	p.94
《新概念英语》	*New Concept English*	—	—	p.96
线性混合效应模型	liner mixed-effects model	LMM	—	p.97
限制性最大似然估计	restricted estimation maximum likelihood	REML	—	—
最优拟合模型	best-fitting model	—	—	p.98
心理音节表	mental syllabary	—	—	p.103
大学英语四级考试	College English Test for Band 4	CET4	—	p.112
心理词典	mental lexicon	—	—	p.113
每分钟正确词数	words correct per minute	WCPM	p.117	—
最小对立体	minimal pair	—	—	p.117
跟随性反应	following response	—	—	p.184
音高轮廓	pitch contour	—	—	p.130
词汇声调	lexical tone	—	—	p.130
血氧水平依赖性	blood oxygen level dependent	BOLD	—	p.131
主动控制感	sense of agency	—	—	p.132
语言迁移	language transfer	—	—	p.134
假同源词	pseudocognates	—	—	p.135
错误发现率	false discovery rate	FDR	—	p.137
伪迹	artifact	—	—	p.138
独立成分分析	independent component analysis	ICA	—	p.138
兴趣区	region of interest	ROI	—	—
零假设检验	null hypothesis significance test	NHST	—	p.147

续表

中文	英文	英文缩写	正文定义	脚注定义
贝叶斯因子	Bayes factor	—	—	p.147
自闭症谱系障碍	autism spectrum disorder	ASD	—	p.152
音高	pitch	—	p.130	—
领域特殊性	domain-specificity	—	—	p.156
领域一般性	domain-generality	—	—	p.156
语言特异性	language-specificity	—	p.156	—
心理测量函数	psychometric function	—	—	p.158
阿尔茨海默症	Alzheimer's disease	—	—	p.160
最小可觉差	just noticeable difference	*jnd*	—	p.165
镜像神经元	mirror neuron	—	—	p.171
知觉磁体效应	perceptual magnet effect	—	—	p.172
梯度顺序 DIVA	gradient order DIVA	GODIVA	—	p.180
简化 DIVA	SimpleDIVA	—	p.182	—
听觉反馈控制增益	gains in auditory feedback control	α_A	—	p.182
体觉反馈控制增益	gains in somatosensory feedback control	α_S	—	p.182
前馈控制学习速率	feedforward learning rate	λ_{FF}	—	p.182
层级状态反馈控制	hierarchical state feedback control	HSFC	p.186	—
言语任务的反馈感知控制	feedback aware control of tasks in speech	FACTS	p.187	—
任务状态反馈控制律	task-state feedback control law	—	p.188	—
运动指令集合	gestural score	—	p.188	—
发音反馈控制律	articulatory feedback control law	—	p.188	—
发音状态评估器	articulatory state estimator	—	p.188	—
言语感觉运动控制的四层级模型	four-level model of speech sensorimotor control	FL	p.189	—
语言符号计划	linguistic-symbolic planning	—	pp.189-190	—
运动计划	motor planning	—	p.190	—
运动编码	motor programming	—	p.190	—
发音执行	articulation execution	—	p.190	—

续表

中文	英文	英文缩写	正文定义	脚注定义
运动计划器	motor planner	—	p.190	—
前向预测计划器	forward predictive planner	—	p.190	—
运动程序生成器和预测控制器	motor program generator and predictive controller	—	pp.190-191	—
外周听觉系统	peripheral auditory system	—	—	p.191
中枢听觉系统	central auditory system	—	—	p.191
言语感觉运动整合模型	integrative sensorimotor model of speech	—	—	—
感音神经性耳聋	sensorineural hearing loss	—	—	p.192
电子声门仪	electroglottograph	—	—	—
超声舌部成像	ultrasound tongue imaging	—	—	—
电磁发声造影	electromagnetic articulography	—	—	—
局部一致性	regional homogeneity	ReHo	—	p.198
默认网络	default mode network	DMN	—	p.198
弥散张量成像	diffusion tensor imaging	DTI	—	p.199
各向异性分数	fractional anisotrophy	FA	—	p.199
平均弥散度	mean diffusivity	MD	—	p.199
持续性 θ 爆发式刺激	continuous theta burst stimulation	cTBS	—	p.201
脊髓小脑性共济失调	spinocerebellar ataxia	SCA	—	p.201
立体定向脑电图	stereoelectroencephalography	sEEG	—	p.204
颞上回后部	posterior superior temporal gyrus	pSTG	—	—
颞横回	Heschl's gyrus	HG	—	—
腹后侧枕下回	ventroposterior inferior occipital gyrus	vpIOG	—	—
梭状回后部	posterior fusiform gyrus	pFG	—	—
标准化低分辨率电磁断层成像	standardized low resolution brain electromagnetic tomography	sLORETA	—	p.208
脑机接口	brain-computer interface	—	—	p.209
人工智能	artificial intelligence	AI	—	p.209
深度学习	deep learning	—	—	p.209

续表

中文	英文	英文缩写	正文定义	脚注定义
肌萎缩性侧索硬化症	amyotrophic lateral sclerosis	ALS	—	p.209
有效连接	effective connectivity	—	—	p.210
结构方程模型	structural equation modeling	SEM	—	—
格兰杰因果分析	Granger causality analysis	GCA	—	—
动态因果模型	dynamic causal modeling	DCM	—	—
γ-氨基丁酸	gamma-aminobutyric acid	GABA	—	—

附　　录

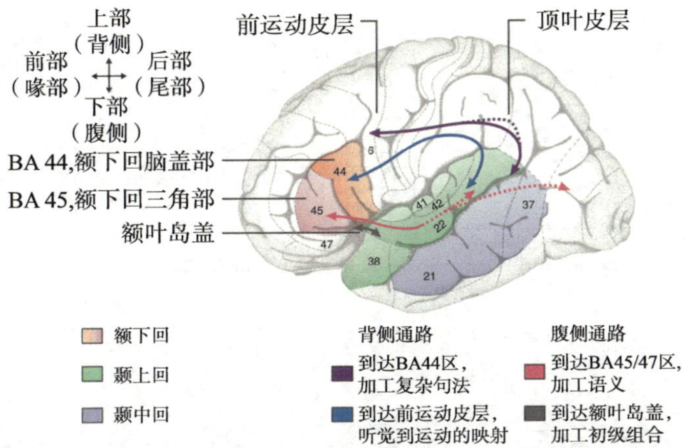

图 1.10　大脑左半球与语言相关的脑区和纤维束的简明视图

（引自 Friederici & Gierhan, 2013）。连接前运动皮层与颞上回、颞上沟后部的背侧通路涉及上纵束。连接 BA44 区与颞上回后部的背侧通路涉及弓状束。

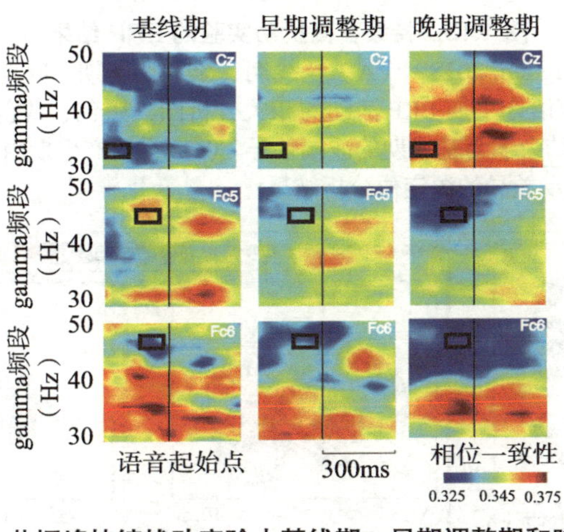

图 1.12　共振峰持续扰动实验中基线期、早期调整期和晚期调整期 θ 和 γ 频段相位一致性的变化过程

（引自 Sengupta & Nasir, 2015）。发音起始点前的 –300~0 ms 为言语计划期，发音起始点后的 0~300 ms 为言语产生期。

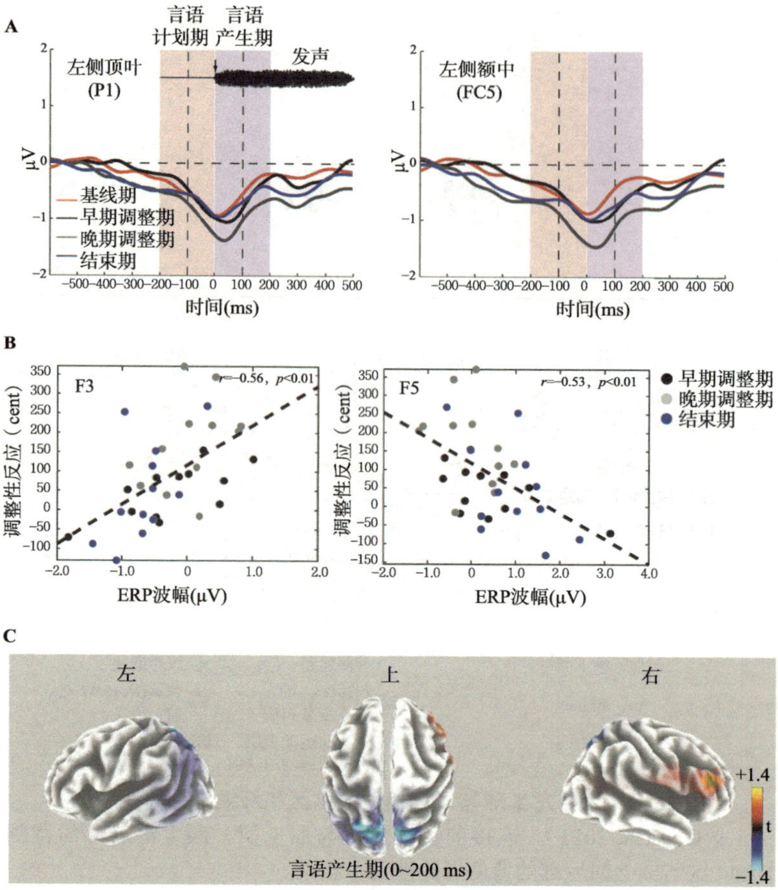

图 1.13　持续音高扰动实验的 ERP 结果

（引自 Behroozmand & Sangtian, 2018）。（A）基线期、早期调整期、晚期调整期和结束期的波形图。（B）调整性反应和言语产生期 ERP 活动的相关分析图，黑色、灰色和蓝色的点分别代表早期调整期、晚期调整期和结束期与基线期的波幅差异。（C）言语产生期内（0~200 ms 的时间窗口）晚期调整期和基线期脑活动差异的源定位分析结果。

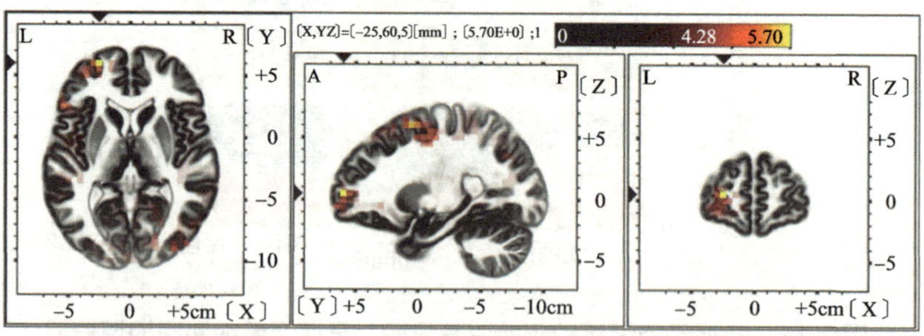

图 2.2　帕金森病患者与正常被试 P2 脑活动差异的源定位分析结果

（引自 Huang et al., 2016）。结果显示，帕金森病患者额叶、颞叶和顶叶等脑区的皮层活动强度显著高于正常人。

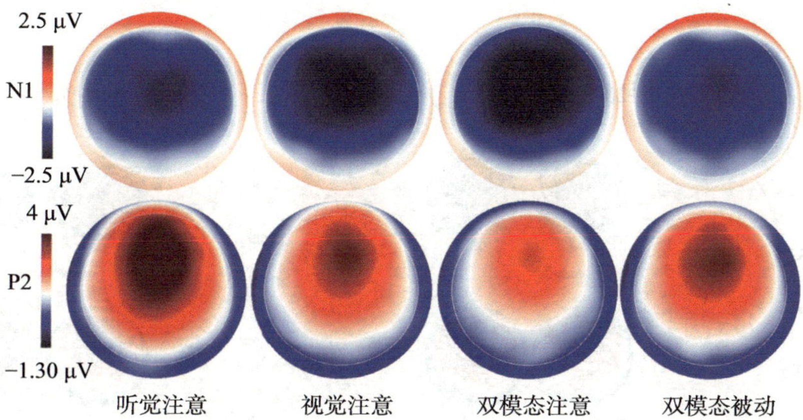

图 2.3　四种注意条件下人们响应 200 音分扰动时 N1 和 P2 的地形图分布

（引自 Liu et al., 2015）。从左至右分别是听觉注意、视觉注意、（听觉和视觉）双模态注意以及双模态被动条件。

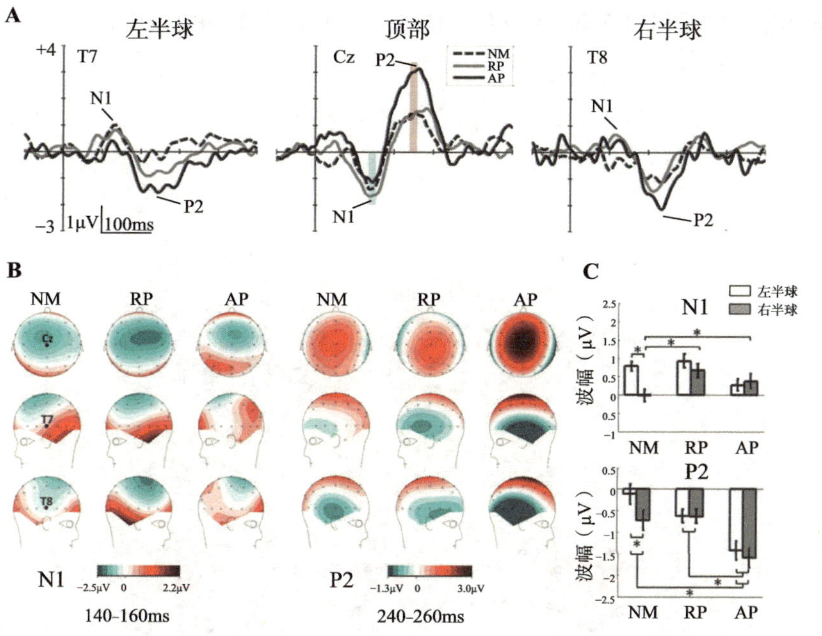

图 2.6　当响应提高 100 音分扰动时，AP、RP 和 NM 组被试的 ERP 结果

（引自 Behroozmand et al., 2014）。（A）AP、RP 和 NM 组被试在 T7、Cz 和 T8 电极点的波形图。（B）AP、RP 和 NM 组被试 N1（140~160 ms）和 P2（240~260 ms）成分的地形图。（C）AP、RP 和 NM 组在左侧和右侧颞叶区域 N1 和 P2 波幅差异的柱形图。

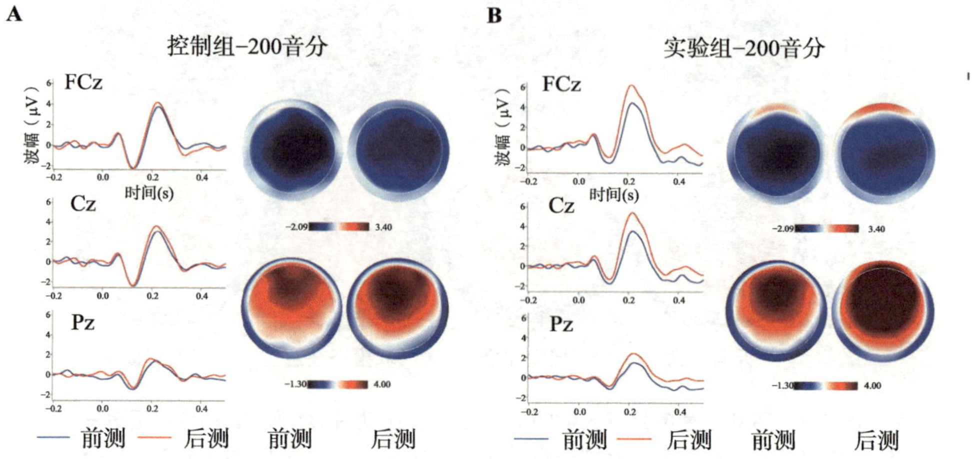

图 2.7 实验组和控制组工作记忆训练前后的 ERP 结果

（引自 Li et al., 2015）。响应 200 音分扰动时，控制组（A）和实验组（B）的波形图以及 N1 和 P2 成分的地形图。波形图中蓝色和红色实线分别代表前测和后测的 ERP 反应。

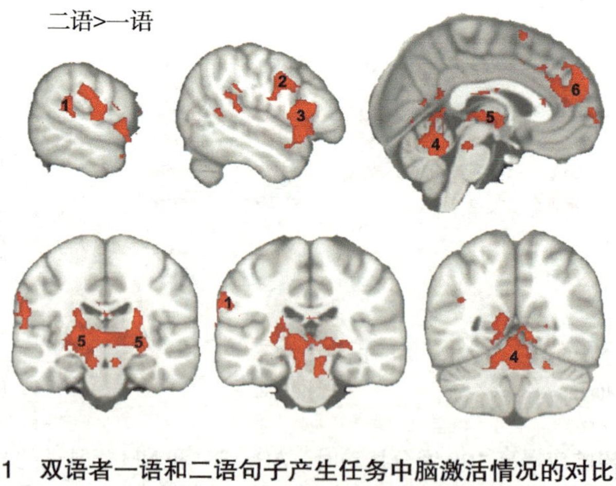

图 4.1 双语者一语和二语句子产生任务中脑激活情况的对比结果

（引自 Simmonds et al., 2011a）。结果显示，二语产生时左侧颞顶皮层（1）、前运动皮层（2）、左侧岛盖部（3）、小脑（4）、丘脑（5）以及内侧前额叶皮层（6）的激活程度更高。

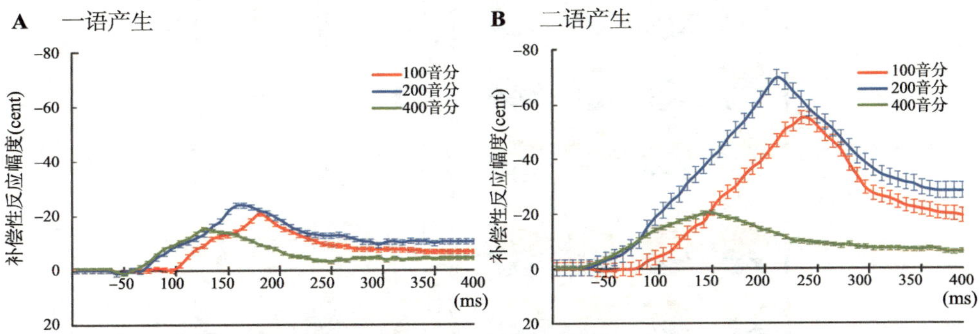

图 7.2　一语（A）和二语（B）产生时基线条件与 100 音分（红线）、200 音分（蓝线）和 400 音分（绿色）扰动条件音高曲线的差异波

（引自 Cai et al., 2023b）。

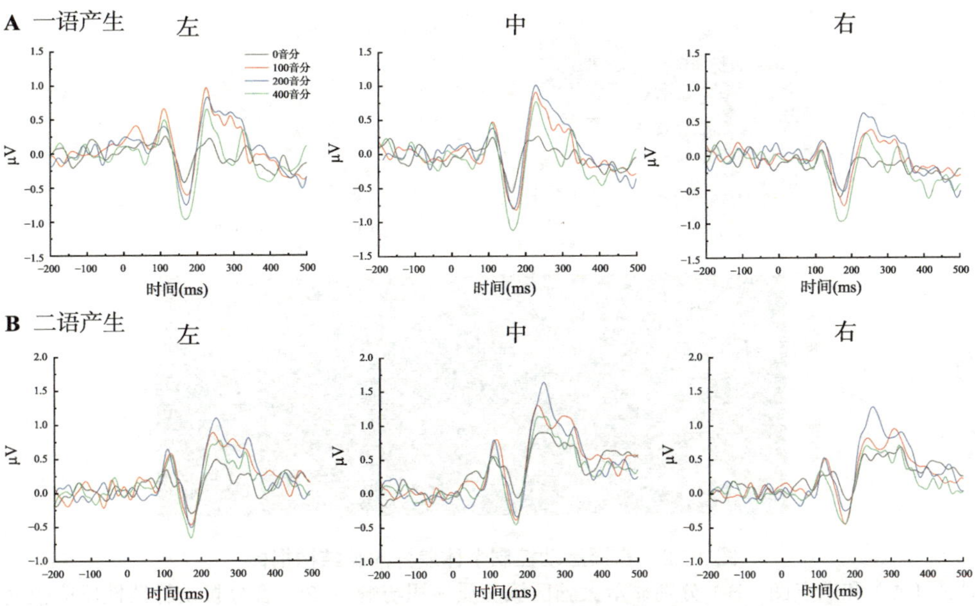

图 7.3　一语（A）和二语（B）产生时不同扰动幅度条件在左侧、中部以及右侧电极的总平均 ERP 波形图

（引自 Cai et al., 2023b）。

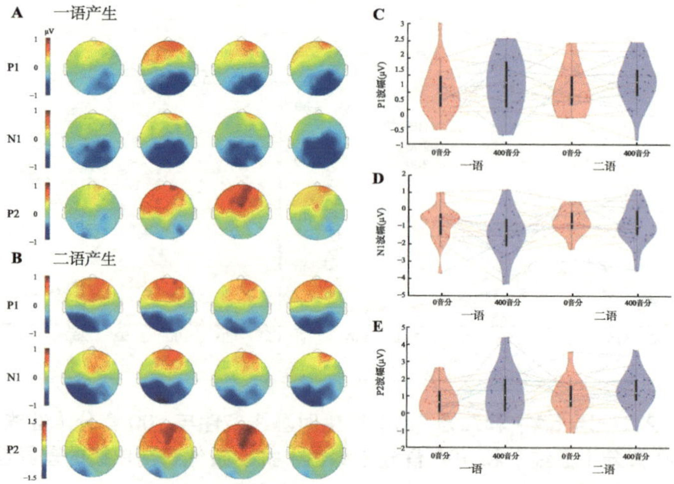

图 7.4　一语（A）和二语（B）产生时不同扰动幅度条件 P1–N1–P2 成分的地形图。P1 波幅（C）、N1 波幅（D）和 P2 波幅（E）在 0 和 400 音分扰动条件下对比结果的小提琴图

（引自 Cai et al., 2023b）。实心点代表各个数据点，白色圆圈代表平均值，线的两端代表被试。

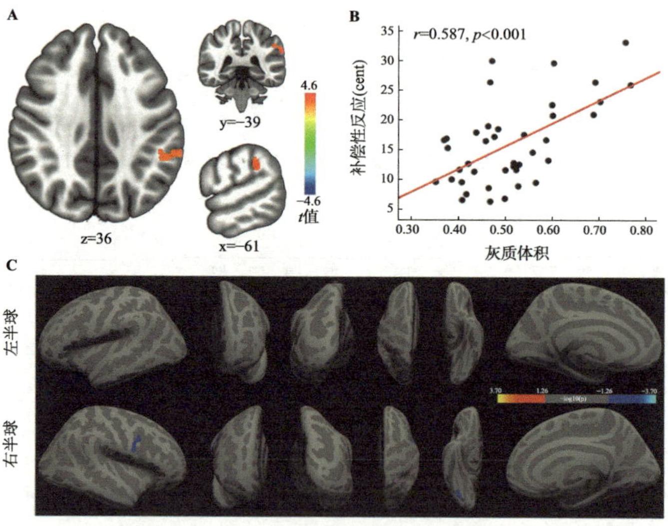

图 10.2　言语运动控制个体差异的脑结构指标

统计图（A）和散点图（B）分别显示大脑区域灰质体积与响应 -200 音分扰动补偿性反应幅度之间存在显著相关性。颜色代表相关性的 t 值。校正后显著的脑区位于左侧顶下小叶。左侧顶下小叶平均灰质体积与补偿性反应的幅度呈显著正相关（引自 Chen et al., 2021）。皮层厚度与运动过弱型构音障碍严重程度相关性的示意图（C）。右侧前运动皮层和梭状回萎缩与运动过弱型构音障碍有关。比例尺中蓝色标记负相关的脑区，红色标记正相关的脑区（引自 Chen et al., 2020）。

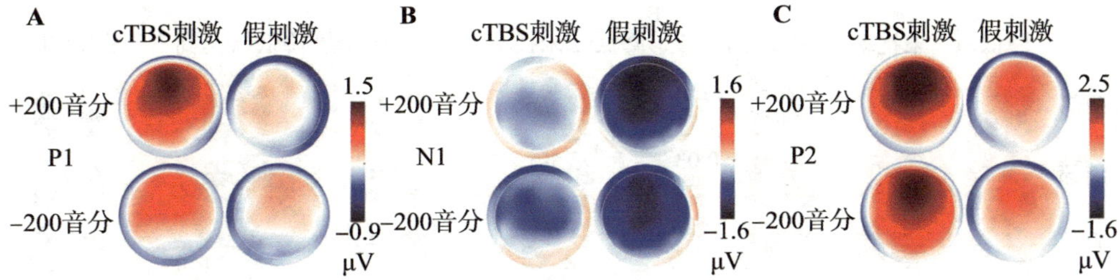

图 10.3　P1 成分（A）、N1 成分（B）和 P2 成分（C）在小脑 cTBS 刺激和假刺激条件下的地形图（引自 Lin et al., 2022）。

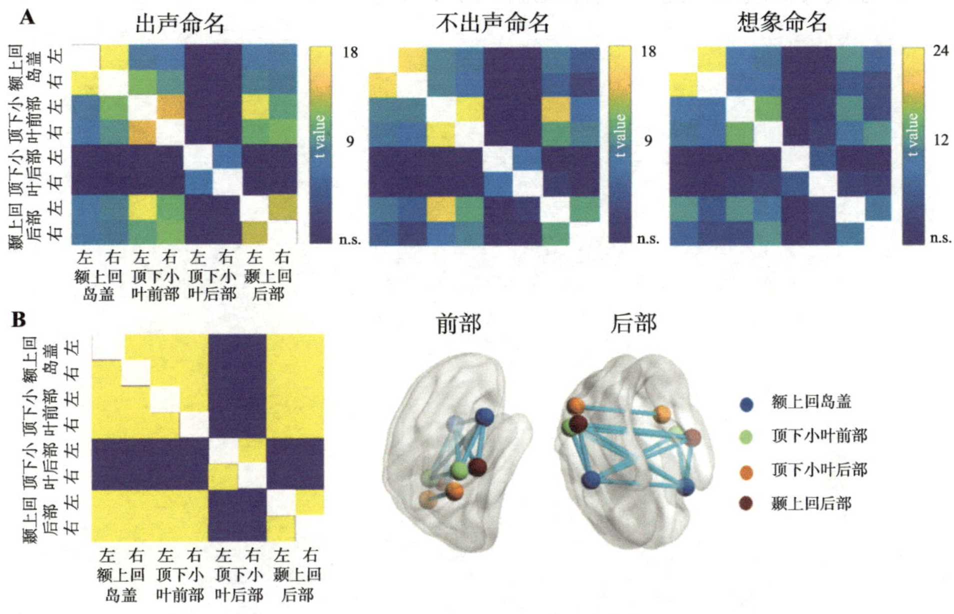

图 10.6　三种命名任务中不同脑区的功能连接示意图

（引自 Zhang et al., 2023）。（A）出声命名、不出声命名及想象命名任务中额叶、顶叶和颞叶脑区之间功能连接的矩阵图。8 个 ROI 分别是（左、右）额上回岛盖、（左、右）顶下小叶前部、（左、右）顶下小叶后部和（左、右）颞上回后部。三个 8×8 的矩阵展示了三种实验任务中 8 个 ROI 两两之间的功能连接情况。矩阵中每一个元素代表两个 ROI 之间功能连接强度统计分析的 t 值，深蓝色区域代表不显著的结果。（B）出声命名、不出声命名及想象命名任务中均显著的功能连接的矩阵图和球棍图。矩阵中黄色区域代表显著的功能连接，深蓝色区域代表不显著的结果。球棍图分别从大脑的前部和后部展示显著的功能连接，不同颜色的球代表不同的脑区，蓝棒显示不同脑区的连接方式。

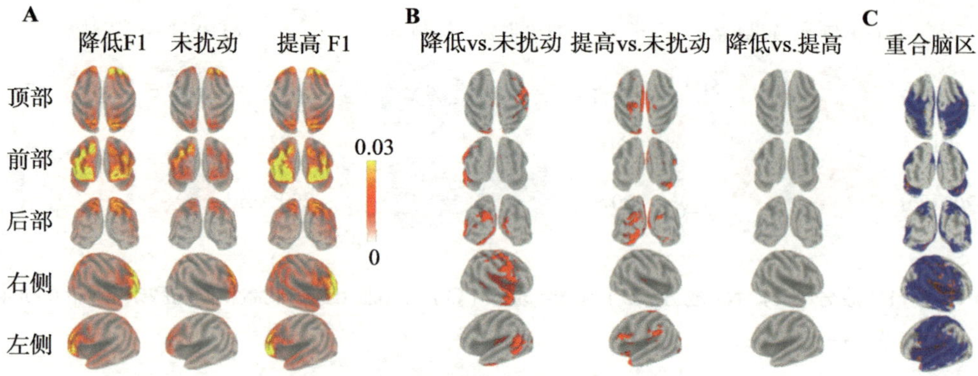

图 10.7　真实共振峰扰动实验结果示意图

（引自 Cuadros et al., 2023）。（A）真实共振峰扰动实验中未扰动和扰动条件下 N1-P2 相应脑区激活源的示意图。（B）真实共振峰扰动实验中不同实验条件间脑区激活差异的示意图。（C）DIVA_EEG 模型与真实共振峰扰动实验中重合激活脑区的示意图。

图书在版编目（CIP）数据

言语运动控制的认知神经机制：回顾、实证、展望 / 蔡笑著. − −北京：中国人民大学出版社，2024.6.
（文明互鉴学术论丛 / 陈方，李铭敬总主编）. − −ISBN 978-7-300-32942-0

Ⅰ. H0-05

中国国家版本馆CIP数据核字第20244FC504号

文明互鉴学术论丛

总主编　陈　方　李铭敬

言语运动控制的认知神经机制

回顾、实证、展望

蔡　笑　著

Yanyu Yundong Kongzhi de Renzhi Shenjing Jizhi

出版发行	中国人民大学出版社		
社　　址	北京中关村大街31号	**邮政编码**	100080
电　　话	010−62511242（总编室）		010−62511770（质管部）
	010−82501766（邮购部）		010−62514148（门市部）
	010−62515195（发行公司）		010−62515275（盗版举报）
网　　址	http://www.crup.com.cn		
经　　销	新华书店		
印　　刷	北京捷迅佳彩印刷有限公司		
开　　本	720 mm × 1000 mm　1/16	**版　　次**	2024 年 6 月第 1 版
印　　张	18.5	**印　　次**	2024 年 6 月第 1 次印刷
字　　数	394 000	**定　　价**	88.00 元

中国人民大学出版社读者信息反馈表

尊敬的读者：

感谢您购买和使用中国人民大学出版社的____________________一书，我们希望通过这张小小的反馈表来获得您更多的建议和意见，以改进我们的工作，加强我们双方的沟通和联系。我们期待着能为更多的读者提供更多的好书。

请您填妥下表后，寄回或传真回复我们，对您的支持我们不胜感激！

1. 您是从何种途径得知本书的：

   □书店　　□网上　　□报纸杂志　　□朋友推荐

2. 您为什么决定购买本书：

   □工作需要　　□学习参考　　□对本书主题感兴趣　　□随便翻翻

3. 您对本书内容的评价是：

   □很好　　□好　　□一般　　□差　　□很差

4. 您在阅读本书的过程中有没有发现明显的专业及编校错误，如果有，它们是：

   ____

   ____

   ____

5. 您对哪些专业的图书信息比较感兴趣：

   ____

   ____

   ____

6. 如果方便，请提供您的个人信息，以便于我们和您联系（您的个人资料我们将严格保密）：

您供职的单位：______________________________

您教授的课程（教师填写）：______________________________

您的通信地址：______________________________

您的电子邮箱：______________________________

请联系我们：黄婷　程子殊　王新文　王琼

电话：010-62512737，62513265，62515580，62515573

传真：010-62514961

E-mail：huangt@crup.com.cn　chengzsh@crup.com.cn　wangxw@crup.com.cn　crup_wy@163.com

通信地址：北京市海淀区中关村大街甲59号文化大厦15层　　邮编：100872

中国人民大学出版社